本书获二〇二一年贵州省出版传媒事业发展专项资金资助

本书获贵州省孔学堂发展基金会资助

【阳明文库】 学术专著系列

「实践与超越」
——王阳明哲学的诠释、解析与评价 [增订版]

【丁为祥 著】

孔學堂書局

本书获2021年贵州省出版传媒事业发展专项资金资助
本书获贵州省孔学堂发展基金会资助

图书在版编目（CIP）数据

实践与超越：王阳明哲学的诠释、解析与评价 / 丁为祥著. —增订版. —贵阳：孔学堂书局，2022.10
（阳明文库.学术专著系列）
ISBN 978-7-80770-356-3

Ⅰ.①实… Ⅱ.①丁… Ⅲ.①王守仁（1472-1528）—哲学思想—研究 Ⅳ.①B248.25

中国版本图书馆CIP数据核字(2022)第126707号

阳明文库（学术专著系列）

实践与超越——王阳明哲学的诠释、解析与评价（增订版） 丁为祥 著
SHIJIAN YU CHAOYUE——WANGYANGMING ZHEXUE DE QUANSHI、JIEXI YU PINGJIA（ZENGDINGBAN）

项目执行：苏　桦
责任编辑：陈　真　曾　珍
责任校对：孟　红　王紫玥
书籍设计：曹琼德
责任印制：张　莹

出　　品：贵州日报当代融媒体集团
出版发行：孔学堂书局
地　　址：贵阳市乌当区大坡路26号
印　　刷：雅昌文化（集团）有限公司
开　　本：889mm×1194mm　1/24
字　　数：419千字
印　　张：18
版　　次：2022年10月第1版
印　　次：2022年10月第1次
书　　号：ISBN 978-7-80770-356-3
定　　价：128.00元

版权所有·翻印必究

阳明文库·学术专著系列

编辑出版委员会

主　任　张玉广

副主任　邓国超　李　筑　蔡光辉

委　员　（按姓氏笔画排序）

王大鸣　代　乐　孙绍雪　苏　桦

连玉明　夏　虹　戴建伟

执行委员会

主　任　苏　桦

委　员　（按姓氏笔画排序）

朱光洪　张发贤　耿　欣　谢丹华

学术委员会

主　任　郭齐勇

副主任　顾　久

委　员　（按姓氏笔画排序）

丁为祥　干春松　朱　承　刘金才

李承贵　杨国荣　肖立斌　吴　光

吴　震　何　俊　张学智　张新民

陆永胜　陈立胜　陈祖武　欧阳祯人

赵平略　姚新中　索晓霞　钱　明

徐　圻　董　平　蒋国保　温海明

目录

增订版序言 / 1

引言 / 5

上篇 王阳明哲学的形成与发展

一、家庭环境与性格特征 / 002

二、早年经历——博览与"陷溺" / 007

三、龙场前后——从方向确立到思想的初步形成 / 012

四、南京至南赣——思想转向时期 / 019

五、江右证透——良知说的提出 / 024

六、居越汇归——四句教的总结 / 030

七、小结：阳明哲学形成与发展的动因 / 037

中篇 王阳明哲学的结构与特征

一、身心之学 / 042

二、心即理说 / 045

三、知行合一说 / 060

四、良知与致良知 / 076

五、四句教 / 098

六、阳明后学的分化与流向 / 117

七、阳明与理学 / 133

八、小结：阳明哲学的结构与特征 / 146

下篇 王阳明哲学的境界

一、情与理——身心之学 / 153

二、克己与大我——万物一体 / 156

三、执着与无心——廓然大公 / 164

四、修持与超越——无善无恶 / 171

五、阳明对佛老境界的吸取与超越 / 177

六、小结：阳明境界的实质及其实现 / 187

结论 对王阳明哲学的评价

一、评价的视角与问题 / 194

二、对阳明哲学的历史评价 / 209

三、对阳明哲学的现实评价 / 217

四、阳明哲学的十字整合——走出阳明 / 233

续篇 阳明哲学之"点"式再咀嚼

"身心之学"的精准阐发——读冈田武彦的《王阳明大传》/ 252

王阳明"知行合一"的本意及其指向 / 278

宋明理学的三种知行观——对理学思想谱系的一种逆向把握 / 288

从"良知"的形成看阳明研究的不同进路 / 311

说不完的阳明，道不尽的心学——阳明学研究30年的一点省思 / 337

阳明精神的三"点"一"线"及其现代意义——阳明心学的发生学析辨 / 366

心学：个体主体的反省、自觉及其自我实现之学 / 386

后记 / 409

增订版序言

给自己的第一本书写再版序按理说是一件值得高兴的事,但我非但没有一丝高兴的心理,反而有一种难以言说的沉重。而这种沉重感既有我自己的因素,但又不全然是因为我的原因。

记得是在2019年11月1日的孔学堂学术委员年会上,徐圻书记提出应当将改革开放以来还有学术价值或学术影响的著作加以再版,并建议大家拟一个书单,以便孔学堂书局操作。当时有老师提出《实践与超越——王阳明哲学的诠释、解析与评价》应当再版,我当时几乎是不假思索地回应:"25年前的书啦!完全不值得。"因为我是作者,所以就等于是一锤定音了。

临近寒假时,忽然接到负责出版的发贤兄的电话,言说他把拙著翻了一下(我都不知道发贤兄从哪里找到的),觉得还有再版的必要。我仍以前述原因谢绝,并补充说,仅我这几年的阳明论文都可以出一本集子啦。发贤兄说出论文集也可以,但我又觉得一时抽不出时间整理,最后发贤兄建议我再考虑一下,无论是拙著还是论文集都可以。

放下电话,我这才不得不寻思自己那种说不清、道不明的沉重感究竟何来?

20世纪八九十年代,由于时代的机缘,阳明心学一度成了我的全部世界。作为一个三家村走出来的学子,我对阳明学就像当年背语录、玩魔方一样用心体贴,但比照当时学界的研究,又发觉与自己的认知根本不是一个路子,当然也没有办法表达。由于自己毕竟用了多年的心思,所以就想着要把自己的看法写出来。这就是当时写这本书时的情景。所以写完了,算是给自己一个交代,根本没有再回头去看。

今年3月,孔学堂书局发来了"照排本",我不得不回过头去看自己30年前的思考。这一通诵读,居然使我有一点受惊的感觉:英国有一部纪实电视片,叫作《人生七年》;中国民间也有相近的说法,意思是"3岁看大,7岁看老"。虽然这些年,我基本上是通过阳明学与学界交流的,但翻检自己这几年所写的文章,却基本上都是出自当年对阳明学的认知,不过有个论文的模样而已。原来最初对阳明学的认知,居然成了我自己学术视角的塑造者。所以,这一通诵读的结果,就是不再羞涩于自己当年三家村学子的视野,而是羞愧于自己至今并没有走出当年那个阳明学的世界。

这时候,我不得不重新回忆自己当年那种不愿见人的感觉。现在人们说起20世纪的八九十年代,往往有所谓"文化热""国学热"的概括,这自然属于学界关于时代主题的宏大叙事。就我个人的感觉而言,80年代的研究主要是一种认识论范式,90年代则属于一种本体论视角(所谓气学、理学与心学),而这两个10年的研究,说到底不过是一种"旧学商量加邃密"而已。对于我这个三家村学子来说,当时根本就没有按照这种进路走。因而,当我撰写自己对阳明学的认知时,就觉得自己是将阳明学"作为人生之书来读"而不是"作为理论著作来读"的,并且也明确认为:"阳明哲学的主要命题,首先是他在自己的人生实践中遇到的问题;作为命题,也无疑是其人生实践的结晶。"由于当时的阳明研究只有学界这一个领域,所以出版之后自己也不愿回顾,只当完成了自己的一份夙愿而已。

但新世纪以来尤其是近几年来,传统文化的复苏几乎成为一种全民性的思潮,按理说,这已经不是那个年代三家村学子的踽踽独行了,而我也确实积极参与了各种各样的学术交流。但感触如何呢?这就涉及我的另一层沉重。

由于一直任教于高校,自然也属于学界,但我却始终觉得学界的阳明热只是一种"学术热"。这往往表现为两种情形:第一种就是"旧学商量"式的研究,对于学界来说,这是有其悠久的历史传统的,比如阳明的"知行合一"原本就是针对程朱的"知先行后"而提出的,但到了黄宗羲,却明确赞叹说:"伊川先生已有'知行合一'之言矣。"看起来,这是将程颐拉到知行合一的视角来评价,实际上却是将阳明的知行合一重新纳入到程朱理学的思想谱系中来理解。另一种则往往从西方现代哲学借取一种诠释框架,然后就可以运用于陆象山、王阳明,当然也可运用于刘蕺山,这样一来,研究对象就无不随着其诠释视角的需要而一一呈现。而这两种研究方法的一个共同特征就是特别重视学术规范,即其所有的结论都是通过对文献的解读得出的；但对研究者而言，则所有的文献资料都是平面的、等值的，至于究竟从哪种文献中得出结论，这就像现代随机性的社会调查一样。所以，对这种进路的研究，人们也可以说："给我一份文献吧，我将给你一个学术世界！"

对于我并不完全认同学界的阳明研究这一点，人们可能会觉得我属于民间进路式的阳明研究，而在重视阳明人生实践这一点上，我也确实属于草根进路：当年，我首先是把阳明作为一种人生榜样来研究的；这几年，我也走访过不少的民间书院，尤其对各地如雨后春笋般的阳明书院感到新奇。此中当然有许多我并不理解的因素，但就我所看到的而言，则所谓成功学与鸡汤学可能正代表着民间阳明热的两伤：所谓成功学的阳明热往往陶醉于阳明的事功；而鸡汤学的阳明热则又陶醉于阳明的语录与名言，包括其破解各种精神难题之高屋建瓴的视角。但阳明的事功，正如他自己所言，"不过一时之应迹"而已；至于其思想深度，则首先是阳明深入体察人心之是非善恶以及对恶之所以发生追究于"一念发动"的结果。但在我对阳明热的走访中，我感觉普遍欠缺一种对阳明学理之穷根究底的追溯。

虽然我对这两系阳明学研究并不完全赞同，但这绝不是说我认为自己的进路就是完全正确的，而仅仅在于表明，我的这种研究进路与这两大主流都存在着较大的差异。那么，在这种状况下，再版自己一本旧书究竟给谁看？给研究生看，可能根本就找不到能够接近学术与理论前沿的感觉；让民工兄弟看，则民工根本就没有出任赣南军区司令的机会，甚至连给阳明"驭役夫以什伍法……暇即驱演八阵图"当个小卒的机会都没有。那么再版一本旧书给谁看、谁又愿意看？这才是我感到沉重的根本原因。

话虽如此说，自己毕竟答应了孔学堂，因而这里也就不得不把自己修订的情况作一说明。拿到照排本之后，我用了3天时间通读一遍，除了随手修改错别字和个别不适当的表达外，行文基本没动。但毕竟已经过去了这么多年，仅我自己的知识背景就有不少改变，所以我又准备从三个方面进行修订：第一，原来写此书时，我用的是万有文库的《王文成公全书》，当时的引文也全用随文夹注的形式。感谢已经毕业的刘峰存博士和马上就要进行论文答辩的博士候选人孙德仁，他们两位用了一周多的时间将原来的夹注全部改为最新版本的页下注，以适应现在普遍接受的页下注形式。第二，阳明是我所进入的第一个古人世界，此后又对张载、朱熹的思想进行过个案解剖，因而从宋明理学的角度看，我似乎也有了更多的底气，思想方面也会有一些变化，所以我将自己有明显变化的思想通过页下注的方式作了说明。之所以要保持原样子，并不是说自己原来的看法都是正确的，而是因为当时撰写时精神紧峭，一气呵成，现在即使想加上几句说明，居然加不进去，试了几次之后终于决定对原稿让步。第三，阳明学是我第一个解剖的儒家哲学个案，没想到居然成了我的精神家园。近30年来，我尽可能收集所能见到的阳明文集，也带着研究生读阳明的书札和语录，并且也不时撰写关于阳明哲学的论文。为了尽量向现在的论文体系靠拢，我特将自己近几年发表的关于阳明哲学的7篇论文作为"续篇"，以从学理阐发的角度助力于现在的研究生培养。

从最初接触阳明到现在已经35年了，对阳明学研究来说，我也算是一个老人啦。所以这里特提出自己对阳明学的几点认知以与后来者共勉：阳明学是一种真正的人生哲学，对于这种人生哲学，只有以心灵碰撞与视域交融的方式才能亲切有见；而阳明的哲学命题往往是其对宋明理学实践落实的产物，只有将其命题放在自己的实践生活中用心体贴而又能时时纠偏，才能理解其"求真是真非"的用心。至于阳明精神，也可以说是儒家人生主体精神的集大成，对于这种主体精神，只有将其放在儒家"天人合一"的思想背景以及"人皆可以为尧舜"的精神方向下，才可以理解其一生对"人生第一等事"的不懈追求！

丁为祥

2020年4月5日

引言

如果说,中国哲学基本上属于人生哲学或者是以人生划界的哲学,那么,王阳明哲学就最典型地体现着中国哲学的这一特征。《阳明先生文录序》中记载了这样一件事,有人以"文章""政事""气节""勋烈"四者的兼备称赞其为"全人",阳明回答说:"某愿从事讲学一节,尽除却四者,亦无愧全人。"① 表面看来,这一回答表现了阳明对其学说的自信,实际上,阳明的这个回答同时还表达了这样一种思想:非讲学之外另有所谓为人,非做人之外另有所谓讲学。在阳明看来,他的讲学本身就含括着前四者,而"文章""政事""气节""勋烈"等等不过是其学说的运用和表现而已。他之所以在刚刚自立门派时就将其学说规定为"身心之学",之所以始终认为其学说是真正的"为己"之学,都是这个意思。

阳明哲学的这一特征,为我们提出了这样一个问题:如何把握其讲学与为人的统一?如何在二者统一的基础上全面地把握其哲学?可以这么说,正是学说与为人之间的张力,构成了其全部哲学的内在矛盾及其发展的动力;而讲学与为人的实践统一,则是全面把握其哲学的基本前提。

这一问题曾长时间地困扰着笔者。当我对阳明哲学初步涉猎时,便发现对其书有两种不同的读法:其一是作为人生之书来读;其二则是作为理论著作来读。当作为人生之书来读时,我对阳明的人生便有了一种认同、参与意识,且对其一些看似"没来头"的话也能够朦胧"有见"。不过,这种"有见"虽然真实却难以诉诸笔端。但是,当将其作为理论著作来读时,固然可以借助于逻辑,对其命题加以分解与表述,但这种表达连自己也感觉到很难接近那个曾经活生生的王阳明。这并不仅仅是一个"言不尽意"的问题。

为了解决这一困惑,我求助于对阳明深有研究的前人。台湾的牟宗三先生,以陆王为孔孟正宗,其《从陆象山到刘蕺山》一书,

---

① 邹守益:《阳明先生文录序》,王守仁:《王阳明全集》卷四十一,吴光等编校,上海古籍出版社2011年版,第1739页。

被公认为新儒家关于陆王学理的经典之作,自然对阳明有很深的了解。但是,该书似乎却只有形而上的道统,而没有形而下的人生,就是说,从该书所能看到的仅仅是阳明的学说,而少有其为人。如果以此书来把握阳明,那阳明似乎仅仅是一个理性的精魂而没有血肉之躯。当然,牟先生的侧重,本来就在于从超越层上阐述儒学的义理。将这一矛盾揭示得更明显的是北京大学的邓艾民和陈来教授。邓先生的《王阳明的一生》一文,立足于阳明的为人,以其一生的逆境来说明其学说的形成。但是,在从其人生经历到学说形成的具体环节上,邓先生的书却让人有语焉不详之叹。陈来教授虽然认为"历史的研究和叙述是必要的",在其大著《有无之境——王阳明哲学的精神》中,陈教授对阳明的理论命题与人生境界也都作了精彩的分析,不过,所有这些都是作为对象出现的。就是说,使人难免有"彼岸"之感。

对这一问题的不断思索使我想起了马克思和黑格尔。马克思和黑格尔的差别固然很多,但从方法的角度看,他们之间的一切差别均可从历史与逻辑的如何统一来说明。黑格尔以逻辑剪裁历史,故其结果只能导致逻辑对历史的窒息;相反,由于马克思以历史来说明逻辑,因而其历史与逻辑均成为活生生的。

比照马克思的观点、方法,阳明的学说与为人、理论与实践以及"理性与存在"的统一,一下子成为一个不言而喻的问题了。就是说,必须用阳明的为人去说明其学说,也必须用阳明的人生实践去探索其学说发展的动因。

正是基于这一看法,本书才以"实践与超越"① 来命名。意思是说,阳明的一生,首先是对圣贤之路实践探索的一生。正是这种探索,决定了阳明从不脱离人生之超越性追求的哲学;反过来,这种哲学又是其一生实践修持的理论表现。不过,正像历史与逻辑的

---

① 其实,本书最初的命名为"修持与超越",但责编何大凡老师觉得"修持"离现代生活太远,建议改为"实践与超越",让人容易理解,笔者接受了何老师这一建议,故有今名。

统一并不妨碍二者在一定程度上的独立一样,阳明的学说与为人也可以分开表述——以分述的方式展现二者的统一。所以,我初拟以上、中、下三篇来结构本书:上篇《王阳明哲学的形成与发展》,主要以其人生经历——主客观相互碰撞的历史来说明其哲学的形成动因与发展指向;中篇《王阳明哲学的结构与特征》,则是以逻辑的方式,分析其命题的内涵、结构与基本特征;下篇《王阳明哲学的境界》,则是试图将上述两个方面统一起来,揭示其一生实践追求与理论探索共同指向的人生境界。就参照背景而言,从上篇到下篇,也就是从阳明的人生经历到理学的气、理、心三派乃至儒、释、道三教。如果说上述是试图将阳明的为人与学说作为"此在"来叙述,那么,作为"结论"的"评价"篇则力图将这种古代的心学作为对象,纳入到古、今两个不同的参照背景下进行当代的评估。

之所以要这样安排,目的全在于将其讲学与为人统一起来,一如阳明所坚持的那样,用其人生的实践来说明其学说。因为阳明哲学的主要命题,首先是他在自己的人生实践中遇到的问题;作为命题,也无疑是其人生实践的结晶。因而,对其命题的把握不能离开其人生实践,而恰恰应当以其在人生实践中所面临的问题来揭示其理论命题的基本指谓。否则,就有可能像阳明所一直反对的那样:"说之愈详而失之愈远。"

这也可以说是我对自己的预期和对读者的事先交代吧。

上篇 王阳明哲学的形成与发展

哲学，是人的哲学；哲学所探讨的世界，也首先是人的世界。因此，哲学不能离开人。对于西方的大部分哲学家来说，虽然他们所探讨的世界也是其所面对的世界，但他们却力图抹去他们自身的因素，以期接近那个纯客观的世界。中国的哲学家从不这样，他们总是自觉地把世界看作我所面对的世界，并以我的人生为这一世界划界。因此，他们的世界是"此在"的，也总是带有"我"的印迹。这样，对中国哲学家来说，他们的哲学探讨，也就是他们的人生实践以及对实践的体验；他们的哲学结论，也无疑是他们人生体验的结晶。本篇即以这一思想为指导，分析阳明的人生经历与感受，以揭示其哲学形成与发展的基本动因。

一、家庭环境与性格特征

对于个人来说，家庭环境无疑具有不容选择的先在性，这也可以说是任何人成长的最现实的客观环境。至于性格，固然是既受于天又受于人的，但对于一个刚刚开始介入人生的现实主体而言，性格恰恰是其作为主体的初始特征。因此，家庭环境与性格特征，便构成了阳明人生的基本始点，也是其哲学形成与发展的基本出发点。

王阳明（1472—1529），名守仁，字伯安，浙江余姚人。因常讲学于会稽山阳明洞，世称阳明先生。阳明的血统，可上溯至晋代书法家王右军。不过，从其六世祖起，世系传承才有了具体的记载。六世祖名纲，字性常，生当明初，有文武才。诚意伯刘伯温荐为兵部郎中，迁广东参议。后死苗难，曾受到朝廷的建庙表彰。五世祖名彦达，号秘湖渔隐，躬耕养母，有孝行。高祖名与准，字公度，号遁石翁。精于《礼》《易》，尝著《易微》数千言。永乐间，朝廷举遗逸，不起。曾祖名杰，字世杰，号槐里子，以明经贡太学。祖父名伦，字天叙，号竹轩翁。史称其"胸次洒落，有隐逸之风"。从这一世系看，阳明的家世当属于并不显达的书香门第。

从其父王华起，阳明的家世逐渐显赫起来。王华在阳明10岁那年（1481）中了状元。翌年，任翰林修撰。就在这一年，阳明随祖父来到了京城。此后的六七年间，阳明基本上是在京城度过的，这对阳明见识的增长与性格的形成无疑具有重要的作用。

从成长的具体环境来看，阳明是王华的长子，他出生的时候，王华还在寒窗苦读,还谈不上什么显赫。因此,阳明的家庭环境并没有多少过人之处。从接受影响的角度看,由于阳明的整个童年时代,王华都在修举子业,因而其接受祖父的影响就远比父亲多。王伦是一位有著作行世的私塾先生,虽不曾作官,然与士流多所交游,常饮酒赋诗,故史称有陶谢风度。阳明出生的时候,王伦曾根据其祖母"梦天神抱一赤子乘云而来"而命名为"云",并以其诞生地为"瑞云楼"。① 可惜,这个孩子长到5岁还不会说话,后来,有位神僧见了说"好个孩儿,可惜道破"②,意思是说这个孩子将因"云"而泄露天机。于是,王伦便为他改名为"守仁",而阳明也就随即开口说话了。"一日诵竹轩公所尝读过书。讶问之。曰:'闻祖读时已默记矣。'"③ 11岁,随祖父入京,"过金山寺,王伦与客酒酣,拟赋诗。未成。阳明从旁赋曰:'金山一点大如拳,打破维扬水底天。醉倚妙高台上月,玉箫吹彻洞龙眠。'客大惊异,复命赋蔽月山房诗。先生随口应曰:'山近月远觉月小,便道此山大于月。若人有眼大如天,还见山小月更阔。'"④《年谱》中这些零碎的记载,一方面说明王伦对这位长孙寄以显达的厚望,同时也说明阳明童年主要是在祖父的旷达隐逸之风的熏陶下度过的。

与祖父相比,阳明的父亲显得拘谨。对阳明的种种不规行为和与日俱增的狂气,王华有时也会呵斥,但更多的则是"忧念"。始就塾师,"先生豪迈不羁,龙山公常怀忧,惟竹轩公知之"⑤。"尝问塾师曰:'何为第一等事?'塾师曰:'惟读书登第耳。'先生疑曰:'登第恐未为第一等事,或读书学圣贤耳。'龙山公闻之笑曰:'汝欲做圣贤耶?'"⑥ 15岁,"出游居庸三关,即慨然有经略四方之志:询诸夷种落,悉闻备御策;逐胡儿骑射……时畿内……盗起,又闻秦中……作乱,屡欲为书献于朝。龙山公斥之为狂,乃止。"⑦

---

① 黄绾:《阳明先生行状》,王守仁:《王阳明全集》卷三十八,吴光等编校,第1555页。
② 钱德洪:《年谱一》,王守仁:《王阳明全集》卷三十三,吴光等编校,第1346页。
③ 钱德洪:《年谱一》,王守仁:《王阳明全集》卷三十三,吴光等编校,第1346页。
④ 钱德洪:《年谱一》,王守仁:《王阳明全集》卷三十三,吴光等编校,第1346页。
⑤ 钱德洪:《年谱一》,王守仁:《王阳明全集》卷三十三,吴光等编校,第1346页。
⑥ 钱德洪:《年谱一》,王守仁:《王阳明全集》卷三十三,吴光等编校,第1346—1347页。
⑦ 钱德洪:《年谱一》,王守仁:《王阳明全集》卷三十三,吴光等编校,第1347页。此处省略内容为"畿内石英,王勇盗起","秦中石和尚、刘千斤作乱"。据陈来先生考订,此事当在阳明生前。(陈来:《有无之境——王阳明哲学的精神》,人民出版社1991年版,第338—339页)笔者以为,阳明"出游居庸三关""有经略四方之志"以及"屡欲为书献于朝"当为可信。

从这些情况看，王华与王伦的不同性格与不同的教育方法，对阳明发生了不同的影响。王伦性格旷达，故对阳明以激励为主；王华严谨，因而管教多一些。在这双重的影响下，加上阳明过人的天资，因而其在早年就形成了保持一生的性格特征。这些特征，概括起来说，主要表现在以下三个方面。

阳明最典型的个性特征便是一身的雄豪气。在早年，这种雄豪气主要表现为狂。如11岁过金山寺的即兴诗："若人有眼大如天，还见山小月更阔。"始就塾师对"第一等事"与"读书学圣贤"的自问自答。15岁，"出游居庸三关，即慨然有经略四方之志"以及"屡欲为书献于朝"等。进入青年时期，这种雄豪气主要以"任侠"表现出来，徐爱所说的"豪迈不羁"，湛甘泉所说的"初溺于任侠之习，再溺于骑射之习"①以及刘蕺山所说的"命世人豪"②等等，都是这种雄豪气的表现。成年之后，这种雄豪气首先表现为一种不屈不挠、无所畏惧的精神。如在戴铣一案中抗疏直谏，不顾政治形势的险恶，径直提出"宥言官，去权奸"③，将矛头直指太监刘瑾，而在廷杖、系狱乃至远谪的打击面前，无丝毫退缩之心，诚如湛甘泉所说："谪贵州龙场驿。万里矣，而公不少怵。"④在宁藩之乱中，面对各地官员或逃或降、望风披靡的形势，毅然抱定平叛的决心，认为"天下尽反，我辈固当如此做"，使其在场的弟子"一时胸中利害如洗"。⑤另一方面，这种雄豪气又表现为对自己思想的一种顽强的自信。如官留都时，因对朱熹的批评，一时"攻之者环四面"⑥，面对汹汹之势，阳明坚信："夫学贵得之心，求之于心而非也，虽其言之出于孔子，不敢以为是也。"⑦良知说提出后，又认为"千圣皆过影，良知乃吾师"⑧并以良知为权衡天下之是非得失的"自家准则"，自命为"病狂丧心之人"⑨，抱定"举世非之而不

---

① 湛甘泉：《阳明先生墓志铭》，王守仁：《王阳明全集》卷三十八，吴光等编校，第1538页。
② 黄宗羲：《师说》，《明儒学案》，沈芝盈点校，中华书局2008年版，第7页。
③ 王守仁：《乞宥言官去权奸以章圣德疏》，《王阳明全集》卷九，吴光等编校，第323页。
④ 湛甘泉：《阳明先生墓志铭》，王守仁：《王阳明全集》卷三十八，吴光等编校，第1539页。
⑤ 钱德洪：《年谱二》，《王阳明全集》卷三十四，吴光等编校，第1393—1394页。
⑥ 王守仁：《与安之》，《王阳明全集》卷四，吴光等编校，第194页。
⑦ 王守仁：《答罗整庵少宰书》，《王阳明全集》卷二，吴光等编校，第85页。
⑧ 王守仁：《长生》，《王阳明全集》卷二十，吴光等编校，第876页。
⑨ 王守仁：《答聂文蔚》，《王阳明全集》卷二，吴光等编校，第91页。

顾，千百世非之而不顾"①的态度。这就是所谓"狂者胸次"。这种狂者精神，同样是其雄豪性格的表现。

阳明性格的又一特征是过人的克己功。这种克己的功夫也就是制心的功夫。如果说阳明的雄豪性格是其祖父旷达之风熏陶的产物，那么，其制心的克己功夫则与其父亲不无关系。王华早年便以较强的制心功夫闻名，家中失火，一座楼化为灰烬，亲友奔走相救，其人竟"如平时"般"从容款接"，"略不见有仓遽之色"。②阳明继承了其父的这一性格，年少时，接人"和易善谑，一日悔之，遂端坐省言……正色曰：'吾昔放逸，今知过矣。'"③由此之后，便改掉了这种习气。22岁会考落第，"同舍有以不第为耻者，先生慰之曰：'世以不得第为耻，吾以不得第动心为耻。'识者服之"④。待到远谪龙场，百难备尝之后，其制心克己的功夫又一番精进。在《与王纯甫》一书中，阳明以自己的切身体会告诫纯甫："惟当利害，经变故，遭屈辱，平时愤怒者到此能不愤怒，忧惶失措者到此能不忧惶失措，始是能有得力处，亦便是用力处。"⑤显然，没有克己制心的亲身体验，是很难说得这么真切感人的。宁藩、忠泰之变后，阳明在克己方面愈益用力，并提出了这样的标准："凡人言语正到快意时，便截然能忍默得；意气正到发扬时，便翕然能收敛得；愤怒嗜欲正到沸腾时，便廓然能消化得。"⑥因此，他对自己在远谪龙场时没有更加用力地克己表示"可惜"，认为自己当时的"搪塞排遣"，使绝好的用功时机"竟或空过"。⑦这就几乎是一种苦难"情结"了。综观阳明一生，其克己之功与其年龄、学识、地位呈现着明显的正比关系，其年岁越是增大，克己之功就愈益过人。另一方面，阳明的这种克己功夫也制约、改变着其雄豪性格的表现，使其由"经略四方之志"一步步内缩为对"自家准则"的自信，这如果说是"雄豪"，也就成为良知的"雄豪"了。当然，阳明性格中的这两个方面又是互为基础而相辅相成的，一方面，正因为其过人的雄豪，因而必须以过人

---

① 王守仁：《与陆原静二》，《王阳明全集》卷五，吴光等编校，第210页。
② 陆深：《海日先生行状》，王守仁：《王阳明全集》卷三十八，吴光等编校，第1553页。
③ 钱德洪：《年谱一》，王守仁：《王阳明全集》卷三十三，吴光等编校，第1348页。
④ 钱德洪：《年谱一》，王守仁：《王阳明全集》卷三十三，吴光等编校，第1349页。
⑤ 王守仁：《与王纯甫一》，《王阳明全集》卷四，吴光等编校，第173—174页。
⑥ 钱德洪：《与黄宗贤》，王守仁：《王阳明全集》卷六，吴光等编校，第244页。
⑦ 王守仁：《寄希渊四》，《王阳明全集》卷四，吴光等编校，第179页。

的克己功夫作为前提和必要补充；另一方面，正是其过人的克己功夫，又日益强化着其雄豪性格，使其不至沦落为妄尊自大。这两个方面的互补互渗与相得益彰，构成了阳明性格的基本特征。

此外，作为思想家，重实践则构成了阳明性格中更为闪光的一面。这一性格在其早年"格竹子"一事中便已明显地表现出来了。"格竹"一事出于阳明的自述，且其在晚年的讲学中屡屡提及，因而当是真有其事。对这一轶事，人们或从王学与朱学分歧的角度去理解，或从阳明何以不解朱子原意的角度去分析，但恰恰忽视了一点，这就是阳明勤于实践的性格特征。《年谱》这样记载这一过程："……遍求考亭遗书读之。一日思先儒谓'众物必有表里精粗，一草一木，皆涵至理'，官署中多竹，即取竹格之……"①在《传习录》的下卷，阳明又回忆说："众人只说格物要依晦翁，何曾把他的说去用？我着实曾用来。"②这两处的记载，从"取竹格之"到"我着实曾用来"所强调的只是一点，这就是"著实去做"。这一重视"做"的性格也是贯穿阳明一生的特征，比如其27岁对朱子读书之法的实践，31岁对导引术的实践，都表现出了阳明的这一性格特征。其早年对圣学的厌倦，是因为"众说之纷挠疲苶，茫无可入"，而对佛老的唾弃，也同样是因为其"措之日用，往往阙漏无归"。③因此，能否应用于伦常实践便是阳明对所有理论进行检验和取舍的标准。对他人思想的探讨是这样，对自己立教的宗旨则更是这样，其弟子便赞叹说："先生立教皆经实践。"④其对知行合一的说明是："但著实就身心上体履，当下便自知得。"⑤其对致良知的说明同样是"致吾心之良知于事事物物"⑥。至于其在《答顾东桥书》中所例举的"学书""学射""学孝"等等，也无不显现着其重实践的性格特征。就对其学说的影响而言，应当说重实践的特征比其他性格特征的影响来得更直接，表现也更突出。因为正是重实践的特征使其学从根本上成为关于人生道德实践的哲学。

---

① 钱德洪：《年谱一》，王守仁：《王阳明全集》卷三十三，吴光等编校，第1348—1349页。
② 王守仁：《语录三》，《王阳明全集》卷三，吴光等编校，第136页。
③ 王守仁：《朱子晚年定论序》，《王阳明全集》卷七，吴光等编校，第268页。
④ 钱德洪：《年谱一》，《王阳明全集》卷三十三，吴光等编校，第1349页。
⑤ 王守仁：《答友人问》，《王阳明全集》卷六，吴光等编校，第232页。
⑥ 王守仁：《答顾东桥书》，《王阳明全集》卷二，吴光等编校，第51页。

总的说来，阳明性格中这三个方面可说是一个有机的整体。在阳明的一生中，正是其近于"狂"的雄豪气推动着他不断地探寻"第一等事"，从而不断地"陷溺"又不断地"弃去"，最后终于找到了一条"人人皆可为尧舜"的实践之路；其严于律己、人百己千的克己功夫又锻造着他的意志，强化着其在涉足的每一领域的造诣；至于其重实践的性格，则不仅直接促使其对朱学弊端的发现，而且也从根本上决定着其学说的性质和面貌。所以，如果将阳明学说与为人实践相统一的哲学比作一个圆，那么，这三种性格特征便是决定这一圆之规模、范围的三个点。当阳明具备了这些性格特征时，其人生世界的主观条件便基本具备了，至于其日后的泛观博览与种种厄运，不过是对这种主观条件的一种"动心忍性，增益其所不能"罢了。

二、早年经历——博览与"陷溺"

18岁以后，阳明开始了一个兴趣广泛的涉猎时期。当然，这也就开始了其早年经历中的几次重大的"陷溺"。

这一年的重大事件是"始慕圣学"，并定下了学圣贤的基本志向。在此之前，当阳明始就塾师时，就曾因"第一等事"引发了"读书学圣贤"的想法，但当时主要是希慕"第一等事"，表现的也仅仅是少年阳明的狂气，因而还谈不上对圣贤之学的真正志向。这一次则是因为拜访了当时的名儒娄谅，受到了"圣人必可学而至"的勉励，因而真正立下了学做圣贤的志向。对这一过程，《年谱》作了这样的记载：

> 先生以诸夫人归，舟至广信，谒娄一斋谅，语宋儒格物之学，谓"圣人必可学而至"，遂深契之。……命从弟冕、阶、宫及妹婿牧相与先生讲析经义。先生日则随众课业，夜则搜取诸经子史读之，多至夜分。①

---

① 钱德洪：《年谱一》，王守仁：《王阳明全集》卷三十三，吴光等编校，第1348页。

从这一记载来看，阳明不仅白天"随众课业""讲析经义"，而且以夜间"搜取诸经子史读之"作为补充。这说明，阳明此时的读书已经具有了明确的选择性，其标准就是为圣贤之学的需要。另一方面，在阳明看来，为圣贤之学与修举子业是统一的，从一定意义上说，举子业甚至是为圣贤之学的必要前提。

三年后，阳明即举于乡，这可以说是春风得意。但是，在第二年的会试中，他又落榜了。对于这次失意，虽然阳明也以"不动心"劝同舍，但这仅仅表明其不以功名为意而已，而对人生志向来说，阳明毕竟不能不动心。其动心的表现，便是"归余姚，结诗社龙泉山寺"①。实际上，这也就是"自委圣贤有分，乃随世就辞章之学"②。辞章虽不妨举子业，但毕竟不属于纯正的圣贤之学。这样，阳明虽然放弃了圣贤之学，却还不曾放弃举子业。事实上，正是举子业构成了阳明从圣贤之学到辞章之学的转换中介。这一转换，也就同时开始了阳明早年第一次重大的"陷溺"。

之所以说是"陷溺"，一则因为阳明以辞章之学取代了圣贤之学；另一方面，对于自幼就有杰出的文学才能的阳明来说，辞章确实能使其陷溺进去。这一陷溺的时间较长，直到27岁时才有所变化。在这期间，因"边报甚急，朝廷推举将才"，故阳明一度"留情武事，凡兵家秘书，莫不精究。每遇宾宴，尝聚果核列阵势为戏"③。在阳明看来，当时的武举"仅得骑射搏击之士"，所以，阳明对武事的留心，一开始就是从"韬略统驭之才"上着眼的。④自然，这表现出阳明对安邦治国的重视。

27岁这一年是阳明思想上复杂多变的一年。此前，经过几年对辞章的钻研，阳明的文才已大有长进，但又深感："辞章艺能不足以通至道，求师友于天下又不数遇，心持惶惑。"⑤在这种状态下，阳明又自己摸索回圣贤之学的轨道上来了。"一日读晦翁上宋光宗疏，有曰：'居敬持志，为读书之本，循序致精，为读书之法。'乃悔前日探讨虽博，而未尝循序以致精，宜无所得；又循其序，思得渐渍

---

① 钱德洪：《年谱一》，王守仁：《王阳明全集》卷三十三，吴光等编校，第1349页。
② 钱德洪：《年谱一》，王守仁：《王阳明全集》卷三十三，吴光等编校，第1348页。
③ 钱德洪：《年谱一》，王守仁：《王阳明全集》卷三十三，吴光等编校，第1349页。
④ 钱德洪：《年谱一》，王守仁：《王阳明全集》卷三十三，吴光等编校，第1349页。
⑤ 钱德洪：《年谱一》，王守仁：《王阳明全集》卷三十三，吴光等编校，第1349页。

洽浃，然物理吾心终若判而为二也。沉郁既久，旧疾复作，益委圣贤有分。"①

这是对圣贤之学的又一次实践探索，结果却是同样的失败。这时，阳明的情绪非常低落。第一次失败的结果是"随世就辞章之学"②，这一次则因为认识到"辞章艺能不足以通至道"，加上旧病的复发，因而不仅对圣贤之学灰了心，而且对人生也有了厌倦之意。在这种情况下，"偶闻道士谈养生，遂有遗世入山之意"③。对于道教，可以说阳明并不陌生，其"八岁而即好其说"④。17岁完婚之日，又因"偶闲行入铁柱宫，遇道士趺坐一榻，即而叩之，因闻养生之说，遂相与对坐忘归"⑤。当时，阳明对道家和道教的爱好，至多不过是猎奇，而这一次则是在精神与身体双重需要的推动下去钻研的，因而构成了阳明早年经历中第二次重大的"陷溺"。

正当阳明身心交瘁，以养生为慰藉时，其在次年的会试中又高榜夺魁。虽然状元被"走后门者"夺走了，但"举南宫第二人"⑥也并非易得，故阳明一度寂落的心又渐次复苏过来，对已经厌倦的辞章也重新热了起来。一时间，"与太原乔宇，广信汪俊，河南李梦阳、何景明，姑苏顾璘、徐祯卿，山东边贡诸公以才名争驰骋"⑦。能与当时的七才子"以才名争驰骋"，说明阳明当时在辞章方面已有相当造诣。但阳明对这些并不满意，因为此前已经认识到"辞章艺能不足以通至道"。之所以对这些已经厌倦的行当重新热起来，充其量表明阳明将"遗世入山之意"暂时放到一边而又萌发了经世热情而已。

这年秋，阳明奉命督造威宁伯王越坟。利用这一机会，阳明"驭役夫以什伍法，休食以时，暇即驱演'八阵图'"⑧。这自然是对以前"精究兵家秘书"所得到的军事理论的一个极好的实地训演。事竣之后，"威宁家以金帛谢，不受；乃出威宁所佩宝剑为赠，适与

---
① 钱德洪：《年谱一》，王守仁：《王阳明全集》卷三十三，吴光等编校，第1349—1350页。
② 钱德洪：《年谱一》，王守仁：《王阳明全集》卷三十三，吴光等编校，第1349页。
③ 钱德洪：《年谱一》，王守仁：《王阳明全集》卷三十三，吴光等编校，第1350页。
④ 王守仁：《答人问神仙》，《王阳明全集》卷二十一，吴光等编校，第887页。
⑤ 钱德洪：《年谱一》，王守仁：《王阳明全集》卷三十三，吴光等编校，第1347页。
⑥ 钱德洪：《年谱一》，王守仁：《王阳明全集》卷三十三，吴光等编校，第1350页。
⑦ 黄绾：《阳明先生行状》，王守仁：《王阳明全集》卷三十八，吴光等编校，第1555—1556页。
⑧ 钱德洪：《年谱一》，王守仁：《王阳明全集》卷三十三，吴光等编校，第1350页。

梦符,遂受之"①。这是说,阳明少年时"尝梦威宁伯授以宝剑"②。但是,从这一梦,到精究兵家秘书乃至驱民工演八阵图,都生动地表现了阳明自幼以来思想上一直跳跃着的经略四方的志向。所以,从驱民工演八阵图一事中,"识者已知其有远志"③。

接着,因天上出现彗星,又逢边关报警,皇上乃下诏求言。阳明其时正激荡着一股昂扬之气,加之其少时曾游居庸三关,谙熟军事及边关情况,因而随即上《陈言边务疏》,并提出了八项建议:"一曰蓄材以备急,二曰舍短以用长,三曰简师以省费,四曰屯田以足食,五曰行法以振威,六曰敷恩以激怒,七曰捐小以全大,八曰严守以乘弊。"④虽然其中主要是言边务,但对当时的朝政也提出了明确的批评,如:"今之大患,在于为大臣者外托慎重老成之名,而内为固禄希宠之计;为左右者内挟交蟠蔽壅之资,而外肆招权纳贿之恶。习以成俗,互相为奸。"⑤这种批评,固然深刻而中肯,但也因此而必然被打入冷宫。多年后,当阳明回忆这一上疏时感慨地说:"是疏所陈亦有可用。但当时学问未透,中心激忿抗厉之气。若此气未除,欲与天下共事,恐于事未必有济。"⑥至此,青年阳明的经世热情可以说达到了一个高潮。但是,由于他的建议得不到采纳,因而随着时间的推移,这种热情必然会渐渐凉下来,这就势必又将其推回到佛老之路上去。

30岁,阳明奉命审录江北。事竣后,遂游九华山,宿无相、化城诸寺,开始了与佛的接触,并与蔡蓬头有"仙家气象"之问。其间"闻地藏洞有异人,坐卧松毛,不火食,历岩险访之。正熟睡,先生坐傍抚其足。有顷醒,惊曰:'路险何得至此!'因论最上乘曰:'周濂溪、程明道是儒家两个好秀才。'后再至,其人已他移,故后有会心人远之叹"⑦。

这是关于阳明思想状况的又一段重要记载。从这一记载来看,阳明游九华,宿僧寺,询仙家气象,对佛老的兴趣当已不浅。但是,

---

① 钱德洪:《年谱一》,王守仁:《王阳明全集》卷三十三,吴光等编校,第1350页。
② 黄绾:《阳明先生行状》,王守仁:《王阳明全集》卷三十八,吴光等编校,第1556页。
③ 黄绾:《阳明先生行状》,王守仁:《王阳明全集》卷三十八,吴光等编校,第1556页。
④ 王守仁:《陈言边务疏》,《王阳明全集》卷九,吴光等编校,第317页。
⑤ 王守仁:《陈言边务疏》,《王阳明全集》卷九,吴光等编校,第316页。
⑥ 钱德洪:《刻文录叙说》,王守仁:《王阳明全集》卷四十一,吴光等编校,第1749—1750页。
⑦ 钱德洪:《年谱一》,王守仁:《王阳明全集》卷三十三,吴光等编校,第1351页。

访异人，论最上乘，其心中所关注的仍然是早年"读书学圣贤"的"第一等事"。而对异人"周濂溪、程明道是儒家两个好秀才"的由衷认同，说明阳明在经过对朱学的两次实践失败以后，已经试图上溯周程来探讨圣贤之学。显然，阳明对朱学实践的失败虽然使其暂时放下了圣贤之学，但这一志向却没有完全泯灭。

正是出于这种心态，当阳明在31岁回到京城时，便对那曾一度使自己"以才名争驰骋"的辞章之学充满了不屑之感。故对辞章旧友的相邀，报以"吾焉能以有限精神为无用之虚文也"①。阳明弟子王龙溪更具体地记述了阳明当时的思想状况："弘、正间，京师倡为词章之学，李、何擅其宗，先师更相倡和。既而弃去，社中人相与惜之。先师笑曰：'使学如韩、柳，不过为文人，辞如李、杜，不过为诗人，果有志于心性之学，以颜、闵为期，非第一等德业乎？'就论立言，亦须一一从圆明窍中流出，盖天盖地，始是大丈夫所为，傍人门户，比量揣拟，皆小技也。"②这无疑是对辞章之学的诀别。如果说阳明27岁时已经感到"辞章艺能不足以通至道"，但因找不到出路而因循不决，那么，这一次则借助佛老之学，依稀看到了"第一等德业"的方向。

不仅如此，阳明这一年也有了告别佛老的意向。当他告病归越后，便筑室阳明洞，练起了导引术，并且达到了"先知"的地步。但很快又感到"此簸弄精神，非道也"，不过，一时又割不断对它的兴趣。这种矛盾心理表现在行为上，便是时而"往来南屏、虎跑诸刹"，"思离世远去，惟祖母岑与龙山公在念"；时而又"复思用世"。③对于自己的这种心理，阳明在《朱子晚年定论序》中作了如实的剖白："守仁蚤岁业举，溺志辞章之习，既乃稍知从事正学，而苦于众说之纷挠疲苶，茫无可入，因求诸老释，欣然有会于心，以为圣人之学在此矣。然与孔子之教间相出入，而措之日用，往往阙漏无归。依违往返，且信且疑。"④

这种因循不决的状况持续了大约两年，直到33岁主持山东乡试时才告一段落。可以想见，在这两年中，阳明一定是时而感慨、时

---

① 钱德洪：《年谱一》，王守仁：《王阳明全集》卷三十三，吴光等编校，第1351页。
② 黄宗羲：《浙中王门学案二》，《明儒学案》卷十二，沈芝盈点校，第252页。
③ 钱德洪：《年谱一》，王守仁：《王阳明全集》卷三十三，吴光等编校，第1351页。
④ 王守仁：《朱子晚年定论序》，《王阳明全集》卷七，吴光等编校，第267—268页。

而疑虑地探究着佛老的玄旨妙理。但是，当他主持山东乡试时，便已经坚定了对佛老的看法，这就是"佛老为天下害，已非一日"[①]。究其原因，则是"由于圣学不明"[②]。这说明，经过两年"且信且疑"、参证互校式的探索，阳明已经坚定地站到儒家的立场上了，只是一时还提不出救治的具体方案而已。这样，阳明泛观博览而又屡屡"陷溺"的青年时期便基本告结了。

如果将阳明这一时期的思想脉络梳理一下，那么，虽然阳明时而骑射，时而辞章，时而佛老，但在这种种"陷溺"的背后并推动着阳明从这一陷溺转为另一陷溺的，则始终是一个志向，这就是对"第一等事"的探寻。这自然是阳明性格的表现。在这一探索的过程中，阳明的心始终跳跃于两个面向之间：入世与出世。当阳明由"始慕圣学"而业举而辞章，又由辞章而佛老，最后以"圣学不明"作为归结时，便几乎是由入世而出世、又由出世而入世这一逻辑线索的历史投影。所以，此时的阳明虽然还提不出救治圣学的具体方案，但其探索圣学的大致方向，却已经基本上预定了。

三、龙场前后——从方向确立到思想的初步形成

从33岁主持山东乡试起，阳明已经基本上告别佛老而返归于孔孟圣学了。在《附山东乡试录》中，阳明从"礼乐""纲纪"到"名器""用人"乃至"分封""清戎""御夷""息讼"等都形成了较为系统的看法，因而"录出，人占先生经世之学"[③]。但是，唯独对阳明自少年起便兢兢念念之儒学的改进方向却没有明确的标的。因而自此以后，阳明必然要专注于这方面的探讨。这主要是通过周、程所标示的方向并以对当时儒学弊端的确认来进行的。

经过一年多的精思力索，阳明认识到，当时的儒学已经流落为词章记诵之学。就是说，由于它脱离道德实践，因而充其量只是记诵一些词章、训条，而这些词章训条事实上又不过是获取功名利禄的敲门砖。究其原因，则是因为这种学说本身是游离于身心之外的

[①] 王守仁：《附山东乡试录》，《王阳明全集》卷二十二，吴光等编校，第948页。
[②] 钱德洪：《年谱一》，王守仁：《王阳明全集》卷三十三，吴光等编校，第1352页。
[③] 钱德洪：《年谱一》，王守仁：《王阳明全集》卷三十三，吴光等编校，第1352页。

"口耳之学"。这样，阳明改进当时儒学的方向终于明确了，这就是"身心之学"。这一年，阳明34岁，《年谱》记载说：

> 学者溺于词章记诵，不复知有身心之学，先生首倡言之，使人先立必为圣人之志。闻者渐觉兴起，有愿执贽及门者。至是专志授徒讲学。①

这是关于阳明初创学派时的一段重要记载。其中词章记诵是特指当时的儒学而言的。在以后《答罗整庵少宰书》中，阳明干脆这样概括："世之讲学者有二：有讲之以身心者；有讲之以口耳者。讲之以口耳，揣摸测度，求之影响者也；讲之以身心，行著习察，实有诸己者也。"②对这种以词章记诵为特征的口耳之学及其弊端，阳明在《传习录》中作了更深刻的揭示："故不务去天理上着工夫，徒弊精竭力，从册子上钻研，名物上考索，形迹上比拟，知识愈广，而人欲愈滋，才力欲多而天理愈蔽。"③相反，阳明所倡导的"身心之学"则要求实有诸己，故"使人先立必为圣人之志"。因为立志也就是实以之心而现诸身，所以是"行著习察"的"身心之学"。至此，阳明刷新圣学的方向以及其身心之学的基本特征便已经明晰了，所以打算"专志授徒讲学"。

不过，阳明当时的讲学还带有"随地兴起"的意味，因为仅凭"使人先立必为圣人之志"这一点，虽可补救词章记诵的弊端，但还不足以抗衡于以《大学》为经典的朱学体系，尤其是朱熹对作为《大学》实下手处的格物条目的解释，阳明无论如何都走不通。这一点，阳明早年曾两次败北，现在，身心之学的方向虽不谬于《大学》，但立志一说却与格物挂不起来，因而阳明不能不"恒疚于心"。另一方面，在"此亦一述朱，彼亦一述朱"的思潮背景下独倡身心之学而以"立志"为入手工夫，也难免时论"立异好名"之非议。在这双重的阻力面前，阳明当时也是"岌岌乎仆而复兴"④。但就在

---

① 钱德洪：《年谱一》，王守仁：《王阳明全集》卷三十三，吴光等编校，第1352页。
② 王守仁：《答罗整庵少宰书》，《王阳明全集》卷二，吴光等编校，第85页。
③ 王守仁：《语录一》，《王阳明全集》卷一，吴光等编校，第32页。
④ 王守仁：《别湛甘泉序》，《王阳明全集》卷七，吴光等编校，第257页。

这时,阳明结识了明初心学大师陈白沙的弟子湛甘泉。

陈白沙是明初最重要的心学家,在当时已经取得了时人一定程度的认可,并且有一定的影响。所以,在弘治乙丑(1505)的会试中,甘泉的试卷便被考官一眼认出:"此非白沙之徒,不能为也。"① 当时,甘泉刚中进士,为翰林庶吉士,面对阳明"实有诸己"的身心之学,甘泉从白沙"自得"之学的角度引为同道;而对阳明来说,能得到学有渊源之甘泉的认同,至少也代表着儒学传统对自己的肯认。所以,在后来所作的《别湛甘泉序》中,阳明对他们的交往情况作了这样的追述:"某幼不问学,陷溺于邪僻者二十年,而始究心于老、释。赖天之灵,因有所觉,始乃沿周、程之说求之,而若有得焉。顾一二同志之外,莫予翼也,岌岌乎仆而后兴。晚得友于甘泉湛子,而后吾之志益坚,毅然若不可遏,则予之资于甘泉多矣。"② 其实,这个"资于甘泉",与其说是思想观点上的,不如说主要是探索志向上的。因为终二人一生,他们的思想旨趣始终隔着一层。在当时,他们主要是在"自得"与"实有诸己"的心与理一这一点上共鸣的,所以,他们"一见定交,共以倡明圣学为事"③。

但就在这时,阳明又卷入了政治斗争的旋涡,并且遭到了前所未有的沉重打击。当时,15岁的武宗初继位,朝臣在与宦官争夺权力的斗争中失利,孝宗的顾命大臣刘健被革职,南京户部给事中戴铣等上疏要求起复刘健,被刘瑾矫旨解京入狱。阳明时为兵部主事,面对这一情况,认为不能不尽人臣之宜。于是抗疏救铣。在疏中,由于阳明既要求皇帝"追收前旨""明改过不吝之勇",又要求"宥言官、去权奸"④,将矛头直指刘瑾,因而"疏入,亦下诏狱"⑤。

这的确是出乎意料的打击。初入狱中,阳明"夜展转而九起兮,沾予襟之如泗"⑥。但反思自己的忠诚之志,阳明认为并不应有任何改变,甚至认为:"苟圣明之有神兮,虽九死其焉恤!"⑦ 但是,想到皇帝的昏庸、权奸当道的现实,阳明又认为自己是:"思家有泪仍

---

① 黄宗羲:《甘泉学案一》,《明儒学案》卷三十七,沈芝盈点校,第875页。
② 王守仁:《别湛甘泉序》,《王阳明全集》卷七,吴光等编校,第257—258页。
③ 钱德洪:《年谱一》,王守仁:《王阳明全集》卷三十三,吴光等编校,第1352页。
④ 王守仁:《乞宥言官去权奸以彰圣德疏》,《王阳明全集》卷九,吴光等编校,第323页。
⑤ 钱德洪:《年谱一》,《王阳明全集》卷三十三,吴光等编校,第1353页。
⑥ 王守仁:《吿言》,《王阳明全集》卷十九,吴光等编校,第732页。
⑦ 王守仁:《吿言》,《王阳明全集》卷十九,吴光等编校,第732—733页。

多病，报主无能合远投。"①所以，以后的打算便是："箪瓢有余乐，此意良匪矫。幽哉阳明麓，可以忘吾老。"②

但是，既然已经介入了政治斗争，其结局便非个人所能左右。这年十二月，阳明被贬往贵州龙场任龙场驿。在赴谪途中，刘瑾又派人跟踪，企图害阳明于途，阳明"乃托为投江，潜入武夷山中"③。直到次年二月，才辗转到达龙场。龙场地处贵州西北万山丛棘中，自然条件十分恶劣，语言不通，"可通语者，皆中土亡命。旧无居，始教之范土架木以居"④。更为险恶的是，刘瑾仍不死心，时时派人来窥测阳明的动向。刘瑾与阳明之父王华素有旧怨，故对阳明是必欲杀之而后快。贬往龙场，本来就是想置阳明于必死之地，而跟踪、窥测的目的自然是不待言说的。

对于这一切，阳明自然比任何人都清楚，但他"自计得失荣辱皆能超脱，惟生死一念，尚觉未化，乃为石椁自誓曰：'吾惟俟命而已！'日夜端居澄默，以求静一；久之，胸中洒洒。"⑤这自然是阳明在生死线上的一段煎熬，但他以坦然等死的"端居澄默"居然超越了生死忧念，从而"胸中洒洒"地面对现实。这是阳明以前所不曾有过的人生体验，所以，反倒一下子振作起来：

> 因念："圣人处此，更有何道？"忽中夜大悟格物致知之旨，寤寐中若有人语之者，不觉呼跃，从者皆惊。始知圣人之道，吾性自足，向之求理于事物者误也。乃以默记五经之言证之，莫不吻合，因著《五经臆说》。⑥

这就是阳明的龙场大悟。这一过程虽然是通过中夜大悟的方式实现的，实际上不过是阳明以突破生死关的方式解决了20多年一直埋藏在心中的格物疑团而已，所以是猛醒——不觉呼跃。让我们从其前后的思想变化来分析这一过程。

---

① 王守仁：《狱中诗十四首》，《王阳明全集》卷十九，吴光等编校，第748页。
② 王守仁：《狱中诗十四首》，《王阳明全集》卷十九，吴光等编校，第747页。
③ 黄绾：《阳明先生行状》，王守仁：《王阳明全集》卷三十八，吴光等编校，第1556页。
④ 钱德洪：《年谱一》，王守仁：《王阳明全集》卷三十三，吴光等编校，第1354页。
⑤ 钱德洪：《年谱一》，王守仁：《王阳明全集》卷三十三，吴光等编校，第1354页。
⑥ 钱德洪：《年谱一》，王守仁：《王阳明全集》卷三十三，吴光等编校，第1354页。

当阳明面临生死威胁的时候，心中无疑是不平静的，但既不能反抗，也无法逃避，因而只能是"俟命而已"。不过，与其俟命，不如正视死亡，认真地思考死亡。《传习录》中有两段关于生死的思考可以看作阳明当时思想状况的真实写照，兹引如下：

> 学问功夫，于一切声利嗜好俱能脱落殆尽，尚有一种生死念头毫发挂带，便于全体有未融释处。人于生死念头，本从生身命根上带来，故不易去。若于此处见得破，透得过，此心全体方是流行无碍，方是尽性至命之学。①
>
> 只为世上人都把生命身子看得来太重，不问当死不当死，定要宛转委曲保全，以此把天理却丢去了。忍心害理，何者不为？若违了天理，便与禽兽无异，便偷生在世上百千年，也不过做了千百年的禽兽。学者要于此等处看得明白。比干、龙逢，只为他看得分明，所以能成就得他的仁。②

显然，阳明对死亡威胁从"搪塞排遣"到"胸中洒洒"，不过是一个从看不透到"见得破，透得过"的转向过程，而这也就是其格物说中的正心、正意、正念头。圣人之所以能够生富贵，处乎富贵，生贫贱，处乎贫贱，无往而不自得，原来也就是时时正念、事事正念。这样，埋藏胸中达20年之久的格物疑团终于解开了，自己对生死忧念的超越，则正可以说是对这一格物致知之旨的先行实践。自此以往，万事万物，莫不皆然。这自然是一个猛醒，也值得呼跃；而作为结论，也就是"圣人之道，吾性自足"，"格物之功，只在身心上做"③。为了确证这一生死体验的正确性，阳明当即"以默记五经之言证之，莫不吻合"。这样，阳明对这一大悟的结论便"沛然若决江河而放诸海"④了。

这一悟使王阳明的人生发生了根本的变化。虽然死亡的危险依然存在，但阳明却没有必要再坐在石椁上"端居澄默"了；虽然自然环境依然是那么恶劣，但阳明却不再沉浸于牢骚幽怨之中。"以

---

① 王守仁：《语录三》，《王阳明全集》卷三，吴光等编校，第123页。
② 王守仁：《语录三》，《王阳明全集》卷三，吴光等编校，第117页。
③ 王守仁：《语录三》，《王阳明全集》卷三，吴光等编校，第136页。
④ 王守仁：《朱子晚年定论》，《王阳明全集》卷三，吴光等编校，第144页。

所居湫湿，乃伐木构龙冈书院及寅宾堂、何陋轩、君子亭、玩易窝……"①这些不毛之地的草棚、山洞，也一一被阳明诗意般地美化了。其生活状况是："放锄息重阴，旧书漫披阅。倦枕竹下石，醒望松间月。起来步闲谣，晚酌檐下设……"②其居住环境也成了："人力免结构，天巧谢雕凿。清泉傍厨落，翠雾还成幕……虽无荣戟荣，且远尘嚣聒……"③

时间一长，"夷人亦日来亲狎"，本地的青年学子也纷纷来向阳明问学。一时间，"门生颇群集"，阳明则以"立志、勤学、改过、责善"作为基本学规。时任提督学政的席元山，也闻名前来问学，并与阳明展开了如下一段对话：

> 始席元山书提督学政，问朱陆同异之辨。先生不语朱陆之学，而告之以其所悟。书怀疑而去。明日复来，举知行本体证之五经诸子，渐有省。往复数四，豁然大悟，谓："圣人之学复睹于今日；朱陆异同，各有得失，无事辩诘，求之吾性本自明也。"遂与毛宪副修葺书院，身率贵阳诸生以所事师礼事之。④

这是阳明此前思想的一个总结和发展，即《年谱》所谓的"是年先生始论知行合一"。但是，问题缘起于席元山的朱陆同异之辩，因而须从阳明的答上找到正解。阳明对席元山之问共作了两次答复，其一是"不语朱陆之学，而告之以其所悟"。这里的"不语"不是不答，而是以其所悟来答，亦即"圣人之道，吾性自足，向之求理于事物者误也"，也就是席元山的"求之吾性，本自明也"。这里的"吾性"，不是枯寂本原之性，而是动态之性，亦即人生实践中发用流行的道德本心。显然，在阳明看来，朱陆同异的问题不是一个理论辩说的问题，而是一个实践体验、在实践中以道德本心来验证的问题，这就是阳明"不语"的原因。但是，对这一不答之答，席元山尚不明白，因而阳明又"举知行本体证之五经诸子"，这就是再答了。"举知行本体"即换一个角度，从"知行本体"的角度说，所

---

① 钱德洪：《年谱一》，王守仁：《王阳明全集》卷三十三，吴光等编校，第1354—1355页。
② 王守仁：《西园》，《王阳明全集》卷十九，吴光等编校，第772页。
③ 王守仁：《始得东洞遂改为阳明小洞天三首》，《王阳明全集》卷十九，吴光等编校，第769页。
④ 钱德洪：《年谱一》，王守仁：《王阳明全集》卷三十三，吴光等编校，第1355页。

谓"知行本体"是指知与行的本然关系，亦即实践中二者"一时并在"的关系。自然，"举知行本体"就是从实践的角度说，而"证之五经诸子"则是以《五经臆说》中对五经的理解作为旁证。正是在这样的启发下，席元山才在"渐有省""往复数日"之后，便"豁然大悟""求之吾性，本自明也"。显然，"知行合一"作为一个命题，是出自阳明对龙场大悟及朱陆异同之辩的说明，其内容也含括于龙场大悟之中。但是，由于人们对这一命题"纷纷异同，罔知所入"，因而阳明在反复的解释中遂使其逐步独立。不过，不管阳明以后对"知行合一"的含义有多少发展，其"始论知行合一"的"知行本体"之说，都是把握这一命题的基本出发点。

由于阳明已经从艰苦而危险的环境中超越出来了，因而其"身心之学"的思想内容也得以充实了。自此以后，阳明便要以其在生死经历中的证悟来发展学说并启迪弟子了。

39岁这年，阳明贬谪期满，升任江西庐陵县知县。在不到一年的任期里，他充分施展其经世之学，"慎选里正三老"并"绝镇守横征，杜神会之借办，立保甲以弭盗，清驿递以延宾旅"。① 这一系列措施，使该县"囹圄日清"，民风为之一振。同时，他也不废讲学。还在路过常德辰州时，便"与诸生静坐僧寺，使自悟性体，顾恍恍若有可即者"②。到了这年年底，又在《答黄宗贤应原忠》一书中提出了"实践之功"，认为："学者欲为圣人，必须廓清心体，使纤翳不留，真性始见。"③ 这就需要对心体痛加"刮磨一番，尽去驳蚀，然后纤尘即见，才拂便去"④。此后，直到42岁官滁州时，阳明讲学的规模已经达到了空前的地步，其内容则仍然是在解答"静坐"中的各种问题。显然，从"归过常德辰州"到滁州，无论是"静坐僧寺"还是"实践之功"，都基本上是阳明龙场经历的重演，阳明也是试图以这种方式来使弟子领略他在龙场"端居澄默"之所见的。其弟子的"先生立教皆经实践"⑤也就指此而言。

至此，阳明思想成熟后的第一阶段便基本告结了。从阳明性格

---

① 钱德洪：《年谱一》，王守仁：《王阳明全集》卷三十三，吴光等编校，第1356—1357页。
② 钱德洪：《年谱一》，王守仁：《王阳明全集》卷三十三，吴光等编校，第1357页。
③ 钱德洪：《年谱一》，王守仁：《王阳明全集》卷三十三，吴光等编校，第1358页。
④ 王守仁：《答黄宗贤应原忠》，《王阳明全集》卷四，吴光等编校，第164页。
⑤ 钱德洪：《年谱一》，王守仁：《王阳明全集》卷三十三，吴光等编校，第1358页。

来看，如果说在其泛观博览从而屡屡"陷溺"的青年时期起推动作用的主要是其雄豪气，那么，这一阶段则起始于其雄豪气而终结于克己功——龙场的居夷处困，实际上就是其雄豪气与克己功矛盾冲突的外在表现。从思想兴趣来看，阳明在前一时期时时徘徊于入世与出世两种面向之间，经过龙场的居夷处困，由于克己功对雄豪气的校正，从而使其虽然痛苦但又顺利地解决了这一问题，这就是以出世的精神对待入世的境遇并干入世的事业。作为理学家，这当然是思想成熟的表现。这样，阳明此前思想上入世与出世的矛盾便已经转化为做人与为学的矛盾以及如何使为学与做人在人生实践中实地统一起来。应当说，对于这一矛盾，阳明此时还没有找到切实有效的统一途径。

四、南京至南赣——思想转向时期

南京到南赣，上起于阳明升任南京鸿胪寺卿，下止于以都察院左佥都御史的身份平定南赣流寇。之所以将南赣划归这一时期，是因为无论从人生境遇的角度看，还是从思想发展的角度考察，南赣与南京都保持着相对的统一。从人生境遇的角度看，这是阳明较为平稳的一个时期，因为它既没有龙场那样艰苦卓绝的居夷处困，也不像日后宁藩、忠泰之变中那样生死在即而形势多变。其间虽然也有军旅活动，但对阳明来说，不过是"剪除鼠窃，何足为异"[①]。从思想发展的角度看，在这一时期，阳明也对其龙场以来的思想进行了一个系统的总结，并发生了一些倾向性的变化。从为学教法来看，这一时期的教法与滁州以前的教法相比，则具有明显的变化。统而言之，这一时期是阳明龙场以后的一个思想转向时期，也是从龙场到江右的一个过渡时期。

43岁这年四月，阳明升任南京鸿胪寺卿。到南京后，阳明很快发现了滁州教法的弊端。《年谱》载：

> 客有道自滁游学之士多放言高论，亦有渐背师教者。先生曰："吾年来欲惩末俗之卑污，引接学者多就高明一路，以救时弊。

[①] 钱德洪：《年谱一》，王守仁：《王阳明全集》卷三十三，吴光等编校，第1377页。

今见学者渐有流入空虚,为脱落新奇之论,吾已悔之矣。"①

所谓"高明一路",是指阳明过常德辰州的"与诸生静坐僧寺",在京师的"廓清心体"以及滁州时的"静坐涵养"。之所以称为高明一路,主要是相对于就日用事为间实地用功而言的,如果说后者是"下学",那么,前者就是所谓"上达",也就是从"本源上悟入"。这显然是阳明龙场悟道的重演。不过,阳明龙场的"端居澄默",是在生死危境的逼迫下痛下克己功,因而能从生死关上直接悟入;对于其弟子来说,由于缺乏生死在即的环境,因而"静时涵养",便"只定得气。当其宁静时,亦只是气宁静"②。所以,到南京以后,阳明不时检讨这种方法的弊端。直到晚年,也仍然认为这种方法"渐有喜静厌动、流入枯槁之病,或务为玄解妙觉,动人听闻"③。

当时,阳明的"悔"虽然表现在"多就高明一路"的教法上,但并非没有思想上的根源。从人生境遇来看,阳明自龙场以来,基本上是步步升迁,这无疑是人生中的顺境。虽然阳明从不以升迁为意,但升迁、顺境毕竟不同于逆境在思想上打下的烙印。另一方面,滁州以来,阳明思想的影响也日益扩大,不仅入门弟子达数百人,且"旧学之士皆日来臻"④。这种人生中的顺境使阳明逐渐增长了某些自是的念头,并将其龙场悟道的方法片面化、绝对化,从而忽略诸生资质,有轻忽实地用功的倾向。到了晚年,阳明才重新检讨自己思想上的毛病,这就是"吾自南京已前,尚有乡愿意思"⑤。所谓乡愿,就指其"多就高明一路"以合世好的意思。

不过,阳明并不完全否定这种教法,有时又承认其有一定的合理性。如"一日,论为学工夫。先生曰:'教人为学,不可执一偏。初学时心猿意马,拴缚不定,其所思虑多是人欲一边,故且教之静坐、息思虑。久之,俟其心意稍定,只悬空静守,如槁木死灰,亦无用,须教他省察克治。省察克治之功,则无时而可间。'"⑥甚至

---

① 钱德洪:《年谱一》,王守仁:《王阳明全集》卷三十三,吴光等编校,第1364页。
② 王守仁:《语录一》,《王阳明全集》卷一,吴光等编校,第15页。
③ 王守仁:《语录三》,《王阳明全集》卷三,吴光等编校,第119页。
④ 钱德洪:《年谱一》,王守仁:《王阳明全集》卷三十三,吴光等编校,第1363页。
⑤ 钱德洪:《年谱三》,王守仁:《王阳明全集》卷三十五,吴光等编校,第1421页。
⑥ 王守仁:《语录一》,《王阳明全集》卷一,吴光等编校,第18页。

还认为"省察是有事时存养，存养是无事时省察"①，这似乎又是将"静坐涵养"作为"省察克治之功"的准备和必要补充的。阳明思想上的这种矛盾状况，从主观上说，是乡愿根子未净的表现；从客观上看，则是其思想进一步深化的前奏。

但是，阳明毕竟发现了此前教法的弊端，而"省察克治实功"的提出，也首先是用来补救这些弊端的。对于省察克治，阳明的具体规定是："静时念念去人欲、存天理，动时念念去人欲、存天理，不管宁静不宁静。"②因为"若靠那宁静，不惟渐有喜静厌动之弊，中间许多病痛，只是潜伏在，终不能绝去，遇事依旧滋长。以循理为主，何尝不宁静；以宁静为主，未必能循理"③。这显然是以"无间于动静"的省察克治实功来取代"静坐涵养"的。

之所以如此，除了对"高明一路"教法的枯槁虚寂之病的救治外，朱子学的影响也是不可忽视的因素。因为自龙场大悟格物致知之旨以来，阳明与朱子学的矛盾一直使其"恒疚于心"。到南京后，为了救治自己门下的枯槁虚寂之病，同时，也为了解决自身与朱子学的矛盾，这就推动着他去重新检索朱子之书，故而就有一个对朱学的重新钻研时期。这一钻研的结果，一方面是《朱子晚年定论》，同时，其自身的思想也或多或少地吸取了朱学的部分因素，以存天理去人欲为主要内容的"省察克治实功"，无疑就有吸取朱子思想的因素。对阳明来说，这一"省察克治实功"也自然使其龙场以来高明一路的上达功夫，转到就日用事为间实地用功的下学功夫上来了。当时，这种"省察克治实功"也许还有因病立方之权宜意味，但是，随着阳明人生实践的深化，省察克治实功必然成为其学说中必不可少的一环或为学的基本功。

不久，阳明升任都察院左佥都御史，领命巡抚南赣各地，这就使其主持了一系列军事活动。对于这次活动，虽然阳明一直看作不过是"剪除鼠窃"而已，但作为思想家，其学说却不能不在军事活动中有所体现；而军事实践也必然会对其思想有促进性的影响。当他刚领巡抚之命，便向皇上进《攻治疏》，对朝廷"三省夹攻"之

---

① 王守仁：《语录一》，《王阳明全集》卷一，吴光等编校，第17页。
② 王守仁：《语录一》，《王阳明全集》卷一，吴光等编校，第15页。
③ 王守仁：《语录一》，《王阳明全集》卷一，吴光等编校，第15—16页。

命提出了不同看法，认为最好利用地方的小型部队，"假以赏罚，使得便宜行事，动无掣肘，可以相机而发，一寨可攻，则攻一寨；一巢可扑，则扑一巢……日剪月削，澌尽灰灭。此则如昔人拔齿之喻，齿拔而儿不觉者也。若欲夹攻以快一朝之忿，则计贼二万，须兵十万，积粟料财，数月而事始集。兵未出境，贼已深逃，锋刃所加，不过老弱胁从之辈耳。况狼兵所过，不减于盗。……民将何以堪命？此则一拔去齿，而儿亦随毙者也"[1]。"日剪月削"与"三省夹攻"自然是两种不同的平定策略，作为军事家，只要从实地情况出发，一般也都会作出"日剪月削"的平定之策。由于阳明此前一贯坚持"无事时，将好色、好货、好名等私欲逐一追究搜寻出来，定要拔去病根，永不复起，方始为快"[2]。因而对他来说，"三省夹攻"而一举歼灭可能更接近于其为学主张，也符合其性格特征。但是，在朝廷"三省夹攻"之命下达后，阳明仍以先后次第为由，将夹攻之策变成了各个歼灭的"日剪月削"方式，这自然也表现着其为学教法的变化。

如果说上述联系并不具有必然性，那么，在《奏设和平县疏》中，阳明对关于流寇的征讨与抚辑关系的分析则较为形象地表现着其为学教法的变化。他说："盖盗贼之患，譬诸病人，兴师征讨者，针药攻治之方；建县抚辑者，饮食调摄之道；徒恃攻治，而不务调摄，则病不旋踵，后虽扁鹊、仓公无所施其术也。"[3]在这里，阳明由"针药攻治"进而重视"饮食调摄"，并将后者看作根绝流寇的根本途径，这无疑是其为学教法由高明一路的本源悟入转而强调就日用事为间省察克治的同步逻辑。正因为其在平盗这一"去恶"与为学这一"扬善"方式上表现着同步的思想逻辑，因而在平定了南赣流寇之后，阳明不仅奏设新的县制、移巡检司，对流寇复起实行军事上的"拊背扼吭之策"[4]，而且进一步"立社学，举乡约，移风易俗"，甚至对童子也以歌诗的方式进行"培根涵养"，使其以"孝悌忠信礼义廉耻为专"。这就不仅将防盗去恶的工作落实于军事上，而且落实于愚夫愚妇的日用伦常之间了。

---

[1] 钱德洪：《年谱一》，王守仁：《王阳明全集》卷三十三，吴光等编校，第 1380 页。
[2] 王守仁：《语录一》，《王阳明全集》卷一，吴光等编校，第 18 页。
[3] 钱德洪：《年谱一》，王守仁：《王阳明全集》卷三十三，吴光等编校，第 1370 页。
[4] 钱德洪：《年谱一》，王守仁：《王阳明全集》卷三十三，吴光等编校，第 1370 页。

所以，南赣的军事活动，不仅表现了阳明南京以来思想与为学教法的发展变化，而且也在强化、巩固着这一变化。如果说南京时期阳明的省察克治之功还带有因病立方之权宜意味，那么，经过南赣军旅活动的实践，这一就日用事为间实地用功的省察克治实功便已经成为阳明思想发展中不可缺少的一环，成为其圣贤之学的一项基本功。其晚年的"事上为学，才是真格物"①，其致良知的"事上磨炼"，实际上也都源于南京时期，是以南京时期的"省察克治实功"为肇始的。

正因为有从思想到为学教法的转向作基础，因而阳明这一时期不仅刊刻了《朱子晚年定论》《传习录》，而且还刊刻了《大学古本》，使其龙场的"大悟格物致知之旨"发展为关于《大学》的系统思想，并以诚意为主，对从格致诚正到修齐治平，都作出了重新的解读与诠释。这表明，阳明不同于朱子的为学路线已经形成。但是，这一为学路线又不仅仅是从龙场到滁州式的"默坐澄心"或"静坐涵养"，而是就日用事为间实地用功的。因此，在后来的《答顾东桥书》中，对顾东桥关于格物致知说之"未免坠于佛氏明心见性、定慧顿悟之机"②的诸多指责，阳明反驳说："区区格致诚正之说，是就学者本心日用事为间，体究履践，实地用功，是多少次第、多少积累在，正与空虚顿悟之说相反。"③所谓"体究践履，实地用功"，也就是就日用事为间省察克治的"事上为学"，而阳明在南赣的回军休士之暇对"入道之方"的讨论，实际上也含括着以南京以来的省察克治实功补充、校订从龙场到滁州的"默坐澄心"教法。所以说，正是南京以来的省察克治实功以及在南赣对这一教法的实践，使阳明从早期"默坐澄心"而又有空虚顿悟之嫌的教法中超越出来了。

这一超越，就使阳明的身心之学由主观"立志"之愿望式的转变为主体实践追求式的，从而使阳明的格物说也由仅仅内在的正心、正意与正念头转变为内外统一而正事的。这就使阳明哲学进一步显现出了实践的品格。但是，此时的阳明虽然以天理为头脑，以存天理去人欲为功夫，却还指不出"天理为何如也"，只能让人"自求

---

① 王守仁：《语录三》，《王阳明全集》卷三，吴光等编校，第107页。
② 王守仁：《答顾东桥书》，《王阳明全集》卷二，吴光等编校，第46页。
③ 王守仁：《答顾东桥书》，《王阳明全集》卷二，吴光等编校，第46页。

之"。① 这就预示了阳明哲学进一步发展的方向：必然要使天理从日常生活中实地显现出来。

五、江右证透——良知说的提出

南赣的军事活动，使阳明在讲学与事功方面都获得了成功，也为其在社会上赢得了显赫的声望。一方面，《传习录》《大学古本》的刊刻，使阳明的学说带上了一体化的特色，而其在回军休士之暇的讲学活动中又使许多有名望的士流竞相拜倒；另一方面，南赣的赫赫战功，又使其获得了朝廷的屡屡嘉奖，虽然阳明屡奖屡辞，但在南赣军事活动结束时，就已经升任都察院右副都御史，荫子锦衣卫，世袭副千户了。这就已经是超出"常典"的奖励了。这样，自告别龙场以来，阳明的人生顺境便走向了顶点。

48岁这年六月，福建发生兵变，阳明奉命前往勘查。刚到丰城，宁王朱宸濠在南昌发动了叛乱。朱宸濠是武宗的叔辈，封南昌，久蓄异志，"欲阴入第二子为武宗后"②，失败后，又内结朝臣，外罗士流，私造兵器，以伺机会。朝廷发现其有不轨之图，遣驸马都尉崔元往谕，宁藩在朝内应以为朝廷已经完全掌握了其阴谋，乃昼夜奔告。濠闻变，即假称得太后"起兵监国"的密旨，从而发动藩乱。这样，一场争夺帝位的皇族内讧便爆发了。

当时，宁藩"劫诸司据会城，乃悉拘护卫集亡命，括丁壮，号兵十万，夺运船顺下。戊寅，袭南康，知府陈霖等遁。己卯，袭九江，兵备曹雷、知府汪颖、指挥刘勋等遁。属县闻风皆溃"③。阳明其时正在赴新任途中，得到这一消息，急返吉安，"值南风急，舟弗能前，乃焚香拜泣告天曰：'天若哀悯生灵，许我匡扶社稷，愿即反风。若无意斯民，守仁无生望矣。'……濠遣内官喻才领兵追急，是夜乃与幕士萧禹、雷济等潜入鱼舟得脱"④。一到吉安，阳明一边上疏告变，一边传檄四方，檄列郡起兵以勤王。宸濠本来计划径袭南京，遂犯北京。为了争取时间，阳明又张疑兵、设反间，使宸濠

---

① 钱德洪：《年谱二》，王守仁：《王阳明全集》卷三十四，吴光等编校，第1412页。
② 钱德洪：《年谱二》，王守仁：《王阳明全集》卷三十四，吴光等编校，第1389页。
③ 钱德洪：《年谱二》，王守仁：《王阳明全集》卷三十四，吴光等编校，第1392页。
④ 钱德洪：《年谱二》，王守仁：《王阳明全集》卷三十四，吴光等编校，第1392页。

一时不敢妄动。待其知道中计后，乃过九江、围安庆，而阳明则率领各郡勤王之师包围了南昌。等到宸濠回救南昌时，阳明已拔南昌，并迎战于鄱阳湖，几个回合后，宸濠便被生擒。于是，这一历时不足两月的藩乱便被彻底平息了。

这时，武宗皇帝才自命为威武大将军，在一帮太监的簇拥下，逶迤而来。虽然捷音已上，但武宗仍以"元恶虽擒，逆党未尽"[①]为由，继续南下，实际上是想借机巡游一番。到南京后，张忠、许泰便派人到南昌追索宸濠，要求先纵宸濠于鄱阳湖，"俟武宗亲与遇战，而后奏凯论功"[②]。但阳明不听这一套，连夜过玉山、赴钱塘，将宸濠交付张永，便称病进住西湖净慈寺。

作为朝臣，阳明与太监可以说是素有旧恶，这一次，在《奏闻宸濠伪造檄榜疏》中，阳明又责劝武宗"罢出奸谀以回天下豪杰之心，绝迹巡游以杜天下奸雄之望"[③]。这就使张忠、许泰之流将阳明视为眼中钉，必欲除之而后快。而在献俘一事中，他们见阳明无丝毫附就之心，便设谋陷害阳明，诬阳明"始同濠谋反，因见天兵猝临征讨，始擒濠以脱罪"[④]。昏庸的武宗竟然信以为真，"问忠等曰：'以何验反？'对曰：'召必不至'"[⑤]。阳明接诏即行，又为诸幸谗阻，"拒之芜湖半月。不得已，入九华山，每日宴坐草庵中"[⑥]。幸得张永从中宽解，这才有了返江西之命。

回到南昌后，张忠、许泰所领的北军也驻到了南昌。在忠、泰之流的唆使下，北军肆坐谩骂，百般制造事端，阳明一方面"谕市人移家于乡"，以避其锋芒，他本人则遍喻北军离家之苦，"每出，遇北军丧，必停车问故，厚与之槥"[⑦]；同时，又大阅士卒，教战法。当时的形势，连阳明的弟子也感到异常紧张，纷纷劝阳明回省，无蹈危疑。阳明则我行我素，并反劝弟子说："公等何不讲学？"[⑧]时间一长，阳明反倒赢得了北军的爱戴。张忠、许泰自恃所长，逼

[①] 钱德洪：《年谱二》，王守仁：《王阳明全集》卷三十四，吴光等编校，第1398页。
[②] 钱德洪：《年谱二》，王守仁：《王阳明全集》卷三十四，吴光等编校，第1399页。
[③] 王守仁：《奏闻宸濠伪造檄榜疏》，《王阳明全集》卷十二，吴光等编校，第439页。
[④] 黄绾：《阳明先生行状》，王守仁：《王阳明全集》卷三十八，吴光等编校，第1572页。
[⑤] 钱德洪：《年谱二》，王守仁：《王阳明全集》卷三十四，吴光等编校，第1401页。
[⑥] 钱德洪：《年谱二》，王守仁：《王阳明全集》卷三十四，吴光等编校，第1401页。
[⑦] 钱德洪：《年谱二》，王守仁：《王阳明全集》卷三十四，吴光等编校，第1401页。
[⑧] 钱德洪：《年谱二》，王守仁：《王阳明全集》卷三十四，吴光等编校，第1406页。

阳明比射，阳明三发三中，"每一中，北军在旁哄然，举手啧啧。忠、泰大惧曰：'我军皆附王都耶'"？①赶忙撤军走了。整个这一过程，真可以说是险象丛生，阳明也的确是从生死线上走来。当宁藩始乱时，数日之内，夺南康，袭九江，大有不可一世之气焰，沿途州县或降或逃，望风披靡。当时，阳明只身客途，无士卒可依，且前遇逆风，后有追兵，真是存亡系于呼吸之间。但阳明早已置生死于度外，当即表示："天下尽反，我辈固当如此做"②，率先倡义，兴师勤王。这若没有一副以匡扶社稷为己任的忠魂是万万做不到的。所以，时人评论说，"平藩事，不难于成功，而难于倡义"③，盖首倡义者，须以超越对身家性命的担忧为前提。

藩乱平定后，按理说，阳明为朝廷立下了盖世之功，当拜相封侯，但阳明却正因此而处于更为险恶的环境中。当忠、泰之流诬阳明本与濠通，而武宗又以召验反时，阳明"赴召至上新河，为诸幸谗阻不得见"④，这又是一个生死关头。如果说倡义勤王而死，尚有忠烈之名，那么，这一次的死不仅是冤死，且有灭族之祸。时阳明"中夜默坐，见水波拍岸，汩汩有声。思曰：'以一身蒙谤，死即死耳，如老亲何'？"⑤很难想见，阳明这一夜是怎样度过的。正因为这一点，所以阳明弟子钱德洪又比较说："平藩事，不难于倡义，而难于处忠、泰之变。"⑥因为忠、泰之流早就抱定了阳明"必死"的心机。

正是凭借自己的大忠大智渡过了这九死一生的险关，因而入赣后，对忠泰之流的百般挑衅与友朋的苦苦规劝，阳明便只以《啾啾吟》来解了："君不见东家老翁防虎患，虎夜入室衔其头？西家儿童不识虎，执竿驱虎如驱牛。"⑦那么，阳明究竟凭什么"执竿驱虎如驱牛"呢？在当时，阳明自然是无暇思索的。回到南昌后，阳明反思自己渡过这种种急流险滩的内在凭借，"语友人曰：'近欲发挥此，只觉有一言发不出，津津然如含诸口，莫能相度。'久乃曰：'近觉

---

① 钱德洪：《年谱二》，王守仁：《王阳明全集》卷三十四，吴光等编校，第1401页。
② 钱德洪：《年谱二》，王守仁：《王阳明全集》卷三十四，吴光等编校，第1393页。
③ 钱德洪：《年谱二》，王守仁：《王阳明全集》卷三十四，吴光等编校，第1407页。
④ 钱德洪：《年谱二》，王守仁：《王阳明全集》卷三十四，吴光等编校，第1401页。
⑤ 钱德洪：《年谱二》，王守仁：《王阳明全集》卷三十四，吴光等编校，第1401—1402页。
⑥ 钱德洪：《年谱二》，王守仁：《王阳明全集》卷三十四，吴光等编校，第1407页。
⑦ 王守仁：《啾啾吟》，《王阳明全集》卷二十，吴光等编校，第863页。

得此学更无有他，只是这些子，了此更无余矣。'……今经变后，始有良知之说。"①

显然，良知正是阳明渡过一个个生死难关的精神支柱。阳明以后对良知的多番赞叹也证明了这一点，如：

> 自经宸濠、忠泰之变，益信良知真足以忘患难，出生死，所谓考三王，建天地，质鬼神，俟后圣，无弗同者。②

> 近来信得"致良知"三字，真圣门正法眼藏。……今自多事以来，只此良知无不具足。譬之操舟得舵，平澜浅濑，无不如意，虽遇颠风逆浪，舵柄在手，可免没溺之患矣。③

> 某于此良知之说，从百死千难中得来，不得已与人一口说尽。只恐学者得之容易，把作一种光景玩弄，不实落用功，负此知耳。④

所有这些都说明，良知就是阳明在生死经历中发现并使其"忘患难出生死"的舵柄或"自家准则"。但是，从良知说到致良知之教必然有一个过程，这就是对良知的欣赏、赞叹与权衡、斟酌，这同时也是了解良知的属性以及致良知教特征的关键。当然，这须与阳明龙场以来的思想经历联系起来考察。

龙场是阳明人生经历中第一次重大逆境。在当时，阳明虽也蒙冤并面临生死的危险，但无论是刘瑾将阳明追杀于途还是困死龙场，都不过是当时社会极为常见的一幕小小的悲剧。对阳明来说，"自计荣辱得失皆能超脱，惟生死一念尚觉未化"，而阳明也就在为了超脱生死的"端居澄默"中"大悟格物致知之旨"。⑤这一悟，从格物之认知追求来说，即"圣人之道，吾性自足"；以命题来表达，即其在"与徐爱论学"中所阐述的"心即理"说。不过，不管阳明这一悟的意义如何重大，其得之于生死存亡关头的"端居澄默"则是显然的。故由此之后，阳明时而"与诸生静坐僧寺"，时而论"廓清心体"，时而又以

---

① 钱德洪：《年谱二》，王守仁：《王阳明全集》卷三十四，吴光等编校，第1412页。
② 钱德洪：《年谱二》，王守仁：《王阳明全集》卷三十四，吴光等编校，第1411页。
③ 钱德洪：《年谱二》，王守仁：《王阳明全集》卷三十四，吴光等编校，第1411—1412页。
④ 钱德洪：《年谱二》，王守仁：《王阳明全集》卷三十四，吴光等编校，第1412页。
⑤ 钱德洪：《年谱一》，王守仁：《王阳明全集》卷三十三，吴光等编校，第1354页。

"默坐澄心为学的",所有这些为学主张,无一不是阳明龙场"端居澄默"的重演。就实质而言,又不过是"凡事求诸己",在自家心体上作文章而已,也就是临事正意、正念头。但是,这一内向的"求",能求出什么呢?虽然阳明能"求"出圣人之道,并"以默记五经之言证之,莫不吻合"①,但对于其弟子来说,却不是流入空虚,便是放言高论。这样,阳明一到南京,便不能不表示:"吾已悔之矣。"②

为了补救"高明一路"教法的种种弊端,阳明南京以后又持倡省察克治实功,并以天理指谓本心,以临事接物的"念念"取代"默坐澄心"。从思想而言,这自然是龙场路线的深化与落实;从教法来说,这显然又是一个转向,是从"高明一路"的上达之学转到就日用事为间实地用功的下学功夫上来了。但是,阳明此时毕竟指不出"天理为何如也",只能让弟子"自求之"③。

宁藩、忠泰之变显然不同于前两个时期。从人生经历来看,虽然同是军旅活动,但在南赣,阳明身为三军统帅,有着"便宜行事""动无掣肘"的尚方宝剑;而在宁藩、忠泰之变中,阳明却时时徘徊于生死的边缘,穿行于忠臣义士与反贼之间的钢丝上。虽然同是生死逆境,但宁藩、忠泰之变要比龙场的形势严峻得多。在龙场,阳明所忧念的不过是一身之存亡;而在宁藩、忠泰之变中,其生,便是匡扶社稷、拯救生灵,其死,则是社稷的颠覆、生灵的涂炭。最为不同的是,假如阳明死于龙场,那至少还不失忠谏之名,但如果死于忠泰之变,那就要蒙不白之冤而受万人唾骂。

正因为宁藩、忠泰之变中阳明的经历既同于前两个时期而险恶程度又超过了前两个时期,因而阳明得自宁藩、忠泰之变中的良知说也既同于本心、天理,其深度又超过了心与理。一方面,良知无疑是性、是本心,同时,良知又是天理的内在化,是天理的灵明知觉处。所以,还在重回南昌途中,阳明在《答罗整庵少宰书》中写道:"夫学贵得之心,求之于心而非也,虽其言之出于孔子,不敢以为是也。"④而在后来的《答顾东桥书》中,阳明又对"舜之不告而

---

① 钱德洪:《年谱一》,王守仁:《王阳明全集》卷三十三,吴光等编校,第1354页。
② 钱德洪:《年谱一》,王守仁:《王阳明全集》卷三十三,吴光等编校,第1364页。
③ 钱德洪:《年谱二》,王守仁:《王阳明全集》卷三十四,吴光等编校,第1412页。
④ 王守仁:《答罗整庵少宰书》,《王阳明全集》卷二,吴光等编校,第85页。

娶，武之不葬而兴师"作了这样的解释："夫舜之不告而娶，岂舜之前已有不告而娶者为之准则，故舜得以考之何典，问诸何人而为此邪？抑亦求诸其心一念之良知，权轻重之宜，不得已而为此邪？武之不葬而兴师，岂武之前已有不葬而兴师者为之准则，故武得以考之何典，问诸何人而为此邪？抑亦求诸其心一念之良知，权轻重之宜，不得已而为此邪？"①这里的答案自然是不言而喻的，但阳明倘若没有"求诸其心一念"的深切体会与经验，是断断说不出这番话的，即使说出，也难以说得如此深切著明。所以，良知就是心，是心中"独知"的是非准则；同时，良知又是天理；是天理的内在化和灵明知觉化。因为"天理在人心，亘古亘今，无有终始；天理即是良知"②，"吾心之良知，即所谓天理也"③，所以，统而论之，也就是"心之本体，即天理也。天理之昭明灵觉，所谓良知也"④。显然，良知既是心，又是心之随时知是知非的灵觉化；既是天理，又是天理的内在化。虽然在以后的思想发展中，阳明赋予良知更多的规定，比如良知是虚、良知是无、良知是圣等等，但作为心之灵觉与天理的内在化，则是其最基本的内涵规定。因为这两点恰恰是阳明"从百死千难中得来"的。

正因为良知是心与理统一的主体化和内在化，因而致良知教的基本特征也就是心体上用功与日用事为间存天理去人欲的统一。但是，由于良知是得自宁藩、忠泰之变中呼天天不应、求地地不灵的内心独知，因而阳明始拈良知之教时，主要是强调其"直指本体，令学者言下有悟"⑤的特征。这也就是"虽至愚不肖，一触此体真知，皆可为尧、舜"⑥。所以，无论是《传习录》还是《书》，其中论良知教之"一语之下，洞见全体"的话头比比皆是：

缘此两字，人人所自有，故虽至愚下品，一提便省觉。⑦
这些子看得透彻，随他千言万语，是非诚伪，到前便明。

---

① 王守仁：《答顾东桥书》，《王阳明全集》卷二，吴光等编校，第56—57页。
② 王守仁：《语录三》，《王阳明全集》卷三，吴光等编校，第125页。
③ 王守仁：《答顾东桥书》，《王阳明全集》卷二，吴光等编校，第51页。
④ 王守仁：《答舒国用》，《王阳明全集》卷五，吴光等编校，212页。
⑤ 钱德洪：《刻文录叙说》，王守仁：《王阳明全集》卷四十一，吴光等编校，第1746页。
⑥ 钱德洪：《刻文录叙说》，王守仁：《王阳明全集》卷四十一，吴光等编校，第1751页。
⑦ 王守仁：《寄邹谦之三》，《王阳明全集》卷六，吴光等编校，第228页。

合得的便是，合不得的便非。如佛家说心印相似，真是个试金石、指南针。①

人若知道这良知诀窍，随他多少邪思枉念，这里一觉，都自消融。真个是灵丹一粒，点铁成金。②

凡此对良知的赞叹，在阳明初拈出良知时，都是自然的，也是难免的，因为良知不仅使阳明在百死千难的经历中免于没溺之患，而且也明确回答了南京以来的"天理为何如"的问题，这就使其存天理去人欲之教有了头脑，变得更为简便易行。这样，阳明虽然并不重复龙场至滁州的"默坐澄心"，但就立教方式之简约而言，却有向龙场复归的倾向。这也就是钱德洪所概括的："自辛巳年已后，而先生教益归于约矣。"③

六、居越汇归——四句教的总结

从51岁起，阳明开始了其人生经历中的最后一个时期——居越。在这一时期，虽然阳明因平藩之功使其祖上三代均被追封为新建伯，但其所受到的不公正待遇——诽谤、诬陷也随之加剧。因此，其本来就得之于人生逆境中的良知之学，也就随着逆境的不断加深而发展。

回到故乡后，阳明所遇到的第一个不公正待遇，就是朝廷一面奖励他在平藩过程中的军功，同时又对他关于部下的纪功册"务为删削"。此中的原因，当然是因为他只归功于部下而没有归功于其上的宰辅。对此，阳明在《辞封爵普恩赏以彰国典疏》及《再辞封爵普恩赏以彰国典疏》中陈述说："帐下之士，或诈为兵檄，以挠其进止；或伪书反间，以离其腹心；或犯难走役，而填于沟壑；或以忠抱冤，而构死狱中"④，"功成行赏，惟吾一人当之"⑤。这就使其陷于十分不安的地步，而朝廷"阴行考察"的结果，便是"赏未施而

---
① 王守仁：《语录三》，《王阳明全集》卷三，吴光等编校，第105页。
② 王守仁：《语录三》，《王阳明全集》卷三，吴光等编校，第106页。
③ 钱德洪：《刻文录叙说》，王守仁：《王阳明全集》卷四十一，吴光等编校，第1751页。
④ 钱德洪：《年谱三》，王守仁：《王阳明全集》卷三十五，吴光等编校，第1417页。
⑤ 钱德洪：《年谱三》，王守仁：《王阳明全集》卷三十五，吴光等编校，第1419页。

罚已及，功不录而罪有加，不能创奸警恶，而徒以阻忠义之气，快谗嫉之心。"①对阳明自己来说："殃莫大于叨天之功，罪莫大于掩人之善，恶莫深于袭下之能，辱莫重于忘己之耻：四者备而祸全。此臣之不敢受爵者，非以辞荣也，避祸焉尔已。"②

不幸的是，阳明的这些忠直之言不但没有感化上司反而激怒了宰辅。就在这年九月，阳明又受到了"承宰辅意"③的两方面的弹劾。其一是江西御史程启允得到了宸濠的私信，其中有"守仁可任江西巡抚"字样，因而上疏指责阳明"阴谋党恶，素与交通，请追夺封爵"④。这一弹劾因受到刑部主事陆澄的辩解而免于追究。其二则由礼科给事中章侨、御史梁世镖指责阳明学说是"异学"，认为："近有倡为异学者，乐陆九渊为简捷，而以朱子为支离，宜严禁以端士气。"⑤这一弹劾得到了世宗的批准，故阳明学说被列为禁学。陆澄欲再次申辩，被阳明以"无辩止谤"劝止了。在《与陆原静》一书中，阳明写道："惟当反求诸己，苟其言而是欤，吾斯尚有所未信欤，则当务求其是，不得辄是己而非人也。使其言而非欤，吾斯既已自信欤，则当益致其践履之实，以务求于自慊，所谓'默而成之，不言而信'者也。"⑥最后，阳明又以"昔之君子"作为榜样，向原静剖白了自己的心迹，这就是："举世非之而不顾，千百世非之而不顾者，亦求其是而已矣。岂以一时毁誉而动其心邪！"⑦

至此，阳明人生逆境的来自方向便发生了一个很大的变化。在此之前，阳明的种种不顺主要来自太监，从刘瑾到张忠、许泰，他们或"矫诏"或进谗言，欲置阳明于"必死"之地。这时候，大部

---

① 钱德洪：《年谱三》，王守仁：《王阳明全集》卷三十五，吴光等编校，第1419页。
② 钱德洪：《年谱三》，王守仁：《王阳明全集》卷三十五，吴光等编校，第1417页。
③ 关于阳明当时所受到的弹劾，从黄绾的《阳明先生行状》到钱德洪的《王阳明年谱》，都将其归结为"承宰辅意"。对当时的宰辅来说，这其实是一个替人"背锅"的冤案。中山大学莫德惠先生的《明嘉靖初王阳明世爵终止问题考论》一文对此事做了非常确凿的澄清，而冤案的制造者其实就是嘉靖皇帝——明世宗本人，是明世宗授意臣下弹劾，又逼着宰辅与兵部尚书不得不做出"终止世爵"的决议。由于笔者当时忝为莫先生此文的匿名审稿，同时又读到了束景南先生的《王阳明年谱长编》中杨一清对阳明的辩解（莫先生著该文时束先生大著尚未出版），所以对此事稍有了解。请参阅莫德惠：《明嘉靖初王阳明世爵终止问题考论》，《中国文化研究所学报》2019年第1期；束景南：《王阳明年谱长编》，上海古籍出版社2017年版。
④ 夏燮：《明通鉴》卷五十，沈仲九标点，中华书局1959年版，第1864页。
⑤ 夏燮：《明通鉴》卷五十，沈仲九标点，第1866页。
⑥ 王守仁：《与陆原静二》，《王阳明全集》卷五，吴光等编校，第210页。
⑦ 王守仁：《与陆原静二》，《王阳明全集》卷五，吴光等编校，第210页。

分朝臣是站在阳明一边的。平藩之后，因阳明功勋卓著，而其又始终归功于部下的艰苦奋战，这就引起了朝臣尤其是宰辅的不满。于是，那些曾经作为阳明坚定的支持者和举荐者的朝臣乃至宰辅，现在都自觉地站到阳明的对立面上，或明或暗地置阳明于种种不利的地位。另一方面，自南赣以来，《朱子晚年定论》与《大学古本》的刊刻以及江右致良知之教的提出，又使阳明学说的影响与日俱增，这就引起了守朱学者的不满，他们无论是出于私愤还是卫道之情，也都必然要与阳明一论高下。所以，不管他们出自何种动机，但在对阳明的交相毁谤上却是不约而同的。如果说，来自太监的毁谤，其是非曲直尚不难断定，那么，这些来自素有廉洁清正之名的大臣的毁谤，却并不那么简单。因此，在这一时期，虽然阳明的种种逆境不过是地位与名誉之争而无有生死的关涉，但阳明对这些逆境的感受却并不亚于以前。

不过，对这种种由毁谤而来的逆境，阳明均以"求诸己""求其是"的方式化解之。上引的《与陆原静》即表现了这一心态，其在后来与弟子论"谤议日炽"的原因时也同样表现这了一心态。《年谱》载："邹守益、薛侃、黄宗明、马明衡、王艮等侍，因言谤议日炽。先生曰：'诸君且言其故。'有言先生势位隆盛，是以忌嫉谤；有言先生学日明，为宋儒争异同，则以学术谤；有言天下从游者众，与其进不保其往，又以身谤。先生曰：'三言者诚皆有之，特吾自知诸君论未及耳。'请问。曰：'吾自南京已前，尚有乡愿意思。在今只信良知真是真非处，更无掩藏回护，才做得狂者。使天下尽说我行不掩言，吾亦只依良知行。'"①

正是这种逆境与心态的相互辉映，阳明由对良知的赞叹转向了对"致"的强调，由本体的观照转向了推致本体的功夫。虽然在江右阳明已揭致良知之教，但其实更多的则在于赞叹良知使他"忘患难出生死"的属性，强调的是"良知在人，随你如何不能泯灭"的特征。而在新的谤议面前，阳明的发现便不仅是良知的"不能泯灭"，更重要的则是："孰无是良知乎？但不能致之耳。"②其之所以认为自己"南京已前，尚有乡愿意思"，之所以要作"狂者"，不顾

---

① 钱德洪：《年谱三》，王守仁：《王阳明全集》卷三十五，吴光等编校，第1420—1421页。
② 王守仁：《与陆原静二》，《王阳明全集》卷五，吴光等编校，第211页。

举世诽谤而"只依良知行",也就是实致其良知;其在逆境面前不以毁誉动心而唯求诸己、求其是,正是实致其良知的心态表现。

在这种条件下,致良知也就是"事上为学"或"事上磨炼"之意了。虽然阳明直到晚年也没有完全否认静坐,但对致良知来说,静坐及其所代表的"本体上悟入"如同孔子对"生而知之"一样仅仅是虚存一格。因为"圣人虽是生知安行,然其心不敢自是,肯做困知勉行的功夫"①。对于静坐,阳明说:"吾昔居滁时,见诸生多务知解,口耳异同,无益于得,姑教之静坐。一时窥见光景,颇收近效。久之,渐有喜静厌动,流入枯槁之病,或务为玄解妙觉,动人听闻,故迩来只说致良知。良知明白,随你去静处体悟也好,随你去事上磨炼也好,良知本体,原是无动无静的,此便是学问头脑。我这个话头,自滁州到今,亦较过几番,只是致良知三字无病。"②在这里,虽然阳明认为致良知可以"去静处体悟",但这种"一悟本体,即是功夫"的方法为:"此颜子、明道所不敢承当,岂可轻易望人!"③所以,"事上为学,才是真格物。……若离了事物为学,却是著空"④,"人须在事上磨炼做功夫乃有益,若只好静,遇事便乱,终无长进。那静时功夫亦差,似收敛而实放溺也"⑤。这一"事上磨炼"虽然含括着就日用事为间实地用功之意,但就阳明的具体所指来看,则主要是在"当利害、经变故、遭屈辱"的毁誉得失中砥砺切磋。

正是人生逆境的砥砺切磋,正是在逆境中的动心忍性,不断地阐发着致良知的妙用,也不断地拓展着良知的界域。一方面,从深度上看,"吾教人致良知,在格物上用功,却是有根本的学问。日长进一日,愈久愈觉精明"⑥。又说:"缘此两字,人人所自有,故虽至愚下品,一提便省觉。若致其极,虽圣人天地不能无憾。故说此两字,穷劫不能尽。"⑦另一方面,从广度上看,人生际遇中的一切问题无不含括于致良知的活动之中,如"良知之于节目时变,犹规矩尺度之于方圆长短也。节目时变之不可预定,犹方圆长短之不

---

① 王守仁:《语录三》,《王阳明全集》卷三,吴光等编校,第126—127页。
② 王守仁:《语录三》,《王阳明全集》卷三,吴光等编校,第119页。
③ 王守仁:《语录三》,《王阳明全集》卷三,吴光等编校,第133—134页。
④ 王守仁:《语录三》,《王阳明全集》卷三,吴光等编校,第107—108页。
⑤ 王守仁:《语录三》,《王阳明全集》卷三,吴光等编校,第104页。
⑥ 王守仁:《语录三》,《王阳明全集》卷三,吴光等编校,第113页。
⑦ 王守仁:《寄邹谦之三》,《王阳明全集》卷六,吴光等编校,第228页。

可胜穷也。故规矩诚立,则不可欺以方圆,而天下之方圆不可胜用矣;尺度诚陈,则不可欺以长短,而天下之长短不可胜用矣;良知诚致,则不可欺以节目时变,而天下之节目时变不可胜应矣"①。与此同时,良知也获得了无所不在的性质,如:"良知即是《易》,其为道也屡迁,变动不居,周流六虚,上下无常,刚柔相易,不可为典要,惟变所适。"②再如:"良知之虚,便是天之太虚;良知之无,便是太虚之无形。日、月、风、雷、山、川、民、物,凡有貌象形色,皆在太虚无形中发用流行,未尝作得天的障碍。圣人只是顺其良知之发用,天地万物,俱在我良知的发用流行中,何尝又有一物超于良知之外,能作得障碍?"③

这样,阳明的人生境界便达到了万物一体的地步。其54岁所作的《答顾东桥书》,在详细解答了顾东桥的种种问难之后,阳明又以《拔本塞源论》对其心迹作了一个总的剖白:"夫圣人之心,以天地万物为一体,其视天下之人,无外内远近,凡有血气,皆其昆弟赤子之亲,莫不欲安全而教养之,以遂其万物一体之念。天下之人心,其始亦非有异于圣人也,特其间于有我之私,隔于物欲之蔽,大者以小,通者以塞,人各有心,至有视其父子兄弟如仇雠者。圣人有忧之,是以推其天地万物一体之仁以教天下,使之皆有以克其私,去其蔽,以复其心体之同然。"④倘若天下之人皆能"复其心体之同然",便"熙熙皞皞,皆相视如一家之亲……或营其衣食,或通其有无,或备其器用,集谋并力,以求遂其仰事俯育之愿"⑤。

使天下之人皆能如"手持足行"一般相亲相爱,自然是一种理想,也是儒家自古以来的理思。阳明正是受这一理想的感召,并为这一理想的实现不遗余力地奋斗。但作为理想,便有一个信与不信的问题;而对阳明为这一理想的实现所作的种种努力,时人也有"丧心病狂之讥"。对此,阳明在《答聂文蔚》一书中作了这样的回答:"仆诚赖天之灵,偶有见于良知之学,以为必由此而后天下可得而治。是以每念斯民之陷溺,则为之戚然痛心,忘其身之不肖,而

---

① 王守仁:《答顾东桥书》,《王阳明全集》卷二,吴光等编校,第56页。
② 王守仁:《语录三》,《王阳明全集》卷三,吴光等编校,第142页。
③ 王守仁:《语录三》,《王阳明全集》卷三,吴光等编校,第121页。
④ 王守仁:《答顾东桥书》,《王阳明全集》卷二,吴光等编校,第61页。
⑤ 王守仁:《答顾东桥书》,《王阳明全集》卷二,吴光等编校,第61—62页。

思以此救之。……人固有见其父子兄弟之坠溺于深渊者，呼号匍匐，裸跣颠顿，扳悬崖壁而下拯之。……彼将陷溺之祸有不顾，而况于病狂丧心之讥乎？……使天下之人皆知自致其良知，以相安相养，去其自私自利之蔽，一洗谗妒胜忿之习，以济于大同，则仆之狂病，固将脱然以愈，而终免于丧心之患矣。"①

至此，阳明对自己的一生，对自己的理想与使命意识，便作了一个主观的归结和说明。至于其学说的教法与修行次第，阳明则以征思、田临行前的"四句教"作为汇归。"四句教"全文为："无善无恶是心之体，有善有恶是意之动，知善知恶是良知，为善去恶是格物。"②对于这四句宗旨，阳明两大高弟德洪与汝中便作了两种不同的理解。汝中认为："若说心体是无善无恶，意亦是无善无恶的意，知亦是无善无恶的知，物亦是无善无恶的物矣。"③因而将心、意、知、物一并归为"四无"。德洪认为："若原无善恶，功夫亦不消说矣。"④而"格、致、诚、正、修，此正是复那性体功夫"⑤，因而统归为"四有"。阳明对这两种理解的答复是："二君之见正好相资为用，不可各执一边。我这里接人原有此二种……利根之人，一悟本体即是功夫，人己内外，一齐俱透了；其次不免有习心在，本体受蔽，故且教在意念上实落为善去恶。功夫熟后，渣滓去得尽时，本体亦明尽了。汝中之见，是我这里接利根人的；德洪之见，是我这里为其次立法的。二君相取为用，则中人上下，皆可引入于道。"⑥不过，阳明又反复强调说："利根之人，世亦难遇，本体功夫，一悟尽透。此颜子、明道所不敢承当，岂可轻易望人！人有习心，不教他在良知上实用为善去恶功夫，只去悬空想个本体，一切事为俱不着实，不过养成一个虚寂。此个病痛不是小小，不可不早说破。"⑦显然，阳明虽是两种教法并存，但无论是习心之人还是利根之人，却都必须从为善去恶的格物工夫做起，也都必须在实践中复其本体，从而超凡入圣。这也可以说是阳明教法的盖棺之论。

---

① 王守仁：《答聂文蔚》，《王阳明全集》卷二，吴光等编校，第90—92页。
② 钱德洪：《年谱三》，王守仁：《王阳明全集》卷三十五，吴光等编校，第1443页。
③ 王守仁：《语录三》，《王阳明全集》卷三，吴光等编校，第133页。
④ 王守仁：《语录三》，《王阳明全集》卷三，吴光等编校，第133页。
⑤ 王守仁：《语录三》，《王阳明全集》卷三，吴光等编校，第133页。
⑥ 王守仁：《语录三》，《王阳明全集》卷三，吴光等编校，第133页。
⑦ 王守仁：《语录三》，《王阳明全集》卷三，吴光等编校，第133—134页。

此后，阳明便踏上了他一生中的最后一次征程——征思、田。当时，阳明已经是"肺病足疮"，其弟子王大用"备美材随舟"。到思田后，阳明以"处夷之道，攻心为上"的方略，认真分析了当地情况，该剿则剿，该抚则抚，不足月余，就全部平息了这100余年不曾平息的民族纠纷。他以诗的形式记载了这一过程："见说韩公破此蛮，貔貅十万骑连山。而今止用三千卒，遂尔收功一月间。岂是人谋能妙算？偶逢天助及师还。穷搜极讨非长计，须有恩威化梗顽。"①接着，他又调整了当地的官员，清理了土流关系。在土流关系上，因当地的流官"徒有虚名，而受实祸"②，故阳明力排众议，坚持改流归土，实行民族自治。为了地方的长治久安，他又建立了思田学校和南宁学校。做完这一切，阳明已经病势危急，"两足不能坐立"③。因阳明赴任时，宰辅怕他"事完回京"与之同列，故强命"兼理巡抚两广等处地方"④。于是，阳明一边上疏告病，一边"自梧道广，待命于韶、雄之间"⑤。最后，病逝于南安。

当阳明的死讯传至京师，吏部尚书桂萼正因其告病疏参他"擅离职役及处置广西思、田、八寨恩威倒置"⑥。最后，代表明庭对阳明盖棺论定："守仁事不师古，言不称师，欲立异以为高，则非朱熹格物致知之论；知众论之不予，则为《朱子晚年定论》之书。号召门徒，互相倡和。才美者乐其任意，庸鄙者借其虚声，传习沿讹，悖谬弥甚。但捕讨輋贼，禽获叛藩，功有足录，宜免追夺伯爵以彰大信，禁邪说以正人心。"⑦这就是明廷对阳明的定论，而这一定论与阳明

---

① 王守仁：《平八寨》，《王阳明全集》卷二十，吴光等编校，第878页。
② 钱德洪：《年谱三》，王守仁：《王阳明全集》卷三十五，吴光等编校，第1447页。
③ 王守仁：《答何廷仁》，《王阳明全集》卷六，吴光等编校，第250页。
④ 王守仁：《辞巡抚兼任举能自代疏》，《王阳明全集》卷十四，吴光等编校，第518页。
⑤ 钱德洪：《年谱三》，王守仁：《王阳明全集》卷三十五，吴光等编校，第1460页。
⑥ 黄绾：《阳明先生行状》，王守仁：《王阳明全集》卷三十八，吴光等编校，第1579页。其实，桂萼的这一决议正是承嘉靖皇帝之旨作出的，请参阅莫德惠：《明嘉靖初王阳明世爵终止问题考论》，《中国文化研究所学报》2019年第1期。
⑦ 夏燮：《明通鉴》卷五十四，沈仲九标点，第2034页。关于明廷对王阳明的这一决议，《明史》一直记在兵部尚书桂萼头上，即桂萼是代表明朝对王阳明所作的盖棺定论。束景南先生《王阳明年谱长编》则明确指出："桂萼承世宗风旨奏劾阳明擅离职役，平八寨恩威倒置。"由于这一定论完全是诬枉之说，因而湛甘泉作为阳明挚友，甚至"面问桂萼，阳明冤案是否其一手操就，桂萼默认"。实际上，只要翻阅《明实录》关于这一定论的记载以及其时首辅杨一清在这一问题上与世宗的分歧及其记录，就可以清楚地看出桂萼完全是奉世宗之旨为之，这也就是桂萼在甘泉的质问面前不得不"默认"的缘由。请参阅束景南：《王阳明年谱长编》，第2055—2063页。

的遗言则形成了强烈了反差。阳明的遗言是:"他无所念,平生学问方才见得数分,未能与吾党共成之,为可恨耳!"① 作为遗言,自然是一生的句号,对于阳明的人生来说,这也是点睛的一笔。

七、小结:阳明哲学形成与发展的动因

上面,我们对阳明的一生作了一个纪要性的叙述。那么,对于阳明58岁的一生,我们作何概括,又能得出什么结论呢?

从生平来看,阳明的生平与当时一般官吏的生平并无多大的差别。就其共同性而言,都是由科举而入仕,继而边从政边讲学,最后病死于军旅归途。应当说,这样的人生轨迹在当时社会并不少见。所不同的是,在阳明的一生中,多了一些出生入死的逆境,且这些逆境一直伴随着其客死异乡。阳明在平藩后的辞封爵疏中说他的部下"或犯难走役,而填于沟壑;或以忠抱冤,而构死狱中"②。对于阳明来说,这些经历,从"犯难走役"到"以忠报冤",他都有过。不过,阳明既不曾"填于沟壑"也没有"构死狱中"。这自然是人生中的大幸,但更为大幸的则在于其从这些生死经历中得出了致良知的学说。这可能就是阳明的生平与当时一般从政官员所不同的地方。

从思想历程来看,"出入佛老,返于六经",这是宋明理学家共同的思想经历,阳明也不外于此。但是,在阳明的思想经历中多了一些实践的因素。其他理学家思想的形成,固然不排除实践的作用,但在思想形成之后,基本都走上了独立发展的道路。阳明不同,其早年的泛观博览,推动其从一种"陷溺"到另一种"陷溺"的原因,便是对"第一等事"的实践探求;思想形成后,从龙场到居越,推动其思想与为学教法不断发展演变的,仍然是其人生实践,尤其是逆境实践。可以说,终阳明一生,推动其思想发展变化的根本动力,便是他一生的实践。因此,阳明的哲学是人生实践之学,其产生于实践又落实于伦常日用的人生实践指向也反证了这一点。这可能又是阳明的学说与其他理学家的学说所根本不同的地方。

---

① 黄绾:《阳明先生行状》,王守仁:《王阳明全集》卷三十八,吴光等编校,第1579页。
② 钱德洪:《年谱三》,王守仁:《王阳明全集》卷三十五,吴光等编校,第1417页。

将阳明的为人与学说的统一归结为其一生的人生实践，这固然不错，但却是一种囫囵说法。因为从根本上说，任何思想家思想的发展也不外于此。对于阳明来说，其人生实践的特殊性不在于为衣食奔波，也不在于一般官吏的簿书讼狱或军旅活动，而在于出生入死的逆境。正是接二连三的逆境，砥砺着阳明的为人，也切磋着阳明的学说；正是在出生入死的逆境经历中，阳明锻打、体认着自身，也把握、了悟着人生，从而使其为人"愈笃实愈光辉"，使其学说愈精进愈圆融。这是对其一生及其学说之形成发展动因的外在考察。

如果对阳明人生逆境的内在成因进行考察，那么，很明显，其一生之所以遭遇如此多的逆境，主要决定于他的性格与志向。因为同样的境遇，对不同的志向、不同的性格，自然有顺、逆的不同表现。比如同样的"抗疏"，但阳明如果不提"去权奸"，如果将其意思表达得更婉转一些，自然不会有系狱、廷杖乃至贬谪的逆境；同样的宁藩之乱，且同样"未奉讨贼之旨"，阳明虽不必投降，但逃避乃至观望，当也不会受"本与濠通"的诬陷。但阳明的性格决定他只能有一种选择，这就是他的所作所为。这样，在这种性格与志向面前，他所遭遇的一系列逆境，自然就成为在所难免的了。

如果将阳明的性格也作为主客观相互作用的结果，而进一步追索其主观成因，那么，滤去其自身无法决定的遗传因素及其成长的家庭环境这些客观条件，其少年时对"第一等事"的希冀当是其性格形成的主观动因，实际上，这本身既是其性格的表现，也是其性格进一步形成的成因。这种对"第一等事"的探索，贯穿了阳明的一生，其早年屡陷屡溺的动因便是探寻"第一等事"；其在南赣对"破心中贼"这一大丈夫不世之伟绩的赞叹也同样缘于此。正是对"第一等事"的不息探索，决定了其由"狂"而自信的性格，也决定了其愈到晚年愈过人的克己功。当然，这也就同时决定了其凡事"求诸己""求其是"的实践取向。从这个角度说，阳明的一生，便是对圣贤之路实践探索的一生。

从主客观相互作用的角度看，志向、性格与其所面临的环境之相互碰撞，表现在客观方面，就是逆境；表现在主观方面，则为人生感受。因此，人生感受便可以说是性格与环境的主观中介。由于这二者是相辅相成的，因而主观与客观的相互碰撞，首先表现为人生感受与面临逆境的水涨船高——逆境强化着人生感受，而人生感受又反过来加剧着逆境。正由于人生感受的这一特征,因而其自身的变化必然既表现主体特征的变化,也反映着面临逆境的变化;而且,人生感受表现在生活中,便是做人,表现在讲学中,便是立教。因此,一个人人生感受的变化,便必然是其主客观相互碰撞的主观记录。就阳明的人生感受而言,这就是从有形到无形,一浪高过一浪的逆境。从这个角度说,阳明的一生,便是在圣贤之路上孤往直前、逆境奋进的一生。他的学说的形成,来自其人生感受中的逆境之砥砺切磋;他的学说的发展与完善,仍然来自其人生感受中的逆境之推动。

所以,对于研究阳明哲学来说,其进程往往是由其学说进而涉及其人生;但是,对于把握其哲学来说,则了解其人生尤其是逆境的人生实践则是把握其哲学的基本前提。这就是本小结的结论。

中篇 王阳明哲学的结构与特征

哲学必须以理性为载体。西方哲学本来就形成于对世界的对象性思考，因而其诉之于逻辑的表达方式也就是其哲学形成方式中的应有之义。对于中国哲学来说，其人生体验式的形成途径并不直接等同于理性思考，但其中却必然蕴含着理性。这就像中国古代虽然没有语法，但古人的语言却自然符合语法一样。因此，理性逻辑的分析虽然未必能穷究中国哲学的全部意蕴，但却能揭示其最共通、最一般的含义。

阳明哲学得自于其在"百死千难"的经历中对人生的深层体验。就这一点而言，理性的逻辑分析的确难以揭示其全部底蕴。不过，阳明一生的大部分时间毕竟是在讲学中度过的，这其中对弟子的阐释、解析以及和朋友、论敌的探讨、论辩也主要是以理性逻辑的方式进行的，所以，阳明立言、立教的宗旨也无疑有其基本的理性指谓。在概述了阳明生平经历的基础上，解析其一生各个阶段的理论命题，无疑有助于对阳明哲学的基本结构和理论特征的把握。当然，这也就是以理性逻辑的方式再现阳明的一生。

一、身心之学

身心之学是阳明返归儒学后所提出的第一个理论主张，也是阳明打算"专志授徒讲学"时确立的第一个立教宗旨。所以，身心之学既是阳明的开门宗旨，也是理解阳明哲学的入门命题。

身心之学提出于阳明34岁这一年。《年谱》载：

> 学者溺于词章记诵，不复知有身心之学，先生首倡言之，使人先立必为圣人之志。闻者渐觉兴起，有愿执贽及门者。至是专志授徒讲学。[①]

15年后，阳明在谈及"见道"与"体道"的"道必体而后见"的关系时又谈到了身心之学：

> 世之讲学者有二：有讲之以身心者；有讲之以口耳者。讲之以口耳，揣摸测度，求之影响者也；讲之以身心，行著习察，

[①] 钱德洪：《年谱一》，王守仁：《王阳明全集》卷三十三，吴光等编校，第1352页。

实有诸己者也。知此则知孔门之学矣。①

从开门宗旨到15年后将其提升到"孔门之学"的高度以突出其与"口耳之学"的对立，体现了阳明对"身心之学"的重视与一贯坚持。那么，身心之学究竟是一种什么学说呢？让我们从阳明首提身心之学时的思想背景谈起。

阳明自少年起即立下了"读书学圣贤"的志向。在当时"此亦一述朱，彼亦一述朱"的思潮背景下，阳明的圣贤之学无疑是按照朱学路径设计的。但是，沿朱学路径的两番实践，结果却都是"沉思其理不得"，因而从第一次的"遂遇疾……自委圣贤有分，乃随世就辞章之学"②，到第二次的"旧疾复作，益委圣贤有分……遂有遗世入山之意"③。这就说明，阳明早年的两次重大"陷溺"，实际上都是在圣贤之路走不通的情况下出现的。

那么，这种走不通的原因是在自己呢还是在朱子学呢？从当时来看，阳明显然是归结为自身资质之钝鲁。但是，当阳明返归圣学后，便认为这主要是"圣学不明"——以朱学为代表的圣学所造成的。后来，在"与徐爱论学"中，阳明干脆将"天下所以不治"的原因归结为由朱学所导致的"文盛实衰"，认为正是朱学"使天下靡然争务修饰文词，以求知于世，而不复知有敦本尚实、反朴还淳之行"④。显然，这也就是"学者溺于词章记诵"的一个原因。

另一方面，阳明在两次格物不通之后，又"陷入佛老者久之"。对于当时的阳明来说，究习佛老，不过是对圣贤之路走不通的一种排遣和补偿。但是，能够使阳明"陷溺"久之，便又非单纯的排遣所能含括。阳明后来在《朱子晚年定论序》中透露了其中的缘由：

> 守仁蚤岁业举，溺志辞章之习，既乃稍知从事正学，而苦于众说之纷挠疲苶，茫无可入，因求诸老、释，欣然有会于心，以为圣人之学在此矣。然于孔子之教间相出入，而措之日用，往往阙漏无归。⑤

---

① 王守仁：《答罗整庵少宰书》，《王阳明全集》卷二，吴光等编校，第85页。
② 钱德洪：《年谱一》，王守仁：《王阳明全集》卷三十三，吴光等编校，第1349页。
③ 钱德洪：《年谱一》，王守仁：《王阳明全集》卷三十三，吴光等编校，第1350页。
④ 王守仁：《语录一》，《王阳明全集》卷一，吴光等编校，第9页。
⑤ 王守仁：《朱子晚年定论序》，《王阳明全集》卷七，吴光等编校，第267—268页。

这一段剖白，清楚地叙述了阳明从厌弃圣学到厌弃佛老之学的思想发展过程。对于圣学来说，这就是"苦于众说之纷挠疲疚，茫无可入"，对于佛老之学来说，阳明当时的感受则是："欣然有会于心，以为圣人之学在此矣。"显然，这一"欣然有会于心"的感受，便是佛老之学能够取代以朱子学为代表的圣学的原因，也自然是阳明"陷入佛老"的原因。这说明，朱学的弊端，从外在来看，便是只知"争务修饰文词，以求知于世，而不复知有敦本尚实、反朴还淳之行"①；从内在来看，则是因为其不能使人"会于心"，这也就是"物理吾心终若判而为二"②。正因为离心以讲理，故只能走到"修饰文词"的路上去。对于佛老来说，阳明虽然一度认为"圣人之学在此矣"，但很快又发现其说"于孔子之教间相出入"，因为"此念（人伦之念）生于孩提，此念可去，是断灭种性矣"③。更为重要的，则是因为佛老仅仅"守一念之灵明"，既不必"屑屑于其外"，又不必"屑屑于其中"④。这样，在人伦日用面前，便只能是"阙漏无归"了。

这种对儒学与佛老之学的递相出入，说明阳明始终是将"敦本尚实、反朴还淳"的日用实践作为头等关怀的。正是这一关怀，使阳明对朱学与佛老之学相继"弃去"。因此，阳明返归圣学后所提出的身心之学，必然对脱离人伦实践的朱学与佛老具有双辟的性质，其自身也必然要在道德实践的基础上确立起来。所以，所谓身心之学，也就是使人"实以之身心"的道德实践之学。

身心之学的这一特征，充分体现在其入手功夫上。阳明对身心之学的基本规定是"使人先立必为圣人之志"，这也就是"实以之身心"，使为圣之志从日用酬酢中实地显现出来。后来，在《教条示龙场诸生》中，阳明又将"立志"作为首条教规，认为"志不立，天下无可成之事"，"凡学之不勤，必其志之尚未笃也"。相反，"立志而圣，则圣矣；立志而贤，则贤也"⑤。这里的"志"显然是实行之志而不仅仅是心里打算。对于立志的实行之意，阳明愈到晚年愈强调，《传习录》载："何廷仁、黄正之、李侯璧、汝中、德洪侍坐，

---

① 王守仁：《语录一》，《王阳明全集》卷一，吴光等编校，第9页。
② 钱德洪：《年谱一》，王守仁：《王阳明全集》卷三十三，吴光等编校，第1350页。
③ 钱德洪：《年谱一》，王守仁：《王阳明全集》卷三十三，吴光等编校，第1351页。
④ 王守仁：《重修山阴县学记》，《王阳明全集》卷七，吴光等编校，第287页。
⑤ 王守仁：《教条示龙场诸生》，《王阳明全集》卷二十六，吴光等编校，第1073页。

先生顾而言曰：'汝辈学问不得长进，只是未立志。'侯璧起而对曰：'珙亦愿立志。'先生曰：'难说不立，未是必为圣人之志耳。'对曰：'愿立必为圣人之志。'先生曰：'你真有圣人之志，良知上更无不尽。良知上留得些子别念挂带，便非必为圣人之志矣。'洪初闻时，心若未服，听说到此，不觉悚汗。"① 显然，立志也就是实以之心而现诸身，并且是立地朗现的。

立志的这一特色，表明阳明的身心之学是要将身与心、知与行在道德实践中与当下统一起来。所以，阳明对朱学与佛老又不仅仅是双辟，同时也具有兼取的倾向。因为朱学不知"至善是心之本体"，往往导致"外面做得好看，却与心全不相干"②，这就是其"争务修饰文词"以至于流落为"伯者的学问"的原因；佛老则一味玩弄灵明心性，于人伦世教全然不顾，这又是其"失之虚罔空寂，而无有乎家国天下之施"③的原因。但是，朱学对人伦世教的执着，佛老对"明明德"的自得，则不可夺也不可诬也。当阳明提出身心统一的道德实践之学时，就既继承了朱学以及世儒对人伦世教的执着精神，又兼取了佛老可深"会于心"的"明明德"，从而将"至善"与"亲民"，在身与心、知与行的实践统一中融汇起来了。

正因为身心之学的这一方向，所以在《答罗整庵少宰书》中，阳明就将其规定为"行著习察，实有诸己者也"，以与"揣摸测度，求之影响者也"的口耳之学对立起来。④ 身心之学的提出，表明阳明人生道德实践之学的确立。不过，在当时，这一学说除了"使人先立必为圣人之志"的规定外，并没有多少具体的内容。这自然有待于其人生经历的展开与思想发展的深入来补充了。

二、心即理说

按照公认的说法，阳明龙场悟道后即有心即理说。虽然阳明对这一命题的具体阐释首见于"与徐爱论学"，但由于他早年两番格

---

① 王守仁：《语录三》，《王阳明全集》卷三，吴光等编校，第118—119页。
② 王守仁：《语录三》，《王阳明全集》卷三，吴光等编校，第137页。
③ 王守仁：《大学问》，《王阳明全集》卷二十六，吴光等编校，第1068页。
④ 王守仁：《答罗整庵少宰书》，《王阳明全集》卷二，吴光等编校，第85页。

物不通的缘由都是因为朱子之说的"物理吾心终若判而为二"①,所以,当他在龙场"大悟格物致知之旨"时,便自然蕴含了心理合一的心即理思想。②《年谱》载:

> 时瑾憾未已,自计得失荣辱皆能超脱,惟生死一念尚觉未化,乃为石墩自誓曰:"吾惟俟命而已!"日夜端居澄默,以求静一;久之,胸中洒洒。……因念:"圣人处此,更有何道?"忽中夜大悟格物致知之旨,寤寐中若有人语之者,不觉呼跃,从者皆惊。始知圣人之道,吾性自足,向之求理于事物者误也。③

这里虽然以"吾性自足"来表达"圣人之道"不外在于人的思想,但按照阳明"心性不二"的逻辑,这里的性也就是心。而"求理于事物者误也",则是以否定的方式强调了圣人之道的非外在性。

4年后,阳明升任南京太仆寺少卿。在与徐爱同舟归越的途中,阳明才较为详细地阐述了心即理的思想:

> 爱问:"至善只求诸心,恐于天下事理有不能尽。"先生曰:"心即理也。天下又有心外之事,心外之理乎?"爱曰:"如事父之孝,事君之忠,交友之信,治民之仁,其间有许多理在,恐亦不可不察。"先生叹曰:"此说之蔽久矣,岂一语所能悟?今姑就所问者言之:且如事父,不成去父上求个孝的理?事君,不成去君上求个忠的理?交友治民,不成去友上、民上求个信与仁的理?都只在此心。心即理也。此心无私欲之蔽,即是天理,不须外面添一分。以此纯乎天理之心,发之事父便是孝,发之事君便是忠,发之交友治民便是信与仁。"④

---

① 钱德洪:《年谱一》,王守仁:《王阳明全集》卷三十三,吴光等编校,第1350页。
② 这里所谓"心理合一"并不是说阳明是以其"心"并吞了"天理",一如以往所谓阳明是以其心"并吞了天地万物"一样,也不是认为人一出生就"天赋"有"心"中之理,而是指任何一个现实的个体之当下现在,由于生活常识的积淀,由于对人之普遍、齐一的反省而必然蕴含之基本的道德原则与道德理性而言的,一如现在人们所常说的"共情"或老百姓所谓的"将心比心"一样。总之,阳明的"心即理"是明确否定了"理"的外在根源,其所谓"圣人之道,吾性自足,向之求理于事物者误也"就是对"理"之外在根源的一个明确否定,而将其收摄到主体的内在反省与生存经验的积淀上来了。
③ 钱德洪:《年谱一》,王守仁:《王阳明全集》卷三十三,吴光等编校,第1354页。
④ 王守仁:《语录一》,《王阳明全集》卷一,吴光等编校,第2—3页。

自此以后，心即理便成为阳明哲学的基本命题，也是讨论其他一切问题的根本出发点。因此，有必要先搞清其基本所指。

1.心即理的基本指谓

如前所述，心即理的思想形成于阳明龙场时期对天下事理穷根究底的探索，因而其最首先的指谓，即是"求理于事物者误也"。为什么这样说呢？因为"求理于事事物物者，如求孝之理于其亲之谓也。求孝之理于其亲，则孝之理其果在于吾之心邪？抑果在于亲之身邪？假而果在于亲之身，则亲没之后，吾心遂无孝之理欤？"①这里的答案自然是不言而喻的。另一方面，对于当时的阳明来说，蒙冤负屈而生死在即，倘若理存在于外在事物中，那么，正义、公道也必然来自外界，但当时外界有无公道可寻、有无正义可觅呢？因此，天理、正义这些公道只能源于内在，只能从"吾性"中自悟自证，也只能从自己依于本性的内心深处去寻找自我支持的精神支柱。更为重要的是，正因为朱学以心与理为二，从而引导世人皆从事事物物上讨分晓，结果便只能是"知识愈广而人欲愈滋，才力愈多而天理愈蔽"②。这恰恰是文盛实衰、天下不治的根源。所以，心即理思想的初步形成，便以"求理于事物者误也"的方式明确否定了求理于客观外界的可能，而以"圣人之道，吾性自足"确立了主体内在的原则。

但是，这一源于生死关头的个体人生体验要成为一个普遍认可的哲学命题，便必须具有逻辑的必然性。为此，阳明对心即理又展开了本体论与修养论的双向论证。

性即理是理学天人合一的逻辑枢纽。阳明对心即理的论证，也首先是通过体用一源这一理学的共识，从心性关系上展开的。这就是："心统性情。性，心体也；情，心用也。……夫体用一源也，知体之所以为用，则知用之所以为体者矣。"③正因为体用一源而"用之所以为体"，故心性不二、性情不二，这就通过体用一源的原则从而将性即理层层推至喜怒哀乐这一本体发用流行的七情层面上了。

---

① 王守仁：《答顾东桥书》，《王阳明全集》卷二，吴光等编校，第50页。
② 王守仁：《语录一》，《王阳明全集》卷一，吴光等编校，第32页。
③ 王守仁：《答汪石潭内翰》，《王阳明全集》卷四，吴光等编校，第165页。

不过，就本体论而言，心与理的关系也就是"心之体，性也，性即理也"①，或者干脆说："心之本体，即天理也。"②

那么，这里的心是否是指每一个体的当下现在之心呢？显然不是，因为如果认为每一个个体的当下现在之心就直接等同于天理，那必然会导致人出己见，"信口说，任意行，皆说'此是依我心性出来'"③，这就势必会导致"生之谓性"，导致相对主义，从而取消天理本身。所以，所谓心即理的心只能是指心之本体，亦即道心或本心。道心与现实之心的关系是："未杂于人谓之道心，杂以人伪谓之人心。人心之得其正者即道心，道心之失其正者即人心。"④对于现实的个人来说，由于其心"如斑垢驳杂之镜，须痛加刮磨一番，尽去其驳蚀，然后纤尘即见，才拂便去……"⑤这样，心与理的本体同一必然转化为现实的不同一，本体论也就必然进展为修养论。

由于修养论得以成立的前提依据是心与理之现实的不同一，因而复其本体便成为心理合一的入门功夫。这一功夫，作为立教的次第，便是过常德辰州以收放心为主的"静坐僧寺"，京师时以"廓清心体"为主的"实践之功"，以及滁州时直从本源悟入的"静坐涵养"或"默坐澄心"。这各种各样的功夫，目的只有一个，就是直复心之本体，亦即《拔本塞源论》所谓的"复其心体之同然"⑥。在此基础上，"以此纯乎天理之心，发之事父便是孝，发之事君便是忠，发之交友治民便是信与仁"⑦。然后，便可以"就'理'之发见处用功。如发见于事亲时，就在事亲上学存此天理；发见于事君时，就在事君上学存此天理；发见于处富贵贫贱时，就在处富贵贫贱上学存此天理；发见于处患难、夷狄时，就在处患难、夷狄上学存此天理；至于作止语默，无处不然。"⑧显然，这就是心与理的现实合一了。

这一从心与理的本体同一经过复其本体的修养功夫从而达到心

---

① 王守仁：《书诸阳伯卷》，《王阳明全集》卷八，吴光等编校，第308页。
② 王守仁：《答舒国用》，《王阳明全集》卷五，吴光等编校，第212页。
③ 王守仁：《语录三》，《王阳明全集》卷三，吴光等编校，第114页。
④ 王守仁：《语录一》，《王阳明全集》卷一，吴光等编校，第8页。
⑤ 王守仁：《答黄宗贤应原忠》，《王阳明全集》卷四，吴光等编校，第164页。
⑥ 王守仁：《答顾东桥书》，《王阳明全集》卷二，吴光等编校，第61页。
⑦ 王守仁：《语录一》，《王阳明全集》卷一，吴光等编校，第3页。
⑧ 王守仁：《语录一》，《王阳明全集》卷一，吴光等编校，第7—8页。

与理的现实合一，便是阳明心即理命题的基本所指。这一所指，也体现了阳明本体论与修养论的统一。一方面，正因为心与理存在着本体的同一关系，因而二者在修养实践中的合一才有逻辑的依据和实现的可能；另一方面，正因为心与理又存在着现实的不重合关系，从而才为其修养论的成立提供了前提条件。如果二者从本体到现实都是完全重合的关系，那修养论便无产生的必要；如果二者在修养实践中根本无法合一，那本体论又形同虚设。因此，心即理的本体论与修养论两层意指，恰恰是互为前提且互渗互证的。

2.心、理含义及其合一所指——主体与本体的同一原则

如果说心即理为人们指出了一条心理合一的实现途径，那么，对于阳明来说，这一命题则表达了其哲学的一个基本原则，这就是主体与本体的同一原则。① 正是这一原则，决定了阳明哲学的人生范围和道德实践取向，从而也在根本上决定了其哲学的道德实践性质。让我们从心与理的具体指谓上解开这一原则。

自从二程"体贴"出天理以来，天理二字就一直是理学亘古不变的本体。二程拈出天理时，主要是从人伦纲常上着眼的，但也含有自然物理之意。到了朱熹，为了强调天理的至高无上和统摄一切的性质，便不能不对其自然物理的属性加以强调。这样一来，天理虽然成了宇宙万物的绝对本体，但也因此决定了存天理的修养实践必须辅之以认识活动。朱熹为此受到了陆象山的批评，朱陆的道问学与尊德性之争也就在此基础上展开。阳明从对朱学的体究履践中走来，其早年两番格物的不通，一方面可以说阳明不了解朱学，但同时也说明阳明对天理的理解一开始就与朱熹存在着分歧。在朱熹看来，天理只有作为伦理与物理的统一，才能体现其作为宇宙本体的绝对性质；但在阳明看来，这样的天理规定只能导致"在事事物物上讨分晓"，只能导致修养实践中的心理为二、知行为二。阳明虽然没有明确规定天理的伦理范围，但其所谈的天理却从不超出伦理的界限，因此，对阳明来说，这是一个不言而喻的前提。其早年格

---

① 这是笔者近30年前的表达，笔者至今仍然认为这就是心学之为心学的根本精神。但这一精神的历史依据与学理依据何在呢？从历史的角度看，它就源于孟子的"人皆可以为尧舜"；从学理依据的角度看，它就源于儒家的人文传统。儒家自周公起就以"皇天无亲，惟德是辅"(《尚书·蔡仲之命》)为自己确立了人文与人本的根据，而与殷人的"天本"形成了完全不同的走向。

物的失败，正是这一前提基础上的必然产物。这样，天理从朱熹到阳明，便发生了一个性质的转变，就是从伦理与物理的统一转化为纯粹的伦理。正是有这一转向作基础，所以阳明不仅直接以天理为伦理，而且对于物理，也通过"物者事也"的方式将其转化为伦理。这就是阳明经常近于武断般地断言"夫物理不外于吾心，外吾心而求物理，无物理矣"①的原因。

再从心来看，自从张载提出"合性与知觉，有心之名"以及"心统性情"以来，心的主宰、知觉与作为未发之性和已发之情的统一，便成为理学各派的一种基本共识。不过，受不同进学路径的影响，各理学家对心的诸种属性的强调侧重也各有不同。由于朱熹的理是伦理与物理的统一，因而其特重心之知觉功能，并由觉于理或觉于欲而划分道心、人心；对于心、性、理的关系，朱熹总体上坚持"性在于心而心非即性，理具于心而心非即理"②。陆象山虽然也重视心的知觉功能，但其知觉则主要是就觉于理而言，如："此心至灵，此理至明，要亦何疑之有？"③所以，他反对朱熹的道心人心、天理人欲的二分说，坚持"此心此理，实不容有二"④。这种与理不二的心，也就是其所说的"本心"。对于朱陆，阳明并无特别的私淑。表现在心的属性规定上，阳明对朱熹的继承反而为多，比如道心人心、天理人欲之说。这当然与其早年对朱学的反复体究有关。不过，总的说来，阳明的心概念，既继承了前人从张、程到朱、陆关于心的诸种规定，同时又有一些前人所不具有的含义。

首先，就心的具体落实而言，阳明的心特指个体之心。虽然前人关于心的诸种规定皆可合乎逻辑地引申至个体，但就角度来看，则主要是从一般的角度立论，所以是多指共性而言的，而阳明则始终强调心的个体性以及个体之间的差别性。如在回答弟子"天地鬼神万物，千古见在，何没了我的灵明，便俱无了"⑤的问题时，阳明回答说："今看死的人，他这些精灵游散了，他的天地万物尚在何处？"⑥显

---

① 王守仁：《答顾东桥书》，《王阳明全集》卷二，吴光等编校，第48页。
② 张岱年：《中国哲学大纲》，中国社会科学出版社1982年版，第244页。
③ 陆九渊：《与詹子南二》，《陆九渊集》卷十，钟哲点校，中华书局1980年版，第140页。
④ 陆九渊：《与曾宅之》，《陆九渊集》卷一，钟哲点校，第5页。
⑤ 王守仁：《语录三》，《王阳明全集》卷三，吴光等编校，第141页。
⑥ 王守仁：《语录三》，《王阳明全集》卷三，吴光等编校，第141页。

然，天地万物依于心的"心"是个体之心，而天地万物也是与个体之心灵相对峙的天地万物。就个体之间的差别性而言，又主要表现在阳明对格物致知之功的"随分限所及"的论述上，如："我辈致知，只是各随分限所及。今日良知见在如此，只随今日扩充到底，明日良知又有开悟，便从明日所知扩充到底。"①正是基于个体之心的差别性，所以阳明又坚持"童子自有童子的格物致知"，如"洒扫应对就是一件物，童子良知只到此，便教去洒扫应对，就是致他这一点良知了。又如童子知畏先生长者，此亦是他良知处。故虽嬉戏中见了先生长者，便去作揖恭敬，是他能格物以致敬师长之良知了"②。在阳明哲学中，心的个体性与差别性是互为依据的，一方面，个体性是差别性的前提，另一方面，差别性又体现、反证着心的个体性质。

其次，就心的功能而言，阳明不仅强调心的主宰与知觉属性，而且在于从这二者出发，以实践性为心的基本特征。自然，这是阳明将心落实于个体层面的应有之意，也是心的个体性的必然表现。心的实践性主要通过主宰作用表现出来，如："汝心之视，发窍于目；汝心之听，发窍于耳；汝心之言，发窍于口；汝心之动，发窍于四肢。若无汝心，便无耳目口鼻。"③为什么呢？因为："心者身之主宰，目虽视而所以视者心也，耳虽听而所以听者心也，口与四肢虽言动而所以言动者心也。"④这也就是："耳、目、口、鼻、四肢，身也，非心安能视、听、言、动？"⑤所以，人的视听言动，实际上也就是心的视听言动。这就使心成为动态的实践之心了。

个体性与实践性的规定，不仅使阳明之心概念的含义超出了传统定义的范围，而且即使在心本论内部，这种个体性与实践性的规定也是阳明独有的特色。就个体性而言，阳明的心显然不同于陆象山凡人一同的本心；而与阳明"共以倡明圣学为事"后又"分主教事"的湛甘泉相比，由于其屡屡批评阳明之心是"指腔子里以为心"⑥，因而反倒证明了阳明之心的个体性。不过，阳明所说的心："亦不专是那

---

① 王守仁：《语录三》，《王阳明全集》卷三，吴光等编校，第109页。
② 王守仁：《语录三》，《王阳明全集》卷三，吴光等编校，第136页。
③ 王守仁：《语录一》，《王阳明全集》卷一，吴光等编校，第41页。
④ 王守仁：《语录三》，《王阳明全集》卷三，吴光等编校，第135页。
⑤ 王守仁：《语录三》，《王阳明全集》卷三，吴光等编校，第103页。
⑥ 黄宗羲：《甘泉学案一》，《明儒学案》卷三十七，沈芝盈点校，第876页。

一团血肉。若是那一团血肉，如今已死的人，那一团血肉还在，缘何不能视听言动？"①所以，阳明的心虽是"指腔子里以为心"，却是就个体的精神主宰及其视听言动而言的。就实践性而言，陆象山坚持"万物森然于方寸之间，满心而发，充塞宇宙，无非此理"②，因而其心往往是指道德直觉之心，也是通过道德直觉来"充塞宇宙"的。由于湛甘泉认为"天地无内外，心亦无内外"，因而其"包乎天地万物之外，而贯夫天地万物之中"③的心也同样是直觉式的心，也是以直觉来"包""贯"天地万物的。阳明之心的实践性，不仅表现在心对视听言动行为的主宰上，而且在于以视听言动为心的根本特征与存在标志。所以，当不再视听言动时，其人便是"已死的人"，其心与其天地万物便也一起不复存在了。

正因为阳明心与理的含义或不同或超出了传统理学的范围，因而其关系也就非传统理学所能局限，而必然表现出超越的趋向。从总体上看，由于阳明将理牢牢限定于伦理的范围，将心落实于个体及其视听言动之间，因而作为本体之理与作为主体之心的合一，必然既使理落实于个体的举手投足乃至一念倏忽之间，同时又使个体的一言一行、一举一动都必须符合天理。正是从这个意义上说，阳明心即理所表现的主体与本体的同一原则，不仅决定了其哲学的人生范围，而且也从根本上决定了其道德实践的性质和指向。

从心与理的具体关系来看，一方面，由于"这心之本体，原只是个天理"④，因而从体用关系上来说，天理必然是寂然不动的本体，统一性情且感而遂通的心便是天理本体之发用。这样，心与理在本体论中便成为一种体用关系。另一方面，从修养论来说："此心若无人欲，纯是天理，是个诚于孝亲的心，冬时自然思量父母的寒，便自要去求个温的道理；夏时自然思量父母的热，便自要去求个清的道理。这都是那诚孝的心发出来的条件，却是须有这诚孝的心，然后有这条件发出来。譬之树木，这诚孝的心便是根，许多条件便是枝叶，须先有根，然后有枝叶。"⑤显然，这又是以心为体而以理

---

① 王守仁：《语录一》，《王阳明全集》卷一，吴光等编校，第41页。
② 陆九渊：《语录上》，《陆九渊集》卷三十四，钟哲点校，第423页。
③ 黄宗羲：《甘泉学案一》，《明儒学案》卷三十七，沈芝盈点校，第878页。
④ 王守仁：《语录一》，《王阳明全集》卷一，吴光等编校，第41页。
⑤ 王守仁：《语录一》，《王阳明全集》卷一，吴光等编校，第3页。

为用的。由于体用一源是指:"知体之所以为用,则知用之所以为体者矣。"①因而心与理的互为体用,也就是二者不可分割和互渗互证。这样一来,作为本体与主体合一的心即理说,便不仅仅是阳明生死经历中的个体体验,而且也同时将道德实践的任务推进于每一个个体的人生范围,落实于每一个个体的举手投足之间了;同时,这一命题也因此而成为具有普遍适应性的道德实践命题了。

3.心即理对道德的超越与对人生的统摄

走出道德实践的范围,如果从人生的角度来看,那么,阳明心即理说起码存在着两个方面的关系需要澄清。其一,心即理作为道德实践命题,其回答的主要是人生中的应然问题,那么,如何处置人生中的必然问题?其二,在人生实践中,如何处置人的情感、欲望?由于这些问题都是人生中的实际问题,因而阳明只有既承认其存在又能够予以妥善的处理,才能使其心即理超越道德实践的范围而成为关于人生的哲学命题。

所谓必然的问题,相对于道德实践之应然而言,主要是对外在物理的认识以及知识技能的问题。乍一看,对于这些问题,阳明似乎是一概贬斥的,如对"专以知识才能上求圣人"的现象,阳明斥之为:"知识愈广而人欲愈滋,才力愈多而天理愈蔽。"②故其一贯持倡"作圣之本是纯乎天理"③"圣人于礼乐名物,不必尽知"④。而在《拔本塞源论》中,阳明干脆认为三代之教是:"惟以成其德性为务……而知识技能非所与论也。"⑤这样,阳明似乎是取消了人生中的认识、知识以及才力这样的必然问题。实际上,阳明的贬斥乃至于取消都严格限定在"为学头脑"的层面上。在这一层面上,应然与必然、道德与认识的关系是非此即彼而相互排斥的。但是,越出这一层面,从人生的角度看,阳明又是承认这些问题的存在及其作用的。如徐爱问:"事父一事,其间温清定省之类,有许多节目,不亦须讲求否?"先生曰:"如何不讲求?只是有个头脑,只是就此

---

① 王守仁:《答汪石潭内翰》,《王阳明全集》卷四,吴光等编校,第165页。
② 王守仁:《语录一》,《王阳明全集》卷一,吴光等编校,第32页。
③ 王守仁:《语录一》,《王阳明全集》卷一,吴光等编校,第32页。
④ 王守仁:《语录三》,《王阳明全集》卷三,吴光等编校,第110页。
⑤ 王守仁:《答顾东桥书》,《王阳明全集》卷二,吴光等编校,第61页。

心去人欲、存天理上讲求。就如讲求冬温，也只是要尽此心之孝，恐怕有一毫人欲间杂；讲求夏凊，也只是要尽此心之孝，恐怕有一毫人欲间杂。"①再如，"问：'名物度数，亦须先讲求否？'先生曰：'人只要成就自家心体，则用在其中。如养得心体，果有未发之中，自然有发而中节之和，自然无施不可。苟无是心，虽预先讲得世上许多名物度数，与己原不相干，只是装缀，临时自行不去。亦不是将名物度数全然不理，只要知所先后，则近道。'"②显然，必然与应然，就如同其后来所例举的方圆与规矩的关系一样，"规矩诚立，则不可欺以方圆，而天下之方圆不可胜用矣。"③在这里，虽然规矩具有不可取代的优先性，但阳明并不以规矩废方圆的思想也同样是明显的。

　　从心即理这一命题来看，其心与理的合一本身也需要一定的知识作为基础和手段，如温凊定省之类。对此，阳明如何处理呢？这答案即是上引的："如何不讲求？"所以，阳明告诫弟子，对名物度数亦不能"全然不理"，因为"其所当知的，圣人自能问人，如'子入太庙，每事问'之类"④。显然，"问人"无疑也是"讲求"的一种方式，而且，"不知能问，亦即是天理节文所在"⑤。这样，在这种条件下，对知识、必然的讲求，便已经服从于道德实践本身的需要了。至此，阳明心即理作为道德实践的应然命题与知识、才力这些必然问题的关系便基本清楚了，这就是：在"为学头脑"这一层面上，对必然的问题，阳明是全力排斥的，以保持其心"纯是一个天理"，保持道德的优先至上性；而在为学修养与人生实践这一层面上，对知识、才力这些必然的问题，阳明又是"讲求"的，讲求的目的，便是为了保证其心与理的合一能够落实于实践生活之中，以保持其人生为道德的人生。当然，对于那些根本不能服务于道德实践的知识、才力，比如阴谋诡计之类，阳明则始终是排斥的。这样，在必然和应然的关系上，可以说阳明是自始至终以应然裁定并驾驭必然的。

　　那么，阳明又如何处置情感、欲望这些现实人生中更为普遍也

---

① 王守仁：《语录一》，《王阳明全集》卷一，吴光等编校，第3页。
② 王守仁：《语录一》，《王阳明全集》卷一，吴光等编校，第24页。
③ 王守仁：《答顾东桥书》，《王阳明全集》卷二，吴光等编校，第56页。
④ 王守仁：《语录三》，《王阳明全集》卷三，吴光等编校，第110页。
⑤ 王守仁：《语录三》，《王阳明全集》卷三，吴光等编校，第110页

更为表层的问题呢？总的来说，阳明也同样采取了一分为二的方式。对于欲望，无论是物欲、情欲还是理欲这种有意为善式的欲望，阳明都基本上是贬斥的。因为物欲为天理的主要蔽障，去得一分物欲，自得一分天理，故去物欲为存天理去人欲的基本功夫。至于情欲，由于"七情有着，俱谓之欲，俱为良知之蔽"①，因而也在取缔之列。对于理欲这种自存的善念，由于它源于将迎意必之心，因而同样是廓然大公的蔽障，这也决定它同样是取缔的对象。不过，对于人伦之情以及由此而生的情感，阳明却基本上是肯定的。这是因为，一方面，人伦之情乃是从人的生命根上带来，"是人心合有的"，故不能去，因为完全取缔了情感，对人来说，无异于"断灭种性"；而一个完全无情的人，也就只能如"槁木死灰"般的佛老之人了。阳明早年告别并批判佛老的原因，就在于此；而阳明后来在忠泰之变中对爱亲之情之"此相安能不着"②的回答，也证明了这一点。另一方面，从心即理来看，由于阳明一贯坚持心统性情，并将情看作心之本体发用流行的表现，因而离开了人伦之情，其心即理的道德实践任务根本就无从落实。所以，与对各种欲望的态度相反，阳明对人伦之情始终是肯定的。不过，对于心即理来说，人伦之情的发用流行，必须是中和、自然而然的，不可有所"着"，从而才不至于流落为情欲，才是心之本体的发用流行。这样看来，阳明对欲望、情感这些人生中的现实问题，也同样不是完全否定的，而是采取以理制欲、以理节情的驾驭、疏导方式。

正因为阳明正视并以道德优先的原则妥善处置了这些人生中的实际问题，因而其心即理便超越了道德实践的范围而成为关于整个人生的哲学命题。这样的结果，一方面是将道德提升为人生的本体，并将这一本体推及于人生的一切方面，从而使整个人生成为一种道德的人生。同时，这种道德的人生又不仅仅是道德实践活动，也非道德实践活动本身所能局限，所以，以道德为本体的人生必然表现出对传统道德范围的某些超越，表现出对整个人生的一种统摄趋向。例如，对一属官的"簿书讼狱繁难，不得为学"之叹，阳明回答说："我何尝教尔离了簿书讼狱，悬空去讲学？尔既有官司之事，便

---

① 王守仁：《语录三》，《王阳明全集》卷三，吴光等编校，第126页。
② 钱德洪：《年谱二》，王守仁：《王阳明全集》卷三十四，吴光等编校，第1410页。

从官司的事上为学，才是真格物。如问一词讼，不可因其应对无状，起个怒心；不可因他言语圆转，生个喜心；不可恶其嘱托，加意治之；不可因其请求，屈意从之……惟恐此心有一毫偏倚，枉人是非，这便是格物致知。簿书讼狱之间，无非实学。若离了事物为学，却是着空。"①也正是这一原因，阳明又认为："如诵诗、读书、弹琴、习射之类，皆所以调习此心，使之熟于道也。"②阳明本人在这方面也是身体力行，他一生无论是治理地方还是平定叛乱乃至居夷处困、置身生死之地，处处是讲学之地，也处处是进德之资。所以阳明又说："天地间活泼泼地，无非此理，便是吾良知的流行不息……无往而非道，无往而非工夫。"③这就将心与理的合一落实于人生的一切方面、一切事为间了。

4.陆王心即理比较

在宋明理学中，陆王历来并称。致使二者并称的原因，可能莫过于其同一的心即理说。笔者并不否认陆王在为学指向上的一致性，但他们相似的心即理说并不等同。进一步说，阳明的心即理说也不是从对陆象山那直接继承而来。

从为学路径上看，象山少时曾"思天地何所穷际不得，至于不食"，故"因宇宙字义，笃志圣学"。④其自述为学经历时，也说他是"因读《孟子》而自得之"⑤。象山为孟子之学自然无疑，但其对《孟子》的"读"与对圣学的"思"，却构成了其为学经历的特殊性，也必然要在其学说上打下深深的烙印。阳明不同，其自幼视朱子学为"神明蓍龟"，不仅"遍求考亭遗书读之"，而且因闻朱熹格物说而"即取竹格之"。⑥这说明，象山的性格是善于思考，而勤于实践则是阳明的性格特征。这一性格促使阳明不仅对朱学屡屡实践，即使是佛老之学，阳明也将"措之人伦日用"作为其取舍的标准。所以，如果说象山之学是"读"和"思"的产物，那么，阳明之学则

---

① 王守仁：《语录三》，《王阳明全集》卷三，吴光等编校，第107—108页。
② 王守仁：《语录三》，《王阳明全集》卷三，吴光等编校，第113页。
③ 王守仁：《语录三》，《王阳明全集》卷三，吴光等编校，第139—140页。
④ 陆九渊：《年谱》，《陆九渊集》卷三十六，钟哲点校，第482页。
⑤ 陆九渊：《语录下》，《陆九渊集》卷三十五，钟哲点校，第471页。
⑥ 钱德洪：《年谱一》，王守仁：《王阳明全集》卷三十三，吴光等编校，第1348—1349页。

是"体究履践"的结果。其在心即理提出之前，便以"行著习察"的"身心之学"标示圣学的方向，也反证了这一点。

从心即理命题来看，象山所说的理虽然主要指伦理，但也含括着外在的物理。他说："天覆地载，春生夏长，秋敛冬肃，俱此理。"① 又说："此道充塞宇宙，天地顺此而动，故日月不过，而四时不忒；圣人顺此而动，故刑罚清而民服。"② 这也就是所谓："此理塞宇宙，如何由人杜撰得？"③ 很明显，象山虽然以主尊德性强调伦理的优先地位，但其理的内容却不仅包含着外在的物理，而且还具有外在的客观性，这就与朱熹无异了。阳明相反，他基本上是将理看作"心之条理"，亦即所谓的"发之事父便是孝，发之事君便是忠，发之交友治民便是信与仁"④之类的伦理。虽然阳明也讲天理，但天理说到底又不过是从忠孝仁信到温清定省之类；而所谓物理，又因为"物即事也""心在物则为理"，从而也将物理通过"意之所用"的事理转化为伦理了。所以说："夫物理不外于吾心，外吾心而求物理，无物理矣。"⑤ 这样，当阳明断言"心外无物，心外无事，心外无理，心外无义，心外无善"⑥时，就由理的伦理一义性否定了理的外在性与客观性的任何可能。

理在内涵上的差别，又必然表现在他们对心的不同规定上。象山的心，首先指凡人一同之心，这就是："心只是一个心，某之心，吾友之心，上而千百载圣贤之心，下而千百载复有一圣贤，其心亦只如此。"⑦ 进而认为，无论是"东西南北海"的"圣人"，还是"千百世之上至千百世之下"的"圣人"，其心都"莫不同也"。⑧ 这就只能是凡人必具而又亘古不变的同心了。另一方面，象山的心同时又是一种"大心"。他说："心之体甚大，若能尽我之心，便与天同。"⑨ 又说："宇宙便是吾心，吾心即是宇宙。"⑩ "宇宙内事乃己分内事，

---

① 陆九渊：《语录下》，《陆九渊集》卷三十五，钟哲点校，第450页。
② 陆九渊：《与黄康年》，《陆九渊集》卷十，钟哲点校，第132页。
③ 陆九渊：《语录下》，《陆九渊集》卷三十五，钟哲点校，第461页。
④ 王守仁：《语录一》，《王阳明全集》卷一，吴光等编校，第3页。
⑤ 王守仁：《答顾东桥书》，《王阳明全集》卷二，吴光等编校，第48页。
⑥ 王守仁：《与王纯甫二》，《王阳明全集》卷四，吴光等编校，第175页。
⑦ 陆九渊：《语录下》，《陆九渊集》卷三十五，钟哲点校，第444页。
⑧ 陆九渊：《年谱》，《陆九渊集》卷三十六，钟哲点校，第483页。
⑨ 陆九渊：《语录下》，《陆九渊集》卷三十五，钟哲点校，第444页。
⑩ 陆九渊：《年谱》，《陆九渊集》卷三十六，钟哲点校，第483页。

己分内事乃宇宙内事。"① 如果说象山论心是侧重于本体角度，而主要论其大且同的一面，那么，阳明论心则侧重于现实角度，而更多论其个体性及其发用流行的知觉与视听言动实践性的一面。所以，在阳明哲学中，不仅无心即无身，而且无身亦无心，这也就是："如今已死的人（身死），那一团血肉还在，缘何不能视听言动（心死）？所谓汝心，却是那能视听言动的（身心俱在）。"② 显然，个体性以及主宰、知觉与视听言动的实践性便是阳明之心的根本特征。

就心与理的关系，亦即二者的合一而言，阳明与象山都强调二者的本体同一，这自然是他们同为心本论的表现。但是，就心理合一的实现途径来说，象山侧重直觉，也是以直觉作为二者合一的主要途径的。他说："万物森然于方寸之间，满心而发，充塞宇宙，无非此理。"③ 到底如何能使心充塞宇宙呢？象山说来说去，又不过是："汝耳自聪，目自明，事父自能孝，事兄自能弟，本无少缺，不必他求，在乎自立而已。"④ 所以，象山的心理合一，主要建立在道德直觉的基础上，其学的"简易"，可能也就表现在这里。但是，这种建立在直觉基础上的"自立"虽然具有逻辑上的可能性，却并不一定就具有实践中的必然性。阳明的心理合一途径则要复杂得多，也要现实得多，这主要是通过念念存天理、念念去人欲的道德实践活动实现的。因为"若常人之心，如斑垢驳杂之镜，须痛加刮磨一番"⑤，"必须加人一己百、人十己千之功，方能依此良知以尽其孝"⑥。这就是事上磨炼式的痛下克己功。所以，象山是通过道德直觉实现心与理的合一，而阳明的心理合一则是道德实践的。

这种不同的心理合一途径，就理论根源而言，自然决定于他们对心与理的不同规定。象山的理是伦理与物理统一的客观之理，心是凡人一同而亘古不变的大心，因而其心与理的合一，不仅从理上无法落实，而且就心来说，也缺乏落实的依据。这样，其心与理的合一就成为直觉的，而且也只有通过直觉才能实现二者的合一。由

---

① 陆九渊：《年谱》，《陆九渊集》卷三十六，钟哲点校，第483页。
② 王守仁：《语录一》，《王阳明全集》卷一，吴光等编校，第41页。
③ 陆九渊：《语录上》，《陆九渊集》卷三十四，钟哲点校，第423页。
④ 陆九渊：《语录上》，《陆九渊集》卷三十四，钟哲点校，第408页。
⑤ 王守仁：《答黄宗贤应原忠》，《王阳明全集》卷四，吴光等编校，第164页。
⑥ 王守仁：《语录三》，《王阳明全集》卷三，吴光等编校，第126页。

于阳明的理是纯粹的伦理，心又是作为主宰与知觉及视听言动实践性的个体之心，故其心与理的合一，不仅有待于个体，而且也只有在个体视听言动的实践活动中才能落实。这就是阳明的心理合一途径之所以为道德实践式的原因。

如果就其现实成因来考察，那么，他们不同的个性以及不同的为学经历，自然是其不同的心理合一途径的不可忽视的因素。象山勤读善思，少时，因思"宇宙字义，笃志圣学"[①]；后又因读《孟子》而发明本心。因而，其道德直觉式的心理合一途径乃至其对心与理的规定本身，基本上都是其个性特征及其为学经历的产物和表现。由于阳明始终以勤于实践为性格特征，其无论是对朱学的"体究履践"还是对佛老的"措之日用"，都是"实以之身心"的。因而，他不仅从自己的亲身经历中体察心之特征，而且还从其"百死千难"的逆境实践中考索理之所在。这样，阳明的心理合一途径，也就必然带有强烈的道德实践色彩了。

总之，虽然陆王以心即理并称于理学，且他们在强调道德的优先性上也具有同一性，但其相同的命题却具有不同的内涵指谓，因而不能以对象山的直接承袭来把握阳明的心即理说。

最后，从身心之学的角度看，当阳明首倡身心之学时，仅仅是从对朱学与佛老的双辟双取中确定了一个"行著习察，实有诸己"的道德实践方向，而这一方向又仅仅是靠"使人先立必为圣人之志"来承当的。但是，当阳明心即理命题提出之后，就不仅将这一道德实践方向提升为本体论、落实于修养论，而且将人生中理性层次的必然、感性层次的七情，一齐统摄于由主体与本体的同一原则所建构的道德实践之圆中，使道德本体渗透于人生一切方面，又使人生的各个层面都打上了道德的烙印。这就成为一种以道德本体为圆心的人生实践哲学。正是从这个意义上说，心即理的提出，表明了阳明哲学的基本形成。

---

① 陆九渊：《年谱》，《陆九渊集》卷三十六，钟哲点校，第482页。

三、知行合一说

知行合一是阳明哲学中最有特色且最难理解的一个命题。[①] 一方面，它是纯粹的修养论命题，也集中体现着阳明哲学的道德修养特色；另一方面，其概念的含义规定又与理学传统的反差最大，其从知到行到知行本体都有独特的意指。这些独特性自然为理解其含义增添了难度，从阳明门下最为高足的徐爱到其"世交老友"，都不得不对其宗旨请问再三。同时，作为修养命题，知行合一也基本上贯穿了阳明立教的始终。因此，对知行合一的理解，可以说是把握阳明哲学修养特色的关键。

正因为知行合一是阳明哲学中最有特色又最难理解的命题，因而阳明不得不"言之屡屡"，其关于知行合一的思想也主要表现在对人的解释和答疑中。终阳明一生，其关于知行合一的"宗旨"共进行了4次大的阐述：其一是主讲贵阳书院时"始论知行合一"，其二是为徐爱释知行合一，其三是与顾东桥辩知行合一，最后便是为世交老友解知行合一。由于阳明关于知行合一的思想一经形成便坚持始终，故这里抛开其阐述的先后顺序，而就知行合一本身的逻辑层次进行分析。

[①] 之所以这样定位王阳明的知行合一，是因为笔者对这一命题的理解经过了30多年的反复琢磨。一般说来，人们往往会从知与行的先后统一角度来理解王阳明的知行合一说，但当人们这样理解时，却完全没有考虑朱子的知行关系，难道朱子不坚持知与行的前后统一吗？所以，这样的理解实际上是从朱子学的角度来理解阳明的知行合一说的，而根本没有考虑到阳明知行合一说本身就是针对朱子知先行后的知行统一说才提出的。这等于是将阳明拉回到朱子学的立场上来理解。20世纪80年代，笔者曾以《王阳明"哲学"的内在矛盾及其特征》作硕士论文，文中虽然对知行合一进行了这样、那样的分析，答辩时也被老师评价为"对知行合一进行了科学的分析"，但笔者却深感自己并没有解开知行合一，后来从自己角度的再钻研，于是也就有了《王阳明"知行合一"的静态考察与动态把握》一文［《陕西师范大学学报（社会科学版）》1990年第4期］。当时主要是从实践活动中的知与行的同时并在性——体验、体证来理解知行合一说的。这样一种理解坚持了10多年，然后从孟子的"践形"一说找到了突破口，有了《践形与践行——宋明理学中两种不同的工夫系统》（《中国哲学史》2009年第1期）一文。该文拉通了从先秦到宋明的"践形"系统，也为阳明的知行合一找到了儒家传统的根据。但在儒家传统中究竟有没有独立的"思"的地位？而"思"本身有没有知行合一的根据？《"思则得之"：儒家人文精神的确立与拓展》（《社会科学战线》2019年第10期）一文试图解答所有这些探讨，都关涉阳明的知行合一说，也都关涉儒家做人精神之主客与身心两面，其本质上都属于儒家哲学不脱离现实人生的表现。所以，笔者甚至会提出一个看似颇为偏激的标准：对知行合一的理解程度，也就可以说是对阳明哲学深入程度的标志。

1. 知行本体

知行合一是以"知行本体"的提出而登台的，对知行合一来说，这也是其最为基本且最有特色的概念。因此，把握知行合一的首要前提，便是理解阳明的"知行本体"。《年谱》载："始席元山书提督学政，问朱陆同异之辨。先生不语朱陆之学，而告之以其所悟。书怀疑而去。明日复来，举知行本体证之五经诸子，渐有省。往复数四，豁然大悟，谓：'圣人之学复睹于今日；朱陆异同，各有得失，无事辩诘，求之吾性本自明也。'"① 这就是阳明的"始论知行合一"②。自此以后，知行本体便成为阳明阐释知行合一的主要概念。让我们先引几段关于知行本体的运用来说明其意指。

> 爱曰："如今人尽有知得父当孝、兄当弟者，却不能孝、不能弟，便是知与行分明是两件。"先生曰："此已被私欲隔断，不是知行的本体了。未有知而不行者。知而不行，只是未知。圣贤教人知行，正是要复那本体，不是着你只恁的便罢。……知行如何分得开？此便是知行的本体，不曾有私意隔断的。……某今说个知行合一，正是对病的药。又不是某凿空杜撰，知行本体原是如此。"③
>
> 知行工夫本不可离。只为后世学者分作两截用功，失却知行本体，故有合一并进之说。……此虽吃紧救弊而发，然知行之体本来如是，非以己意抑扬其间，姑为是说以苟一时之效者也。④
>
> 某今说知行合一，虽亦是就今时补偏救弊说，然知行体段亦本来如是。⑤

上述无论是知行本体还是知行之体、知行体段，含义都是一致的，故可通用。那么，其意指是什么呢？一般的理解，是按照理学的

---

① 钱德洪：《年谱一》，王守仁：《王阳明全集》卷三十三，吴光等编校，第1355页。
② 阳明的知行合一发自龙场，因阳明曾回忆说："吾始居龙场，乡民言语不通，所可与言者，乃中土亡命之流耳。与之言知行之说，莫不忻忻有入。久之，并夷人亦翕然相向……"（钱德洪：《刻文录序说》，王守仁：《王阳明全集》卷四十一，吴光等编校，第1746页）这里的"举知行本体证之五经诸子"也说明其此前已有知行合一的说法。就现存史料而言，贵阳当为"始论"。
③ 王守仁：《语录一》，《王阳明全集》卷一，吴光等编校，第4—5页。
④ 王守仁：《答顾东桥书》，《王阳明全集》卷二，吴光等编校，第47—48页。
⑤ 王守仁：《答友人问》，《王阳明全集》卷六，吴光等编校，第232页。

传统，将知行本体理解为与功夫相对的本体，从而使知行本体成为像心、良知一样的概念。这种理解，实际上也就是阳明所屡屡批评的："只从言语文义上窥测……转说转糊涂，正是不能知行合一之弊耳。"① 因为这样一来，阳明恰恰是为"一时之效"而"姑为是说"了。从上述引文来看，阳明的知行本体显然是针对徐爱的"知与行分明是两件"说的，被私欲隔断也就是"知得父当孝、兄当弟，却不能孝、不能弟"的知行为二现象，所以说此"不是知行的本体。"既然被私欲隔裂为二便是"失却知行本体"，那知行的本体也就只能是知孝即孝、知弟即弟的知行一体了。所以，下面便接着强调："知行如何分得开？此便是知行的本体。"在《答陆原静书》中，阳明还有"若是知行本体，即是良知良能"②的话头。显然，知行本体就是知与行本然的不可分割关系，一如良知与良能的关系。也正是因为这一点，阳明才将"分作两截用功"的现象统统称为"失却知行本体"。

知与行的本然关系又指什么呢？阳明说："知行原是两个字说一个工夫，这一个工夫须著此两个字，方说得完全无弊病。"③为什么这样说呢？因为："若行而不能精察明觉，便是冥行，便是'学而不思则罔'，所以必须说个知；知而不能真切笃实，便是妄想，便是'思而不学则殆'，所以必须说个行。元来只是一个工夫。凡古人说知行，皆是就一个工夫上补偏救弊说，不似今人截然分作两件事做。"④那么，将知行作为一件事去做的这"一个工夫"究竟是什么呢？这就是"著实去做这件事"的实践工夫。因为只有对实践来说，才"须著此两个字，方说得完全无弊病"，也只有在实践中，才既要排除"妄想"又要排除"冥行"。所以阳明又说："知之真切笃实处，便是行；行之明觉精察处，便是知。若知时，其心不能真切笃实，则其知便不能明觉精察，不是知之时只要明觉精察，更不要真切笃实也。行之时，其心不能明觉精察，则其行便不能真切笃实，不是行之时只要真切笃实，更不要明觉精察也。"⑤从现实生活的角度看，只有实践，才能使明觉精察之知与真切笃实之行"一时并在"；也只

---

① 王守仁：《答友人问》，《王阳明全集》卷六，吴光等编校，第232页。
② 王守仁：《答陆原静书》，《王阳明全集》卷二，吴光等编校，第78页。
③ 王守仁：《答友人问》，《王阳明全集》卷六，吴光等编校，第233页。
④ 王守仁：《答友人问》，《王阳明全集》卷六，吴光等编校，第232页。
⑤ 王守仁：《答友人问》，《王阳明全集》卷六，吴光等编校，第234页。

有在实践中，知与行才是"如何分得开"的"一个工夫"。所以，所谓知行本体，也就是知与行在实践中本然的一体关系。

正因为知行本体是指知与行在实践中的一体关系，所以阳明才告诉世交老友说："但著实就身心上体履，当下便自知得。"① 就是说，这是一个道德实践中不言自明的问题，而"圣贤教人知行，正是要复那本体"②，也就是要在实践中体证明觉精察之知与真切笃实之行"一时并在"关系。否则，仅仅从理论上辨析，便只能是"转说转糊涂"；从实际后果来看，也必然是："终身不行，亦遂终身不知。"③ 阳明之所以屡屡强调其知行合一说"不是某凿空杜撰"，"非以己意抑扬其间，姑为是说以苟一时之效"④，而是揭示了"本来如是"的"知行体段"，原因就在这里。

阳明弟子对知行合一的接受过程也反证了知行本体的这一所指。当阳明"始论知行合一"时，席元山曾以朱陆同异之辨为问，阳明"不语朱陆之学，而告之以其所悟"，并"举知行本体证之五经诸子"。⑤ 在阳明的启发下，席元山"豁然大悟"，认为朱陆异同，无事辩诘，"求之吾性本自明也"⑥。所谓"求之吾性"，也就是反身于自家身心上体履，这既是对知行本体的接受和理解，也是对朱陆同异问题的一种处理，即实践体认式的回答。徐爱对知行合一的理解也同样经历了这一过程。他回忆说："爱因旧说汩没，始闻先生之教，实是骇愕不定，无入头处。其后闻之既久，渐知反身实践，然后始信先生之学为孔门嫡传。"⑦ 所谓"无入头处"，即相对于"旧说"的"一行做知的功夫，一行做行的功夫"来说，知与行的合一并在确实无从着手。但其"闻之既久，渐知反身实践"，说明徐爱终于理解了知行本体的指谓。所以，阳明的弟子也都是以知与行"一时并在"的实践来理解并体证知行本体的。

---

① 王守仁:《答友人问》,《王阳明全集》卷六, 吴光等编校, 第232页。
② 王守仁:《语录一》,《王阳明全集》卷一, 吴光等编校, 第4页。
③ 王守仁:《语录一》,《王阳明全集》卷一, 吴光等编校, 第5页。
④ 王守仁:《答顾东桥书》,《王阳明全集》卷二, 吴光等编校, 第48页。
⑤ 钱德洪:《年谱一》, 王守仁:《王阳明全集》卷三十三, 吴光等编校, 第1355页。
⑥ 钱德洪:《年谱一》, 王守仁:《王阳明全集》卷三十三, 吴光等编校, 第1355页。
⑦ 王守仁:《语录一》,《王阳明全集》卷一, 吴光等编校, 第12页。

2.知行意指

说知行本体是指实践中知与行一时并在的本然一体关系，这仅仅是一个角度。当然，这一角度本身也是一种知行合一。但是，只有在全面了解了阳明知行含义规定的特殊性时，我们才能理解阳明的各种知行合一说及其层次规定。

在阳明哲学中，知行始终是作为工夫而言的。因此，必须从其哲学的修养主体出发，才能理解其工夫亦即知行规定的特殊性。如前所述，阳明哲学的主体就是心，其后来所说的良知也是当然的主体。由于"心不是一块血肉"①，因而作为主宰，其自在状态便是一种纯精神规定；其知觉与视听言动属性，也主要表现在应事接物的实践过程中。这也就是其所谓的："目无体，以万物之色为体；耳无体，以万物之声为体；鼻无体，以万物之臭为体；口无体，以万物之味为体；心无体，以天地万物感应之是非为体。"②这里的"体"，是指存在方所而言的，之所以说"心无体，以天地万物感应之是非为体"，是说心的存在形式与方所就在于人对天地万物的是非感应过程中。所以，阳明又说："我'良知'二字，一讲便明，谁不知得？若欲的见良知，却谁能见得？"③显然，这都是就主体的纯精神特性而言的。

主体自在规定的纯精神性，必然使理学传统的知行概念，从内涵到外延都发生改变。就理学传统而言，主体是指身心统一的人，由于其一直是尊德性与道问学并重，因而知与行的划分标准便带有双重色彩。一方面，就目的而言，求知与把已知付诸践行便是知与行的划界标准，④另一方面，就过程而言，主观与客观也是知与行的另一个划分标准。在理学中，这两个标准常常是相互补充的。由于阳明以纯精神为主体的自在规定，因而其知与行既不能以主客观来划界，也不能以手段和目的作为划界标准。

在阳明哲学中，知与行作为主体修养的一个工夫，便是指其感应与发动；二者借以区别的标准，就在于这一感应发动的意向指向。凡是指向主体以外的意向，不管这一意向是否带有客观性，都是行。正是在这一意义上，阳明时而说"凡谓之行者，只是着实去做这件

---

① 王守仁：《语录三》，《王阳明全集》卷三，吴光等编校，第138页。
② 王守仁：《语录三》，《王阳明全集》卷三，吴光等编校，第123页。
③ 王守仁：《语录三》，《王阳明全集》卷三，吴光等编校，第142页。
④ 参阅陈来：《有无之境——王阳明哲学的精神》，第110页。

事"①；时而又说"一念发动处，便即是行了"②；时而干脆说"知之真切笃实处，便是行"③。之所以将"知之真切笃实处"看作行，是因为知的真切笃实处，必然是主体的外显发动，所以也是行。显然，这关于行的种种说法的一个共同性，便是由主体指向自身之外的意向。这样，也可以说阳明扩大了理学传统关于行的外延，使行进入到主观的领域。不过，对行的外延的扩大并不以对知的外延的缩小为前提。对阳明来说，所谓知，也就是与行相反的意向指向，凡是指向主体自身的意向，都是知。正是在这一意义上，阳明时而说"行之明觉精察处，即是知"④；时而又说"真知即所以为行，不行不足谓之知"⑤。因为无论是对"一念发动"的自觉之知，还是"行之明觉精察"之知，抑或行后之知，表征的都是一种自觉的意向，即指向主体自身、自觉自身的意向。这样，知的外延也就同时扩大了，知本身也进入了客观的领域。如果说阳明对行的外延的扩大以主体自身"无声无臭"的纯精神性为前提，那么，其对知的外延的扩大则建立在"知行本体"不可分割的基础上，且其完全内向化的自觉之知也是以"圣人之道，吾性自足"为依据的。

不过，虽然阳明改变了理学传统关于知行的界限，既将行推进于主观的领域，又将知扩展于客观的领域，但阳明并没有混淆知与行。他指出："古人所以既说一个知又说一个行者，只为世间有一种人，懵懵懂懂的任意去做，全不解思惟省察，也只是个冥行妄作，所以必说个知，方才行得是。又有一种人，茫茫荡荡悬空去思索，全不肯着实躬行，也只是个揣摸影响，所以必说一个行，方才知得真。此是古人不得已补偏救弊的说话，若见得这个意时，即一言而足。"⑥又说："若行而不能精察明觉，便是冥行，便是'学而不思则罔'，所以必须说个知；知而不能真切笃实，便是妄想，便是'思而不学则殆'，所以必须说个行。元来只是一个工夫。"⑦显然，如果缺乏思维省察或精察明觉的自觉意向，自然是冥行；而如果缺乏真切笃实的

---

① 王守仁：《答友人问》，《王阳明全集》卷六，吴光等编校，第232页。
② 王守仁：《语录三》，《王阳明全集》卷三，吴光等编校，第109—110页。
③ 王守仁：《答顾东桥书》，《王阳明全集》卷二，吴光等编校，第47页。
④ 王守仁：《答顾东桥书》，《王阳明全集》卷二，吴光等编校，第47页。
⑤ 王守仁：《答顾东桥书》，《王阳明全集》卷二，吴光等编校，第47页。
⑥ 王守仁：《语录一》，《王阳明全集》卷一，吴光等编校，第5页。
⑦ 王守仁：《答友人问》，《王阳明全集》卷六，吴光等编校，第232页。

推致意向,便只能是妄想了。所以,虽然阳明认为:"若会得时,只说一个知,已自有行在;只说一个行,已自有知在。"①但阳明从不以"冥行"为"妄想",也不允许以"真切笃实"为"明觉精察"。

这样一来,阳明的知与行便必然成为合一并在的关系。作为这种关系的公式化表述,也就是:"知之真切笃实处,即是行;行之明觉精察处,即是知。"②所谓"知之真切笃实处,即是行",是说知在行中,知必然包含着行;而所谓"行之明觉精察处,即是知",又是说行在知中,行必然包含着知。知与行就是一种实践中互渗互证而又互为前提的关系。

那么,何以解释阳明的"知是行之始,行是知之成"以及由此而来的知与行之间的"时间差"呢?陈来先生正是根据这一点,认为:"在这里并不需要知行合一说。"③实际上,这是对阳明原意的误解。阳明的这一表述是针对徐爱的分知行为两件的功夫次第说的,原文为:

> 爱曰:"古人说知行做两个,亦是要人见个分晓,一行做知的功夫,一行做行的功夫,即功夫始有下落"。先生曰:"此却失了古人宗旨也。某尝说知是行的主意,行是知的功夫;知是行之始,行是知之成。若会得时,只说一个知,已自有行在;只说一个行,已自有知在。古人所以既说一个知又说一个行者,只为世间有一种人,懵懵懂懂的任意去做,全不解思惟省察,也只是个冥行妄作,所以必说个知,方才行得是。又有一种人,茫茫荡荡悬空去思索,全不肯着实躬行,也只是个揣摸影响,所以必说一个行,方才知得真。此是古人不得已补偏救弊的说话,若见得这个意时,即一言而足。"④

在《答顾东桥书》中,阳明又说:"食味之美恶必待入口而后知,岂有不待入口而已先知食味之美恶者邪?……路岐之险夷必待身亲履历而后知,岂有不待身亲履历而已先知路岐之险夷者邪?"⑤显然,

---

① 王守仁:《语录一》,《王阳明全集》卷一,吴光等编校,第5页。
② 王守仁:《答顾东桥书》,《王阳明全集》卷二,吴光等编校,第47页。
③ 陈来:《有无之境——王阳明哲学的精神》,第100页。
④ 王守仁:《语录一》,《王阳明全集》卷一,吴光等编校,第5页。
⑤ 王守仁:《答顾东桥书》,《王阳明全集》卷二,吴光等编校,第47页。

如果将前述阳明的"始""成"理解为时间关系，进而认为阳明是先知后行论者，那么，在这里，阳明便又成为行先知后论者了。实际上，这里的始、成抑或是先、后，都不是指知与行的时间关系，而是阳明根据不同的问题，强调知与行一时并在而互为前提的逻辑关系。不然，何以能说"若会得时，只说一个知，已自有行在；只说一个行，已自有知在"呢？

对知行含义及其关系的这一规定，从根本上讲，主要决定于阳明纯粹的道德角度。因为只有从道德实践的角度看，不善的"一念发动"，才具有行的意义；同样，也只有从道德实践的角度看，一善念的发动，才是"不行不足以谓之知"的。这都决定于道德本心的"不容已"性。所以，虽然阳明的知行合一起始于"一念发动"的主观领域，但只有完全见之于客观时，才算是真正的完成。这样，虽然阳明缩小了主观的领域，但却并不否定知行合一之客观实践的落实意。知行合一之所以能够含括人包括主客观在内的整个道德生活领域，之所以是一个纯粹的道德修养命题，原因就在这里。

3. 知行合一的基本指谓与层次规定

这样，当我们再来看阳明的知行合一时，其所指也就豁然洞开了。就其基本指谓而言，这就是道德实践中明觉精察与真切笃实的统一，也就是自觉之知与推致之行的一时并在。阳明也正是因为这一点而将其作为道德实践的训令的。不过，由于弟子的疑问、论敌的辩难以及阳明的多次阐释，致使知行合一成为一个包含多层指谓的理论系统。诚如阳明晚年所说："知行二字即是功夫，但有浅深难易之殊耳。"[①]

知行合一最浅显的指谓，就是阳明在说明"真知行"时征引《大学》所谓的好好色与恶恶臭的一时并在。在阳明看来："见好色属知，好好色属行。只见那好色时已自好了，不是见了后又立个心去好。闻恶臭属知，恶恶臭属行。只闻那恶臭时已自恶了，不是闻了后别立个心去恶。"[②]在这里，见好色与闻恶臭，都是主体对好色与恶臭的自觉，所以都属于知；而对好色的好，对恶臭的恶，则属

---

① 王守仁：《语录三》，《王阳明全集》卷三，吴光等编校，第126页。
② 王守仁：《语录一》，《王阳明全集》卷一，吴光等编校，第4页。

于主体的意念发动,是指向主体之外即好色与恶臭的意向,故属于行。所以,见好色与好好色、闻臭与恶恶臭的一时并在,也就是内向的自觉之知与外向的推致之行的不可分割性。

后来,因为顾东桥以"知食乃食,知汤乃饮,知衣乃服,知路乃行"的例子说明知与行的"工夫次第不能无先后之差",①所以阳明又从知食、知路上展开了对知行合一的论证。阳明说:"夫人必有欲食之心然后知食。欲食之心即是意,即是行之始矣。食味之美恶必待入口而后知,岂有不待入口而已先知食味之美恶者邪?必有欲行之心,然后知路。欲行之心即是意,即是行之始矣。路岐之险夷必待身亲履历而后知,岂有不待身亲履历而已先知路岐之险夷者邪?'知汤乃饮''知衣乃服',以此例之,皆无可疑。"②在这里,顾东桥是从知先行后的立场上批判知行合一的,故阳明强调的则是"夫人必有欲食之心,然后知食","必有欲行之心,然后知路"。这一"后",是针对顾东桥的"先"而言的,但并不表明阳明就是行先知后论者。因为,当食而不觉时,必然是冥食,行而不察时,也必然是冥行,所以,这一"后"表明的仅仅是在进食的过程中知食,在行路的过程中知路而已。正因为这一点,阳明才反驳顾东桥说:"若如吾子之喻,是乃所谓不见是物而先有是事者矣。……然就吾子之说,则知行之为合一并进,亦自断无可疑矣。"③至于其后所例举的学射、学书,也都是同一道理。

之所以说这些活动是阳明知行合一最浅显最基本的指谓,一方面是因为它是人们日常生活中最常见最普遍的活动,通过这些活动,可以不言而喻地把握知行合一的基本所谓;另一方面,这些活动的主体又仅仅是生物学意义上的主体,作为人,也是禽兽一样的自然之人,因而其知行合一也就只能是自然式的知行合一。阳明的知行合一显然不是要人们去知食知饮,也不仅仅是要人们学射、学书,其之所以例举这些活动,是因为这些活动最典型地表现着内向自觉之知与外向推致之行不可分割而一时并在的本然体段。所以,从好好色、恶恶臭到学射、学书,仅仅是把握知行合一的简捷途径,但

---

① 王守仁:《答顾东桥书》,《王阳明全集》卷二,吴光等编校,第47页。
② 王守仁:《答顾东桥书》,《王阳明全集》卷二,吴光等编校,第47页。
③ 王守仁:《答顾东桥书》,《王阳明全集》卷二,吴光等编校,第47页。

却不是阳明知行合一的意旨本身。不过，由于这些活动是日常生活中最普遍的活动，对于主体而言，也是其赖以存在的基本前提，因而阳明对这些活动的分析，作为知行本体，是最原始、最本然的本体；作为知行合一，也是最基本的知行合一。

对于阳明来说，其知行合一的真正宗旨，就其具体针对而言，则是为了纠正自朱熹以来的将知行"分作两截用功"，从而"终身不行，亦遂终身不知"的现象；就本身的提倡而言，则是为了使主体的道德本心从日用酬酢中实地显现出来。一方面，使惩恶的任务落实于"一念萌动"之微，而就扬善而言，又须以见之于客观为标准。这就使扬善惩恶的任务，落实于主客观统一的领域了。这样，阳明知行合一的主体，便不再是生物学意义上的自然之性，而是道德主体了。

主体的道德性，必然使其知与行的合一成为道德实践式的合一。一方面："我今说个'知行合一'，正要人晓得一念发动处，便即是行了。发动处有不善，就将这不善的念克倒了。须要彻根彻底，不使那一念不善潜伏胸中。此是我立言宗旨。"① 自然，这是知行合一的除恶意。因为一念发动，虽未见之于客观之行为，但一念发动的同时，道德本心又无不自觉，既自觉，便必然要"将这不善的念克倒"，并达到"彻根彻底，不使那一念不善潜伏胸中"的地步。无疑，这是由道德本心感应发动的"不容已"性决定的，所以阳明又说："必欲此心纯乎天理，而无一毫人欲之私，非防于未萌之先，而克于方萌之际不能也。"② 另一方面，就扬善而言，则又必须达到见之于客观的地步，"如言学孝，则必服劳奉养，躬行孝道"③。为什么呢？从格物致知来看："知如何而为温凊之节，知如何而为奉养之宜者，所谓'知'也，而未可谓之'致知'。必致其知如何为温凊之节者之知，而实以之温凊，致其知如何为奉养之宜者之知，而实以之奉养，然后谓之'致知'。温凊之事，奉养之事，所谓'物'也，而未可谓之'格物'。必其于温凊之事也，一如其良知之所知，当如何为温凊之节者而为之，无一毫之不尽；于奉养之事也，一如其良

---

① 王守仁：《语录三》，《王阳明全集》卷三，吴光等编校，第109—110页。
② 王守仁：《答陆原静书》，《王阳明全集》卷二，吴光等编校，第74—75页。
③ 王守仁：《答顾东桥书》，《王阳明全集》卷二，吴光等编校，第51页。

知之所知，当如何为奉养之宜者而为之，无一毫之不尽，然后谓之'格物'。"①这里的"所谓知也"，是指理学传统的知，而阳明所强调的知，则必须是"实以之温凊""实以之奉养"中的知。这也就是："仁极仁，而后谓之能穷仁之理；义极义，而后谓之能穷义之理。仁极仁则尽仁之性矣，义极义则尽义之性矣。"②

乍看起来，阳明的知行合一在除恶与扬善上表现为两个标准。就除恶而言，必须"彻根彻底，不使那一念不善潜伏在胸中"；就扬善而言，则不能仅仅满足于一念之发动，而必须实以之温凊，实以之奉养。如果持着知与行的主客观标准，那必然会认为阳明有混淆知行之嫌。事实上，阳明的知与行并不是以主客观划界的，而是以其意向指向为标准；对于道德本体而言，由于其本身是纯然至善而无声无臭的，故善与恶都是本体的外在表现，而知与行也都是这一本体的发用流行或自觉其至善属性的功夫。这样，知与行无论是一念发动还是实以之奉养，就都不具有内在性。所以，以主客观作为知与行划界标准的混淆知行说，恰恰是混淆了阳明知与行的含义规定。另一方面，就扬善除恶而言，道德本体的发用流行，必然是除恶务尽，扬善至极。这看起来的两极性进展，实际上都是道德本体的一个外在的工夫表现，不管是其深入主观还是见之客观，都决定于这一本体发用流行的"不容已"性。所谓层次性，实际上只是我们主客观定势的表现，对于阳明来说，无所谓主观，也无所谓客观，只要是知行，就都已经是道德本心的外在功夫表现。所以说："只好恶就尽了是非，只是非尽了万事万变。"③因为天下万事万物，对于道德主体而言，不出好恶二字；而只要能实实落落地好恶，也必然会使道德本心"不容已"地显现于万事万变之间。这样，虽然我们可以从主客观的角度对阳明的扬善惩恶作出不同的层次划分，但这一划分对阳明来说是无意义的；对于道德本体的发用流行而言，也是不需要这种划分的。

当道德主体时时自觉又时时推致自身的至善属性时，固然是阳明持倡知行合一的主要目的，但对于知行合一这一命题系统而言，

---

① 王守仁：《答顾东桥书》，《王阳明全集》卷二，吴光等编校，第55页。
② 王守仁：《答顾东桥书》，《王阳明全集》卷二，吴光等编校，第52页。
③ 王守仁：《语录三》，《王阳明全集》卷三，吴光等编校，第126页。

却不是极至之义。因为时时自觉而又时时推致，这固然是知与行的一时并在，但这种知行合一却必须以主体自身的时时警策、时时提撕为前提，故带有努力为之的性质。其合一的动力，就是道德主体的显现力；其合一的程度，也就取决于这种显现力的大小、强弱。随着主体修养实践的不断深入，其功夫便渐渐"不屑费力"，这时，就知行合一来看，便达到了"真知行"阶段。所谓真知行，就是"好善如好好色，恶恶如恶恶臭"①。在这里，虽然阳明以好好色与恶恶臭的生物学意义上的知行合一来比喻真知行的知行关系，但真知行的好善与恶恶却与好好色与恶恶臭有着本质的不同。好好色与恶恶臭的主体是自然之性，作为人也是生物学意义上的人；而真知行的主体则是道德本心，作为人则是道德实践的人。另一方面，真知行的知行关系也不同于以扬善惩恶为目的的知行关系。扬善惩恶式的知行关系，其合一是通过主体有意而努力为之式地实现的，而真知行的主体虽然也是道德本心，但其知与行的合一则是无心的，是不习不虑而率性自然式地实现的。所以，虽然其也源于道德本心，却带有超道德的自然而然的性质。正是因为这一点，阳明才经常以好好色与恶恶臭比喻真知行，并进而认为："人但得好善如好好色，恶恶如恶恶臭，便是圣人。"②在这个意义上，所谓真知行，也就是作为圣人功夫的生知安行。

这样，如果我们将好好色、恶恶臭式的知行合一称为自然本能式的知行合一，那么，以扬善惩恶为目的的知行合一则是道德实践式的知行合一；而真知行所表征的知行合一，则具有超道德的性质。从主体来看，本能式的知行合一的主体是人的自然之性，道德与超道德的知行合一的主体则都是道德本心。由于阳明是将知行合一作为道德实践的"绝对命令"提出的，因而本能式的知行合一，虽然揭示了知与行的最本然的体段，并且是把握知行合一的最简捷的途径，但其本身却不在阳明知行合一说的含括之列。这样一来，从道德式的知行合一到超道德的知行合一，便是阳明知行合一的基本层次。

不过，从道德到超道德式的知行合一，却含括着三个层次的知

---

① 王守仁：《语录三》，《王阳明全集》卷三，吴光等编校，第110页。
② 王守仁：《语录三》，《王阳明全集》卷三，吴光等编校，第110页。

行功夫。阳明说:"知行二字即是功夫,但有浅深难易之殊耳。良知原是精精明明的,如欲孝亲,生知安行的只是依此良知,实落尽孝而已;学知利行者只是时时省觉,务要依此良知尽孝而已;至于困知勉行者,蔽锢已深,虽要依此良知去孝,又为私欲所阻,是以不能,必须加人一己百、人十己千之功,方能依此良知以尽其孝。"①这种从困知勉行、学知利行到生知安行的三个层次,显然是对应于现实生活中的三种人的,这也就是上根和中下根,作为其人格表现,便是圣人、贤人和常人。所以,虽然阳明知行合一的层次规定仅仅是从道德进展为超道德,但却将现实生活中的一切人的知行功夫全然含括其中。如果说阳明对知行含义的特殊规定使知与行的合一,从而也使扬善惩恶的任务推进于主客观统一的领域,那么,阳明对知行功夫的层次规定又将知行合一的扬善惩恶任务推及于一切人之间,并使所有的人都以自然而然地好善恶恶为努力的方向。之所以说知行合一是阳明关于道德实践的绝对命令,是纯粹的道德修养命题,原因就在这里。

从心即理的角度看,知行合一显然是其修养实践化,是心即理所表征的主体与本体同一原则的知行功夫化,这也就是主客观统一化。因为它不仅将主体与本体的同一原则推及于一切人之间,而且落实于一念萌动之微了。所以,从心即理到知行合一,也就是从道德心本论到道德实践的修养论;知行合一的提出,表明阳明的道德本体论与道德实践修养论连成了一体,也表明其道德本体论完全落实于道德实践之间了。

4.关于知行合一的争论及其意义

知行合一说,在阳明讲学时,便是一个受到疑问最多的命题;阳明去世后,又是一个受到指责最多的命题。因此,在理清了知行合一本身的含义与层次规定之后,让我们来分析关于知行合一的疑问与争论,并进而讨论这些争论所具有的意义。

让我们先从对知行合一的不解和批评说起。

知行合一是针对朱熹的知先行后说提出的,这一点阳明已言之屡屡。《朱子语类》中大量的"论先后,当以致知为先;论轻重,当

---

① 王守仁:《语录三》,《王阳明全集》卷三,吴光等编校,第126页。

以力行为重"①的"话头"也证明了其知行观的知先行后性。如果滤去二人的时代差别,那么,朱熹当是阳明知行合一说的最主要的反对者。在理学内部,陆王历来并称,但在知行关系上,陆象山却坚持"博学在先,力行在后"②,为什么呢?因为"学未博,焉知所行者是当为?是不当为"③。这样,陆象山也自然成为阳明知行合一说的反对者或不解者了。对于这一点,阳明对象山格物致知说的批评也可以说是一个反证。阳明说:"致知格物,自来儒者皆相沿如此说,故象山亦遂相沿得来,不复致疑耳。然此毕竟亦是象山见得未精一处,不可掩也。"④

从阳明同时代来看,其门下最为高足的徐爱与世交老友,都先后以"知与行分明是两件"献疑,而顾东桥则以"工夫次第,不能无先后之差"进行批评。最令人不解的是,早年曾与阳明"一见定交"而晚年又"分主教事"的湛甘泉也指责说:"阳明之知即是行,行即是知,不能无病。"⑤这些疑惑、指责说明,就是在阳明的门下与友人之间,对知行合一的不解乃至批评者也是大有人在的。

明以后,对知行合一的批评有加剧的趋势。顾炎武以王学为"亡国之首",其对知行合一的批评自然不待言说;而作为王门正宗弟子的黄宗羲,曾以王学为主线,撰写了《明儒学案》,但是,其对知行合一的指谓却不甚了了。例如他根据伊川"知之深则行之必至,无有知而不能行者",从而断定:"伊川先生已有知行合一之言矣。"⑥这说明,黄宗羲也是从知而必行、知与行的交养互发角度来理解知行合一的。

从王夫之起始,对知行合一的批评发生了一个方向性的转折,这就是从知先行后转为从行先知后的角度进行批评。王夫之说:

> 若夫陆子静、杨慈湖、王伯安之为言也,吾知之矣。彼非谓知之可后也,其所谓知者非知,而行者非行也。知者非知,

---

① 朱熹:《论知行》,黎靖德编:《朱子语类》卷九,王星贤点校,中华书局1986年版,第148页。
② 陆九渊:《语录下》,《陆九渊集》卷三十五,钟哲点校,第443页。
③ 陆九渊:《语录下》,《陆九渊集》卷三十五,钟哲点校,第443页。
④ 王守仁:《答友人问》,《王阳明全集》卷六,吴光等编校,第234页。
⑤ 湛甘泉:《天关语通录》,《湛甘泉先生文集》卷二十三,清康熙二十年黄楷刻本。
⑥ 黄宗羲:《伊川学案上》,《宋元学案》卷十五,全祖望补修,陈金生等点校,中华书局1986年版,第603页。

然而犹有其知也，亦惝然若有所见也。行者非行，则确乎其非行，而以其所知为行也。以知为行，则以不行为行，而人之伦、物之理，若或见之，不以身心尝试焉。①

王夫之是行先知后论者，因而认为阳明的知行合一是"以知为行""销行以归知"。这从王夫之的角度来看，自然是在所难免的。但是，由此之后，这种以知为行之说却几乎成了学术界对阳明知行合一的定论。例如，在当代，就对阳明哲学有深入研究的著作来看，邓艾民认为："综合起来说，他的知行合一说仍然是由知到行的路线，肯定知的决定作用；只强调知到行的转化，未强调行到知的转化；只谈到知而必行，并没有进展到行而后知。"②陈来先生则根据阳明的"知是行之始，行是知之成"从而断定其："知与行不能是完全同一的。"③由于"始"与"成"之间有一个"时间差"，因而"在这里并不需要知行合一说"④。这说明，陈来先生也显然是将阳明理解为知先行后论者的（至少在这里是），自然，这也反证了其自身立场的行先知后性。

所有这些疑惑、不解乃至批评、指责，虽然来自两个不同的方向，实质却是共同的，这就是知行的先后模式。阳明之所以不断地遭到这样、那样的指责和批评，原因也就在于其始终坚持着知与行的"一时并在"性，作为模式，也可称为知与行的"合一"模式。

就知行的先后模式而言，以朱熹为代表的先知后行与以王夫之所代表的先行后知似乎是两个极，但是，这两极对知行关系的考察方式亦即认知方式却是同一的。因为，无论是朱熹还是王夫之，当他们考察知行关系时，都首先是将实践中动态的知行关系作为静态的对象，进行概念逻辑式的思考，然后再以概念的逻辑关系去规定概念所表征的知与行的现实关系。这样，对他们来说，知行概念的独立性，必然成为知与行本身的独立性；而知与行的逻辑关系，也就必然成为他们所主张的知与行的现实关系了。所以，虽然他们都

---

① 王夫之：《说命中二》，《尚书引义》卷三，《船山全书》（第2册），岳麓书社1988年版，第312页。
② 邓艾民：《朱熹王阳明哲学研究》，华东师范大学出版社1989年版，第166页。
③ 陈来：《有无之境——王阳明哲学的精神》，第99页。
④ 陈来：《有无之境——王阳明哲学的精神》，第100页。

认为自己所考察的关系是知与行的现实关系，但这种现实关系却是逻辑上的现实关系；其知与行的独立性以及关系上的先后性也恰好反证着其考察方式的逻辑性。因为，对实践来说，知与行是无所谓先后的，也是根本不可能有先后的。至于他们是主张知先行后还是相反的行先知后，则取决于他们对伦理自觉与物理知识的侧重程度。如果强调伦理自觉的优先地位，必然会表现为知先行后论者；相反，则无疑是行先知后论者。王夫之对阳明知行合一的概括之所以能成为当代学界的共识，主要是由其共同的认识论立场决定的。但是，无论是行先知后还是知先行后，他们对知行关系的概念反思式的考察方式则是共同的，只要以这种方式考察知行，那知行的先后模式便是无可避免的归宿。

知行合一所体现的认知方式却恰好相反，它不是以知行概念的逻辑关系去规定二者的现实关系，而是以知与行在实践中的现实关系去规定其概念的逻辑关系。因而，它的知行关系是实践活动中"此在"的动态关系，这就只能是无先后可言的"合一并在"关系。这就是阳明始终反对"只从知解上转"的原因，因为对于知行合一来说，若"只从言语文义上窥测，所以牵制支离，转说转糊涂，正是不能知行合一之弊耳"①。相反，"但著实就身心上体履，当下便自知得"②。所以，作为认知方式，前者是静态的、对象化的，后者则是动态的，此在的；前者对知行是概念逻辑式反思的，后者则是此在实践式体认的。

这样，对阳明知行合一的不同理解以及由此而导致的争论，其意义就远远超出了理学知行观的范围。对阳明来说，其哲学之所以能成为彻底的道德实践哲学，之所以最典型地表现着中国哲学的人生实践特色和实践理性精神，从根本上说，就决定于其知行合一所体现的认知方式的实践体认性。

---

① 王守仁：《答友人问》，《王阳明全集》卷六，吴光等编校，第232页。
② 王守仁：《答友人问》，《王阳明全集》卷六，吴光等编校，第232页。

四、良知与致良知

知行合一的提出，表明阳明哲学本体论的修养实践化，这自然是其哲学成熟的表现。但是，由于朱学定势的影响，致使人们一时很难接受，这就势必影响其作用的发挥。故阳明在过常德辰州时，"悔昔在贵阳举知行合一之教，纷纷异同，罔知所入"①。到北京后，"知行话头亦不常提起"②。但这并不表明阳明就放弃了知行合一的思想，其南京至南赣以念念存天理去人欲为内容的省察克治实功，实际上正是知行合一的另一种方式的表达。

在宁藩、忠泰之变中，阳明经磨历劫，九死一生，"而学又一番证透"③。当阳明总结自己在生死关头的人生体验时，"只觉有一言发不出，津津然如含诸口，莫能相度。久乃曰：'近觉得此学更无有他，只是这些子，了此更无余矣'"。所以说："今经变后，始有良知之说。"④

1. 良知提出的思想线索

良知作为阳明生死关头人生体验的结晶这一点，不仅为阳明的多次自述所证实，而且也为其弟子所公认。那么，从思想发展的角度，良知究竟是怎样提出的呢？这就需要将阳明此前的为学教法统一起来分析。

从龙场到贵阳，阳明的心即理与知行合一已经连为一体，而知行合一正是心即理的实践落实。按照阳明的思想发展逻辑，自此以往，只要将本体功夫化，将道德本体推及于知行合一的道德实践就行了。这自然就会表现为："以此纯乎天理之心，发之事父便是孝，发之事君便是忠，发之交友治民便是信与仁。"⑤主讲贵阳书院时，阳明曾以此为教，颇有效果。但是，当阳明离开贵阳，试图持倡于士大夫之间时，却又受到了极大的阻遏。及归过常德辰州，便"悔昔在贵阳举知行合一之教"。对于这一现象，阳明回忆说："吾始居

---

① 钱德洪：《年谱一》，王守仁：《王阳明全集》卷三十三，吴光等编校，第1357页。
② 陈来：《有无之境——王阳明哲学的精神》，第93页。
③ 钱德洪：《刻文录叙说》，王守仁：《王阳明全集》卷四十一，吴光等编校，第1746页。
④ 钱德洪：《年谱二》，王守仁：《王阳明全集》卷三十四，吴光等编校，第1412页。
⑤ 王守仁：《语录一》，《王阳明全集》卷一，吴光等编校，第3页。

龙场，乡民言语不通，所可与言者乃中土亡命之流耳；与之言知行之说，莫不忻忻有入。久之，并夷人亦翕然相向。及出与士夫言，则纷纷同异，反多扞格不入，何也？意见先入也。"①实际上，所谓"意见先入"，不过是对知行合一理解上的障碍，更为深层的障碍，则在于知行合一本身。因为知行合一毕竟是一个纯粹的道德修养论命题，是一种功夫性指标，虽然它以本心之好善恶恶为"头脑"，但这一"头脑"毕竟是在它之外的。这样，当孝则孝、当弟则弟固然是一种知行合一，但好好色乃至好名好利好货未必不是知行合一。因此，知行合一必须要以本心为头脑。于是，这就有了过常德辰州的"语学者悟入之功"。

所谓"悟入之功"，就是："与诸生静坐僧寺，使自悟性体，顾恍恍若有可即者。"②离开常德辰州后，阳明又途中寄书曰："前在寺中所云静坐事，非欲坐禅入定也。盖因吾辈平日为事物纷拏，未知为己，欲以此补小学收放心一段功夫耳。"③这自然是教法上的一个转向，就是从知行合一的实践功夫转而为"自悟性体"，这无疑是对为学头脑的强调。这年年底，阳明在京师又论"实践之功"，认为："圣人之心如明镜，纤翳自无所容，自不消磨刮。若常人之心，如斑垢驳蚀之镜，须痛刮磨一番，尽去驳蚀，然后纤尘即见，才拂便去，亦不消费力。到此已是识得仁体矣。"④这样，随心之所"发"的知行合一就必须以"廓清心体""识得仁体"为前提。也许因为这一教法比知行合一更为有效，故直到滁州，阳明的教法也仍然是以"默坐澄心"为主要内容的静坐。对于弟子"静坐中思虑纷杂，不能强禁绝"之问，阳明回答说："纷杂思虑，亦强禁绝不得，只就思虑萌动处省察克治，到天理精明后，有个物各付物的意思，自然精专无纷杂之念。"⑤所谓天理，即性体、仁体；"天理精明"即"自悟性体""识得仁体"，故仍然是在强调为学头脑。所以，王龙溪将这段教法概括为："尽去枝叶，一意本原，以默坐澄心为学的。"⑥

---

① 钱德洪：《刻文录叙说》，王守仁：《王阳明全集》卷四十一，吴光等编校，第1746页。
② 钱德洪：《年谱一》，王守仁：《王阳明全集》卷三十三，吴光等编校，第1357页。
③ 钱德洪：《年谱一》，王守仁：《王阳明全集》卷三十三，吴光等编校，第1357页。
④ 钱德洪：《年谱一》，王守仁：《王阳明全集》卷三十三，吴光等编校，第1358页。
⑤ 钱德洪：《年谱一》，王守仁：《王阳明全集》卷三十三，吴光等编校，第1363页。
⑥ 黄宗羲：《姚江学案》，《明儒学案》卷十，沈芝盈点校，第180页。

在这一过程中，知行合一基本上是被阳明悬置一边的。而"默坐澄心"的教法，从实质上看，又不过是阳明龙场"端居澄默"的重演。但是，到南京后，阳明的第一个发现便是这一教法的弊端，即："渐有喜静厌动，流入枯槁之病，或务为玄解妙觉，动人听闻。"①时阳明正"取朱子之书而检求之"②，因知行合一往往导致"扞格不入"，"故南畿论学，只教学者'存天理，去人欲'为省察克治实功"③。所谓"省察克治实功"，实际上不过是知行合一的另一种说法。因为省察克治的具体内容，就是"静时念念去人欲、存天理，动时念念去人欲、存天理，不管宁静不宁静"④。显然，这是以"去人欲、存天理"贯彻于人的动静，也就是从日用事为间实地用功。

但是，一当功夫落实于日用事为间，又产生了"逐物"之病，所谓"读书则一心在读书上，接客则一心在接客上……好货则一心在好货上"⑤便是"逐物"的具体表现。为救逐物之病，阳明又倡导"惟其有事无事，一心皆在天理上用功"的"主一"，即事事"专主一个天理"。⑥这分明是试图将为学头脑与实地用功结合起来，使为学头脑得以具体的落实，又使实地用功有明确的方向。从思想发展的角度看，这也就是心即理与知行合一的统一。但直到南赣，阳明却一直指不出"天理为何如也"，只能让弟子"自求之"。⑦

阳明为学教法的这一"之"字型进展，说明："知行合一虽为工夫切要，但未及心体。心外无理虽论心体，但非功夫。"⑧虽然阳明始终强调本体与功夫的统一，但二者毕竟是两个命题。因此，如何使本体与功夫直接统一起来，如何使为学头脑分明而不流于"着空"，实地用功而不陷于"逐物"，便是阳明哲学进一步发展的方向。这一方向终于在宁藩、忠泰之变中得以落实，其落实的表现，便是

---

① 王守仁：《语录三》，《王阳明全集》卷三，吴光等编校，第119页。
② 王守仁：《朱子晚年定论序》，《王阳明全集》卷七，吴光等编校，第268页。
③ 钱德洪：《年谱一》，王守仁：《王阳明全集》卷三十三，吴光等编校，第1364页。
④ 王守仁：《语录一》，《王阳明全集》卷一，吴光等编校，第15页。
⑤ 王守仁：《语录一》，《王阳明全集》卷一，吴光等编校，第12页。
⑥ 王守仁：《语录一》，《王阳明全集》卷一，吴光等编校，第13页。
⑦ 钱德洪：《年谱二》，王守仁：《王阳明全集》卷三十四，吴光等编校，第1412页。
⑧ 陈来：《有无之境——王阳明哲学的精神》，第161页。

良知说的提出。①所以，我们必须从阳明对本体与功夫直接统一的长期探索去理解其良知说，从静处体悟与事上磨炼两路并进的角度去把握致良知的指谓。

2. 良知的本体义

就形成的具体成因而言，良知固然可以说是阳明生死体验的结晶；但就形成之思想逻辑而言，则良知也就是阳明南京时期指不出"为何如"的天理。因此，良知一提出，便成为阳明哲学的最高本体，也是其为学的"大头脑"。这样，理解良知，首先要从其本体义说起。

良知之作为本体，首先是阳明此前所论本体的一个集成。自龙场以来，天理一直是阳明哲学的绝对本体。虽然阳明以心为本，但只有"纯乎天理之心"才能作为本体，所以阳明说："这心之本体，原只是个天理。"②显然，心之所以能成为本体，就在于其"原只是个天理"上。那么，良知与天理的关系如何呢？请看阳明的规定：

> 吾心之良知，即所谓天理也。③
> 良知是天理之昭明灵觉处，故良知即是天理。④
> 良知只是一个天理自然明觉发见处，只是一个真诚恻怛，便是他本体。⑤
> 天理在人心，亘古亘今，无有终始。天理即是良知。⑥

---

① 关于阳明良知说的提出，从钱德洪的《年谱》到黄宗羲的《明儒学案·姚江学案》，都将宁藩、忠泰之变作为主要因缘；而阳明所谓的"经宸变后，始有良知之说"，似乎也能证明钱、黄二子的这一结论。但在整个这一过程中，阳明实际上是经过三大危机的，这就是宁藩、忠泰之变以及与罗钦顺关于《朱子晚年定论》之辩。就危险性而言，前二者固然都存在着身家性命之忧，其是非却并不难决定；而后者固然不存在身家性命之忧，但对阳明而言，却是其学能否成立、其精神能否确立的"判决性试验"。无论从阳明对其良知"随时知是知非，随时无是无非"的论说包括所谓"无声无臭独知时，此是乾坤万有基"的赞叹来看，还是从其"他无所念，平生学问方才见得数分，未能与吾党共成之，为可恨耳"的临终遗言来看，其一生精神都凝聚在致良知之教的确立上。所以笔者认为，阳明与罗钦顺关于《朱子晚年定论》之辩才是其良知说得以提出的临门一脚。
② 王守仁：《语录一》，《王阳明全集》卷一，吴光等编校，第41页。
③ 王守仁：《答顾东桥书》，《王阳明全集》卷二，吴光等编校，第51页。
④ 王守仁：《答欧阳崇一》，《王阳明全集》卷二，吴光等编校，第81页。
⑤ 王守仁：《答聂文蔚二》，《王阳明全集》卷二，吴光等编校，第95页。
⑥ 王守仁：《语录三》，《王阳明全集》卷三，吴光等编校，第125页。

在理学中，天理一直是作为亘古不变的本体的，阳明以良知为天理，表明他对理学本体的主体化推进，也是其龙场以来主体与本体同一原则的具体落实。但是，良知与天理又不完全等同。从内涵上看，良知与天理都可以说是心之本体；从外延上看，良知则显然大于天理。因为天理并不包括知觉，而良知却是包括知觉在内的。所以，"只有在天理后加上灵觉，或在灵觉前加上天理，两义结合才是良知的含义"①。那么，何以说"天理即是良知"呢？这是就"天理在人心"而言，因为离开良知，天理就不复存在，也无所谓发用，而只有在良知发用流行的过程中，天理之作为本体才能得以全面的彰显。所以说，天理也就是人心的良知，也就表现在人心之良知的发用流行过程中。

良知与天理的这一关系，说明阳明首先是从天理的本体义上指谓良知的。说"良知即是天理"，就是说良知即是心之本体。但是，天理之所以能作为本体，就在于它对万事万物的准则义，虽然天理并不含括准则，但准则却是其存在的表现，而天理从存在到表现又都以良知的发用流行为前提。故"天理即是良知"，即存在、表现于良知的发用流行之中。这样，阳明的良知便同时兼具天理的准则义了。

性是理学的天人枢纽，也是天理本体的现实落实。理学人性论的本体就是性，性即理因此成为理学各派的一个基本共识。阳明以良知为本体，故不能不对良知与性的关系作出规定。在良知说提出之前，阳明的心本论就是通过"心之体，性也，性即理也"得以成立的。良知说提出之后，其对天理的含括并不改变心性理的关系，反而只能通过性才使其自身的内涵得以进一步的彰显。

在阳明哲学中，性首先是指人与生俱来的禀赋，所谓"就其主宰处说，便谓之心；就其秉赋处说，便谓之性"②，就指性对人之禀赋义。这也是人之为人的依据。但是，就作为禀赋的内涵来说，则是至善，所以说："至善者性也，性元无一毫之恶，故曰'至善'。"③至善是阳明对性的最基本的规定，在其整个哲学中，凡是谈及至善，

---

① 陈来：《有无之境——王阳明哲学的精神》，第175页。
② 王守仁：《语录一》，《王阳明全集》卷一，吴光等编校，第39页。
③ 王守仁：《语录一》，《王阳明全集》卷一，吴光等编校，第29页。

无论是良知作为至善，还是心之本体之作为至善，都是性之至善的同义语，也是性之至善的表现。也许正因为这一点，阳明才认为孟子的性善论是："直从源头上说来。"① 但是，性作为人的禀赋，同时又具有生生之意，所谓生生，即是创生、造化的意思。阳明说："有这个性，才能生这性之生理，便谓之仁。这性之生理，发在目便会视，发在耳便会听，发在口便会言，发在四肢便会动，都只是那天理发生。"② 又说："父子兄弟之爱，便是人心生意发端处，如木之抽芽。自此而仁民，而爱物，便是发干生枝生叶。"③ 显然，根于人性深处的父子兄弟之爱，便是人的生生不息之根。所以，在阳明哲学中，至善与生生是性的最基本的规定。正因为至善，故能生生，正因为生生，才使其至善得以实现。

良知之作为性，首先就在于性之至善义上。阳明说："以良知指示至善之本体，故不必假于见闻。"④ 又说："性无不善，故知无不良。"⑤ 因此，良知的至善义恰好是由性之至善或至善之性直接决定的。阳明也正是发现了"不假于见闻"的至善之性，从而才提出良知说的。从其作为本体的角度看，良知与性、天理三者是同一的，这也就是所谓："天地之间，原只有此性，只有此理，只有此良知，只有此一件事耳。"⑥ 不过，天理所不具有的生生之意，却是良知与性所同具的。"人孰无根？良知即是天植灵根，自生生不息。"⑦ 所以，性与良知，在作为人与生俱来而又生生不息的至善本体上是等同的。不过，当阳明说性时，更多的是就其作为至善本体而言的，至于生生之意，则必须通过心方能表现出来，因此，性对见闻知觉并不具有直接的统摄作用。但对于良知来说，统摄见闻乃至甄别是非，则可以说是其根本的属性，这也就是："良知不滞于见闻，而亦不杂于见闻……盖日用之间，见闻酬酢，虽千头万绪，莫非良知之发用流行。"⑧ 所以，良知的内涵虽有同于性的一面，其外延却又超

---

① 王守仁：《语录三》，《王阳明全集》卷三，吴光等编校，第131页。
② 王守仁：《语录一》，《王阳明全集》卷一，吴光等编校，第41页。
③ 王守仁：《语录一》，《王阳明全集》卷一，吴光等编校，第30页。
④ 钱德洪：《年谱一》，王守仁：《王阳明全集》卷三十三，吴光等编校，第1384页。
⑤ 王守仁：《答陆原静书》，《王阳明全集》卷二，吴光等编校，第71页。
⑥ 王守仁：《答聂文蔚二》，《王阳明全集》卷二，吴光等编校，第95页。
⑦ 王守仁：《语录三》，《王阳明全集》卷三，吴光等编校，第115页。
⑧ 王守仁：《答欧阳崇一》，《王阳明全集》卷二，吴光等编校，第80—81页。

越于性。

性自然指人性，良知与性的关系，实际上也就是良知与人的关系。理学家说性时，是从本体上说人，因而由性所表现的人也就是最抽象最一般的人；但是，当说人的时候，则是指有七情六欲的现实具体之人。良知是专门为各种资质不同的人立教的，因此，不能不从人的角度看良知。从人的角度看良知，就是良知与人的关系，这也是良知之教的具体落实点。

对人来说，良知首先是"随你如何不能泯灭"的"古今人人真面目"[1]。因为："良知之在人心，无间于圣愚，天下古今之所同也。"[2]从这个角度说，良知就是天理本体与至善之性的统一。但是，理、性是人心寂然不动而凡人一同的本体，而良知作为本体，却是有差别的，具有明显的个体性。因为从致良知来看，必须"各随分限所及。今日良知见在如此，只随今日扩充到底，明日良知又有开悟，便从明日所知扩充到底"[3]。甚至，对童子来说："便教去洒扫应对，就是致他这一点良知了。又如童子知畏先生长者，此亦是他良知处。故虽嬉戏中见了先生长者，便去作揖恭敬，是他能格物以致敬师长之良知了。"[4]这就是良知的个体性。但是，这种个体差别并不影响其作为至善本体的共同性，犹"才力不同而纯乎天理则同，皆可谓之圣人"[5]一样。所以说："缘此两字，人人所自有，故虽至愚下品，一提便省觉。若致其极，虽圣人天地不能无憾。"[6]这样一来，良知便成了人的"真己""明师"，成了应事接物的"自家底准则"，而致良知之教也因此而人人自有，个个圆成了。

总之，从本体的角度看，良知即是天理，是性，是有差别并以差别为前提的"古今人人真面目"；从主体的角度看，良知又是生生之至善，应事接物之准则乃至个个圆成的内在依据。如果从主体与本体同一的角度看，那么，良知就是主体与本体统一的个体表现，是个体人生世界的创生之源。

---

[1] 钱德洪：《年谱二》，王守仁：《王阳明全集》卷三十四，吴光等编校，第1412页。
[2] 王守仁：《答聂文蔚》，《王阳明全集》卷二，吴光等编校，第90页。
[3] 王守仁：《语录三》，《王阳明全集》卷三，吴光等编校，第109页。
[4] 王守仁：《语录三》，《王阳明全集》卷三，吴光等编校，第136页。
[5] 王守仁：《语录一》，《王阳明全集》卷一，吴光等编校，第31页。
[6] 王守仁：《寄邹谦之三》，《王阳明全集》卷六，吴光等编校，第228页。

3. 良知的结构义

作为本体，仅仅是良知含义的一个层面，良知的含义当然不限于这一层面。就其统摄之完整义来说，当是一个世界。不过，这一世界却是凭借着一个立体的结构实现的，这就是体用结构。

天人二本、体用殊绝，是宋代理学家对汉唐三教弊端的总结和概括①。与之相应，体用一源必然成为理学完成其宇宙本体论，亦即天人合一哲学的基本逻辑框架。从北宋五子到南宋朱陆，推动理学由气本论②而理本论进而心本论不断演变的动力，便是对天人一体之体的不断探索。当小程批评张载"有苦心极力之象"而矜矜于自家拈出的天理时，表明的不过是天理作为宇宙本体对完成天人合一比气更为直接；而当陆象山站在心本论的立场上批评朱熹的无极太极说是"床上叠床，屋下架屋"时，表明的也仅仅是在天与人合一上，心比理来得更为简易。其之所以讥朱学为"支离"，之所以反对天理人欲以及道心人心的二分说，原因也基本在这里。不过，在北宋，理学发展的重心，主要在于"明体"——确立天道本体，并由"明体"以"达用"，因而北宋理学基本上是一种本体论思潮。从朱陆之争起始，理学发展的重心开始向修养论嬗递，其道问学与尊德性之争，实际上也就是修养论的为学头脑与入手功夫之争。当然，终象山一生，其修养论尚显过分简单，除了"先立乎其大"，几乎"全无伎俩"；而他本人的修养功夫，也不过是通过"满心而发"式的道德直觉，来实现"宇宙内事乃己分内事"的目的，虽然朱熹的修养论有格致诚正一套实落功夫，但当其将理夸大为天地万物之先的绝对时，其修养论便只能成为承体启用式的，这就无法排除"体"的独立性与先在性，因而仍然存在着体用为二的可能。其太极的理气二涵、理的伦理与物理的二分以及修养论的心理为二、知行为二，便是其体系体用为二的表现。

阳明从对朱学的体究履践中走来，从其"始慕圣学"起，便将对

---

① 陈俊民：《张载哲学思想及关学学派》，人民出版社1986年版，第61页。
② 这里的"气本论"与"宇宙本体论"等概念，都是借助当时学界的共识对张载哲学的概括。以笔者现在的看法，张载虽然并不反对气化思想，但张载哲学并不是气本论；真正的气本论哲学是由明代气学实现的。至于张载哲学，则可以说是一种"太虚本体论"；而"虚气相即"，也就代表着张载的本体宇宙论。请参阅拙著：《虚气相即——张载哲学体系及其定位》，人民出版社2000年版。至于本体论与宇宙论的关系以及笔者本体宇宙论的具体指谓，请参阅丁为祥：《宇宙本体论与本体宇宙论——兼论朱子对〈太极图说〉的诠释》，《文史哲》2018年第4期。

圣学的实践探索作为"第一等事"追求。其对朱学的厌倦，是因为其心理为二而知行为二；对佛老的告别，同样是因为其"措之日用，往往阙漏无归"①。因此，重实践且勤于实践，便是阳明从为人到立教的基本特征。这一特征，固然与其本人的性格有关，从历史的角度看，也是理学从宋至明发展重心的转移，将修养论提上议事日程的表现。但是，经过对朱学的反复体察，阳明发现："文公格物之说，只是少头脑。"②因为朱熹"解格物为格天下之物，天下之物如何格得？且谓一草一本亦皆有理，今如何去格？纵格得草木来，如何反来诚得自家意"③。这就是说，朱学不仅不明体，而且连入手方向都搞错了。这样，阳明不得不将对朱学之体的校正作为发明圣学的起始。

龙场大悟后，阳明通过"圣人之道，吾性自足"④，明确了"格物之功，只在身心上做"⑤的方向，同时，又通过知行合一，将心之本体推致于道德实践之间。就阳明的本意而言，这不仅确定了心本体，确立了理的伦理一义性，而且规定了道德实践的方向。而这两个命题的统一，必然使道德本心落实于日用酬酢之间。但这两个命题的道德实践统一却有一个必要前提，即此心必须是"纯乎天理之心"；倘若此心是私欲之心，那知行合一就只能成为好色好名好利好货式的知行合一了。而且，即使是"纯乎天理之心"，倘若被私欲隔断，也同样不能使道德本心落实于道德实践之间。因此，知行合一的道德实践不仅要以明心这一本体为前提，而且还要保证这一本体到道德实践的知行合一不被私欲隔断。这样，这种承体启用式的体用一源便仍然存在着两截之嫌。

在《传习录》的上卷，这种体用一源的"话头"比比皆是：

> 盖"体用一源"，有是体即有是用，有"未发之中"，即有"发而皆中节之和"。今人未能有"发而皆中节之和"，须知是他"未发之中"亦未能全得。⑥

> 人只要成就自家心体，则用在其中。如养得心体，果有未

---

① 王守仁：《朱子晚年定论序》，《王阳明全集》卷七，吴光等编校，第268页。
② 王守仁：《语录三》，《王阳明全集》卷三，吴光等编校，第112页。
③ 王守仁：《语录三》，《王阳明全集》卷三，吴光等编校，第135页。
④ 钱德洪：《年谱一》，王守仁：《王阳明全集》卷三十三，吴光等编校，第1354页。
⑤ 王守仁：《语录三》，《王阳明全集》卷三，吴光等编校，第136页。
⑥ 王守仁：《语录一》，《王阳明全集》卷一，吴光等编校，第20页。

发之中，自然有发而中节之和，自然无施不可。①

一如树之根本，贯如树之枝叶，未种根，何枝叶之可得？"体用一源"，体未立，用安从生？②

作为这种体用结构的功夫表现，便是过常德辰州的"收放心"，京师的"廓清心体"以及滁州时的"静坐涵养"。因为这些功夫都是为了明心这一"体"以发道德实践这一"用"的，这也就是所谓"从源头上悟入"的"即本体即功夫"。

但这一功夫的实践结果，却不是"流入空虚"，便是"放言高论"。所谓流入空虚，是指空守本体，有体而无用；而所谓放言高论，则又是指情识泛滥而成为私欲之用。这自然是体用两截的表现。因此，南京以后，阳明转而强调念念存天理去人欲的省察克治实功，这就从高明一路的上达之学转为下学功夫，从静处体悟转为事上磨炼之学了。从体用关系的角度看，也就是即用见体式的一源。正是有这一体用结构与为学教法的转向作基础，故当阳明"再罹宁藩之变，张、许之难，而学又一番证透"③时，良知也就脱颖而出了。请看阳明对良知的形成及其作用的描述：

某于"良知"之说，从百死千难中得来，非是容易见得到此。④

吾"良知"二字，自龙场已后，便已不出此意，只是点此二字不出，于学者言，费却多少辞说。今幸见出此意，一语之下，洞见全体，真是痛快，不觉手舞足蹈。⑤

江右以来，始单提"致良知"三字，直指本体，令学者言下有悟。⑥

显然，无论是阳明自己"从百死千难中得来"，还是使学者"一语之下，洞见全体"，都是即功夫即本体的，也就是在事上磨炼中

---

① 王守仁：《语录一》，《王阳明全集》卷一，吴光等编校，第24页。
② 王守仁：《语录一》，《王阳明全集》卷一，吴光等编校，第37页。
③ 钱德洪：《刻文录叙说》，王守仁：《王阳明全集》卷四十一，吴光等编校，第1746页。
④ 钱德洪：《刻文录叙说》，王守仁：《王阳明全集》卷四十一，吴光等编校，第1747页。
⑤ 钱德洪：《刻文录叙说》，王守仁：《王阳明全集》卷四十一，吴光等编校，第1747页。
⑥ 钱德洪：《刻文录叙说》，王守仁：《王阳明全集》卷四十一，吴光等编校，第1746页。

体证本体的即用见体。这样，体用两截的现象便被彻底排除了。阳明的"知体之所以为用，则知用之所以为体"①式的体用一源也得以彻底的落实了。所以，良知说是阳明对即用见体式的体用一源实践探索的结果，良知的内在结构也就是："体即良知之体，用即良知之用。"②这就是说，良知本身即是体与用互渗互证式的统一。正因为这一点，所以阳明弟子陈九川赞叹说："伊川说到'体用一源，显微无间'处，门人已说是泄天机。先生致知之说，莫亦泄天机太甚否？"③数十年之后，在阳明百年诞辰之际，徐阶也以"该体用之全"④作为对阳明全书的总概括。

良知兼体兼用的特征，表现在含义规定上，便是对心的两界含义的含括。"心统性情。性，心体也；情，心用也。"⑤因而心始终是作为阳明哲学体用一体的概念出现的。就良知而言，一方面，作为本体，自然也就是心之本体，这也同时是由其对理、性含义的含括决定的；另一方面，"见父自然知孝，见兄自然知弟，见孺子入井自然知恻隐，此便是良知，不假外求"⑥，"凡所谓善恶之机，真妄之辨者，舍吾心之良知，亦将何所致其体察乎"⑦。所以说："这些子看得透彻，随他千言万语，是非诚伪，到前便明。合得的便是，合不得的便非。"⑧显然，良知又是随时知是知非的是非知觉。这种至善本体与是非知觉随时随地的统一，便是良知兼体兼用、体用为一的结构特征。

4. 良知的发用义

良知体用为一的特征，更典型地体现在其发用流行上，从良知作为理、性本体来看，其发用显然属于道德的范围，但由于良知同时又是作为人的主宰之心出现的，因而其发用便不仅仅局限于道德的范围，而有统摄整个人生的可能。

---

① 王守仁：《答汪石潭内翰》，《王阳明全集》卷四，吴光等编校，第165页。
② 王守仁：《答陆原静书》，《王阳明全集》卷二，吴光等编校，第71页。
③ 王守仁：《语录三》，《王阳明全集》卷三，吴光等编校，第106页。
④ 徐阶：《王文成公全书序》，王守仁：《王阳明全集》卷四十一，吴光等编校，第1736页。
⑤ 王守仁：《答汪石潭内翰》，《王阳明全集》卷四，吴光等编校，第165页。
⑥ 王守仁：《语录一》，《王阳明全集》卷一，吴光等编校，第7页。
⑦ 王守仁：《答顾东桥书》，《王阳明全集》卷二，吴光等编校，第52页。
⑧ 王守仁：《语录三》，《王阳明全集》卷三，吴光等编校，第105页。

良知最直接的发用，便是"天理之昭明灵觉处"①，"随他多少邪思枉念，这里一觉，都自消融"②，"随他千言万语，是非诚伪，到前便明"③。为什么呢？"缘此两字，人人所自有，故虽至愚下品，一提便省觉。"④在这里，无论是"消融""省觉"，还是"是非诚伪，到前便明"，都是指良知可以"一语之下，洞见全体"的"言下有悟"而言的。这种"悟"也就是源于本心的一种道德直觉，所以又说："尔那一点良知，是尔自家底准则。尔意念着处，他是便知是，非便知非，更瞒他一些不得"⑤，"稍有私意于良知，便自不安"⑥。

作为道德直觉，其功能便是随时知善知恶，知是知非。所以阳明又说："良知只是个是非之心"⑦，"君子之酬酢万变，当行则行，当止则止，当生则当，当死则死，斟酌调停，无非是致其良知"⑧。对于道德实践来说，良知犹如一面高悬的明镜，万事万变之来而妍丑自现，在主体，则只要实实落落尽其良知之好恶，必然会使是非诚伪达于天地之间。这也就是"只好恶就尽了是非，只是非就尽了万事万变。"⑨显然，这种随时知是知非的能力，便是良知对道德实践的统摄作用。

但是，由于良知是无所不知的，因而其发用表现便不仅是对道德实践的统摄，而且还在于对见闻知觉的统摄。阳明说："良知不由见闻而有，而见闻莫非良知之用，故良知不滞于见闻，而亦不杂于见闻。……盖日用之间，见闻酬酢，虽千头万绪，莫非良知之发用流行，除却见闻酬酢，亦无良知可致矣。"⑩为什么呢？因为所谓见闻，即："'多闻，择其善者而从之，多见而识之'，既云'择'，又云'识'，其良知亦未尝不行于其间矣。"⑪见闻自然不是良知，良知也无疑不是见闻，但要"见"与"闻"，则必须是良知之见与良知

---

① 王守仁：《答欧阳崇一》，《王阳明全集》卷二，吴光等编校，第81页。
② 王守仁：《语录三》，《王阳明全集》卷三，吴光等编校，第106页。
③ 王守仁：《语录三》，《王阳明全集》卷三，吴光等编校，第105页。
④ 王守仁：《寄邹谦之三》，《王阳明全集》卷六，吴光等编校，第228页。
⑤ 王守仁：《语录三》，《王阳明全集》卷三，吴光等编校，第105页。
⑥ 王守仁：《与王公弼》，《王阳明全集》卷六，吴光等编校，第239页。
⑦ 王守仁：《语录三》，《王阳明全集》卷三，吴光等编校，第126页。
⑧ 王守仁：《答欧阳崇一》，《王阳明全集》卷二，吴光等编校，第82页。
⑨ 王守仁：《语录三》，《王阳明全集》卷三，吴光等编校，第126页。
⑩ 王守仁：《答欧阳崇一》，《王阳明全集》卷二，吴光等编校，第80—81页。
⑪ 王守仁：《答欧阳崇一》，《王阳明全集》卷二，吴光等编校，第81页。

之闻。这也就是"盖吾之耳而非良知,则不能以听矣,又何有于聪?目而非良知,则不能以视矣,又何有于明?心而非良知,则不能以思与觉矣,又何有于睿知"①。这样,良知便由道德直觉上升为一种知觉本能,其统摄的范围便也自然由道德实践拓展于人的所有的知觉活动领域了。

不仅如此,由于良知是一种近于本能般的道德直觉,因而其必然既发为人之七情,同时又驾驭、主宰着人的七情。这也就是"良知虽不滞于喜、怒、忧、惧,而喜、怒、忧、惧,亦不外于良知也②"。一方面,良知必发而为人之七情,如"问:'乐是心之本体,不知遇大故于哀哭时,此乐还在否?'先生曰:'须是大哭一番方乐,不哭便不乐矣。'"③因为"情,心用也",因而七情便是"人心合有的"。这样,作为"古今人人真面目"的良知,同时也就是"道德意识与道德情感的统一"④。但是,良知虽然发为人之七情,同时又能自我节制,不使七情有着"才有着时,良知亦自会觉,觉即蔽去,复其体矣"⑤。这就保证着七情始终是中和之情。

当良知由人之为人的绝对本体跨入直觉本能的范围而又节制、疏导着人的七情时,它事实上已经成为人生中的太阳,并且也统摄了人生的一切方面,正是在这个意义上,阳明说:"规矩诚立,则不可欺以方圆,而天下之方圆不可胜用矣;尺度诚陈,则不可欺以长短,而天下之长短不可胜用矣;良知诚致,则不可欺以节目时变,而天下之节目时变不可胜应矣。"⑥这样,良知就既是人生世界之圆的圆心,同时又是丈量、规划人生之圆的圆规了。这一切,实际上就源于良知作为心之是非知觉的兼体兼用而体用为一的结构特征。

5.良知与天德良知

在理学中,与良知最为相近的概念,可能莫过于张载的天德良知。因此,比较这两个概念在知上的不同规定,无疑有助于对良知

---

① 王守仁:《答南元善》,《王阳明全集》卷六,吴光等编校,第235页。
② 王守仁:《答陆原静书》,《王阳明全集》卷二,吴光等编校,第73页。
③ 王守仁:《语录三》,《王阳明全集》卷三,吴光等编校,第127页。
④ 陈来:《有无之境——王阳明哲学的精神》,第167页。
⑤ 王守仁:《语录三》,《王阳明全集》卷三,吴光等编校,第126页。
⑥ 王守仁:《答顾东桥书》,《王阳明全集》卷二,吴光等编校,第56页。

特征的把握。

在张载哲学中，天德良知有多种指谓。从"非智力能强"的角度看，可以叫作天德良知。张载认为，天德良知"乃养盛自致，非思勉之能强，故崇德而外，君子未或致知也"①。从其"德合阴阳，与天地同流而无不通也"②的角度看，则应当叫作穷神知化。因为"神，天德，化，天道。德，其体，道，其用"③，故穷神知化也就是对天德、天道的认识。从其源于道德本心，因诚致明、因尽性而穷理，从而"性与天道不见乎大小之别"④的角度看，则又可叫作诚明所知。这也就是"人能至诚则性尽而神可穷矣"⑤。从其不萌于见闻，而又"合内外于耳目之外"的角度看，则又叫作德性所知。所以张载说："见闻之知，乃物交而知，非德性所知；德性所知，不萌于见闻。"⑥"人谓己有知，由耳目有受也；人之有受，由内外之合也。知合内外于耳目之外，则其知也过人远矣。"⑦

不过，不管张载对天德良知作多少规定，有几个基本点是固定不移的。就其形成的基础而言，这就是道德，无论是至诚尽性，还是养盛自致乃至德盛仁熟，都是指天德良知的道德基础而言。就其实现途径来说，则是道德直觉，这也就是大心、尽性，所以说"大其心则能体天下之物……圣人尽性，不以见闻梏其心，其视天下无一物非我，孟子谓尽心则知性知天以此"⑧。就其指向而言，则是"合内外于耳目之外"，是"性与天道不见乎大小之别"，这也就是对天德、天道的认识。这样，天德良知也就可以说是由道德善性通过直觉达到的对"性与天道合一"的认识。

与良知相比，其道德基础是共同的，其直觉的实现方式也基本一致，二者的根本差别在于它们不同的指向。良知的指向是日用酬酢中的是非善恶，亦即所谓遇父知孝、遇兄知弟之类，而天德良知的指向则是"合内外于耳目之外"，是对天德、天道的认识。这样，

---

① 张载：《神化》，《正蒙》，《张载集》，章锡琛点校，中华书局1978年版，第17页。
② 张载：《神化》，《正蒙》，《张载集》，章锡琛点校，第16页。
③ 张载：《神化》，《正蒙》，《张载集》，章锡琛点校，第15页。
④ 张载：《诚明》，《正蒙》，《张载集》，章锡琛点校，第20页。
⑤ 张载：《乾称》，《正蒙》，《张载集》，章锡琛点校，第63页。
⑥ 张载：《大心》，《正蒙》，《张载集》，章锡琛点校，第24页。
⑦ 张载：《大心》，《正蒙》，《张载集》，章锡琛点校，第25页。
⑧ 张载：《大心》，《正蒙》，《张载集》，章锡琛点校，第24页。

它们的差别既表现为大与小的不同，也表现为认识与道德的分歧。良知可以说是体现于日用事为间的具体之知，其知的内容也直接地是道德的，可以说是一种道德自觉；天德良知则是对天德、天道的大知，其知的内容由于以"合内外"为特征，因而实际上是将性与天道作为一个统一整体的对象性之知。所以，如果说良知之知是内向直觉的，那么，天德良知则带有外向直觉的色彩。

这些差别，当然首先决定于他们不同的时代任务。张载生当"浮屠老子之书，天下共传"①的时代，其要为儒学争地位，首先便要与佛老"较是非，计得失"②。在张载看来，"释氏妄意天性而不知范围天用，反以六根之微因缘天地"③。所以，他必然要以天德良知的大来反衬释氏津津于见闻之知的小。他对"德性所知，不萌于见闻"的规定以及对见闻之知的贬斥，实际上就缘于其强烈的斥佛心态。但是，由于佛老的主要蔽障在于"不知"上，因而如何阐明儒学基于道德善性的大知，便成为其为儒学"造道"的一个基本任务。其从"神化""诚明"到"大心"，之所以反复阐明天德良知对天德天道的知，其天德良知之所以具有明显的外向认识色彩，正是出于与佛老争是非的需要。

由于阳明将佛老害道的原因归结为"圣学不明"，因而其主要任务，与其说是斥佛排老，不如说首先是纠正先儒的偏失。自朱熹以来，由于其流传最广且影响最深的格物致知说带有更多的外向认识色彩，因而往往导致人陷于"逐物"而于事事物物上讨分晓，故阳明不能不从道德实践的角度来发明圣学。这就决定了其兼体兼用的良知必然首先要发用于道德的范围；又由于道德的本质是实践的，因而其良知也必然要呈现于日用伦常之间。这也就是良知之知的内容显得具体而更带有道德是非色彩的原因。

具体来说，良知与天德良知的差别更直接地决定于他们不同的哲学体系。张载为与佛老抗衡，提出了以太虚为本体的本体宇宙论，其从原始混沌的"太和"经过"参两""天道""神化"的运转，进而由动植物的发展说明人的产生，这就带有客观的宇宙生化意味。

---

① 范育：《正蒙·序》，张载：《张载集》，章锡琛点校，第4页。
② 张载：《乾称》，《正蒙》，《张载集》，章锡琛点校，第65页。
③ 张载：《大心》，《正蒙》，《张载集》，章锡琛点校，第26页。

对于这样一种客观宇宙，人也只有借助外向型的直觉，方能从整体上把握。这就是其天德良知的外向直觉色彩以及"合内外于耳目之外"的直接原因。当阳明"大悟格物致知之旨"而以道德之心为本体时，其心的个体性与视听言动属性便决定了这一宇宙只能是个体道德实践的宇宙。这样，其良知的发用也就只能限定于伦常道德的范围，并且也只能是内向自觉的。所以，良知与天德良知的不同指间、不同特色，实际上是为他们不同的哲学体系、不同的本体论决定的。

不过，由于张载与阳明分处于理学的两个不同的发展时期，因而他们在良知这一概念规定上的分歧，恰恰表现了理学发展重心的演变与落实指向的转移。张载处于理学的开创时期，其指向对象世界的天德良知，固然是出于反佛的需要，但同时也清楚地显现着理学的道德本体论及其"因诚致明"的性质；从修养论来看，这就决定了其认识与道德并举的双向格局。到了二程，则改变张载的天德良知、德性所知为德性之知，其知的对象也由带有外向色彩的天德天道转而为更具道德色彩的天理，这就进一步指向了道德。朱熹"致广大，尽精微，综罗百代"，融周、张、程于一炉，一方面以太极统理气，同时又以格物致知实现由"即物穷理"向"吾心之全体大用无不明"贯通。这看起来与张载的天德良知走了一条逆向的路线，实际上则是既以道德"分殊"于认识，又以认识汇归于道德，是道德统摄作用的进一步阐扬。但是，朱熹格物致知的主宾之辩，毕竟带有更多的认识色彩，这就有引导人们于事事物物上讨分晓的可能，所以，在朱陆之争中，虽然朱熹承认自己"道问学多了"，象山却仍不宽容，认为"既不知尊德性，焉有所谓道问学"[①]。但由于矫枉过正，象山的尊德性除了"先立乎其大"之外，又"全无伎俩"，这就使其"满心而发"式的尊德性难免有空泛之嫌。阳明从对周张程朱的体究履践入手，通过对心理、知行的伦常日用体察，并通过对道德本心的生死证悟，拈出了兼体兼用、属道德又统摄一切认识包括见闻知觉的良知之说，从而使理学以道德统摄认识的修养任务在个体人生的道德实践中完成了。这样，阳明源于道德本体又指向道德是非的良知，显然是对理学道德本体论的推进与落实，而

---

① 陆九渊：《语录上》，《陆九渊集》卷三十四，钟哲点校，第400页。

其对见闻的统摄以及致良知对整个人生实践的统摄，则无疑是理学道德本体论的修养实践化和人生日用化。

6.从良知到致良知

从逻辑上看，当阳明提出良知时，其致良知的思想也就同时形成了，因为良知正是其在生死关头自致的产物。但从阳明思想发展的具体过程来看，在良知提出之后，阳明思想上还经历了一个对良知使其"忘患难，出生死"属性的欣赏、赞叹时期。所以，从良知的话头到致良知的教法，必然有一个过程，而这一过程，往往是把握致良知基本指谓的关键。

在关于阳明良知说的研究中，人们关注较多的是良知的提出时限。黄绾《阳明先生行状》认为，"甲戌，升南京鸿胪寺卿，始专以良知之旨训学者"[①]。钱德洪认为，"江右以来，始单提'致良知'三字，直指本体，令学者言下有悟"[②]。陈来先生根据阳明《寄薛尚谦》中"致知二字，是千古圣学之秘，向在虔时终日论此"[③]以及《传习录》下卷中陈九川在虔所录有关致知话头的段落，认为阳明良知说提出于49岁抚赣时。[④]但由于阳明反复强调"今经变后，始有良知之说"[⑤]，故良知之说的提出当不早于宁藩、忠泰之变，但也不会晚于江右。从阳明庚辰九月还南昌后的"吾真见得良知人人所同，特学者未得启悟"[⑥]的话头来看，阳明其时已经是从本体意义上运用良知概念了。所以，陈来先生的赣州良知说，当是比较可信的。

不过，良知或致（良）知话头的提出，并不能表明致良知之教的确立。因为阳明其时主要在于赞叹"良知在人，随你如何，不能泯灭"的性质，而致知之说又是从格物致知的角度来论述的，所以，当时的致知说虽然蕴含着致良知的思想，却并不具有"单头直入"的性质，也还谈不到对其整个学说的统摄与概括。

之所以这样说，是因为直到阳明归越，都还不曾有致良知的提

---

① 黄绾：《阳明先生行状》，王守仁：《王阳明全集》卷三十八，吴光等编校，第1559页。
② 钱德洪：《刻文录叙说》，王守仁：《王阳明全集》卷四十一，吴光等编校，第1746页。
③ 王守仁：《寄薛尚谦》，《王阳明全集》卷五，吴光等编校，第222页。
④ 请参阅陈来：《有无之境——王阳明哲学的精神》，第162—164页。
⑤ 钱德洪：《年谱二》，王守仁：《王阳明全集》卷三十四，吴光等编校，第1412页。
⑥ 钱德洪：《年谱二》，王守仁：《王阳明全集》卷三十四，吴光等编校，第1411页。

法。从江右到归越途中，阳明曾两番论及为学功夫，其一是《与席元山》，阳明说："大抵此学之不明，皆由吾人入耳出口，未尝诚诸其身。譬之谈饮说食，何由得见醉饱之实乎？"① 其二则是在归越途中的《与朱守忠》书中，阳明又说："道之不明，皆由吾辈明之于口而不明之于身，是以徒腾颊舌，未能不言而信。"② 这都有致良知的意思，但却不及致良知的提法，显然是致良知之说的先行准备。但当阳明在《与陆原静》之第二书中以"惟当反求诸己"③的态度来对待日炽的毁谤，而首发"孰无是良知乎？独有不能致之耳"④之叹后，其与弟子论学，无不时时以致良知为"头脑"，也无不时时强调致良知的功夫：

> 圣人亦只是至诚无息而已，其工夫只是时习。时习之要，只是谨独。谨独即是致良知。⑤
> 既立有必为圣人之志，只消就自己良知明觉处朴实头致了去，自然循循日有所至。⑥
> 近时同志，莫不知以良知为说，然亦未见有能实体认之者。⑦
> 近时同志亦已无不知有致良知之说，然能于此实用功者绝少。⑧
> 人孰无是良知乎？独有不能致之耳。⑨
> 心之良知是谓圣。圣人之学，惟是致此良知而已。……是故致良知之外无学矣。⑩

这一从对良知"随你如何，不能泯灭"的赞叹转而为对致良知的"实用工者绝少"的感慨，说明居越以后，阳明在毁谤交织的逆境中，由对本体的高扬转为对功夫的强调了。这自然是阳明心灵轨迹的

---

① 王守仁：《与席元山》，《王阳明全集》卷五，吴光等编校，第202页。
② 王守仁：《与朱守忠》，《王阳明全集》卷五，吴光等编校，第201页。
③ 王守仁：《与陆原静二》，《王阳明全集》卷五，吴光等编校，第210页。
④ 王守仁：《书朱守乾卷》，《王阳明全集》卷八，吴光等编校，第311页。
⑤ 王守仁：《与黄勉之二》，《王阳明全集》卷五，吴光等编校，第217页。
⑥ 王守仁：《答刘内重》，《王阳明全集》卷五，吴光等编校，第219页。
⑦ 王守仁：《与马子莘》，《王阳明全集》卷六，吴光等编校，第243页。
⑧ 王守仁：《与陈惟濬》，《王阳明全集》卷六，吴光等编校，第247页。
⑨ 王守仁：《书朱守乾卷》，《王阳明全集》卷八，吴光等编校，第311页。
⑩ 王守仁：《书魏师孟卷》，《王阳明全集》卷八，吴光等编校，第312页。

反映。所以，笔者以为，虽然阳明居赣时即有良知乃至致知的话头，但作为统摄其整个哲学体系的致良知之教，则只能是居越的产物，是归越初期毁谤交谗的结果。其同期对陆原静"惟当反求诸己""求其是"的劝诫，对弟子的乡愿、狂狷之辩以及对自己南京以前"乡愿意思"的检讨，正是其在毁谤非议面前自致其良知的表现。

7. 致良知的基本指谓

在弄清了良知的基本含义之后，致良知的旨意也就主要在"致"上了。

"致"的基本指谓即至，也就是实以之身心的实行之义。阳明在发挥《易传》"知至至之"的思想时说，"知至者，知也；至之者，致知也"①。在《大学问》中又说："致者，至也，如云'丧致乎哀'之'致'。《易》言'知至至之'，'知至'者，知也；'至之'者，致也。'致知'云者，非若后儒所谓充广其知识之谓也，致吾心之良知焉耳。"②这都是以"至"训"致"的。由于阳明以"致吾心之良知者，致知也"，故阳明也以致知来阐发其致良知的思想："知犹水也，人心之无不知，犹水之无不就下也，决而行之，无有不就下者。决而行之者，致知之谓也。"③在《答顾东桥书》中，阳明又说："知如何而为温凊之节，知如何而为奉养之宜者，所谓'知'也，而未可谓之'致知'。必致其知如何为温凊之节者之知，而实以之温凊，致其知如何为奉养之宜者之知，而实以之奉养，然后谓之'致知'。"④所以，"以是而言，可以知'致知'之必在于行，而不行之不可以为'致知'也明矣"⑤。

致的实行义的进一步展开，就是兼知兼行，这也就是知行合一。由前面知行合一说可知，阳明之知即内在自觉之意，行即外向推致之意。由于"二者元来只是一个工夫"，因而知与行的合一，也就是内向自觉与外向推致在实践活动中一时并在的统一。这样，致良知也就是实践良知之意了。所以，阳明在感慨"孰无是良知

---

① 王守仁：《与陆原静二》，《王阳明全集》卷五，吴光等编校，第211页。
② 王守仁：《大学问》，《王阳明全集》卷二十六，吴光等编校，第1070页。
③ 王守仁：《书朱守谐卷》，《王阳明全集》卷八，吴光等编校，第308页。
④ 王守仁：《答顾东桥书》，《王阳明全集》卷二，吴光等编校，第55页。
⑤ 王守仁：《答顾东桥书》，《王阳明全集》卷二，吴光等编校，第56页。

乎？但不能致之耳"之后，又接着说："《易》谓'知至，至之'，知至者，知也；至之者，致知也，此知行之所以一也。"①就是说，知至之自觉与至之之推致的一时并在，也就是知与行的合一。这样，就致本身来说，就是兼知兼行的知行合一了。为什么呢？因为对知行合一来说，只要理解了其作为实践这一个工夫的基本所指，那无论是就知来说还是就行来说，都是指二者不可分割的统一而言，一者也必然蕴含着另一者。所以阳明又说："若会得时，只说一个知，已自有行在；只说一个行，已自有知在。"②这样，虽然致是指实行之意，但实行也必然是内向自觉与外向推致的统一，是身与心的一时并到。否则，不是"冥行"，便必然是"妄想"，便说不上是"致"了。

在致良知与知行合一的关系上，一般的理解，是"良知为知、致良知为行"③。从刘蕺山到黄宗羲都坚持这一看法。刘蕺山说："良知为知，见知不囿于闻见；致良知为行，见行不滞于方隅。"④黄宗羲也认为，"先生致之于事物，致字即是行字，以救空空穷理，只在知上讨个分晓之非"⑤。以致良知为行，从知行合一的角度看，这一行自然含括着知，所以此说尚不算错。但是，如果以良知为现实的知，则不仅误解了阳明的良知之旨，而且也错会了阳明的知行合一说。

阳明曾以"无知无不知"来规定良知，所谓"无知"，是指无声无臭的本体而言的，而所谓"无不知"，则是就良知之发用流行而言的。所以说："无知无不知，本体原是如此。譬如日未尝有心照物，而自无物不照。无照无不照，原是日的本体。"⑥显然，"无知"与"无不知"，是就良知之体用的两面统一来说的，从本体层而言，只能说良知是"无知"。倘若以良知为现实之知，则必然流入"现成良知说"而失去其本体意；另一方面，如果以知与行的关系理解良知与致良知，又必然误解知行合一的意指。陈来先生正是

---

① 王守仁：《与陆原静二》，《王阳明全集》卷五，吴光等编校，第211页。
② 王守仁：《语录一》，《王阳明全集》卷一，吴光等编校，第5页。
③ 陈来：《有无之境——王阳明哲学的精神》，第111页。
④ 黄宗羲：《师说》，《明儒学案》，沈芝盈点校，第7页。
⑤ 黄宗羲：《姚江学案》，《明儒学案》卷十，沈芝盈点校，第178页。
⑥ 王守仁：《语录三》，《王阳明全集》卷三，吴光等编校，第124页。

依据这一逻辑才得出了如下结论:"在致良知的思想中不再有良知(知)与致良知(行)相互包含、相互渗透的意义,在致良知学说中,至少在逻辑上良知是先于致知的。从这个方面说,阳明晚年的致良知思想中已不强调知中有行、行中有知、知即是行、行即是知的思想。"①

这显然是对阳明致良知与知行合一关系的错会。阳明在《书朱守谐卷》中说:"知犹水也,人心之无不知,犹水之无不就下也,决而行之,无有不就下者。决而行之者,致知之谓也。此吾所谓知行合一者也。"②从这一段来看,阳明的致良知与知行合一无疑就是一个统一的整体。"知犹水也"之知即指良知,是就其能"就下"而未尝"就下"的本体层而言的;"决而行之,无有不就下者",则是就良知之发用流行而言的,这也就是由前述的"无知"发用为"无不知"。但是,"决而行之"的发用流行,同时也就是致良知的功夫,所以说"致知之谓也";而这一致知的过程同时也就是知行合一的过程,因而又说:"此吾所谓知行合一者也。"这样,良知与致良知显然属于不同的层次,良知属于本体层,致良知属于本体发用流行的修养功夫层,知行合一则贯穿于这一体证本体的功夫过程中。所以,阳明的良知不是指现实之知,现实的知孝知弟虽是良知发用流行的表现,但却并非良知本体自身;知行合一是致良知之"致"的功夫指标和活动特征,其存在于良知之"自致"的活动中而不是良知与致良知的合一中。这也就是阳明反复强调"知行原是两个字说一个工夫"的原因。

正因为良知与致良知分属于不同的层面,而良知的发用流行与致良知的活动又是同一过程,因而致良知之致就既可由本体发用为功夫,又可由功夫体证本体。由本体发用为功夫,也就是即本体即工夫;由功夫体证本体,也就是即工夫即本体。这也是阳明致良知活动之知行合一的应有之意。即本体即工夫,就是从本源悟入,通过静处体悟而发为工夫,从而"一悟本体,即是功夫,人己内外,一齐俱透了"③。即工夫即本体,则是从事上磨炼起始,"在意念上

---

① 陈来:《有无之境——王阳明哲学的精神》,第112页。
② 王守仁:《书朱守谐卷》,《王阳明全集》卷八,吴光等编校,第308页。
③ 王守仁:《语录三》,《王阳明全集》卷三,吴光等编校,第133页。

实落为善去恶。功夫熟后，渣滓去得尽时，本体亦明尽了"①。所以说："迩来只说致良知。良知明白，随你去静处体悟也好，随你去事上磨炼也好，良知本体原是无动无静的，此便是学问的头脑。"②显然，致良知之所以既可静处体悟又可事上磨炼，正因为良知本身即是兼体兼用、兼动兼静的。不过，无论是即本体即工夫的静处体悟，还是即工夫即本体的事上磨炼，最后都必须使本体与工夫连成一片，使内在自觉之知与外向推致之行融为一体。这也只有在致良知实践的知行合一活动中才能真正落实。

这一即本体即工夫与即工夫即本体的两路并进，实际上也就是阳明一生前后期两种不同的为学教法的统一和总结。其前期讲学，多就高明一路"以默坐澄心为学的"，这显然是以静处体悟为特征的即本体即工夫进路。其过常德辰州为"收放心"的"静坐僧寺"，京师时为"廓清心体"的"实践之功"以及滁州时的"静坐涵养"，显然都是这一教法的表现。南京以后，阳明又转而为念念存天理去人欲的"省察克治实功"，这无疑是转向以事上磨炼为主要内容的即工夫即本体上来了。其南京时期对弟子的"主一"与"逐物"之戒以及对天理"自求之"的强调，又都是为了保证并且也体现了即工夫即本体的为学进路。当阳明以致良知含括静处体悟与事上磨炼时，就将其一生前后期不同的为学进路在致良知实践的知行合一活动中统一起来了。

致良知活动的这一特征，同时也含括了一切人的修养功夫。一方面，"利根之人一悟本体，即是功夫，人己内外，一齐俱透了。其次不免有习心在，本体受蔽，故且教在意念上实落为善去恶。功夫熟后，渣滓去得尽时，本体亦明尽了"③。所以说，"此是彻上彻下语，自初学以至圣人，只此功夫。初学用此，循循有入，虽至圣人，穷究无尽。尧、舜精一功夫，亦只如此"④。这也就是"中人上下皆可引入于道"⑤了。这样，致良知的即本体即工夫与即工夫即本体的两路并进以及本体与功夫的圆融一体，也就具有了无止境性，并且也存在

---

① 王守仁：《语录三》，《王阳明全集》卷三，吴光等编校，第134页。
② 王守仁：《语录三》，《王阳明全集》卷三，吴光等编校，第119页。
③ 王守仁：《语录三》，《王阳明全集》卷三，吴光等编校，第133页。
④ 钱德洪：《年谱》，王守仁：《王阳明全集》卷三十五，吴光等编校，第1443页。
⑤ 王守仁：《语录三》，《王阳明全集》卷三，吴光等编校，第133页。

于无止境的追求之中。也许正因为这一点,所以阳明才在征思、田的途中谆谆告诫儿子说:"吾平生讲学,只是'致良知'三字。"① 因为这三字已经蕴含了"圣人天地不能无憾"的功夫。

五、四句教

四句教是阳明晚年对其一生学说的总结和概括。《传习录》下卷载:"丁亥年九月,先生起复征思、田。将命行时,德洪与汝中论学。汝中举先生教言曰:'无善无恶是心之体,有善有恶是意之动,知善知恶是良知,为善去恶是格物。'"② 这就是引起王门公案不断的四句教。

四句教作为阳明致良知的教纲,是对教者而言;德洪与汝中关于四句教的讨论,也都是以教者主体的身份进行的。但是,对于受教者而言,则必须以反向的思路来接受。就是说,四句教是以由体及用的方式展开的,而对它的把握则必须以由功夫即本体的方式来进行,这也是为教者与学者(受教者)的不同角度决定的。另一方面,阳明龙场大悟格物致知之旨,与徐爱论学而发诚意之说,江右以后以致良知释致知,至于直以无善无恶规定心之体,则是居越晚期的思想。这样,以格致诚正逐层推至心之体,也正好与阳明的思想历程与立教次第相一致,这无疑也有助于对这一教纲的把握。

1.格物

格物是《大学》之实下手处,也是阳明教法的是基本功夫。其"始慕圣学"便因格竹失败而陷入辞章之学,龙场居夷处困又因大悟格物之旨而宣告思想确立。此后,其先后为徐爱解格物,与甘泉论格物,与罗整庵释格物,与顾东桥辩格物。在《传习录》中,就为学功夫而言,格物可能也是其讲得最多的。不过,龙场大悟之后,阳明关于格物的思想基本保持不变(提法、侧重则稍有变化),故这里以阳明格物说的内在逻辑为主线,旁及各种关于格物的论辩。

---

① 王守仁:《寄正宪男手墨二卷》,《王阳明全集》卷二十六,吴光等编校,第1091页。
② 王守仁:《语录三》,《王阳明全集》卷三,吴光等编校,第133页。

虽然人们都认为阳明早年的格竹子只具有象征意义，但格竹不通却恰好是其格物说产生的前提。《年谱》二十一岁载：

> 先生始侍龙山公于京师，遍求考亭遗书读之。一日思先儒谓"众物必有表里精粗，一草一木皆涵至理"，官署中多竹，即取竹格之；沉思其理不得，遂遇疾。①

到了晚年，阳明又回忆说："众人只说格物要依晦翁，何曾把他的说去用？我着实曾用来。初年与钱友同论做圣贤要格天下之物，如今安得这等大的力量？因指亭前竹子，令去格看。钱子早夜去穷格竹子的道理，竭其心思，至于三日，便致劳神成疾。当初说他这是精力不足，某因自去穷格。早夜不得其理，到七日，亦以劳思致疾。遂相与叹圣贤是做不得的，无他大力量去格物了。"②在这里，不管阳明以"沉思其理"的方式运用朱熹的格物说正确与否，但阳明格竹的过程却贯穿了一个根本的思想，这就是"用"，亦即实践。推动阳明去格竹子的，便是"把他的说去用"；"沉思其理不得"，则是实践不通；而"无他大力量去格物"，便是无法实践，即"天下之物如何格得"③。所以，实践既推动着阳明去格竹子，又促使阳明放弃了朱熹的格物说。这样，实践也就必然成为阳明格物说的基本品格。

阳明的格物说创立于龙场。当时，面对刘瑾的种种迫害，阳明"自计得失荣辱皆能超脱，惟生死一念尚觉未化，乃为石墩自誓曰：'吾惟俟命而已！'日夜端居澄默，以求静一；久之，胸中洒洒"④。由此之后，阳明转而思考："圣人处此，更有何道？忽中夜大悟格物致知之旨……始知圣人之道，吾性自足，向之求理于事物者误也。"⑤这里的"悟"，无疑是一个猛醒；悟的对象，也就是自己从"生死一念尚觉未化"到"胸中洒洒"的转化。这无疑是就心体上实地用功的过程，也是对新的格物说的先行实践，故"寤寐中若有

---

① 钱德洪：《年谱一》，王守仁：《王阳明全集》卷三十三，吴光等编校，第1348—1349页。
② 王守仁：《语录三》，《王阳明全集》卷三，吴光等编校，第136页。
③ 王守仁：《语录三》，《王阳明全集》卷三，吴光等编校，第135页。
④ 钱德洪：《年谱一》，王守仁：《王阳明全集》卷三十三，吴光等编校，第1354页。
⑤ 钱德洪：《年谱一》，王守仁：《王阳明全集》卷三十三，吴光等编校，第1354页。

人语之者，不觉呼跃……乃以默记五经之言证之，莫不吻合，因著《五经臆说》"①。后来，他干脆这样概括当时的所得："及在夷中三年，颇见得此意思，乃知天下之物本无可格者。其格物之功，只在身心上做。"②这样，一种与事事物物上讨分晓相反的格物说便宣告形成了。

这种只在身心上做功夫的格物说，必然涉及身、心、格、物以及内与外的各自规定和相互关系，因此，有必要对其逐一解析。阳明格物说虽然实现于对"格"字的重新训解，实际上则是以对物的重新规定为预设的，故须从物说起。朱熹的格物说既然"包含了探索事物规律的认识意义"③，因而其物无疑包含着自然之物。当阳明面对竹子"沉思"时，他预期的自然是"至理"的显现。这里的至理，也就是道德意识，在这一点上，阳明与朱熹也基本是相同的，因为朱熹也"强调道德意识的充分实现是格物的终极目的"④。所不同的是，作为朱熹格物说终极目的的道德意识，对阳明来说则是直接目的。这样，阳明便对朱熹的格物说进行了一个转换：将自然之物理转换为道德之伦理。这一转换当然是阳明格竹失败的原因，但同时也是阳明格物说登台的先在前提。

当阳明将自然物理转换为道德伦理的时候，物也就成为人伦之物，亦即事或行为物了。阳明说："物即事也。如意用于事亲，即事亲为一物；意用于治民，即治民为一物；意用于读书，即读书为一物；意用于听讼，即听讼为一物：凡意之所用无有无物者，有是意即有是物，无是意即无是物矣。"⑤又说："意之所在便是物。如意在于事亲，即事亲便是一物；意在于事君，即事君便是一物；意在于仁民爱物，即仁民爱物便是一物；意在于视听言动，即视听言动便是一物。"⑥在这里，无论是以"事"还是"意之所用""意之所在"来释物，所指都是相同的，这就是由主体之视听言动行为所关涉和牵连的事物。之所以说"心外无物，心外无事，心外无理，心外无义，心

---

① 钱德洪：《年谱一》，王守仁：《王阳明全集》卷三十三，吴光等编校，第1354页。
② 王守仁：《语录三》，《王阳明全集》卷三，吴光等编校，第136页。
③ 陈来：《有无之境——王明阳哲学的精神》，第134页。
④ 陈来：《有无之境——王明阳哲学的精神》，第134页。
⑤ 王守仁：《答顾东桥书》，《王阳明全集》卷二，吴光等编校，第53—54页。
⑥ 王守仁：《语录一》，《王阳明全集》卷一，吴光等编校，第6—7页。

外无善"①等等，就是因为这些事物离开主体的行为便无法存在；而阳明的世界之所以始终是以人生来划界的，原因也就在这里。

由物为"意之所用"或心之所摄，自然又涉及心的规定。从"心即理说"可知，阳明的心是指个体的主宰，是一种纯精神规定。这样，如果说物为心之外（仅就心本体自在状态而言），那么，这一本体自身则只能是至小的无内之内了。就心的本体状态而言，它并不是一实有的对象性存在，而必然要发为视听言动，也就是以视听言动来表征、显现自己的存在。这样，心就必然以身为存在表现。"所谓'身'，即耳、目、口、鼻、四肢是也。"②而"视听言动皆是汝心。汝心之视，发窍于目；汝心之听，发窍于耳；汝心之言，发窍于口；汝心之动，发窍于四肢。若无汝心，便无耳目口鼻"③。这也就是"无心即无身"了。当然，这并不是无躯体之身，而是无视听言动之身。心与身的这种关系，既使身成为心之发用表现，同时，心又始终是作为身之主宰出现的。如果说，因主宰关系可以说"无心即无身"，那么，就发用表现而言，也可以说"无身亦无心"。

现在，让我们来看"格"。阳明不止一次地说过："格者，正也。正其不正，以归于正也。"④但是，由于心本身是纯然至善的精神本体，因而"如今要正心，本体上何处用得功？必就心之发动处才可着力也"⑤。这也就是从心之发动的视听言动上着力。但是，由于视听言动本身既是心之发用流行的表现又是心之存在的依据，故就视听言动上着力，同时也就是在身心上做功夫，或者干脆说是在"心上做功夫"。这样，由于心之体用两界规定及其与身的一体关系，所以不管是就身之视听言动行为上做功夫，还是就心之发动处做功夫，这就都是一个功夫，即实践的功夫。所以，无论阳明是将格物规定为正心、正意、正念头还是为善去恶，其实都是就实践功夫的不同侧面而言的。

当然，这里需要对阳明的"实践"概念作一厘清。阳明39岁在京师时曾论"实践之功"，其要义就是，"廓清心体，使纤翳不留，

---

① 王守仁：《与王纯甫二》，《王阳明全集》卷四，吴光等编校，第175页。
② 王守仁：《语录三》，《王阳明全集》卷三，吴光等编校，第135页。
③ 王守仁：《语录一》，《王阳明全集》卷一，吴光等编校，第41页。
④ 王守仁：《语录一》，《王阳明全集》卷一，吴光等编校，第28页。
⑤ 王守仁：《语录三》，《王阳明全集》卷三，吴光等编校，第135页。

真性始见"①。从"廓清心体"来看,这种实践显然是不同于辩证唯物主义客观的社会性物质活动的实践的。辩证唯物主义实践的特征是必须见之于客观,也必须是一种社会性的物质活动,而阳明的实践则既不必见之于客观,也不必是一种社会性的物质活动。但是,作为一种主体身与心一时并到的外在性活动,却是共同的。之所以造成上述差别,最根本的原因在于二者主体规定的不同。辩证唯物主义的主体是现实的社会性的人,它本身即是身与心的统一,而阳明的主体则是作为无方所而纯精神的心之本体;辩证唯物主义的实践作为活动必须见之于身外,亦即客观,而阳明的实践则必须见之于心外,亦即心之本体外,这也就是心之本体的发用与显现。所以,阳明实践概念的外延要宽泛得多。这就是阳明的知与行很难以常识的主客观来划界的原因,这也是人们常常不解其知行合一所指的原因。

不过,阳明的实践虽然起始于主观领域,但却并不停留于这一领域,而是必须推致于人们所公认的客观领域。因为对恶而言,阳明虽然以"一念发动处,便即是行了",但对去恶来说,阳明却未尝不进剿于客观的领域,只不过恶的萌生根源在于主体的"一念发动"而已。所以,所谓"一念发动处,便即是行了",恰恰表现了阳明在去恶上的彻底性。对善来说,发一善念,固然即有行的意味,但阳明的为善却并不停留在仅仅发善念上。因为善念的源头,亦即心之本体的"不容已"性,必然要将这一善念推致于实事、落实于客观。这也就是扬善至极之意。这一扬善至极的规定无疑又保证着为善的客观性。扬善与去恶以及从正念头到实落为善去恶的统一,便构成了阳明格物说的主要含义。所以说,"意在于为善,便就这件事上去为;意在于去恶,便就这件事上去不为。去恶固是格不正以归于正,为善则不善正了,亦是格不正以归于正也。如此,则吾心良知无私欲蔽了,得以致其极,而意之所发,好善去恶,无有不诚矣"②。这样一来,阳明的格物说便不仅是一种"内向性立场"③,而是内外统一的实践性立场了。

然后,让我们来分析当时人们对于阳明格物说的种种批评以及阳明的辩说。为了使阳明格物说的意旨得以全面昭示,对每一次辩

---

① 钱德洪:《年谱一》,王守仁:《王阳明全集》卷三十三,吴光等编校,第1358页。
② 王守仁:《语录三》,《王阳明全集》卷三,吴光等编校,第136页。
③ 陈来:《有无之境——王阳明哲学的精神》,第135页。

论，我们特从一个侧面加以解析，这就是与甘泉的大心、小心之辩，与罗整庵的内、外之辩以及与顾东桥的顿悟与实践之辩。

与甘泉的格物之辩缘起于阳明对甘泉格物说"求之于外"的批评。关于这一过程的始末，陈来先生在其大著《有无之境——王阳明哲学的精神》中有详尽的考证，此处不赘述。① 当时，对于阳明的批评，甘泉当即回以"若以格物理为外，是自小其心也"②。接着，甘泉又两番催书，"条阳明之说四不可"，核心是认为阳明"格物是正念头也，苟不加学问思辨行之功"。③ 这也就是"是内非外之谓"。因此，"要不要把独立于个体意识之外的事物纳入格物的范围"④，便是二人争论的焦点。

不过，这一焦点并不是争论的实质。他们争论的实质，在于心的不同规定上，亦即大心与小心之争。甘泉认为，"心也者，包乎天地万物之外，而贯夫天地万物之中者也"。所以说"天地无内外，心亦无内外"⑤。这显然是一种大心，即使这种心也同阳明一样是一种道德本心，那其明心、践心之途径也只能通过道德直觉式的"包"与"贯"来实现。正是因为这一点，所以黄宗羲评论说："若以天地万物之理，即吾心之理，求之天地万物，以为广大，则先生仍为旧说所拘也。"⑥ 显然，甘泉是试图通过"包"与"贯"式的道德直觉来将朱熹穷格天下事物之理的认识内容全部包容其中。从这一角度看，甘泉的心确是大心。

与甘泉相比，阳明则"小之为心也甚矣"。就其本体而言，可以说是至小无内的，但就其发用流行而言，则又通过视听言动统摄了人生道德实践的全部内容。就这一点来说，阳明自然不承认其心为小。不过，就穷格天下事物之理来说，阳明显然并不以此为事，从这个角度说，阳明又确是小心，阳明也正是以此批评甘泉格物说是"求之于外"的。这样，内与外的争论，实际上也就成为是否包含自然物理，或者说是是否以认识为内容之争了。在甘泉，由于其认为

---

① 陈来：《有无之境——王阳明哲学的精神》，第135—142页。
② 王守仁：《语录三》，《王阳明全集》卷三，吴光等编校，第102页。
③ 黄宗羲：《甘泉学案一》，《明儒学案》卷三十七，沈芝盈点校，第876页。
④ 陈来：《有无之境——王阳明哲学的精神》，第137页。
⑤ 黄宗羲：《甘泉学案一》，《明儒学案》卷三十七，沈芝盈点校，第878页。
⑥ 黄宗羲：《甘泉学案一》，《明儒学案》卷三十七，沈芝盈点校，第876页。

心可以"包乎天地万物之外，而贯夫天地万物之中"，因而其穷格事物之理也自然是明心、践心所应当包含的内容，而阳明以道德本心为头脑、以道德实践划界的格物说，自然是"是内非外"。在阳明，则由于始终以道德本心统摄人生实践的内容，因而甘泉"求之天地万物以为广大"的格物说，显然超出了道德实践的范围，这无疑是"求之于外"。至于甘泉批评阳明格物说为"正念头也……则念头之正否，未可据"①，无疑是因为不解阳明的知行合一以及为善去恶之"不容已"性所致；而其驳斥阳明格物说的"四不可"与申自己格物说的"五可"，也显然超出了道德的范围而流于认识、考据。故黄宗羲认为："此不足为阳明格物之说病。"②所以，阳明与甘泉的格物之辩，就表象来说，是要不要将认识客观物理纳入格物的范围；就过程而言，则是道德实践与道德直觉乃至认识客观事物过程的争论；就根源和实质而论，则是大心与小心，亦即道德直觉之心与道德实践之心的争论。

与甘泉的格物之辩，是心学的内部争论，故对甘泉"四不可"的指责，阳明一直保持沉默。③因为在阳明看来，只要甘泉站稳道德优先的立场，那么，关于心之大小以及内与外的争论"不久自当释然"。但罗整庵不同，他是自觉地站在朱学的立场上批判阳明格物说是是内非外的。如果说与甘泉之争尚且在他们认同的道德范围，那么，罗整庵的立场则是明显的认识论立场（与阳明相比较而言）。这样，罗整庵的是内非外之诮，则无疑具有主客观之辩的意味。他认为，阳明的格物说是"但当求之于内，而程、朱格物之说不免求之于外"④。对此，阳明反驳说："学岂有内外乎？……夫理无内外，性无内外，故学无内外；讲习讨论，未尝非内也；反观内省，未尝遗外也。夫谓学必资于外求，是以己性为有外也，是义外也，用智者也；谓反观内省为求之于内，是以己性为有内也，是有我也，自私者也；是皆不知性之无内外也。"⑤

在这里，虽然从甘泉到整庵都指责阳明格物说为"是内非外"，

---

① 黄宗羲：《甘泉学案一》，《明儒学案》卷三十七，沈芝盈点校，第876页。
② 黄宗羲：《甘泉学案一》，《明儒学案》卷三十七，沈芝盈点校，第876页。
③ 请参阅陈来：《有无之境——王阳明哲学的精神》，第149页。
④ 王守仁：《答罗整庵少宰书》，《王阳明全集》卷二，吴光等编校，第85页。
⑤ 王守仁：《答罗整庵少宰书》，《王阳明全集》卷二，吴光等编校，第85—86页。

但其内与外的所指却是不同的。甘泉的内与外，是指总体上道德范围内的道德与认识之争，而整庵的内与外则是主客观之争。所以，对甘泉的"是内非外之诮"以及"小心"之讥，阳明宁愿沉默，而对罗整庵是内非外的指责，阳明则必须予以申明。他说："凡执事所以致疑于格物之说者，必谓其是内而非外也；必谓其专事于反观内省之为，而遗弃其讲习讨论之功也；必谓其一意于纲领本原之约，而脱略于支条节目之详也；必谓其沉溺于枯槁虚寂之偏，而不尽于物理人事之变也。审如是，岂但获罪于圣门，获罪于朱子，是邪说诬民，叛道乱正，人得而诛之也，而况于执事之正直哉？"①这一申明以及前述对整庵"义外""用智"的反驳，说明阳明确实是从主客观的角度来看待罗整庵是内非外的指责的，而这一申明同时也是阳明格物说并不停留于主观范围的反证。至于"学必资于外求"与"谓反观内省为求之于内"，显然是指罗整庵严于内外之分的认识论立场而言的。所以，与罗整庵的格物之辩，可以说是关于格物的主客观范围之辩。

那么，阳明的格物说又是如何落实于客观领域的呢？其与顾东桥的格物之辩可以说是正面回答了这一问题。顾东桥对阳明格物说的误解更深。在他看来，阳明格物说"未免坠于佛氏明心见性、定慧顿悟之机"②，"使昏暗之士深居端坐，不闻教告"③。对此，阳明反驳说："区区格、致、诚、正之说，是就学者本心日用事为间，体究践履，实地用功，是多少次第、多少积累在，正与空虚顿悟之说相反。"④具体来说，即"所谓致知格物者，致吾心之良知于事事物物也。吾心之良知，即所谓天理也。致吾心良知之天理于事事物物，则事事物物皆得其理矣。致吾心之良知者，致知也。事事物物皆得其理者，格物也"⑤。阳明这里虽然以致良知为头脑来谈格物的实践推致意，但实践推致未尝不在道德本心之视听言动的含摄之列，而且，实践推致也必然是正意、正念头的结果。之所以强调格物的实践推致之意，主要是相对于顾东桥

---

① 王守仁：《答罗整庵少宰书》，《王阳明全集》卷二，吴光等编校，第87页。
② 王守仁：《答顾东桥书》，《王阳明全集》卷二，吴光等编校，第46页。
③ 王守仁：《答顾东桥书》，《王阳明全集》卷二，吴光等编校，第53页。
④ 王守仁：《答顾东桥书》，《王阳明全集》卷二，吴光等编校，第46页。
⑤ 王守仁：《答顾东桥书》，《王阳明全集》卷二，吴光等编校，第51页。

的"深居端坐，不闻教告"而言的。对阳明来说，从正念头到事事物物皆得其理，不过是道德本心的一意贯通而已，是一个不能自已的过程。至于阳明此处不说正念头而只说致吾心之良知于事事物物而事事物物皆得其理，又不过是"因病立方"，并不表明阳明就放弃了正念头或格心之说。

总之，阳明的格物说是依于道德本心、统一内外的道德实践之学。无论其强调格心、正念头，还是使事事物物皆得其理的道德实践，都必须落实于伦常日用的为善去恶活动之中。正因为如此，它才既是心之体发用流行的最终落实，同时也是圣贤之学的入门功夫。

2.诚意与致知

研究阳明的人都不难发现，阳明在平藩前后于《大学》的"八目"之说有明显的变化，这就是前期主诚意，平藩后则以致知为本。这一现象最早为罗整庵所发现，至今仍并存于阳明曾"三易其稿"的《大学古本序》中。兹节略引之：

> 《大学》之要，诚意而已矣。诚意之功，格物而已矣。诚意之极，止至善而已矣。……然非即其事而格之，则亦无以致其知。故致知者，诚意之本也。格物者，致知之实也。物格则知致意诚，而有以复其本体，是之谓止至善。……是故不务于诚意而徒以格物者，谓之支；不事于格物而徒以诚意者，谓之虚；不本于致知而徒以格物诚意者，谓之妄。①

应当说，从重诚意到主致知，自然是阳明思想的发展变化。但阳明思想成熟后"三易其稿"而仍将主诚意与主致知的提法保留在一篇300余字的《大学古本序》中，说明在阳明看来，它们并不矛盾。不过，从强调诚意到主张致知，却需要以其思想本身的发展来说明。让我们先从诚意说起。

诚意是阳明早年讲得最多的，在平藩之前，阳明大体上以立志、立诚为基本教法。如："仆近时与朋友论学，惟说'立诚'二字。杀人须就咽喉上著刀，吾人为学，当从心髓入微处用力，自然笃实光

---

① 王守仁：《大学古本序》，《王阳明全集》卷七，吴光等编校，第270—271页。

辉。"①再如："君子之学以诚意为主。格物致知者，诚意之功也。"②甚至认为，"圣，诚而已矣。君子之学以诚身。格物致知者，立诚之功也。譬之植焉，诚，其根也；格致，其培壅而灌溉之者也"③。那么，什么是立诚或诚意呢？请看阳明的规定：

> 子务立其诚而已。子惟虑夫心之于道，不能如口之于味、目之于色之诚切也，而何虑夫甘苦妍媸之无辩也乎？④

> 为学工夫有浅深。初时若不着实用意去好善恶恶，如何能为善去恶？这着实用意便是诚意。⑤

> 盖鄙人之见，则谓意欲温凊，意欲奉养者，所谓"意"也，而未可谓之"诚意"。必实行其温凊奉养之意，务求自慊而无自欺，然后谓之"诚意"。⑥

> 心之发动不能无不善，故须就此处着力，便是在诚意。如一念发在好善上，便实实落落去好善；一念发在恶恶上，便实实落落去恶恶。⑦

> 凡其发一念而善也，好之真如好好色；发一念而恶也，恶之真如恶恶臭：则意无不诚，而心可正矣。⑧

显然，立诚、诚意都是同一的，这就是实用其意，实行其意。不过，这种实行必须达到如好好色般真切、如恶恶臭般自然而然的程度，才是真正的诚意。之所以说"圣，诚而已矣"，"人但得好善如好好色，恶恶如恶恶臭，便是圣人"⑨，就是这个意思。这样，就诚意的实行之意而言，也就是知行合一的过程。不过，说知行合一，是指知与行一时并在的不可分割关系而言；说诚意，则是就道德本心之外显发动的"不容已性"而言。如果说知行合一以心即理为前提，那

---

① 王守仁：《与黄宗贤五》，《王阳明全集》卷四，吴光等编校，第171页。
② 王守仁：《答王天宇二》，《王阳明全集》卷四，吴光等编校，第183页。
③ 王守仁：《书王天宇卷》，《王阳明全集》卷八，吴光等编校，第302页。
④ 王守仁：《赠郑德夫归省序》，《王阳明全集》卷七，吴光等编校，第266页。
⑤ 王守仁：《语录一》，《王阳明全集》卷一，吴光等编校，第39页。
⑥ 王守仁：《答顾东桥书》，《王阳明全集》卷二，吴光等编校，第55页。
⑦ 王守仁：《语录三》，《王阳明全集》卷三，吴光等编校，第135页。
⑧ 王守仁：《大学问》，《王阳明全集》卷二十六，吴光等编校，第1070页。
⑨ 王守仁：《语录三》，《王阳明全集》卷三，吴光等编校，第110页。

么，诚意自然是建立在"圣人之道，吾性自足"的基础上。所以，在指向道德实践这一点上，诚意与知行合一完全可以互换，阳明对《大学》的"如好好色，如恶恶臭"，既作为知行合一的例子来举，又作为诚意之实行其意的例子来引证就说明了这一点。

显然，阳明平藩前虽然强调诚意，但并不是作为"头脑"来强调的，充其量只是作为功夫的极则而已。因为从龙场来看，诚意要以"圣人之道，吾性自足"为前提；从南京来看，诚意又要以天理为"头脑"，它本身不过是存天理去人欲的一个"念念"之功。在《传习录》的跋中，徐爱虽以"格物是诚意的功夫"来概括阳明南赣以前的思想，但这不过是说诚意必然要实实落落地格物，而格物又是诚意的入手功夫，并不是说诚意就是格物的"头脑"。在《大学古本序》中，阳明虽然认为"《大学》之要，诚意而已矣"①，但这所表明的不过是阳明以"至善是心之本体"来解《大学》，而其"明明德到至精至一处"以及"未尝离却事物"的存在之所，正需要"好善如好好色，恶恶如恶恶臭"的诚意来推动。所以他说："《大学》是就人人好恶真切易见处，指示人以好善恶恶之诚当如是耳，亦只是形容一诚字。"②至于"诚意之功，格物而已矣。诚意之极，止至善而已矣"，说明的同样是，诚意必然要发为格物的功夫，而格物能达到诚意的地步，自然是复其心之本体的功夫，这也就是"止至善"了。所以，阳明的诚意始终是作为本体发为功夫的推动环节和功夫复其本体之准则这一中介环节出现的。

如果从阳明南赣以前思想发展的经历来看就更清楚了。滁州以前，阳明讲学，"多就高明一路"，此时所强调的诚意，是指至善本体必然发为功夫的推致之意。但是，这一诚意往往导致"放言高论"，亦即"信口说，任意行，皆说'此是依我心性出来'，此是所谓'生之谓性'"③。故南京以后，阳明又教学者"'存天理，去人欲'为省察克治实功"④。此时的诚意又是作为功夫的极则出现的，但又不能排除"逐物"之病。对阳明来说，也就是以"圣人之道，吾性自足"为前提，不能排除"习心"的干扰；以天理为"头脑"，又指不

---

① 王守仁：《大学古本序》，《王阳明全集》卷七，吴光等编校，第270页。
② 王守仁：《与黄勉之二》，《王阳明全集》卷五，吴光等编校，第218页。
③ 王守仁：《语录三》，《王阳明全集》卷三，吴光等编校，第114页。
④ 钱德洪：《年谱一》，王守仁：《王阳明全集》卷三十三，吴光等编校，第1364页。

出"天理为何如也"。直至宁藩、忠泰之变,阳明才从自己出生入死的经历中"又一番证透",更加确信"以良知指示至善之本体,故不必假于见闻"①,这才提出了良知之说。良知作为性,是至善,作为天理,是"天理之昭明灵觉处",作为心,便是随时知是知非之心,故阳明又将良知称为人的"天植灵根"。这样,阳明学说的大头脑终于形成了。他说:"尔那一点良知,是尔自家底准则。尔意念着处,他是便知是,非便知非,更瞒他一些不得。尔只不要欺他,实实落落依着他做去,善便存,恶便去。他这里何等稳当快乐。此便是格物的真诀,致知的实功。"②又说:"区区专说致良知,随时就事上致其良知,便是'格物';著实去致良知,便是'诚意';著实致其良知而无一毫意必固我,便是'正心'。"③

显然,如果说诚意在南赣以前从属于心之本体或天理,那么,现在则从属于良知或致良知了。不过,无论是从属于前者还是后者,都不存在矛盾,因为它们都是"圣人之道,吾性自足"同一方向的进展。由于良知兼体兼用,故致良知便兼本体兼功夫。从本体之发用而言,良知可使人"一语之下,洞见全体"④;从功夫来说,又可"直指本体,令学者言下有悟"⑤。正是在这一意义上,阳明才既强调说:"《大学》之要,诚意而已矣",同时又主张:"致知者,诚意之本也……不本于致知而徒以格物诚意者,谓之妄。"⑥甚至在良知说提出之后,阳明还说:"圣人之学,只是一诚而已。"⑦凡此都说明,诚意只是致良知的功夫,也始终是作为功夫的极则出现的。

现在,让我们再来看"有善有恶,是意之动"和"知善知恶,是良知"两句。从本体发用而言,有善有恶,即良知面临具体事物而发为好善恶恶之意。在这一发用的过程中,良知无不时时自觉,因为"他是便知是,非便知非,更瞒他一些不得"⑧。而意之动的同时又必须是诚意,这也就是"随时就事上致其良知"的格物了。从

---

① 钱德洪:《年谱一》,王守仁:《王阳明全集》卷三十三,吴光等编校,第1384页。
② 王守仁:《语录三》,《王阳明全集》卷三,吴光等编校,第105页。
③ 王守仁:《答聂文蔚二》,《王阳明全集》,第94页。
④ 钱德洪:《刻文录叙说》,王守仁:《王阳明全集》卷四十一,吴光等编校,第1747页。
⑤ 钱德洪:《刻文录叙说》,王守仁:《王阳明全集》卷四十一,吴光等编校,第1746页。
⑥ 王守仁:《大学古本序》,《王阳明全集》卷七,吴光等编校,第270—271页。
⑦ 王守仁:《语录三》,《王阳明全集》卷三,吴光等编校,第111页。
⑧ 王守仁:《语录三》,《王阳明全集》卷三,吴光等编校,第105页。

体证本体的功夫而言，伦常日用间的实地格物，必然要以良知为头脑，"依吾良知上说出来，行将去，便自是停当"①。由于良知随时知是知非，故致良知也就是实实落落地好善恶恶，这同时又是知善知恶的良知与实用其为善去恶之意的诚意了。实际上，这两句不过说了一个诚意与知行合一。说知行合一，是指意动之行与知善知恶之知的同时性和不可分割性，这自然是对格物的规定；说是诚意，则是指本体发用流行的不能自已性，这又是对本体的规定，同时也是本体的体现。作为功夫，则诚意同时又是体证本体的指向与极则。所以，无论是知还是意，是诚意还是知行合一，都是指由本体发为功夫与由功夫体证本体的中介环节而言的，并不具有时间上的先后性。而作为体证本体的功夫，这就是即意即行、即诚意即知行合一而指向本体了。

3. 心之体

"无善无恶，是心之体"，这是四句教中最重要且最难理解的一句。一方面，它是四句教的逻辑起点，同时，它又体现着阳明哲学功夫追求的最高指向。对于阳明哲学来说，失之毫厘而差之千里，也往往发生在对这一句的不同理解上。

之所以难理解，主要在于它以"无善无恶"来规定"心之体"的。这样，不仅无善无恶难以把握，而且连心之体也变得扑朔迷离。一般说来，无善无恶与至善相对而言，是阳明对心之体与性交替使用的一贯规定。那么，究竟是无善无恶即为至善呢，还是至善即是无善无恶？从二者的关系看，似乎只有回答了这一问题，才可进而回答至善、无善无恶与心之体的关系问题。不过，对这一复杂的问题，也可以采取单头直入的作法，这就是由对心之体的界定来裁决无善无恶与至善本身。因为，既然无善无恶与至善都是阳明对心之体的规定，那么，只有搞清了心之体的所指，至善与无善无恶的含义及其相互关系才能一目了然。

心之体自然指心之本体。在阳明哲学中，心有两方面的所指。其一，是从实然的角度说心，这也就是作为现实态的发用流行之心与作为依据、根源的本体之心的统一。从这个角度看，本体也叫作

---

① 王守仁：《语录三》，《王阳明全集》卷三，吴光等编校，第114页。

"体"，发用流行也叫作"用"，所谓"心统性情。性，心体也；情，心用也"①，就指心的体用两界的统一而言。由于本体自在状态是无方所的，因而它事实上只是一个逻辑的抽象，而对它的言说、规定一般只能采取即用见体的方式。如"四书五经不过说这心体，这心体即所谓道"②。再如"人只要成就自家心体，则用在其中"③，也是从体用对待的角度来谈心体的。其二，是从本然的意义上说心。如果将体用统一之心看作由体之发用表现出来的实然态的现实之心，那么，本然之心则是由体证本体的功夫角度所言说的理想态的境界之心。心的这两种状态的差别，从规定角度而言，即发用流行之心与功夫体证之心；发用流行之心的本体存在于发用的过程中，是由这一发用过程对其根源的一个逻辑反推；功夫体证之心的本体则存在于功夫追求的过程中，是从功夫追求中对其终极指向的一个描摹和展望。就现实表现而言，也就是常人之心与圣人之心的差别："圣人之心如明镜，纤翳自无所容，自不消磨刮。若常人之心，如斑垢驳蚀之镜，须痛刮磨一番，尽去驳蚀，然后纤尘即见，才拂便去。"④所谓圣人之心，即本然之心，故"如明镜，纤翳自无所容"。而所谓常人之心，则是就实然之心而言的。但是，常人之心虽"如斑垢驳蚀之镜"，但作为善根的"良知"却并不会泯灭，一如"虽云雾四塞，太虚中色象可辨，亦是日光不灭处"⑤一样。由于实然之心分为体用两界，所以本然之心也有两层所指，其一即作为本体的本然之心，此亦本然之体，即未发之中，其二则是作为功夫的本然之心，这也就是本然的功夫，即中节之和。阳明说："如养得心体，果有未发之中，自然有发而中节之和，自然无施不可。"⑥这一"如"即表明为理想态，而未发之中与发而中节之和，也就是本然之心的本体与功夫的两态所指及其统一。

那么，无善无恶之心体是指实然之体呢还是本然之体？就直接规定而言，它是指本然之体，亦即作为功夫终极指向和体证对象的

---

① 王守仁：《答汪石潭内翰》，《王阳明全集》卷四，吴光等编校，第165页。
② 王守仁：《语录一》，《王阳明全集》卷一，吴光等编校，第17页。
③ 王守仁：《语录一》，《王阳明全集》卷一，吴光等编校，第24页。
④ 钱德洪：《年谱一》，王守仁：《王阳明全集》卷三十三，吴光等编校，第1358页。
⑤ 王守仁：《语录三》，《王阳明全集》卷三，吴光等编校，第126页。
⑥ 王守仁：《语录一》，《王阳明全集》卷一，吴光等编校，第24页。

本体，这也是格致诚正的极至义。但是，它同时又暗含着实然之体。请看德洪与汝中当时的理解：

> 德洪曰："此意如何？"汝中曰："此恐未是究竟话头。若说心体是无善无恶，意亦是无善无恶的意，知亦是无善无恶的知，物是无善无恶的物矣。若说意有善恶，毕竟心体还有善恶在。"德洪曰："心体是天命之性，原是无善无恶的。但人有习心，意念上见有善恶在，格、致、诚、正、修，此正是复那性体功夫。若原无善恶，功夫亦不消说矣。"①

在这里，汝中是从实然的角度来理解心之体的，由于其将无善无恶直接理解为心之体的自在状态自身，故可直接推出"四无"。这显然是以体用一源为依据的，也是从体之发用流行的角度得出结论的。德洪虽然认为"天命之性，原是无善无恶的"，看起来是坚持了阳明的"无善无恶，是心之体"，但由于他以"天命之性"理解"无善无恶"，而"格、致、诚、正、修，此正是复那性体功夫"，所以，德洪对心之体也是从实然至善的角度理解的。对他来说，无善无恶不过是至善的别名，但是，由于他始终强调功夫的必要，故只能由"意有善恶"走到"毕竟心体还有善恶在"的路上去。显然，德洪的"四有"又是以功夫与本体的一致为依据的，并且以功夫之"有"修正了本体之"无"。

对于钱王二人的不同理解，阳明首先从上根和中下根相区别的角度分别予以认可。这说明，无善无恶之心体确实含有实然之体的意指。不过"利根之人，直从本源上悟入。人心本体原是明莹无滞的，原是个未发之中。利根之人一悟本体，即是功夫，人已内外，一齐俱透了。其次不免有习心在，本体受蔽，故且教在意念上实落为善去恶。功夫熟后，渣滓去得尽时，本体亦明尽了"②。显然，将无善无恶的本然之体理解为实然之体，只有上根之人方为可行；对于有习心在的中下根，则必须从实然至善之心体出发，"在意念上实落为善去恶。功夫熟后，渣滓去得尽时，本体亦明尽了"，这才是本然之体的

---

① 王守仁：《语录三》，《王阳明全集》卷三，吴光等编校，第133页。
② 王守仁：《语录三》，《王阳明全集》卷三，吴光等编校，第133页。

实现。所以，阳明的心之体是以本然之体指代并含摄实然之体的，对于不同的根器，这一心体自可作不同的理解。

但是，钱王二人当时的分歧主要表现在功夫的有无必要上。对此，阳明回答说："汝中须用德洪功夫，德洪须透汝中本体。二君相取为益，吾学更无遗念矣。"①这就是说，汝中所理解的本然之体必须是作为功夫指向的本体，且也只能存在于功夫追求的过程中；对于强调功夫的德洪来说，又不能仅仅停留在由实然至善之心体而发为有善有恶的意动上，而必须透此无善无恶之体，功夫始有方向。基于此，阳明与德洪和汝中又展开了如下一段对话：

> 德洪请问。先生曰："有只是你自有，良知本体原来无有，本体只是太虚。太虚之中，日月星辰，风雨露雷，阴霾饐气，何物不有？而又何一物得为太虚之障？人心本体亦复如是。太虚无形，一过而化，亦何费纤毫气力？德洪功夫须要如此，便是合得本体功夫。"②
>
> 畿请问。先生曰："汝中见得此意，只好默默自修，不可执以接人。上根之人，世亦难遇。一悟本体，即见功夫，物我内外，一齐尽透，此颜子、明道不敢承当，岂可轻易望人？"……畿曰："本体透后，于此四句宗旨何如？"先生曰："此是彻上彻下语，自初学以至圣人，只此功夫。初学用此，循循有入；虽至圣人，穷究无尽，尧、舜精一功夫，亦只如此。"③

德洪的请问，说明他确实不理解无善无恶的所指，故阳明说："有只是你自有（此即实然之体用的有），良知本体原来无有（此即本然之本体与功夫的原来无有）……太虚之中……何物不有（实然之有）？而又何一物得为太虚之障（本然之无）？人心本体亦复如是（此即实然、本然的统一）。"阳明之所以反复从两个角度对比地说，主要在于提撕德洪由实然进于本然，由至善之心体进于无善无恶之心体。对于德洪来说，虽然只有把握了本然心体的无善无恶方为"本体功夫"，但阳明不否定德洪之功夫，此亦就是不否定心之体的实然至善之意。

---

① 钱德洪：《年谱三》，王守仁：《王阳明全集》卷三十五，吴光等编校，第1442页。
② 钱德洪：《年谱三》，王守仁：《王阳明全集》卷三十五，吴光等编校，第1442—1443页。
③ 钱德洪：《年谱三》，王守仁：《王阳明全集》卷三十五，吴光等编校，第1443页。

汝中的请问，说明他不理解这一本然之体的无善无恶须以功夫修持为存在前提，但能领悟这一无善无恶的规定，说明其确实有着过人的慧解。所以阳明说："见得此意，只好默默自修（此即为功夫，说明无善无恶即存在于无止境的功夫追求之中），不可执以接人（以此接人，即或放言高论，或流入虚寂）。上根之人，世亦难遇，一悟本体，即见功夫，物我内外，一齐尽透（此即无善无恶境界的实现，然亦在功夫中实现），此颜子、明道不敢承当，岂可轻易望人（汝中自思可否承当）！"但汝中自恃聪明，进而又问："本体透后，于此四句宗旨何如？"这一问，说明他仍不解阳明之意，故阳明明确指出："此是彻上彻下语（功夫），自初学以至圣人，只此功夫。初学用此（功夫），循循有入；虽至圣人，穷究无尽（功夫），尧、舜精一功夫亦只如此。"显然，针对汝中废功夫之病，阳明就不再谈本然之体了，而是干脆以圣人穷究无尽的功夫将汝中领悟的无善无恶一棒打回。

但问题并没有完。之后，德洪与汝中"追送于严滩请益，夫子又为究极之说"[①]。这就是"严滩问答"，《传习录》下卷记载了当时"问答"的具体内容：

> 先生起行征思、田，德洪与汝中追送严滩，汝中举佛家实相幻相之说。先生曰："有心俱是实，无心俱是幻；无心俱是实，有心俱是幻。"汝中曰："有心俱是实，无心俱是幻，是本体上说工夫。无心俱是实，有心俱是幻，是工夫上说本体。"先生然其言。[②]

这说明，经过数十日的思考，汝中终于理解了无善无恶的意指，但是思辨地理解的，故"举佛家实相幻相之说"。阳明针对汝中一贯轻忽功夫的弊端，也借有无之说，从实然之体用的角度，对心之体重新作了规定，这就是："有心俱是实，无心俱是幻。无心俱是实，有心俱是幻。"这一"有心"与"无心"的对比言说，即是实然与本然两种不同的角度。"有心俱是实"，是指实然心体发用流行时对至善

---

① 钱德洪：《讣告同门》，王守仁：《王阳明全集》卷三十八，吴光等编校，第1599页。
② 王守仁：《语录三》，《王阳明全集》卷三，吴光等编校，第141页。

之体的执着，故为"实"；倘若在此"无心"，必然流入佛老，所以是"幻"。"无心俱是实"，则是指体证本体的功夫必须达到无善无恶亦即无心的地步，方是"合得本体功夫"，所以是"实"。如果在功夫中时时有心，便是将迎意必，这也就是"一向着意去好善恶恶，便又多了这分意思，便不是那廓然大公"①，故为"幻"。所以，"有心俱是实"，就是指实然至善之心体的发用流行，故是"本体上说功夫"，即从本体的角度界说功夫；"无心俱是实"，则是指体证本体的功夫必须达到无善无恶的地步，因而是"工夫上说本体"，即从功夫的角度界说本体。四句的合一，就是以至善无恶的心之体校正了汝中直以无善无恶为实然之心体从而废弃功夫的弊端。

这样，"无善无恶，是心之体"一句便有了有无混一，即至善与无善无恶相统一的性质。说是至善无恶，是从实然心体发用流行的角度说的；说是无善无恶，则又是作为功夫追求的最高指向而言的。就这一句独立来看，它无疑指代着阳明四句教的最高指向。但是，这一最高指向又以至善无恶的实然之心体的发用流行为前提，并且也只能实现于无止境的功夫追求之中，因而它无疑又暗含着"至善无恶，是心之体"。

4. "四句教"的逻辑展开与功夫程序

现在，让我们从总体上来分析四句教的逻辑展开与功夫程序。按照阳明有无混一的原则，四句教的展开也就是实然至善之心体的发用流行。这一程序可以邹东廓《青原赠处》的记载来表达："至善无恶者心，有善有恶者意，知善知恶是良知，为善去恶是格物。"②这一至善无恶的心之体即实然之心体，之所以说是至善无恶，是因为它是众善之源，是现实生活中一切善的逻辑依据和滋生点。如果在此坚持无善无恶，必然沦为"四无"，也必然会废弃致知的功夫。阳明以"有心俱是实"对汝中四无说的纠正也说明，必须以至善无恶的心之体作为逻辑起点，这也是儒家道德人性论的基本立场。从这一至善无恶的心之体出发，必然要显现为有善有恶之意，之所以如此，是因为习心、物欲的作用，这也就是"心之发动不能无不

---

① 王守仁：《语录一》，《王阳明全集》卷一，吴光等编校，第39页。
② 黄宗羲：《江右王门学案一》，《明儒学案》卷十六，沈芝盈点校，第332页。

善"①。然虽善恶之发,昭明灵觉之良知又无不知之,既知之,就无不要诚其意,也无不要致其知,这就是:"一念发在好善上,便实实落落去好善;一念发在恶恶上,便实实落落去恶恶。"②这即是诚意,同时也就是致知。作为诚意与致知的共同指向,便是以为善去恶为特征的格物,格物即是在实事上为善去恶:"如意在于为善,便就这件事上去为;意在于去恶,便就这件事上去不为。去恶固是格不正以归于正,为善则不善正了,亦是格不正以归于正也。"③至此,实然至善之心体的发用流行才得以落实。这就是四句教的逻辑展开,也是其最后以"有心俱是实"校正汝中四无说的基本含义。阳明之所以反复强调:"人有习心,不教他在良知上实用为善去恶功夫,只去悬空想个本体,一切事为俱不着实,不过养成一个虚寂。此个病痛不是小小,不可不早说破。"④正是为了提撕汝中必须从实然至善之心体的发用流行中实用为善去恶的功夫。

但是,这一流程仅仅是四句教的入门路径,将实然至善之心体落实于为善去恶实践之中,也仅仅是圣贤之学的入门功夫。在此基础上,仍须加人一己百、人十己千之功,时时省觉,时时自警。待到知不待致而自致,意不待诚而自诚时,便是"不须着力,不待防检,而真性自不息矣"⑤,这也就是"功夫熟后,渣滓去得尽时,本体亦明尽了"⑥。不过,此时所明的本体,便不仅仅是实然至善之体,而是无善无恶的本然之体了。因为此时已经超越了具体的善恶对待,达到了"时时知是知非,时时无是无非"之无可无不可的地步。"七情顺其自然之流行。"⑦"天地万物,俱在我良知的发用流行中,何尝又有一物超于良知之外,能作得障碍?"⑧但是,话说回来,这一超越善恶对待的无善无恶,仅仅是一个功夫指向,而且也存在于无止境的功夫追求之中,无善无恶也就是主体在无止境的为善去恶实践中的一种瞬刻的感受和领悟,而其本身却具有可追求而

---

① 王守仁:《语录三》,《王阳明全集》卷三,吴光等编校,第135页。
② 王守仁:《语录三》,《王阳明全集》卷三,吴光等编校,第135页。
③ 王守仁:《语录三》,《王阳明全集》卷三,吴光等编校,第136页。
④ 王守仁:《语录三》,《王阳明全集》卷三,吴光等编校,第134页。
⑤ 王守仁:《语录三》,《王阳明全集》卷三,吴光等编校,第139页。
⑥ 王守仁:《语录三》,《王阳明全集》卷三,吴光等编校,第133页。
⑦ 王守仁:《语录三》,《王阳明全集》卷三,吴光等编校,第126页。
⑧ 王守仁:《语录三》,《王阳明全集》卷三,吴光等编校,第121页。

不可占有的性质。正因为这一点，阳明才说："此是彻上彻下语，自初学以至圣人，只此功夫。初学用此，循循有入；虽至圣人，穷究无尽。"①

这样一来，阳明的四句教便构成了一个回环。当其将实然至善之心体层层展开并落实于为善去恶的格物时，仅仅是其道德人性论的展开与实现；而当其将为善去恶的格物功夫指向无善无恶时，便构成了其人生的修养论。由于无善无恶存在于无止境的功夫追求之中，因而这也同时预示了人生修养的穷究无尽性。从至善与无善无恶关系的角度看，从众善之源的至善展开为有善有恶乃至于为善去恶追求，这自然展现了一种道德实践的人生；但是，当由为善去恶（即有善有恶）而指向无善无恶时，这无疑又实现了一种超越于道德的人生。由于无善无恶是指主体的一种感受与领悟，故以对象视之，这一无善无恶的人生同时也就是一种至善的人生，不过是超越了道德的至善人生而已。所以，从这个角度看，也可以说阳明的四句教是由至善经过有善有恶而无善无恶，又由无善无恶而至善。由至善而无善无恶，就是源于道德而超越于道德；由无善无恶而至善，则是超越道德又以道德统摄了整个人生。

六、阳明后学的分化与流向

阳明后学的分化问题是一个较为复杂的问题。黄宗羲曾从地域出发，将阳明后学分为浙中、江右、南中、楚中、北方、粤闽六派，如将泰州算在内，即为七派。这当然是对阳明后学分化情况的全面梳理。笔者无意于阳明后学的分化及其流派本身，而想从阳明哲学的角度，看看分化的出发点及其怎样成为流向的，进而通过其流向反观阳明哲学。自然，这样做的目的，仍然在于把握阳明哲学本身。

从阳明的角度看其后学的分化与流向，自然应当侧重于思想指向。不过，在同一流向的学派中，进学路径会因人而异，即就是同一个人，其不同时期也会有不同的学术侧重。所以，无论是出发点还是流向，都是概略言之。如果从不同的为学风格即进学路径上看，

---

① 钱德洪：《年谱三》，王守仁：《王阳明全集》卷三十五，吴光等编校，第1443页。

那么，江右、泰州无疑各为一派，王龙溪虽近泰州却仍自成一系。就出发点来说，这三派都源于阳明哲学，更确切些说，都是从阳明"无善无恶，是心之体"一句出发的，也都是从对这一句的不同理解而形成分化事实的。

1. 分化的出发点

"无善无恶，是心之体"之所以构成了阳明后学分化的出发点，是因为阳明后学主要流派不同的进学路径，都能从对这一句的不同理解上得到说明。让我们从江右说起。

黄宗羲说："姚江之学，惟江右为得其传，东廓、念庵、两峰、双江其选也。再传而为塘南、思默，皆能推原阳明未尽之旨。"[1] 在江右诸人中，邹东廓最得首肯，甘泉赞其为"王门首科"。黄宗羲也认为，"阳明之没，不失其传者，不得不以先生为宗子也"[2]。但是，就对阳明的宗旨而言，首先进行修正的也是邹东廓。阳明天泉证道时，东廓并不在场，其关于四句教的记载无疑是出自同门的转述，这当然无可非议。问题在于，他所理解的四句教已经不是阳明的四句教了。《青原赠处》记载：

> 阳明夫子之平两广也，钱、王二子送于富阳。夫子曰："予别矣！盍各言所学。"德洪对曰："至善无恶者心，有善有恶者意，知善知恶是良知，为善去恶是格物。"畿对曰："心无善而无恶，意无善而无恶，知无善而无恶，物无善而无恶。"夫子笑曰："洪甫须识汝中本体，汝中须识洪甫功夫，二子打并为一，不失吾传矣。"[3]

汝中之四无说为阳明所不赞成已经无疑，邹东廓自然也是不赞成的。这样看来，作为阳明的四句教，便必然是由德洪所表达的由"至善无恶者心"到"为善去恶是格物"了。但由于德洪的历次表达，从《传习录》到《年谱》都是以"无善无恶"为心之体的。故

---

[1] 黄宗羲：《江右王门学案一》，《明儒学案》卷十六，沈芝盈点校，第331页。
[2] 黄宗羲：《江右王门学案一》，《明儒学案》卷十六，沈芝盈点校，第332页。
[3] 黄宗羲：《江右王门学案一》，《明儒学案》卷十六，沈芝盈点校，第339页。

这一"至善无恶者心"必然是邹东廓根据自己思想对四句教或德洪观点的转述和概括。

这一转述，虽然只有一字之差，却必然使阳明哲学的方向发生一定的改变。因为"无善无恶"是作为阳明哲学的功夫指向而言的，以"至善无恶"为心之体，就使阳明的本然心体转化为实然心体了，这样，作为功夫指向，便只能是至善本体了。所以，从"至善无恶"出发，仅仅是四句教的逻辑展开，而作为功夫的超越指向（此亦教纲的本有之意），便只能是"无善无恶"。因此，邹东廓以"至善无恶"为功夫的终极指向，就已经露出了意念内守的端倪。邹东廓对阳明哲学的这一转向，基本上代表了江右学派的共同方向。江右学派的主要代表人物，虽然不无差异，但大都是沿着这一方向前进的。

与邹东廓相反，泰州学派的开创者王心斋无论在阳明生前还是死后，都是一个颇遭贬斥的人物。其从学于阳明之前，便有淮南格物之成说，且颇具招摇之名；入阳明门下后，又以自信、倔强闻名同门，多次受到阳明的指责。天泉证道，心斋并不在场，其著述、讲学中也未见有关于四句教的引证。但是，就思想而论，其与四句教的"无善无恶"一句却关联最大。黄宗羲说："先生于眉睫之间，省觉人最多。谓'百姓日用即道'，虽僮仆往来动作处，指其不假安排者以示之，闻者爽然。"① 这一"不假安排"，即自然而然。心斋也说："天理者，天然自有之理也，才欲安排如何，便是人欲。"② 其子王东崖则认为："才提起一个学字，却是似便要起几层意思，不知原无一物，原自现成，顺明觉自然之应而已。自朝至暮，动作施为，何者非道？更要如何，便是与蛇画足。"③

从"不假安排""天然自有"以及"原无一物"来看，这与阳明的无善无恶显然更为接近。与江右执着于至善本体相比，泰州一系反倒更执着于无善无恶的心之体。但是，泰州一系的自然而然却又根本不同于阳明的无善无恶。阳明的无善无恶是以至善无恶为前提，从而作为为善去恶功夫的终极指向而言的；而泰州一系则是以阳明

---

① 黄宗羲：《泰州学案一》，《明儒学案》卷三十二，沈芝盈点校，第710页。
② 黄宗羲：《泰州学案一》，《明儒学案》卷三十二，沈芝盈点校，第715页。
③ 王襞：《语录遗略》，王艮：《王心斋全集》，陈祝生等校点，江苏教育出版社2001年版，第216页。

无善无恶的本然心体为实然之心体。就是说，它是以无善无恶作为人的"天命之性"，亦即逻辑出发点的。这样，泰州一系的功夫，也就只能是无善无恶的功夫了；其功夫指向也无疑与江右的意念内守恰恰相反了。所以，泰州一系虽然不直接以四句教为依据，但其思想指向却正好是从无善无恶出发的。泰州与江右两系在思想倾向上的对立，也首先表现在这一点上。

浙中是阳明的故乡，其一生的最后一个时期便是在浙中度过的。天泉证道关于四句教的问答，也是因其浙中的两位高足——德洪与汝中之问而发。所以，德洪与汝中关于四句教的不同理解，便构成了阳明哲学最初的分化。

在天泉证道中，德洪虽然以阳明的四句教为"定本"，但他对"定本"的理解却是："心体是天命之性，原是无善无恶的。但人有习心，意念上见有善恶在，格、致、诚、正、修，此正是复那性体功夫。若原无善恶，功夫亦不消说矣。"①这说明，虽然德洪坚持功夫的必要，但他对阳明无善无恶的本然心体却是以实然至善之心体来理解的，并不理解无善无恶作为功夫终极指向的意指。所以，阳明在肯定其坚持功夫的必要性之后，对其功夫的指向又作了如下疏导："有只是你自有，良知本体原来无有，本体只是太虚。太虚之中，日月星辰，风雨露雷，阴霾饐气，何物不有？而又何一物得为太虚之障？人心本体亦复如是。太虚无形，一过而化，亦何费纤毫气力？德洪功夫须要如此，便是合得本体功夫。"②在"严滩问答"中，对阳明借佛家实相幻相为汝中分疏为"有心""无心"之说，德洪也承认，"是时尚未了达，数年用功，始信本体工夫合一"③。但是，德洪的这一"合一"是值得怀疑的：他如果以作为实然至善的"天命之性"来理解心之体，并将其规定为功夫追求的终极指向，那么，德洪就会入于江右一路；相反，他如果将心之体理解为发用流行的根源之体，亦即实然至善之体，那么，其"合一"就不是功夫进路的合一，而是发用流行式的体用合一。这样，又必然导致本体在功夫中的迷失。实际

---

① 王守仁：《语录三》，《王阳明全集》卷三，吴光等编校，第133页。
② 钱德洪：《年谱三》，王守仁：《王阳明全集》卷三十五，吴光等编校，第1442—1443页。
③ 王守仁：《语录三》，《王阳明全集》卷三，吴光等编校，第141页。

上，德洪的思想发展正是循着后一进路的。所以，在经过多年用功之后，他反而搞不清良知之无善无恶与知善知恶的关系，只能"吾惟即吾所知，以为善者而行之，以为恶者而去之，此吾所能为者也"①。这就不仅迷失了无善无恶的功夫指向，而且也丢掉了实然至善之心体，而唯以吾良心而行。显然，这是原始儒学的进路。所以，由于德洪始终不透本体，故其流向不是在阳明的基础上前进，而是向原始儒学复归。这就是笔者不将德洪所代表的流向作为阳明后学的分化流向的原因。

就对"无善无恶，是心之体"的理解而言，汝中是唯一把握了其双层意指的阳明弟子。当然，汝中的把握是在阳明的反复纠正下实现的。在天泉证道中，汝中起初认为："此恐未是究竟话头。若说心体是无善无恶，意亦是无善无恶的意，知亦是无善无恶的知，物是无善无恶的物矣。若说意有善恶，毕竟心体还有善恶在。"②在这里，汝中的两个"若说"都是从实然之心体的角度来理解无善无恶的。就是说，他是以无善无恶的本然心体为实然之心体的，其四无说也是以"有是体，即有是用"的体用一源为逻辑依据的。这样，功夫自然不消说了，对汝中的这一理解，阳明首先予以认可，认为："汝中见得此意，只好默默自修，不可执以接人。"③这说明，阳明其时对汝中之意尚有误解，就是说，阳明是以为汝中正确地将无善无恶之心体理解为功夫指向的本然之体的，所以要汝中"默默自修"。殊不知，按汝中理解就无所谓修，因为只要一体流行，自然是心意知物一齐皆无的四无。不过，对汝中废弃致知功夫的弊端，阳明倒是看得很清楚的，所以又说："此颜子、明道不敢承当，岂可轻易望人？"④自然，这是要汝中将无善无恶之心体放在功夫中来体证。但是，阳明对汝中的首肯无疑增长了他的自是之心，故接着问："本体透后，于此四句宗旨如何？"⑤这一问，既表现了汝中过人的慧解，同时也表现了其"慧解"的毛病。因为"本体透后"自然是指功夫而言，这说明，汝中已经明白了阳明无善无恶之心体作为功夫指向的指谓，但他又认为

---

① 黄宗羲：《江右王门学案三》，《明儒学案》卷十八，沈芝盈点校，第417页。
② 王守仁：《语录三》，《王阳明全集》卷三，吴光等编校，第133页。
③ 钱德洪：《年谱三》，王守仁：《王阳明全集》卷三十五，吴光等编校，第1443页。
④ 钱德洪：《年谱三》，王守仁：《王阳明全集》卷三十五，吴光等编校，第1443页。
⑤ 钱德洪：《年谱三》，王守仁：《王阳明全集》卷三十五，吴光等编校，第1443页。

这一本体可在功夫中直达"透后",说明汝中错认或简单化了这一本体。所以,阳明回答说:"此是彻上彻下语,自初学以至圣人,只此功夫。初学用此,循循有入,虽至圣人,穷究无尽。尧、舜精一功夫,亦只如此。"① 阳明的这一答,不仅明确规定了无善无恶之心体只能存在于功夫追求之中,而且申明这一功夫的"穷究无尽"性。就是说,它是永远不可能达到"透后"的。

天泉证道后,阳明与汝中无疑都对对方的观点进行了长时间的思考。在阳明看来,汝中之所以废弃功夫,原因就在于其直以本然的无善无恶之心体为实然的至善之心体,故在严滩问答中,阳明干脆以"有心"与"无心"的关系对实然心体与本然心体的关系重新作了规定,这就是:"有心俱是实,无心俱是幻;无心俱是实,有心俱是幻。"② 如果说天泉证道是以本然的无善无恶之心体含摄实然的至善之心体,那么,这里则是以实然的至善之心体来统摄本然的无善无恶之心体。对汝中来说,由于理解了阳明在天泉证道中对功夫的反复提撕,故即刻分辨出"有心"与"无心"的"本体上说工夫"与"工夫上说本体"的两个不同的角度。所以说:"有心俱是实,无心俱是幻,是本体上说功夫。无心俱是实,有心俱是幻,是工夫上说本体。"③ 对于汝中的这一理解,阳明自然予以全面的肯定。这说明,汝中确实全面理解了无善无恶之心体的双层意指。

但是,虽然汝中对无善无恶之心体的理解全然正确,问题却出在其理解的方式上。汝中《天泉证道纪》关于四句教讨论的回忆便表现了其理解方式的问题:

> 夫子立教随时,谓之权法,未可执定。体用显微只是一机。心意知物只是一事。若悟得心是无善无恶之心,意即是无善无恶之意,知即是无善无恶之知,物即是无善无恶之物。盖无心之心则藏密,无意之意则应圆,无知之知则体寂,无物之物则用神。天命之性,粹然至善,神感神应,其机自不容已,无善可名,恶固本无,善亦不可得而有也。是谓无善无恶。④

---

① 钱德洪:《年谱三》,王守仁:《王阳明全集》卷三十五,吴光等编校,第1443页。
② 王守仁:《语录三》,《王阳明全集》卷三,吴光等编校,第141页。
③ 王守仁:《语录三》,《王阳明全集》卷三,吴光等编校,第141页。
④ 王畿:《天泉证道纪》,《王畿集》卷一,吴震编校整理,凤凰出版社2007年版,第1页。

当汝中将本然的无善无恶之心体规定为"悟"的对象时，起码说明他是将无善无恶作为功夫的指向来把握的；其"天命之性，粹然至善"以及其"神感神应"而"不容已"的发用规定也反证了这一点。但是，当其津津于"悟得"这一上根教法时，难免抽空功夫的实践内容，从而游离阳明的宗旨。这就有使这一上根教法成为无源之水、无本之木的可能。其以后的教学实践，正是这一弊端的具体落实和进一步彰显。

所以，阳明后学对无善无恶之心体的不同理解，恰恰构成了各派分歧的焦点。各派不同宗旨的形成与进学路径的差异，也正是以对无善无恶之心体的不同理解为出发点的。

2.流向的形成

由于江右一系以"至善无恶"为心之体，故自邹东廓起，即以主敬为功夫。黄宗羲说："先生之学，得力于敬。敬也者，良知之精明而不杂以尘俗者也。吾性体行于日用伦物之中，不分动静，不舍昼夜，无有停机。流行之合宜处谓之善，其障蔽而壅塞处谓之不善。盖一忘戒惧则障蔽而壅塞矣，但令无往非戒惧之流行，即是性体之流行矣。"[1] 由此可知，所谓敬，也就是戒惧功夫。那么，什么是戒惧呢？这就是"只从日用人伦庶物，兢兢理会自家真性"[2]，"果能戒慎恐惧，常精常明，不为物欲所障蔽，则即此是善，更何所迁？即此非过，更何所改？一有障蔽，便与扫除，雷厉风行，复见本体"[3]。显然，所谓戒惧、主敬，就是在"兢兢理会自家真性"上用功，也都以"复见本体"为目的。这样，虽然邹东廓并不废"真性"之发用流行，但由于全在"真性"上用功，因而已经露出了意念内守的倾向。

江右的另一代表人物为欧阳南野。阳明在时，曾呼为小秀才，并与其有关于良知与见闻"不滞""不杂"的书信问答。阳明死后，南野继续发挥阳明的这一观点，在与罗整庵的辩论中，针对整庵良知与知觉为二的非难，明确指出，阳明"非谓知识有二也，恻隐、

---

[1] 黄宗羲：《江右王门学案一》，《明儒学案》卷十六，沈芝盈点校，第332页。
[2] 黄宗羲：《江右王门学案一》，《明儒学案》卷十六，沈芝盈点校，第341页。
[3] 黄宗羲：《江右王门学案一》，《明儒学案》卷十六，沈芝盈点校，第336页。

羞恶、恭敬、是非之知,不离乎视、听、言、动,而视、听、言、动,未必皆得其恻隐、羞恶之本然者。故就视、听、言、动而言,统谓之知觉,就其恻隐、羞恶而言,乃见其所谓良者。知觉未可谓之性,未可谓之理,知之良者,乃所谓天之理也,犹之道心人心非有二心,天命气质非有二性也"①。这的确是对阳明良知说的精彩发挥,故一度"称南野门人者半天下",对于当时学者"认气习为本性"的弊端,他认为:"今之认气习为本性者,正由不知良知之本体。不知良知之本体,则致知之功,未有靠实可据者。故欲救其弊,须是直指良知本体之自然流行,而无假用力者,使人知所以循之,然后为能实用其力,实致其知。"②显然,这种专门向"无用力者"而"实用其力"的学旨,无疑具有更明显的意念内守之嫌。

到了聂双江、罗念庵这些在阳明生前称后学而死后称弟子的一辈时,江右一系的意念内守倾向便有造极之发展。聂双江从静中入学,"狱中闲久静极,忽见此心真体,光明莹彻,万物皆备,乃喜曰:'此未发之中也,守是不失,天下之理皆从此出矣。'及出,与来学立静坐法,使之归寂以通感,执体以应用"③。他认为,"今之为良知之学者,于《传习录》前篇所记真切处,俱略之,乃驾空立笼罩语,似切近而实渺茫,终日逐外而自以为得手也"④。所以,他一反其道而行之,要求学者"体认未发气象""认取本来面目",因为,"良知本寂,感于物而后有知。知其发也,不可遂以知发为良知,而忘其发之所自也。……故学者求道,自其主乎内之寂然者求之,使之寂而常定"⑤。这就是所谓主寂说。

聂双江的主寂,由于一味地意念内守,有磋却见在功夫之弊,故连主张"兢兢理会自家真性","以复见本体为学的"的邹东廓也起来反对。但罗念庵却对这一主寂说大加赞赏,认为:"双江所言,真是霹雳手段,许多英雄瞒昧,被他一口道著,如康庄大道,更无可疑。"⑥在他看来,他以前之所以"终身转换,卒无所成",原因

---
① 黄宗羲:《江右王门学案二》,《明儒学案》卷十七,沈芝盈点校,第358页。
② 黄宗羲:《江右王门学案二》,《明儒学案》卷十七,沈芝盈点校,第363页。
③ 黄宗羲:《江右王门学案二》,《明儒学案》卷十七,沈芝盈点校,第370页。
④ 黄宗羲:《江右王门学案二》,《明儒学案》卷十七,沈芝盈点校,第375页。
⑤ 黄宗羲:《江右王门学案二》,《明儒学案》卷十七,沈芝盈点校,第372页。
⑥ 黄宗羲:《江右王门学案二》,《明儒学案》卷十七,沈芝盈点校,第371页。

就在于"不识渊寂之归宿",所以,他提出了与聂双江相近的主静说。因为"一时之发见,未可尽指为本体,则自然之明觉,固当反求其根源。盖人生而静,未有不善,不善动之妄也,主静以复之,道斯凝而不流矣……故必有收摄保聚之功,以为充达长养之地"①。他认为,这一主静说是:"故非经枯槁寂寞之后,一切退听,天理炯然,未易及此"②。所以,他要求学者从静入手,"盖动而后有不善,有欲而后有动,动于欲,而后有学,学者学其未动焉者也,学其未动而动斯善矣"③。他自己的得力功夫,便是,"辟石莲洞居之,默坐半榻间,不出户者三年"④。这样,为了防欲、制欲,江右一系便成了"守寂""主静"的枯槁虚寂之学了。

如果说江右一系是因为一味独守至善本体而背离了阳明的宗旨,那么,泰州一系却是从相反的方向上背离阳明的。从心斋起始,泰州一系事实上便以"无善无恶"为实然之心体,由于其一直反对"终身独善","以九二见龙为正位",故有强烈的外向推致精神。心斋以身为本、以家国天下为末而首创淮南格物说,认为格物的基本要义便是安身,所以说:"止至善者,安身也,安身者,立天下之大本也。"⑤这样,阳明以为善去恶为特征的格物说便成了安身说;其心上功夫便也成了身上功夫。由于心斋以"天理者,天然自有之理也","明哲保身者,良知良能也",故泰州一系实际上是将阳明无善无恶的功夫境界变成了无善无恶的自然之性,将阳明知善知恶的良知变成了自然的知觉自身。如:"学者问'放心难求',先生呼之即应。先生曰:'尔心见在,更何求乎?'"⑥在此基础上,其实践推致精神,便只能成为自然人性论的自我扩张、自我实现精神了。

所以,心斋以后的泰州学者,多以扩充自然之性为极则,对于讲说、讨论乃至种种规矩均嗤之以鼻。(王东崖)"以不犯手为妙。鸟啼花落,山峙川流,饥食渴饮,夏葛冬裘,至道无余蕴矣。充拓得开,则天地变化,草木蕃,充拓不去,则天地闭,贤人隐。今人

---

① 黄宗羲:《江右王门学案三》,《明儒学案》卷十八,沈芝盈点校,第414—415页。
② 黄宗羲:《江右王门学案三》,《明儒学案》卷十八,沈芝盈点校,第387页。
③ 黄宗羲:《江右王门学案三》,《明儒学案》卷十八,沈芝盈点校,第400页。
④ 黄宗羲:《江右王门学案三》,《明儒学案》卷十八,沈芝盈点校,第387页。
⑤ 黄宗羲:《泰州学案一》,《明儒学案》卷三十二,沈芝盈点校,第711页。
⑥ 黄宗羲:《泰州学案一》,《明儒学案》卷三十二,沈芝盈点校,第715页。

才提学字，便起几层意思，将议论讲说之间，规矩戒严之际，工焉而心日劳，勤焉而动日拙……"①到了罗近溪，则反对制欲，认为那种以澄然湛然为心之本体是"沉滞胸膈，留恋景光，是为鬼窟活计"②。继而认为"此理生生不息，不须把持，不须接续，当下浑沦顺适。工夫难得凑泊，即以不屑凑泊为工夫"③。所以，他提倡赤子之心，认为"天初生我，只是个赤子。赤子之心，浑然天理，细看其知不必虑，能不必学，果然与莫之为而为，莫之致而至的体段，浑然打得对同过。然则圣人之为圣人，只是把自己不虑不学的见在，对同莫为莫致的源头，久久便自然成个不思不勉而从容中道的圣人也"④。所谓孔颜乐处，便"只是个快活也"。因为："岂快活之外，复有所谓乐哉！"⑤至于孔子的仁，也就是："赤子出胎，最初啼叫一声，想其叫时，只是爱恋母亲怀抱，却指着这个爱根而名为仁，推充这个爱根以来做人。合而言之曰：'仁者人也'。"⑥这样，在无善无恶的自然人性的轨道上，泰州学派便"解缆放船，顺风张棹，无之非是"⑦了。

江右与泰州是阳明后学的两大派系，也是分化的两个极端。江右针对泰州一系的"百姓日用即道"与"天然自有之理"，不断地提撕至善本体加以救正，但它自身却因独守至善本体而失去了推致精神和超越指向，从而成了枯槁虚寂之学；泰州一系却又针对江右的意念内守之病，不断地以扩充之意来纠偏，由于其反对制欲，一味破光景，以扩充自然之性为极则，故其自身便因失去了至善、天理的准则义而成为狂荡的自然人性论。在当时，由于这两系各执一偏，各行其是，因而其相互也仅仅是相映相衬，根本谈不到纠正。真正处于这两系之间，且能沟通这两系的是浙中的王汝中，而汝中对阳明无善无恶之心体这一艰深而玄妙的规定也心领神会，并得到阳明的首肯。所以，救治江右与泰州两系的偏失之病，当然地落到了王汝中的肩头。

---

① 黄宗羲：《泰州学案一》，《明儒学案》卷三十二，沈芝盈点校，第719页。
② 黄宗羲：《泰州学案三》，《明儒学案》卷三十四，沈芝盈点校，第762页。
③ 黄宗羲：《泰州学案三》，《明儒学案》卷三十四，沈芝盈点校，第762页。
④ 黄宗羲：《泰州学案三》，《明儒学案》卷三十四，沈芝盈点校，第764页。
⑤ 黄宗羲：《泰州学案三》，《明儒学案》卷三十四，沈芝盈点校，第791页。
⑥ 黄宗羲：《泰州学案三》，《明儒学案》卷三十四，沈芝盈点校，第764页。
⑦ 黄宗羲：《泰州学案三》，《明儒学案》卷三十四，沈芝盈点校，第762页。

汝中"亲承阳明末命",故"林下四十余年,无日不讲学。……年八十,犹周流不倦"①。对于江右与泰州两系,汝中左右开弓,分头予以提撕。在他看来,"朋友有守一念灵明处,认为戒惧工夫,才涉言语应接,所守工夫便觉散缓。此是分了内外。"②无疑,这是对邹东廓而言,因为"灵明无内外,无方所,戒惧亦无内外,无方所,识得本体原是变动不居,虽终日变化云为,莫非本体之周流矣"③。对于罗念庵之主静,汝中认为,"若以见在感应不得力,必待闭关静坐,养成无欲之体,始为了手,不惟蹉却见在工夫,未免喜静厌动,与世间已无交涉,如何复经得世"④。至于聂双江之守寂,则是"守其空知而遗照,是乖其用也"⑤,因为"寂者心之本体,寂以照为用"⑥。所以,在汝中看来,整个江右都表现了一种守寂废照的倾向。

汝中对江右的批判,在一定程度上也代表了泰州一系的看法。但是,在汝中看来,泰州一系的弊端也许更为严重。他说:"今人讲学,以神明为极精,开口便说性说命;以日用饮食声色货利为极粗,人面前不肯出口,不知讲解得性命到入微处,意见盘桓只是比拟卜度,于本来生机了不相干,终成俗学。"⑦显然,在他看来,泰州一系的自然人性论已经达到了与道德性命之学"了不相干"的地步。所以,对于罗近溪的学说,汝中评价说:"自谓无所滞矣,然尚未离见在;虽云全体放下,亦从见上承当过来,到毁誉利害真境相逼,尚未免有动。他却将动处亦把作真性笼罩过去,认做烦恼即菩提,与吾儒尽精微、时时缉熙,工夫尚隔一尘。"⑧这说明,近溪将动处作真性,认烦恼为菩提,实际上是将阳明无善无恶的功夫指向作为实然之心体自身,从而以自然之性为无善无恶,这就"非名教之所能羁络矣"。

汝中的这些批判,从阳明的角度看,是完全正确的,汝中也

---

① 黄宗羲:《浙中王门学案二》,《明儒学案》卷十二,沈芝盈点校,第237页。
② 黄宗羲:《浙中王门学案二》,《明儒学案》卷十二,沈芝盈点校,第239页。
③ 黄宗羲:《浙中王门学案二》,《明儒学案》卷十二,沈芝盈点校,第239页。
④ 黄宗羲:《浙中王门学案二》,《明儒学案》卷十二,沈芝盈点校,第240页。
⑤ 黄宗羲:《浙中王门学案二》,《明儒学案》卷十二,沈芝盈点校,第241页。
⑥ 黄宗羲:《浙中王门学案二》,《明儒学案》卷十二,沈芝盈点校,第246页。
⑦ 黄宗羲:《浙中王门学案二》,《明儒学案》卷十二,沈芝盈点校,第239页。
⑧ 黄宗羲:《浙中王门学案二》,《明儒学案》卷十二,沈芝盈点校,第245—246页。

确实找到了江右与泰州两系的病根。那么，汝中的道德性命之学如何呢？黄宗羲说："先生之论，大抵归于四无。以正心为先天之学，诚意为后天之学。从心上立根，无善无恶之心即是无善无恶之意，是先天统后天。"①黄宗羲的这一概括，就指向而言大体不错，但由于其不理解阳明的四句教，也不理解汝中在阳明的反复纠正下对无善无恶之心体的把握，故难免层次失当。请看汝中自己的表述：

> 吾人一切世情嗜欲皆从意生。心本至善，动于意，始有不善。若能在先天心体上立根，则意所动，自无不善，世情嗜欲自无所容，致知工夫自然易简省力。若在后天动意上立根，未免有世情嗜欲之杂，致知工夫转觉烦难。颜子，先天之学也；原宪，后天之学也。②

从立根而言，汝中是从作为至善的"先天心体上立根"的，不是从无或无善无恶上立根。从无或无善无恶上立根，是汝中天泉证道以前的观点。经过天泉证道中阳明的反复纠正，到严滩问答时，汝中已经明白了"有心"与"无心"的"实""幻"关系，而在本体发为功夫的"立根"上，只能是"有心俱是实"。所以，这里才有"在先天心体上立根，则意所动，自无不善"一说。正因为黄宗羲误认汝中立根于无善无恶之心，故常将汝中与泰州诸人看作一类。其实，在汝中看来，由至善之心体必然发为至善之意、至善之知乃至至善之物，"世情嗜欲自无所容"，具体的善恶皆无从沾滞，故而便可简易直接地达到无善无恶的境界。从这一由至善之心体而达到无善无恶之境界的指向来看，显然是阳明四句教的原意；并且，因其立根于至善心体，故可与江右相印证，因其指向无善无恶之境界，从而又可为泰州所认同。这样，与江右与泰州两系的偏失相比，王汝中确实带有从容中道的意味。

但是，汝中此处又公开自命为"颜子、明道不敢承当"的上根教法，说明他又不能不与阳明之教有出入了。阳明四句教的落实与

---

① 黄宗羲：《浙中王门学案二》，《明儒学案》卷十二，沈芝盈点校，第238页。
② 黄宗羲：《浙中王门学案二》，《明儒学案》卷十二，沈芝盈点校，第240页。

起步都是为善去恶的实践功夫，汝中虽不废功夫，但其功夫又主要是悟。他说："良知二字，是彻上彻下语。良知知是知非，良知无是无非。知是知非即所谓规矩，忘是非而得其巧，即所谓悟也。"① 这说明，在他看来，实现无善无恶境界的关键环节就是悟，所以又说："千古圣学，只从一念灵明识取。当下保此一念灵明便是学，以此触发感通便是教。随事不昧此一念灵明，谓之格物；不欺此一念灵明，谓之诚意；一念廓然，无有一毫固必之私，谓之正心。此是易简直截根源。"② 这就不仅以悟为无善无恶的实现环节，而且格致诚正一切工夫次第，全被他"悟"化了。良知在他手上："即是未发之中，此知之前，更无未发，即是中节之和。此知之后，更无已发，自能收敛，不须更主于收敛，自能发散，不须更期于发散，当下现成，不假工夫修整而后得。"③ 无怪乎黄宗羲说他是"超悟独得""如珠之走盘，不待拘管"④。因为对汝中来说，"悟"已经成为他应付一切的万能法宝了。

这样，虽然汝中"亲承阳明末命"，且对四句教的理解完全正确，但由于他自命为先天之学，废弃致知实功，或者说是以悟为功夫，因而实际上又断送了阳明之学。从阳明四句教由至善之心体发而为无善无恶的境界指向来看，如果说江右一系是守体而废用。泰州一系是以用废体（以自然之用为体），从而腰斩了阳明，那么，王汝中则虽然兼体兼用，却又因以悟为功夫而抽空了阳明。他们三系所代表的意念内守、外向推致和思辨领悟的倾向，便是阳明后学的分化流向。

3.各派指向及其对阳明的肢解

虽然这三系后学都走向了阳明的反面，但他们确实是从阳明出发的。他们的思想也都能从阳明哲学中找到出处和依据。王汝中"亲承阳明末命"，其于四句教两承开示，而阳明也不止一次地"然其言"，这自然无须多说。即江右以闭关静坐为特征的"守寂废照"，也有阳明的教法为依据。聂双江说："今之为良知之学者，于《传习

---

① 黄宗羲：《浙中王门学案二》，《明儒学案》卷十二，沈芝盈点校，第248页。
② 黄宗羲：《浙中王门学案二》，《明儒学案》卷十二，沈芝盈点校，第251页。
③ 黄宗羲：《浙中王门学案二》，《明儒学案》卷十二，沈芝盈点校，第238页。
④ 王畿：《过丰城答问》，《王畿集》卷四，吴震编校整理，第79页。

录》前编所记真切处,俱略之。"①显然,《传习录》上卷中"有是体,即有是用;有未发之中,即有发而皆中节之和"以及"体未立,用安从生"的话头正是聂双江守寂说的理论依据。至于罗念庵的闭关静坐,则"阳明之龙场是也"②。阳明龙场的"端居澄默",过常德辰州的"静坐僧寺"以及知滁州的"静坐涵养"都说明,阳明确有此一教法。即使良知说提出之后,也仍然认为可以"静处体悟"。所以,江右一系的教法,正是阳明的"静坐时,将好名、好色、好货等根逐一搜寻,扫除廓清"③的医人的方子。泰州一系"掀翻天地""赤身承担"的外向推致精神便是阳明的"依此良知、忍耐做去,不管人非笑,不管人毁谤,不管人荣辱,任他功夫有进有退,我只是这致良知的主宰不息"的"不容已"精神。所以,这三系后学,应当说都是从阳明哲学出发的,也都是阳明的忠诚弟子。

但是,这三系又正好走向了阳明的反面。江右的"守寂废照",不仅是阳明极力避免的"喜静厌动",而且是阳明所坚决批判的"枯槁虚寂之病"。王汝中的思辨领悟,由于抛弃了为善去恶的实践功夫,因而其无善无恶便只能成为思辨的无善无恶,而其学也就只能成为阳明所坚决反对的"玄解妙觉"之学了。泰州一系的"信口说,任意行,皆说'此是依我心性出来',此是所谓'生之谓性'"④。所以,自然人性论便是其无法避免的归宿。

虽然他们都走向了阳明的反面,但从阳明的角度看,他们走向反面的途径却是各有特色的。天理是江右一系最为重视的范畴,这无疑有甘泉的影响。阳明在世时,邹东廓在丙戌(1526)一年内三次催书与阳明讨论甘泉的随处体认天理之意,并将随处体认天理与戒慎恐惧功夫相比拟,而其对文公家礼的询问与讨论,也明显地表现出对礼(理)这一规范的浓厚兴趣。东廓对天理的兴趣,当然是援引其作为至善的准则义,故无论是"修己以敬"还是"戒惧以不失其本体",都是围绕天理之至善准则义展开。聂双江虽然强调"守寂",但其"寂"也就是"寂然不动"的天理本体。当他在狱中静坐而"忽见此心之真体"时说:"此未发之中也,守是不失,天下之理

---

① 黄宗羲:《浙中王门学案一》,《明儒学案》卷十一,沈芝盈点校,第221页。
② 黄宗羲:《江右王门学案三》,《明儒学案》卷十八,沈芝盈点校,第403页。
③ 王守仁:《语录三》,《王阳明全集》卷三,吴光等编校,第123页。
④ 王守仁:《语录三》,《王阳明全集》卷三,吴光等编校,第114页。

皆从此出矣。"①这一能出"天下之理"的"真体"无疑是天理本体，所以又说："体得未发气象，便是识取本来面目。敬以持之，常存而不失，到此地位，一些子习气意见著不得，胸次洒然。"②这里的"体""敬""存"实际上都是围绕着心中之天理本体展开的。罗念庵之"主静"以"无欲"为入手，他说，"某所尝著力者，以无欲为主"③。但主静、无欲又不过是复见天理本体的基本功，所以说，"盖动而后有不善，有欲而后有动……学其未动而动斯善矣"④。对于良知，这便是"故非经枯槁寂寞之后，一切退听，而天理炯然，未易及此"⑤。显然，良知、天理都同样是作为至善之准则出现的。总之，虽然江右诸人的持倡各有不同，但天理作为至善之准则却是其共同遵循的基本观点，而无论是戒惧、主敬还是主静、守寂，都是复见这一至善准则的基本功。

泰州一系主要继承了阳明的生生之性。王心斋虽不以性倡言，但其以身为本、家国天下为末的淮南格物说正是生生之性的表现。他说："以天地万物依于身，不以身依于天地万物，舍此皆妾妇之道。圣人复起，不易斯言。"⑥这就将身这一生理之性提到了无以复加的高度。由此以往，"止至善者，安身也，安身者，立天下之大本也"⑦；天理，即"天然自有之理"，"明哲保身者，良知良能也"。⑧所以，心斋的一切教法，都是围绕着如何安身这一生理之性展开的。到了罗近溪，又倡言赤子之心，他说："大道只在此身，此身浑是赤子，赤子浑解知能，知能本非学虑。"⑨又说："天初生我，只是个赤子。赤子之心，浑然天理，细看其知不必虑，能不必学……"⑩这里的性虽为自然生理之性，但确具有生生不息之意。所谓自然而然、从容中道，不过是性之生生的表现。所以"吾人心体，未尝一息有间。今当下生意津津，不殊于禽鸟，不殊于新苗，往时

---

① 黄宗羲:《江右王门学案二》,《明儒学案》卷十七, 沈芝盈点校, 第370页。
② 黄宗羲:《江右王门学案二》,《明儒学案》卷十七, 沈芝盈点校, 第373页。
③ 黄宗羲:《江右王门学案三》,《明儒学案》卷十八, 沈芝盈点校, 第392页。
④ 黄宗羲:《江右王门学案三》,《明儒学案》卷十八, 沈芝盈点校, 第400页。
⑤ 黄宗羲:《江右王门学案三》,《明儒学案》卷十八, 沈芝盈点校, 第387页。
⑥ 黄宗羲:《泰州学案一》,《明儒学案》卷三十二, 沈芝盈点校, 第711页。
⑦ 黄宗羲:《泰州学案一》,《明儒学案》卷三十二, 沈芝盈点校, 第711页。
⑧ 黄宗羲:《泰州学案一》,《明儒学案》卷三十二, 沈芝盈点校, 第715页。
⑨ 黄宗羲:《泰州学案三》,《明儒学案》卷三十四, 沈芝盈点校, 第764页。
⑩ 黄宗羲:《泰州学案三》,《明儒学案》卷三十四, 沈芝盈点校, 第764页。

万物一体之仁,果觉浑沦成片矣"①。显然,泰州学派之所以强调自然而然、浑沦顺适,都是从自然之性出发的,而其"掀翻天地"的外向推致精神,正是自然人性之生生表现。

如果说上述两系对阳明的继承是从本体上着眼的,那么,王汝中则是从兼体兼用、兼本体兼功夫的角度来继承阳明的。对汝中来说,最为重要的概念莫过于心,而心的基本属性,又莫过于明觉。所以说:"千古圣学,只从一念灵明识取。当下保此一念灵明便是学,以此触发感通便是教。随事不昧此一念灵明,谓之格物;不欺此一念灵明,谓之诚意,一念廓然,无有一毫固必之私,谓之正心。此是易简直截根源。"②如此以往,良知之知是知非与无是无非,也就全然是心之明觉的作用,也就是"知是知非即所谓规矩;忘是非而得其巧,即所谓悟也"③。所以,体与用、本体与功夫以及收敛与发散、未发之中与中节之和,都在心之明觉的发用中一以贯之地统一起来了。

这样,阳明集心性理为一体的良知之教,便被其后学以各执一偏的方式肢解了。④江右一系坚执于作为至善准则的天理,以无欲、制欲为循理之功夫;泰州一系执着于与生俱来的生理之性,以性之自然流行为功夫;王汝中则津津于明觉之心,以思辨领悟直达无善无恶之境。但是,由于他们各执一偏,失去了相互的制约作用,故江右便失之"沉滞"而有"守寂废照"之嫌,汝中则因"超悟独得"而失之"玄虚",至于泰州一系的自然率性,便只能入于"狂荡"一路的自然人性论了。

不过,这三系后学对阳明良知之教的肢解,又从反面说明:良知本身即是心性理的统一,无善无恶之心体便是良知之教的总结和概括。当其弟子不能正确理解心之体的确切指谓时,自然不能理解心性理的相互制约关系;而当他们肢解良知之心性理的一体关系时,也必

---

① 黄宗羲:《泰州学案三》,《明儒学案》卷三十四,沈芝盈点校,第777页。
② 黄宗羲:《浙中王门学案二》,《明儒学案》卷十二,沈芝盈点校,第251页。
③ 黄宗羲:《浙中王门学案二》,《明儒学案》卷十二,沈芝盈点校,第248页。
④ 这虽然认为阳明精神被其最主要的三系后学"肢解"了,但这主要是将其三系后学作为"整体"的阳明精神相比较而言;就真正最接近阳明精神或将阳明精神推进一步而言,当首推江右一系,黄宗羲所谓的"姚江之学,惟江右为得其传,东廓、念庵、两峰、双江其选也。再传而为塘南、思默,皆能推原阳明未尽之旨。"(黄宗羲:《江右王门学案一》,《明儒学案》卷十六,沈芝盈点校,第331页)应当说是一种比较准确的评价。关于这一问题,笔者在《中国哲学通史(明代卷)》中有较为详细的分析。

然无法把握心之体的具体所指。所以，良知作为心性理的统一，心之体便是良知之体用以及致良知之本体与功夫的统一。因此，完全可以说，无善无恶就是致良知的境界化或境界式表达。阳明一生的实践探索，便凝结于此；阳明哲学的超越指向，也体现于此。

七、阳明与理学

任何一种哲学都不可能凭空产生，都必须以一定的时代思潮为先在前提。从这一角度看，阳明哲学的形成与发展，实质上也就是宋代以来理学思潮发展的产物和表现。这样，它与理学便有着割不断的联系。另一方面，一种哲学一经形成，又会给时代以能动的反作用，从而使时代思潮发生某些改变和前进。这也就是它的推动作用。所以，阳明哲学既产生于理学思潮，又一定程度上改变、推动从而发展着理学思潮。这种对理学之继承与发展的统一，便构成了其自身的特质。

宋明理学本质上是一种儒学再造运动，这已是学术界的共识。对于理学来说，其自觉的任务便是斥佛老、一天人，"要之立乎大中至正之矩"，但是，面对学绝道丧、"千五百年无孔子"的局面，宋儒排邪说、归至理的任务也绝非一朝一夕所能完成。因此，从北宋起，一代代理学家前仆后继，为创建天人合一的新儒学展开了不息的努力。大体说来，北宋五子代表着一个宇宙本体论的创立时期，其间无论是周濂溪的无极太极论，还是二程的天理论，着眼点都在于确立天人一体的宇宙本体；关学与洛学的差异，也主要表现在对宇宙本体的不同规定上。二程之后，理学探讨的重心开始由本体论向修养论过渡，亦即如何将天人合一的道德本体落实于修养实践之中，朱陆的道问学与尊德性之争，正是在修养论领域展开的。自明代起，理学发展的重心便一直集中在修养实践领域，吴康斋的"玩四书五经"与陈白沙的"静中养出端倪"，实际上正是两种不同的修养方式的表现；而阳明与甘泉由格物之争到儒佛之辩，则显现着从修养论对本体论的反溯，即从修养实践的角度重新确立本体。这样，理学发展的重心就由宇宙本体论而修养论，又由修养实践论而宇宙本体论。阳明即在自身的修养实践中，不仅形成了新的本体论，而且形成了基于修养实践的宇宙论。

为了揭示阳明哲学在这几个层面的意蕴，这里拟以比较的方式进行。这就是与张载的宇宙论比较，与朱熹的本体论比较以及与心本论的修养方式比较。

1. 与张载宇宙论比较

在理学家中，宇宙论色彩最强的莫过于张载，其本体论实际上也就是宇宙本体论。张载的宇宙论是这样起始的：

> 太和所谓道，中涵浮沈、升降、动静、相感之性，是生絪缊、相荡、胜负、屈伸之始。其来也几微易简，其究也广大坚固。起知于易者乾乎！效法于简者坤乎！散殊而可象为气，清通而不可象为神……①
>
> 太虚无形，气之本体，其聚其散，变化之客形尔；至静无感，性之渊源，有识有知，物交之客感尔。客感客形与无感无形，惟尽性者一之。②
>
> 天地之气，虽聚散、攻取百途，然其为理也顺而不妄。气之为物，散入无形，适得吾体；聚为有象，不失吾常。太虚不能无气，气不能不聚而为万物，万物不能不散而为太虚。循是出入，是皆不得已而然也。③

在上述几段中，太和、太虚与气都是同一层次的概念。作为太和，是指阴阳的统一，故"中涵浮沈、升降、动静、相感之性，是生絪缊相荡、胜负、屈伸之始"，这也就是易，是道，是宇宙生生不息的内在动力。作为太虚，则是指宇宙万物的共同本体，是有与无、虚与实的统一，因而说"万物不能不散而为太虚"。作为气，则是太虚的自在状态，聚则为物，散则为虚（气）。当气与太虚相对时，是指物质的具体形态；当气与具体物质相对时，又指太虚本身。就气本身而言，则具有明显的一物两体特征，即有形与无形的统一。所以，太虚与气都并非一各自独立的状态："太虚不能无气"，"知太虚即气，则无无"。这样，张载便为其宇宙论确立了一个客观的基础。对于这种宇宙论，无论是叫作太虚本体论还是气本论，含

---

① 张载：《太和》，《正蒙》，《张载集》，章锡琛点校，第7页。
② 张载：《太和》，《正蒙》，《张载集》，章锡琛点校，第7页。
③ 张载：《太和》，《正蒙》，《张载集》，章锡琛点校，第7页。

义都是相同的，因为它们都指客观实在，也都是从客观实在的角度立论的。

由此出发，张载展开了对"天道""神化""动植"乃至"诚明""大心"的推演。因为"气不能不聚而为万物，万物不能不散而为太虚"；对于宇宙来说，"万物取足于太虚，人亦出于太虚"①。这显然是以太虚这一客观存在作为宇宙万物的共同基础的。对于这一从气本到气化的过程，张载概括为："由太虚，有天之名；由气化，有道之名；合虚与气，有性之名；合性与知觉，有心之名。"②这种从"天""道"到"性""心"的演化，显然是从气本到气化、从天到人式的演化，而张载在推导这一演化时，他本人则是置身其外的，就是说，整个宇宙都是作为他的客观对象出现的。所以，张载的宇宙论是客观的，是从客观的角度分析宇宙的共同基础及其生成演化过程的宇宙论，

阳明的宇宙论虽不排除客观性，但却不是从客观的角度立论的。让我们先从阳明的良知本体与太虚的关系说起。阳明在答其关中弟子南元善一书中首先展开了对良知与太虚关系的论述，由此以后，便将良知与太虚视为虽有区别但却属于同一层次的概念来运用：

夫惟有道之士，真有以见其良知之昭明灵觉，圆融洞澈，廓然与太虚而同体。太虚之中，何物不有？而无一物能为太虚之障碍……故凡有道之士……其于富贵、贫贱、得丧、爱憎之相值，若飘风浮霭之往来变化于太虚，而太虚之体，固常廓然其无碍也。③

喜、怒、哀、惧、爱、恶、欲，谓之七情。七者俱是人心合有的，但要认得良知明白。比如日光，亦不可指着方所；一隙通明，皆是日光所在；虽云雾四塞，太虚中色象可辨，亦是日光不灭处，不可以云能蔽日，教天不要生云。七情顺其自然之流行，皆是良知之用，不可分别善恶，但不可有所着。④

良知之虚，便是天之太虚；良知之无，便是太虚之无形。日、月、风、雷、山、川、民、物，凡有貌象形色，皆在太虚

---

① 张载：《语录中》，《张子语录》，《张载集》，章锡琛点校，第324页。
② 张载：《太和》，《正蒙》，《张载集》，章锡琛点校，第9页。
③ 王守仁：《答南元善》，《王阳明全集》卷六，吴光等编校，第235页。
④ 王守仁：《语录三》，《王阳明全集》卷三，吴光等编校，第126页。

无形中发用流行，未尝作得天的障碍。圣人只是顺其良知之发用，天地万物，俱在我良知的发用流行中，何尝又有一物超于良知之外，能作得障碍？①

有只是你自有，良知本体原来无有，本体只是太虚。太虚之中，日月星辰，风雨露雷，阴霾饐气，何物不有？而又何一物得为太虚之障？人心本体亦复如是。太虚无形，一过而化，亦何费纤毫气力？②

在上述几段中，良知与太虚都是作为本体出现的。所不同的是，太虚是作为天这一客观宇宙的无形本体，而良知则是作为人生宇宙的无形本体出现的。所以，阳明要求南元善对人生中的富贵贫贱、得失爱憎诸相，一如太虚之对飘风浮霭之往来一样"一过而化"。自然，这也可以说是对张载客观宇宙的一个反证。但是，人的良知又不仅仅局限于无形之内在上，它本身的自致活动必然要使其达之于客观的天地万物之间。因为"目无体，以万物之色为体；耳无体，以万物之声为体；鼻无体，以万物之臭为体；口无体，以万物之味为体；心无体，以天地万物感应之是非为体"③。这就是致良知于天下的事事物物，也就是"只是非就尽了万事万变"④。这样一来，"我的灵明，便是天地鬼神的主宰。天没有我的灵明，谁去仰他高？地没有我的灵明，谁去俯他深？鬼神没有我的灵明，谁去辩他吉凶灾祥"⑤。正是基于这种主体的主宰原则，阳明进一步认为，"天地鬼神万物离却我的灵明，便没有天地鬼神万物了"⑥。显然，这种宇宙是主体置身其中的宇宙，是由主体视听言动行为创造的道德实践宇宙，它虽不排除客观性，却不是从客观的角度立论的。

不过，阳明并非不承认客观宇宙的存在。他在回答良知与草木瓦石的关系时说："盖天地万物与人原是一体，其发窍之最精处，是人心一点灵明。风、雨、露、雷、日、月、星、辰、禽、兽、草、木、山、川、土、石，与人原是一体。故五谷禽兽之类，皆可以养

---

① 王守仁：《语录三》，《王阳明全集》卷三，吴光等编校，第121页。
② 钱德洪：《年谱三》，王守仁：《王阳明全集》卷三十五，吴光等编校，第1442页。
③ 王守仁：《语录三》，《王阳明全集》卷三，吴光等编校，第123页。
④ 王守仁：《语录三》，《王阳明全集》卷三，吴光等编校，第126页。
⑤ 王守仁：《语录三》，《王阳明全集》卷三，吴光等编校，第141页。
⑥ 王守仁：《语录三》，《王阳明全集》卷三，吴光等编校，第141页。

人；药石之类，皆可以疗疾：只为同此一气，故能相通耳。"①这里"原是一体""同此一气"，显然是从客观的角度立论的。但是，即使是客观的宇宙，也只有与人的心灵相对峙，并成为人的实践对象时，才有其价值与意义。所以说："若草、木、瓦、石无人的良知，不可以为草、木、瓦、石矣。岂惟草、木、瓦、石为然，天地无人的良知，亦不可为天地矣。"②这当然不是说不可为客观的天地，而是说不成为与人的心灵相对峙、从而成为人的实践对象的天地。所以，即使阳明说到客观的宇宙，也总是从作为人的实践对象的角度立论的。正因为这一点，阳明才对"我的灵明"与"天地鬼神万物"的关系作了这样的规定："天地鬼神万物离却我的灵明，便没有天地鬼神万物了。我的灵明离却天地鬼神万物，亦没有我的灵明。"③一方面，就客观性而言，这就都是"一气流通的，如何与他间隔得"④。此时的本体即为客观实在的太虚本体；另一方面，就现实性而言，这就是"我的灵明，便是天地鬼神的主宰"⑤，此一本体则是就作为道德实践的良知本体而言的。

所以，阳明并非以心"并吞"了天地万物，凡所谓"并吞"，都是就心对道德实践的主宰意而言的。如果以主宰为并吞，那就是以张载来强扭阳明，这非但阳明不会同意，就是张载，也是绝对不能接受的。因为张载的宇宙论，不过是醉翁之意，其目的本来就在于作为《正蒙》归宿，也作为张载人生境界的《西铭》上，这就是："天地之塞，吾其体；天地之帅，吾其性。民吾同胞，物吾与也。"⑥因而，毋宁说阳明的道德实践宇宙不过是张载客观宇宙的真正指向和实际落实而已。

不过，阳明承认客观宇宙而又大谈道德实践的宇宙，也说明了理学重心的转移与探索旨趣的改变。在张载时代，理学对天人合一的本体尚处在摸索阶段，故客观的宇宙本体便成为其思考天人合一的逻辑起点。张载之所以将宇宙论置于《正蒙》之首，其宇宙论之

---

① 王守仁：《语录三》，《王阳明全集》卷三，吴光等编校，第122页。
② 王守仁：《语录三》，《王阳明全集》卷三，吴光等编校，第122页。
③ 王守仁：《语录三》，《王阳明全集》卷三，吴光等编校，第141页。
④ 王守仁：《语录三》，《王阳明全集》卷三，吴光等编校，第141页。
⑤ 王守仁：《语录三》，《王阳明全集》卷三，吴光等编校，第141页。
⑥ 张载：《乾称》，《正蒙》，《张载集》，章锡琛点校，第62页。

所以以逻辑的方式展开，原因盖在于此。到了阳明时代，宇宙本体的问题与其说是一个思考的问题，不如说已经成为一个实践的问题了。所以，阳明的宇宙论便不是思考的产物，而是实践的结果；它也不是整个阳明哲学的逻辑起点，而恰恰是道德修养的指向与落实。从这个角度来说，阳明在道德实践中形成的宇宙论，便是张载客观宇宙论实际指向的真正完成。

2. 与朱熹本体论比较

在宋代哲学中，朱熹是实际上的集大成者。一方面，其理本论上承周程，"致广大，尽精微，综罗百代"。同时，其修养论又下启陆王，肇心学之先河。朱熹不愧为理学承前启后式的人物。但是，如果将朱熹哲学十字打开，其核心概念不过一理，而其关于理的属性规定，不仅决定着本体论的特色，也决定着其修养论的功夫次第。

朱熹的理，作为宇宙本体，便是太极，这是就其与宇宙万物的总体对待而言的。所以说："总天地万物之理，便是太极"①，"太极只是个一而无对者"②。这显然是对周程的继承，是周濂溪之太极与二程天理说的统一。就宇宙的构成而言，朱熹又讲理气，认为理是形而上之道，气为形而下之器，理为生物之本，气为生物之具。"天下未有无理之气，亦未有无气之理。"③理与气的统一，便是宇宙万物的现实成因。就理气关系来说："此本无先后之可言。然必欲推其所从来，则须说先有是理。然理又别非一物，即存乎是气之中；无是气，则理亦无挂搭处。"④显然，理先气后，是就二者的逻辑关系而言；就现实关系来说，则理气不可分别先后，亦无先后可言。理与气的统一，又表明了朱熹理本论是对二程与张载思想的继承与统一。

就属性而言，理本身又是人伦伦理与自然物理的统一。一方面，"天理只是仁义礼智之总名"⑤，"未有此事，先有这理。如未有君臣，已先有君臣之理；未有父子，已先有父子之理"⑥。其性即理也

---

① 朱熹：《太极图》，黎靖德编：《朱子语类》卷九十四，王星贤点校，第2375页。
② 朱熹：《邵子之书》，黎靖德编：《朱子语类》卷一百，王星贤点校，第2549页。
③ 朱熹：《太极天地上》，黎靖德编：《朱子语类》卷一，王星贤点校，第2页。
④ 朱熹：《太极天地上》，黎靖德编：《朱子语类》卷一，王星贤点校，第3页。
⑤ 朱熹：《答何叔京》，《朱熹集》卷四十，郭齐、尹波点校，四川教育出版社1996年版，第1835页。
⑥ 朱熹：《程子之书一》，黎靖德编：《朱子语类》卷九十五，王星贤点校，第2437页。

正是借仁义礼智的与生俱来性质进行论证的。另一方面，理同时又是自然的物理，因为："上而无极、太极，下而至于一草、一木、一昆虫之微，亦各有理。"①所以说，"理则就其事事物物各有其则者言之"②。理的这种属性规定的二重性，实际上决定于朱熹的宇宙本体论角度。当他将理提高到宇宙本体的高度时，它必然要具备伦理与物理的双重性才能成为宇宙的本体。此外，现实事物的理气二涵、自然与人伦的归属二重性也必然决定着理的二重性。

这样，朱熹以明理为目的的格致修养论便必须以穷格事物之理为前提。因为只有通过穷格事物之理，充分认识客观规律，从而才能返归于道德意识。这也就是由即物而穷其理到"吾心之全体大用无不明"的"贯通"。这样一来，作为修养主体的心，便不能不带有更多的认知特色。朱熹之所以认为性含于心而心非性，之所以不以心为理，从直接原因来看，固然决定于其修养论的认识与道德的双向性；就根本原因来说，则决定于其宇宙本体的生物之本与生物之具的理气二元性。自然，这也可以说是其本体规定的客观宇宙论角度的必然代价。

阳明哲学的本体是心。从心即理的角度，说理为阳明哲学的本体也未尝不可。不过，阳明的理又不同于朱熹的理，心也不同于朱熹的心。从理来看，阳明的理不再是朱熹的伦理与物理的统一，而仅仅指伦理。其早年格竹子的时候，事实上就是从伦理的方向来实践的；龙场期间，由于在生死关头的证悟，使其更加坚信理的非外在性，这也就同时规定了理的伦理一义性。所以，他常近于武断般地断言："心外无物，心外无事，心外无理，心外无义，心外无善。"③其实，当阳明作这些断定时，就已经通过"在物为理，处物为义，在性为善，因所指而异其名，实皆吾之心也"④的主体伦理原则将物转换为事，从而将一切物理都转换为伦理了。所谓"夫物理不外于吾心，外吾心而求物理，无物理矣"⑤。实际上正是在伦理的范围来谈物理的。当阳明对理的内涵进行这样的转换时，从本体的角度说，他已经舍弃了

---

① 朱熹：《经下》，黎靖德编：《朱子语类》卷十五，王星贤点校，第295页。
② 朱熹：《性情心意等名义》，黎靖德编：《朱子语类》卷五，王星贤点校，第82页。
③ 王守仁：《与王纯甫二》，《王阳明全集》卷四，吴光等编校，第175页。
④ 王守仁：《与王纯甫二》，《王阳明全集》卷四，吴光等编校，第175页。
⑤ 王守仁：《答顾东桥书》，《王阳明全集》卷二，吴光等编校，第48页。

朱熹的客观宇宙论角度,而是从人生的角度来确定本体的。

从心来看,朱熹对心的知觉、主宰以及统一性情的属性规定,阳明都基本保留着。但是,由于理已经由物理与伦理的统一转换为纯粹的伦理,故知觉也就由外向的认知明觉转化为内在的道德自觉,此亦见父知孝、见兄知弟之类。另外,阳明比朱熹更为强调心的视听言动属性,并将其规定为心存在与否的标志。这样,心本质上就成为基于视听言动的道德实践之心,这就更加确保了其本体规定的人生道德范围。

对于理学来说,心是公认的主体,但这一主体并不必然地等同于理。在朱熹哲学中,由于理的宇宙本体地位及其含义的双重性,故心并不直接与理等同,即如其所认可的性即理,其理也不是作为太极的理,而是太极这一总理的一部分或一方面。在阳明哲学中,其心即理固然也非指每一现实之心当下即为理,但由于阳明之理的伦理一义性,故性直接地就是理,就是至善本身;又由于心统性情而心性不二,故此本心当下即为理,此亦"以此纯乎天理之心,发之事父便是孝,发之事君便是忠,发之交友治民便是信与仁"①。显然,阳明的心即理、心即性以及性即理的直接原因,就决定于其理的伦理一义性。

如果说阳明与朱熹心理关系的分歧表现了他们在理的规定角度和含义所指上的不同,那么,他们所共同坚持的心与理的现实的不同一及其不同的合一途径也同样表现了这一不同。朱熹之所以认为心与理并不能现实地等同,是因为在他看来,心与理的合一,是有待于一系列认知活动的展开来实现的。只有在今日格一物、明日格一物的基础上,心才能从对自然物理的认识向道德意识贯通。否则,"一书不读,则阙了一书道理;一事不穷,则阙了一事道理;一物不格,则阙了一物道理"②。其之所以将认识自然物理为主要内容的格物视为人生修养的"梦觉关",正是为了强调认识物理的必要性及其向道德意识贯通的重要性。阳明之所以认为朱熹的格物说是心理为二,正是指其以对一草一木之认识来达到道德自觉的歧义性。这也就是"且谓一草一木亦皆有理,今如何去格?纵格得草木来,如何反来诚得自家

---

① 王守仁:《语录一》,《王阳明全集》卷一,吴光等编校,第3页。
② 朱熹:《经下》,黎靖德编:《朱子语类》卷十五,王星贤点校,第295页。

意"①。所以，阳明对朱熹心理为二的批判，并不是指其心与理的现实不同一，而是指其认识与道德的双向性。

阳明也不以心与理为当下同一。不过，在他看来，二者不同一的原因不在于心缺乏对一草一木的知识，而在于习心与私欲作祟。所以，心与理的合一便不再以认识为实现条件，而是要"廓清心体"，胜私复理为条件，作为格物，就是要在实事上实实落落地为善去恶。阳明说："必欲此心纯乎天理而无一毫人欲之私，非防于未萌之先，而克于方萌之际不能也。防于未萌之先，而克于方萌之际，此正《中庸》'戒慎恐惧'、《大学》'致知格物'之功，舍此之外，无别功矣。"②显然，这不是一个认识的问题，也不仅仅是一个讲求讨论的问题，就其现实性而言，则是一个道德实践的问题，是一个在道德实践中实实落落地去人欲、存天理亦即为善去恶的问题。阳明之所以强调知行合一，之所以认为"求理于吾心，此圣门知行合一之教"③，正是基于知行合一与心理合一的内在关联而言的。

这样，阳明与朱子哲学的主要区别，也就可以用其本体规定的不同角度或不同的出发点来说明了。由于朱熹哲学的本体是从客观宇宙论角度规定的，这就决定了其本体含义的双重性及其修养功夫的认识与道德的二向性。由于阳明哲学的本体是从道德人生的角度规定的，因而其规定便是纯粹的伦理规定，其修养功夫也是由道德实践复其道德本心。所以，从朱熹到阳明，理学也由宇宙本体论演变为人生本体论，由道问学与尊德性的并重演变为"惟以成其德行为务……而知识技能非所与论也"④。这自然是理学的变革，这一变革同时也就是向其目的地的进展，因为理学本质上就是一种人伦心性之学。周濂溪的"圣人主之以中正仁义，立人极焉"，张载的"要之立乎大中至正之矩"，就已经明示了这一方向；而阳明以道德本心为本体的人生实践之学，不过是这一方向的落实与实现而已。

---

① 王守仁：《语录三》，《王阳明全集》卷三，吴光等编校，第135页。
② 王守仁：《答陆原静书》，《王阳明全集》卷二，吴光等编校，第74—75页。
③ 王守仁：《答顾东桥书》，《王阳明全集》卷二，吴光等编校，第48页。
④ 王守仁：《答顾东桥书》，《王阳明全集》卷二，吴光等编校，第61—62页。

3. 与象山、甘泉修养论比较

如果说理本论的本体是从宇宙论角度规定的，故其修养论存在着认识与道德为二的弊病，那么，象山以后，心本论的本体却大都是从道德人生的角度规定的。所以，从本体的角度看，阳明与心本论并无原则的差别。其与心本论的差别，主要表现在修养论领域。

象山以与朱熹的道问学与尊德性之争而登台。在象山哲学中，其理的内涵规定与朱熹并无多大的差别，都包含着客观物理的指谓。其与朱熹的分歧主要表现在修养论的如何明理上。朱熹坚持外向的格致路线，通过进学致知，从而反归于"吾心之全体大用"，这就是所谓道问学的路线；象山恰好相反，在他看来，"既不知尊德性，焉有所谓道问学"①。所以，明理的途径恰好是内向的发明本心，先立乎其大，这也就是所谓尊德性。通过发明本心，便可以"万物森然于方寸之间，满心而发，充塞宇宙，无非此理"②。这显然是道德直觉的方式。其之所以坚持"宇宙便是吾心，吾心即是宇宙"③，正是以道德直觉中的心与宇宙齐一为基础的。在象山看来，只要先立乎其大，发明本心，便是一正百正，一了百当。他说："心之体甚大，若能尽我之心，便与天同。"④又说："吾于践履未能纯一，然才自警策，便与天地相似。"⑤这都是基于道德直觉的话头，这些话头固然不无道理，但却有空泛之病。所以，他自己也承认："除了'先立乎其大者'一句，全无伎俩。"⑥

当然，象山能够以"先立乎其大者"概括自己的全部学说，说明这一句本身即包含着不尽的功夫次第。但象山本人对这一点注意不够，故难免空泛。这最大的空泛便是对履践的疏忽。他说："为学有讲明，有践履。《大学》致知、格物，《中庸》博学、审问、慎思、明辨，《孟子》始条理者智之事，此讲明也。《大学》修身、正心，《中庸》笃行之，《孟子》终条理者圣之事，此践履也。"⑦又说："吾知此理即乾，行此理即坤。知之在先，故曰'乾知太始'；行之在后，

---

① 陆九渊：《语录上》，《陆九渊集》卷三十四，钟哲点校，第400页。
② 陆九渊：《语录上》，《陆九渊集》卷三十四，钟哲点校，第423页。
③ 陆九渊：《年谱》，《陆九渊集》卷三十六，钟哲点校，第483页。
④ 陆九渊：《语录下》，《陆九渊集》卷三十五，钟哲点校，第444页。
⑤ 陆九渊：《语录上》，《陆九渊集》卷三十四，钟哲点校，第411页。
⑥ 陆九渊：《语录上》，《陆九渊集》卷三十四，钟哲点校，第400页。
⑦ 陆九渊：《与赵咏道二》，《陆九渊集》卷十二，钟哲点校，第160页。

故曰'坤作成物'。"①这也就是"博学在先,力行在后。吾友学未博,焉知所行者是当为?是不当为"②。按照这一逻辑,他的发明本心,先立乎其大,便都落在讲明一边而不及践履了。这虽然不一定就是守其空知,但却难免意念内守之嫌。这种对践履的疏忽,一方面决定于其理的客观宇宙之理、心的宇宙之心以及心理合一的道德直觉途径,同时也是其修养论的道德直觉特色的一个反证。因为津津于道德直觉,就难免疏忽于道德履践。

如果说象山疏忽于履践是缘于其大心,那么,陈白沙之心则显然是个体之小心。史称白沙"学宗自然,而要归于自得",其自述成学经历时则说:"仆年二十七,始发愤从吴聘君学。其于古圣贤垂训之书,盖无所不讲,然未知入处。比归白沙,杜门不出,专求所以用力之方,既无师友指引,日靠书册寻之,忘寐忘食,如是者累年,而卒未有得。所谓未得,谓吾此心与此理未有凑泊吻合处也。于是舍彼之繁,求吾之约,惟在静坐。久之,然后见吾此心之体,隐然呈露,常若有物,日用间种种应酬,随吾所欲,如马之御衔勒也。"③由此之后,便"山林朝市一也,死生常变一也,富贵贫贱威武一也,而无以动其心,是名曰'自得'。自得者不累于外物,不累于耳目,不累于造次颠沛,鸢飞鱼跃,其机在我"④。此即所谓"天地我立,万化我出,而宇宙在我矣。得此把柄入手,更有何事?往古来今,四方上下,都一齐穿纽,一齐收拾"⑤。从这些所引来看,白沙之心显然是个体之心,"无以动其心"之心是"我"之心;"天地我立,万化我出"乃至"宇宙在我",无疑也是"我"的心灵并与"我"的心灵相对峙的天地和宇宙。从这个角度来看,白沙确与阳明"最为相近",其"不容凑泊"的高妙功夫也与阳明有着相通的地方。但是,白沙的这一切都得自于静坐,他常说:"为学须从静坐中养出个端倪来,方有商量处。"⑥这一从静坐而直达自得自然之境,显然也是道德直觉的。这样,其自得,便是心灵的顺适;其"一齐收拾"

---

① 陆九渊:《语录上》,《陆九渊集》卷三十四,钟哲点校,第401页。
② 陆九渊:《语录上》,《陆九渊集》卷三十四,钟哲点校,第443页。
③ 黄宗羲:《白沙学案上》,《明儒学案》卷五,沈芝盈点校,第80—81页。
④ 黄宗羲:《白沙学案上》,《明儒学案》卷五,沈芝盈点校,第90页。
⑤ 黄宗羲:《白沙学案上》,《明儒学案》卷五,沈芝盈点校,第85页。
⑥ 黄宗羲:《白沙学案上》,《明儒学案》卷五,沈芝盈点校,第85页。

的天地、宇宙，也事实上只能成为"我"所感受的天地和宇宙了。无怪乎刘蕺山说他"静坐一机，无乃浅尝而捷取之乎"①。因为沉醉于静坐，津津于光景之玩弄，便磋却了儒家开物成务的功夫。所以说："先生识趣近濂溪而穷理不逮，学术类康节而受用太早，质之圣门，难免欲速见小之病者也。"②这种"穷理不逮""受用太早"以及"欲速见小之病"，都是就其缺乏履践实功而言的。

也许是鉴于白沙的"欲速见小之病"，白沙弟子湛甘泉又主张大心而提倡随处体认天理。所谓随处体认天理，即"随心随意随身随家随国随天下，盖随其所寂所感时耳"③。并认为"故随处体认天理而涵养之，则知行并进矣"④。所以，甘泉的随处体认天理，有明显的强调实践功夫的意味，这自然是对其师津津于玩弄光景的救正。但是，甘泉的大心又是"人心与天地万物为体，心体物而不遗，认得心体广大，则物不能外矣"⑤。所谓"认得"，也就是"心也者，包乎天地万物之外，而贯夫天地万物之中者也。中外非二也，天地无内外，心亦无内外"⑥。显然，这一大心也如同象山"吾心即是宇宙，宇宙便是吾心"一样，本身就已经是道德直觉的产物了。在此基础上的随处体认天理，便必然是"以天地万物之理，即吾心之理，求之天地万物以为广大，则先生仍是为旧说所拘也"⑦。这样，体认天理固然可以随心随意随身随家乃至随国随天下地推及于一切时空领域，并以体认兼知行，但由于脱离了主体的具体性和现实性，因而这一功夫便因无法落实而成为悬空思辨的功夫了。另一方面，由于甘泉以"人心与天地万物同体"，"天地无内外，心亦无内外"，因而穷格事物之理的认识内容必然进入其随处体认天理的含括之列。这样，甘泉就以建立在道德直觉基础上的随处体认天理之说包揽了朱熹穷格事物之理的原有家当。正因为这一点，阳明才认为甘泉之说是"求之于外"，与致良知"尚隔一尘"，而黄宗羲则干脆认为其"仍为旧说所拘也"。

---

① 黄宗羲：《师说》，《明儒学案》，沈芝盈点校，第5页。
② 黄宗羲：《师说》，《明儒学案》，沈芝盈点校，第5页。
③ 黄宗羲：《甘泉学案一》，《明儒学案》卷三十七，沈芝盈点校，第887页。
④ 黄宗羲：《甘泉学案一》，《明儒学案》卷三十七，沈芝盈点校，第881页。
⑤ 黄宗羲：《甘泉学案一》，《明儒学案》卷三十七，沈芝盈点校，第879页。
⑥ 黄宗羲：《甘泉学案一》，《明儒学案》卷三十七，沈芝盈点校，第878页。
⑦ 黄宗羲：《甘泉学案一》，《明儒学案》卷三十七，沈芝盈点校，第876页。

阳明的修养论形成于心本论的这一系列发展之后。从主体的角度看，与象山和甘泉的大心相比，阳明之心则"指腔子里而为言者也"。这自然是"小之为心也甚矣"，但这也同时显现了其心不容含糊的个体性。与前人的直觉之心相比，阳明则始终强调视听言动之心，并将视听言动规定为心之存在与否的标志和特征，这又同时显现了其心的实践性。个体性与实践性的统一，自然使阳明之心成为个体的道德实践之心，这就为其道德实践的修养论奠定了实现的主体基础，从功夫的角度看，无论是格致诚正，还是心即理、知行合一乃至致良知，阳明无不将其落实于伦常日用的为善去恶上。其之所以强调"事上为学，才是真格物"①，之所以要致良知于天下的事事物物，都是为了强调为学功夫的实践推致性。这样，虽然阳明也主张"无往而不自得""无处而不洒脱"，但阳明的自得与洒脱是在积极地推致道德本心的修养实践中实现的，而不是在直觉思辨中消极地感受的，也不是像白沙那样"或浩歌长林，或孤啸绝岛，或弄艇投竿于溪涯海曲，捐耳目，去心智"②然后"有得"的。所以，阳明的功夫是道德实践的功夫，不是直觉思辨、静坐领悟的功夫。

所有这些，都直接决定于其主体规定的特殊性。当阳明将主体规定为个体之心时，道德本体必然落实于个体心头；当阳明将实践性规定为主体的根本属性时，道德本体也就必然要显现于个体的实践活动之中。所以，主体的个体性与实践性的统一，正是阳明哲学超越于心本论的主要依据，也是其之所以能够超越的根本原因。

不仅如此，由于修养论本质上就是本体论的彰显与落实，因而阳明体现于道德实践之中的本体论也就超越了理学的宇宙本体论，使理学主宰宇宙的道德本体真正切近于人生、落实于人生的日常实践之中。从宇宙论来看，虽然阳明的宇宙论并不是从客观的角度来立论的，但其实现于道德实践之中的个体宇宙却同样具有客观性。就实质而言，这种个体的道德实践宇宙才是真正理学家的宇宙。正是从这个意义上说，阳明总结了本质上作为心性之学的理学，因为他不仅将理学的道德本体落实于每一个个体心头，而且推进于每一个体的生活实践之中，使个体的世界、个体的宇宙实现于个体的道

---

① 王守仁:《语录三》,《王阳明全集》卷一,吴光等编校,第107页。
② 黄宗羲:《白沙学案上》,《明儒学案》卷五,沈芝盈点校,第81页。

德实践之中。所以，整个阳明哲学，也可以概括为关于个体人生的道德实践之学。

八、小结：阳明哲学的结构与特征

走完这一艰涩的行程，让我们为这种关于个体人生的道德实践之学作一个简短的小结，这就是阳明哲学的结构与特征。

一般说来，哲学往往表现为一种命题体系，上述对阳明哲学的解析，事实上就是以命题体系的方式展开的。所谓结构，首先是指体系的建构原则，它是整个体系的逻辑支柱或出发点。其次，结构又指不同命题以及同一命题不同意旨层次之间的组合方式。所谓特征，也就是体系整体的功能表现和落实指向。阳明哲学的根本结构，亦即其体系的建构原则，便是本体与主体的同一原则。作为本体，自然指天理，但它又不是理本论那样的客观宇宙之理，而仅仅指人生之伦理，所以也可以说是人生中的天理。作为主体，便是心，但它又不是象山、甘泉那样的大心、同心，而是个体的视听言动之心，故也可以说是任一个体的实然此在之心。主体与本体的同一，就是心即理、理即心，心与理的相互规定和相互限制。作为心即理，就是"这心之本体，原只是个天理"[1]，作为理即心，也就是"以此纯乎天理之心，发之事父便是孝，发之事君便是忠，发之交友治民便是信与仁"[2]。这种心与理的相互规定、主体与本体的本质同一，便使阳明的本体论成为面向人生的本体论，又使其人生成为由道德本体主宰下的人生。不仅如此，由于主体与本体的同一，因而本体必然随着主体实践范围的拓展而渗透于人生的一切方面，从而达之于天地宇宙之间；同时，这一人生宇宙之圆又必然是以道德本体为圆心的道德实践之圆。阳明的宇宙论，正是借此而得以实现的。这一原则，萌发于阳明创立身心之学时期；所谓龙场大悟，实际上也就是对这一原则的悟。"圣人之道，吾性自足"，正是这一原则的简略表达；后来，在"与徐爱论学"中，才得以全面的阐发。它构成了阳明全部哲学探讨的根本出发点，又体现、落实于阳明哲学的最终

---

[1] 王守仁：《语录一》，《王阳明全集》卷一，吴光等编校，第41页。
[2] 王守仁：《语录一》，《王阳明全集》卷一，吴光等编校，第3页。

指向之中。

作为阳明哲学命题的结构方式或组合方式，这便是体与用、本体与功夫的互渗互证式的统一。所谓体，就指实然之本体；所谓用，即是实然之体的发用。体与用的互渗互证，就是实然至善之体及其发用流行的统一。这是本体论的表达，是对实然至善之体及其发用流行过程统一的规定和描述。所谓功夫，即指体证本体的功夫，所谓本体，即与功夫相对的本然之体，是指作为功夫追求指向的境界。本体与功夫的互渗互证，也就是功夫追求与功夫指向的统一。这是修养论的表达，是对功夫的追求与指向统一的规定和描述，体与用以及本体与功夫的统一，体现了两条互逆而又互证的路线；而从体与用的统一到功夫与本体的统一，则是对从实然至善之体及其发用流行到功夫追求乃至体证境界这一自然流程的一个总括。所以，这两个统一，实际上含括了阳明全部理论的逻辑结构和动态过程。

阳明哲学的体，自然指性，也就是作为心之本体的天理，其用则指情、知觉、主宰乃至视听言动，总之，凡是实然之心的表现，均属于用的范畴。由于阳明哲学的本体是纯粹的道德本体，其完全可以展现于实践生活之中，故体与用的互渗互证既可表现为承体启用，又可表现为即用见体。一方面，"有是体即有是用，有'未发之中'，即有'发而皆中节之和'。今人未能有'发而皆中节之和'，须知是他'未发之中'亦未能全得"①。自然，这是由承体启用而以用证体。另一方面："夫体用一源也，知体之所以为用，则知用之所以为体者矣。"②无疑，这又是即用见体而以体发用。统一起来看，便是"即体而言，用在体；即用而言，体在用：是谓'体用一源'"③。其心与理的相互规定和相互限制，正是二者一体而互为体用的表现，故心与理是完全重合的互渗互证关系。而其"体即良知之体，用即良知之用"④，又使良知本身即含摄了互渗互证的体用两面，故既可"随时知是知非"（承体启用），又可"一语之下，洞见全体"（即用见体）。最重要的是，这一体与用的互渗互证，即使本体"不容已"地要发用流行于日用酬酢之间，又使日用酬酢中的万

---

① 王守仁：《语录一》，《王阳明全集》卷一，吴光等编校，第20页。
② 王守仁：《答汪石潭内翰》，《王阳明全集》卷四，吴光等编校，第165页。
③ 王守仁：《语录一》，《王阳明全集》卷一，吴光等编校，第36页。
④ 王守仁：《答陆原静书》，《王阳明全集》卷二，吴光等编校，第71页。

事万变都处于本体的观照和统摄之下。

如果说良知本身即含摄了互渗互证的体用两面，那么，致良知则概括了即本体即功夫与即功夫即本体的两条互逆而又并进的修养途径。所谓即本体即功夫，就是"一悟本体，即见功夫，物我内外，一齐透尽"①，这就是"静处体悟"的上根教法。所谓即功夫即本体，就是"在意念上实落为善去恶，功夫熟后，渣滓去得尽时，本体亦明尽了"②，这又是"事上磨炼"的中下根教法。但是，不管是即本体即功夫还是即功夫即本体，最后都必须使本体与功夫连成一片，以二者的互渗互证为归宿。这样，无论哪一种资质，都无不受到本体的观照；而无论是哪一种功夫层次，本体也无不渗透其中。所以说，"此原是彻上彻下功夫"，此两路"中人上下无不接着"。③

体与用、本体与功夫的统一，实际上是阳明对理学传统的继承。不过，对于理本论来说，由于其本体规定的宇宙论角度，从而使其本体成为"无人身的理性"，故其体用一源也只能成为承体启用式的一源，这就不能排除体用两截的可能；而其功夫也就不可能时时处于本体的观照之下，这又存在着"头脑"迷失乃至逐物、丧志的可能。当阳明将体与用、本体与功夫的统一置于主体与本体的同一原则之上时，就从根本上排除了体用两截以及本体与功夫为二的任何可能。事实上，阳明也正是通过主体与本体、体与用以及本体与功夫的一体化，既推动着实然至善之体发用流行于伦常实践之间，同时又始终保证着功夫的本体超越性指向。

最后，作为阳明哲学的特征，亦即其结构的功能表现，便是知行合一。关于知行合一的实践指谓，前面已有分疏。这里所要申明的是，知行合一作为道德实践命题，其所表征的便是功夫的内在自觉与外向推致的同时性和不可分割性。这两种意向的统一，就既使道德实践成为实实落落而见诸事事的，同时又是时时自觉的。阳明之所以将知行合一既规定为圣学的入门功夫（困知勉行），又规定为圣人精一之学的穷究无尽功夫（生知安行），原因就在这里。

这样，由于体与用、本体与功夫以及知与行的关系都是互逆、

---

① 钱德洪：《年谱三》，王守仁：《王阳明全集》卷三十五，吴光等编校，第1443页。
② 王守仁：《语录三》，《王阳明全集》卷三，吴光等编校，第133页。
③ 钱德洪：《年谱三》，王守仁：《王阳明全集》卷三十五，吴光等编校，第1442页。

互渗而又互证的关系，所以，我们便可以将阳明哲学的结构与特征概括为三个"合一"，即主体与本体合一、体用合一（含本体与功夫的合一）和知与行的合一。

下篇 王阳明哲学的境界

哲学以理性为载体,但理性并不能穷究哲学的全部意蕴①。作为哲学,必须同时具有超越的指向,这就是对理性的升华。这种超越,在西方哲学中,往往指向了时空世界之外的上帝,或者指向作为绝对主体的"自我"。对于中国哲学来说,这种超越的指向便是境界。所谓"圣人气象""孔颜乐处",便是境界的人格化表达。

目前,境界是一个广为流行的概念,各行各业都在谈论境界。就其本来就存在于人生中而言,这并没有什么不对。但是,对于以道德本体统摄的人生而言,境界必须满足如下几个条件:第一,境界是人生追求的精神归宿。有了境界,便可从容地面对死亡。所谓"当生则生,当死则死",正是以超越生死的境界为凭借的。第二,境界又是人生的地平线,是人活着的精神支柱。所谓"忘患难,出生死……譬之操舟得舵,平澜浅濑,无不如意,虽遇颠风逆浪,舵柄在手,可免没溺之患矣"②,就是这个意思。这两个方面的统一,便构成了儒家生也从容,死也坦然而无可无不可的两点一线。第三,在人的一生中,境界又是引导着人前进,可追求而不可占有的人生中的太阳。孔门所谓"朝闻夕死""三月不违",就指此而言。所以,境界又存在于无止境的追求之中。而这第三点便是境界的根本特征,也是其难以言说的主要原因。

对于阳明哲学来说,其境界的难以言说性还在于:在台湾,有牟宗三先生的《从陆象山到刘蕺山》《圆善论》这样的大著;在大陆,也有陈来先生《有无之境——王阳明哲学的精神》这样的大作,都对阳明及儒家的境界作了详尽的描述与梳理。但是,笔者既从人生的角度诠释阳明哲学,因而不能不对其境界有所涉猎。倘若没有境界,那整个阳明哲学便像一座颇具规模的庙宇却没有自己的神一样。需要申明的是,由于这里是从人生追求主体的角度来说阳明的境界的,因而并不像人们站在对象的角度去艺术审美那样,一味地轻松愉悦,而往往是沉重大于轻松、艰涩多于愉悦的。

---

① 理性是一个含义宽泛的概念。笔者此处仅指逻辑理性而言,以说明《中篇》对阳明哲学的逻辑理性式解析并未能穷究其全部意蕴。如按学界之共识,境界自在中国文化之实践理性的含括之中。
② 钱德洪:《年谱二》,王守仁:《王阳明全集》卷三十四,吴光等编校,第1411—1412页。

一、情与理——身心之学

阳明的境界当然实现于阳明的人生中，它也随着阳明对生命体验的不断深入而逐渐明晰。但是，既然实现于阳明的人生中，它就必然要有一个发生始点。而这个始点也就应当是阳明人生中第一次重大的精神矛盾，即情与理之间的张力。这主要表现于阳明在儒与佛道之间的因循徘徊及其价值取舍的过程中。

据《年谱》记载，27岁这年，阳明因尝试朱熹的"读书之法"不通，"沉郁既久，旧疾复作，益委圣贤有分。偶闻道士谈养生，遂有遗世入山之意"①。这就使阳明由对辞章的陷溺转而为对佛老的陷溺。由此之后，虽然阳明也入仕做官，但仕途的不顺又加剧了他与佛老之士的交往。在以后的几年间，他先后游九华山，"宿无相、化城诸寺"②，并与道士蔡蓬头有仙家气象之问。其游九华山时所作的《九华山赋》，较真切地表现了阳明当时的思想状况：

> 逝予将遗世而独立，采石芝于层霄，虽长处于穷僻，乃永离乎愆器。彼苍黎之缉缉，固吾生之同胞；苟颠连之能济，吾岂靳于一毛！矧狂胡之越獗，王师局而奔劳。吾宁不欲请长缨于阙下，快平生之郁陶？顾力微而任重，惧覆败于或遭；又出位以图远，将无诮于鹑鹡。嗟有生之迫隘，等灭没于风泡；亦富贵其奚为？犹荣莽之一朝。③

这说明，阳明当时的思想是十分矛盾的，时而想离世入山，以躲避尘世的喧嚣，时而又念"苍黎之缉缉"，不能忘济世之怀；时而念王师奔劳的弊政，时而又感叹人生如风泡。但总的来说，阳明当时对仙佛超然远举的洒脱气象是比较醉心的，故要"鞭风霆而骑日月，被九霞之翠袍。……长遨游于碧落，共太虚而逍遥"④。

归越后，阳明从对导引术的实践到"屏去"，又思离世远去。这时，对人伦之情的皈依心理逐渐占了主导的地位。《年谱》31岁下载：

---

① 钱德洪：《年谱一》，王守仁：《王阳明全集》卷三十三，吴光等编校，第1350页。
② 钱德洪：《年谱一》，王守仁：《王阳明全集》卷三十三，吴光等编校，第1350页。
③ 王守仁：《九华山赋》，《王阳明全集》卷十九，吴光等编校，第729页。
④ 王守仁：《九华山赋》，《王阳明全集》卷十九，吴光等编校，第729页。

已而静久，思离世远去，惟祖母岑与龙山公在念，因循未决。久之，又忽悟曰："此念生于孩提。此念可去，是断灭种性矣！"①

　　这就是阳明的"渐悟仙释二氏之非"②。在这一因循徘徊的过程中，阳明内心深处始终翻腾着入世与出世两种意向。一方面，他很受仙佛逍遥气象的吸引，但生于孩提的人伦之情又不能割舍，而由行导引术对仙家"非道"的认识转而思离世远去，说明其由对长生久视的陶醉进而转向佛教的心灵解脱上来了。但是，无论是长生久视还是心灵解脱，都不比人伦之情显得更重。所以，阳明的天平，不能不开始向人际关怀倾斜。到了翌年，便"复思用世。往来南屏、虎跑诸刹，有禅僧坐关三年，不语不视，先生喝之曰：'这和尚终日口巴巴说甚么！终日眼睁睁看甚么！'僧惊起，即开视对语。先生问其家。对曰：'有母在。'曰：'起念否？'对曰：'不能不起。'先生即指爱亲本性谕之，僧涕泣谢。明日问之，僧已去矣"③。

　　伴随着这一过程，阳明一定有对人生意义之穷根究底的思索。至于其过程的详细始末，我们不得而知。但是，当阳明以当头棒喝的形式装点爱亲本性并以之教谕禅僧时，说明他已经能用生于孩提的人伦之情遏制了对佛氏六根不染的向往，并且以此向佛氏反戈了。到主持山东乡试时，阳明就以纯正的儒者身份出现了。其《附山东乡试录》中写道："老佛害道，由于圣学不明；纲纪不振，由于名器太滥，用人太急，求效太速。及分封、清戎、御夷、息讼，皆有成法。录出，人占先生经世之学。"④

　　从出世到经世，自然是人生态度的一个大转向。转向的大致原因已如上述，但是，我们所关心的则是这两种倾向在阳明心中的胶着与冲突及其影响。倘若阳明轻而易举地就实现了这一转向，那就说不上对佛老的真正"陷溺"了。就是说，只有真正的陷溺，才有真正的转向，其转向的意义也才重大。阳明在《朱子晚年定论序》中回忆了其对佛老的陷溺情况：

---

① 钱德洪：《年谱一》，王守仁：《王阳明全集》卷三十三，吴光等编校，第1351页。
② 钱德洪：《年谱一》，王守仁：《王阳明全集》卷三十三，吴光等编校，第1351页。
③ 钱德洪：《年谱一》，王守仁：《王阳明全集》卷三十三，吴光等编校，第1351—1352页。
④ 钱德洪：《年谱一》，王守仁：《王阳明全集》卷三十三，吴光等编校，第1352页。

> 守仁早岁业举，溺志词章之习，既乃稍知从事正学，而苦于众说之纷扰疲苶，茫无可入，因求诸老、释，欣然有会于心，以为圣人之学在此矣！然于孔子之教间相出入，而措之日用，往往缺漏无归，依违往返，且信且疑。①

显然，阳明对佛老之学确实有一个"欣然有会于心"的时期。在这一过程中，他甚至以为"圣人之学在此矣"，说明他对佛老之思辨玄理、洒脱气象有很深的领会。但佛老的割情弃爱、六根清净，却与人伦之情相悖，这又是阳明所无法接受的。这种出世与入世两种倾向激烈冲撞的结果，便是身心之学。

当阳明在《附山东乡试录》中形成一整套经世之学时，说明他已经站到儒家的立场上了。但是，阳明内心深处还没有完全告别佛老，因为经世之学还不足以抗衡于可"会于心"的佛老之学，也不能满足人之心灵的终极需求。虽然阳明当时也认识到"老佛害道，由于圣学不明"，但圣学如何明，他当时并没有十分的把握，而仅仅经世，也未必就能使人深"会于心"。这样，在阳明"渐悟仙释二氏之非"的前后，心中必然悬置着两个坐标，也必然经过两个相继而又不同的思想阶段。在前一阶段，其主要是领会佛老逍遥而洒脱的境界，并以此超拔于辞章之学；而在后一阶段，则以经世为入手，努力提炼儒家日用伦常中的洒脱境界。这就是其所谓的"沿周、程之说求之"②，因为正是周、程代表着儒家境界中的洒脱逍遥一面。因此，所谓身心之学，正标志着对佛老可"会于心"一面的借取，同时也可以说是佛老之学的儒家化。

在阳明看来，当时的儒学，"其能有若老氏之清净自守、释氏之究心性命者乎"③。所以，在这方面，佛老之学是明显高于当时的儒学的，而身心之学，也就是要借老氏之清净自守的养身与释氏究心性命的明心来救正并提炼儒家的经世之学。但是，佛老的六根清净，遗人伦、弃物理毕竟与人的本性相悖，这又是需要坚决批判的。因此，阳明的身心之学便以"使人先立必为圣人之志"④为入手，这就

---

① 王守仁：《朱子晚年定论》，《王阳明全集》卷三，吴光等编校，第144页。
② 王守仁：《别湛甘泉序》，《王阳明全集》卷七，吴光等编校，第257页。
③ 王守仁：《别湛甘泉序》，《王阳明全集》卷七，吴光等编校，第257页。
④ 钱德洪：《年谱一》，王守仁：《王阳明全集》卷三十三，吴光等编校，第1352页。

是以儒家的养性统一佛老的养身与养心，置身心于道德善性的基础上，所以阳明说："大抵养德养身，只是一事。原静所云'真我'者，果能戒谨不睹，恐惧不闻，而专志于是，则神住气住精住，而仙家所谓长生久视之说，亦在其中矣。"①

这样，从儒学与佛老的关系来看，身心之学显然是以儒家的道德性命之学融会佛老的玄旨妙理，从理学家共同的人生态度来看，这也就是以出世的精神，干入世的事业，融出世之超越境界于入世的伦常日用之中。从儒家的内在功夫来说，这就是以"敬畏求洒落"；如果用佛家之语言表达，即所谓即烦恼而证菩提也。如果从阳明当时因循徘徊的人伦之情与佛老玄旨妙理的冲突来看，这不过是以情驭理，寓玄妙之理于人伦之情中。所有这些，当然并不就是阳明的境界，但由此却奠定了阳明一生境界追求的方向和基础。

二、克己与大我——万物一体

身心之学的提出，一定程度上解决了阳明儒家人伦之情与佛老妙境玄理之间的张力，故阳明"专志授徒讲学"②，以"就云霞，依泉石，追濂、洛之遗风，求孔、颜之真趣"③。但是，这一孔颜真趣一如险峰风光，存在于无止境的追求之中，因而阳明又以"使人先立必为圣人之志"为入手。因为："夫志，气之帅也，人之命也，木之根也，水之源也。源不浚则流息，根不植则木枯，命不续则人死，志不立则气昏。是以君子之学，无时无处而不以立志为事。"④不过，立志并非绝对的一，就具体功夫而言，这又包含着克己与大我两个不同的面向，立志正是通过克己与大我的相辅相成来实现的。当然也可以说，这不过是其身心之学中情与理的张力的内化表现。

所谓克己，即是将"平日好色、好利、好名等项一应私心，扫除荡涤，无复纤毫留滞，而此心全体廓然，纯是天理"⑤，这也就是去人欲，扫除各种躯壳之念。这自然要以立志为前提，因为"人须有为己

---

① 王守仁：《与陆原静一》，《王阳明全集》卷五，吴光等编校，第208—209页。
② 钱德洪：《年谱一》，王守仁：《王阳明全集》卷三十三，吴光等编校，第1352页。
③ 王守仁：《别三子序》，《王阳明全集》卷七，吴光等编校，第253页。
④ 王守仁：《示弟立志说》，《王阳明全集》卷七，吴光等编校，第290页。
⑤ 王守仁：《语录一》，《王阳明全集》卷一，吴光等编校，第27页。

之心，方能克己；能克己，方能成己"①。作为功夫次第，既可静处体悟，也可事上磨炼。作谓静处体悟，即"于静坐时，将好名、好色、好货等根逐一搜寻，扫除廓清"②；所谓事上磨炼，即是于事上"省察克治，惟恐此心有一毫偏倚，枉人是非"③。将这两条路径统一起来，便是："静时念念去人欲、存天理，动时念念去人欲、存天理。"④之所以如此，是因为"必欲此心纯乎天理，而无一毫人欲之私，非防于未萌之先，而克于方萌之际不能也。防于未萌之先，而克于方萌之际，此正《中庸》'戒慎恐惧'、《大学》'致知格物'之功，舍此之外，无别功矣"⑤。对于主体来说，这一克己的功夫也就是对主体自身内向的清洗与剥离，从一切外在的声色名利，到根于生命之本能的食色之性乃至求生本能，俱在清洗之列。清洗的极至，便只剩下一个作为心之本体的"真我"，亦即作为人生善性之表现的道德精神。

这一克己的过程，同时又是"真我"显现的过程。所以，大我即是对"真我"的弘扬，是将"真我"推致于天下的事事物物之间。所谓"以此纯乎天理之心，发之事父便是孝，发之事君便是忠，发之交友治民便是信与仁"⑥就是"真我"的日常表现。到了"真我"完全朗现时，天下万事万物，对于"真我"来说，便不出"好恶"二字。而"真我"也不过是依据自身之是非准则，善便存，恶便去，所以说，"只好恶就尽了是非，只是非就尽了万事万变"⑦。到了大我的极至之境，便形成了万物一体的宇宙意识，所谓"我的灵明，便是天地鬼神的主宰。天没有我的灵明，谁去仰他高？地没有我的灵明，谁去俯他深？鬼神没有我的灵明，谁去辩他吉凶灾祥"⑧，就是这种宇宙意识的表现。达到这一地步，也就成为"我的灵明，便是天地鬼神的主宰。……天地鬼神万物离却我的灵明，便没有天地鬼神万物了"⑨。至此，便与象山的"宇宙便是吾心，吾心即是宇

---

① 王守仁：《语录一》，《王阳明全集》卷一，吴光等编校，第40页。
② 王守仁：《语录三》，《王阳明全集》卷三，吴光等编校，第123页。
③ 王守仁：《语录三》，《王阳明全集》卷三，吴光等编校，第107—108页。
④ 王守仁：《语录一》，《王阳明全集》卷一，吴光等编校，第15页。
⑤ 王守仁：《答陆原静书》，《王阳明全集》卷二，吴光等编校，第74—75页。
⑥ 王守仁：《语录一》，《王阳明全集》卷一，吴光等编校，第3页。
⑦ 王守仁：《语录三》，《王阳明全集》卷三，吴光等编校，第126页。
⑧ 王守仁：《语录三》，《王阳明全集》卷三，吴光等编校，第141页。
⑨ 王守仁：《语录三》，《王阳明全集》卷三，吴光等编校，第141页。

宙"相通了。

所以,所谓克己与大我就是阳明立志说之互为前提的两面。没有大我的志向,即"为己之心",便不能真正地克己;而不能克己,便不能发现"真我",从而也不能真正地大我。克己与大我统一的指向,便是万物一体之仁,这就是儒家的天地境界。这里的天地境界,当然只是对阳明哲学思辨推导的结果,就其真正的实现来说,则是以其人生的经磨历劫为代价的。

35岁这年,阳明卷入了政治斗争的旋涡,受到了廷杖、系狱和贬谪的打击。赴谪路上,其政敌还派人随侦,欲谋害于途,到龙场后,又不时派人观动静,以伺机加害。当时,他的政敌是抱定了阳明必死之念的,而阳明则"自计得失荣辱皆能超脱,惟生死一念尚觉未化"①。面对这一危境,阳明当时求救无门,欲逃无路,"乃为石墩自誓曰:'吾惟俟命而已!'日夜端居澄默,以求静一"②。这就是在生死关头痛下克己功,以求得对生死之念的超脱。"胸中洒洒"之后,"因念:'圣人处此,更有何道?'忽中夜大悟格物致知之旨……始知圣人之道,吾性自足,向之求理于事物者误也"③。这里虽然以"悟"的方式实现了对圣人之道的把握,却不是凭空之悟,而是在生死危境下痛下克己功,也是"吾性"的直接朗现。多年之后,阳明在回忆起这一段克己功夫时还说:"往年区区谪官贵州,横逆之加,无月无有。迄今思之,最是动心忍性砥砺切磋之地。当时亦止搪塞排遣,竟成空过,甚可惜也。"④所谓"搪塞排遣",就指以"端居澄默"这种忘掉生死之消极方式超脱对生死的忧念。到了晚年,阳明又总结说:"学问功夫,于一切声利嗜好俱能脱落殆尽,尚有一种生死念头毫发挂带,便于全体有未融释处。人于生死念头,本从生身命根上带来,故不易去。若于此处见得破,透得过,此心全体方是流行无碍,方是尽性至命之学。"⑤这种从"生死一念尚觉未化"到"胸中洒洒"地面对死亡,就是对生死念头的见得破、透得过,也就是在生死关头痛下克己功。

---

① 钱德洪:《年谱一》,王守仁:《王阳明全集》卷三十三,吴光等编校,第1354页。
② 钱德洪:《年谱一》,王守仁:《王阳明全集》卷三十三,吴光等编校,第1354页。
③ 钱德洪:《年谱一》,王守仁:《王阳明全集》卷三十三,吴光等编校,第1354页。
④ 王守仁:《寄希渊四》,《王阳明全集》卷四,吴光等编校,第179页。
⑤ 王守仁:《语录三》,《王阳明全集》卷三,吴光等编校,第123页。

由此之后，及过常德辰州，便"与诸生静坐僧寺，使自悟性体，顾恍恍若有可即者"①。所谓"自悟性体"，就是"补小学收放心一段功夫"②。到了京师，又论实践之功，认为"学者欲为圣人，必须廓清心体，使纤翳不留，真性始见"③。因为"常人之心，如斑垢驳蚀之镜，须痛刮磨一番，尽去驳蚀，然后纤尘即见，才拂便去，亦不消费力。到此已是识得仁体矣"④。到了滁州，又要求于静坐中，"就思虑萌动处省察克治，到了天理精明后，有个物各付物的意思，自然精专无纷杂之念"⑤。其实所有这些教法，都是阳明龙场痛下克己功的再度实践，而所谓"自悟性体""廓清心体""识得仁体"以及"天理精明"，也都是指"真我"的自我呈现而言，这也是克己功夫的直接目的。

克己的过程，同时也是大我的实现过程。阳明于龙场透过生死关，即大悟格物致知之旨，由此而再下克己功，便是本心即理："此心无私欲之蔽，即是天理，不须外面添一分。以此纯乎天理之心，发之事父便是孝，发之事君便是忠，发之交友治民便是信与仁。"⑥自然，心之发的过程，就是大我的实现过程。对于克己与大我的这一关系，徐爱以磨镜与照物关系来说明："心犹镜也。圣人心如明镜，常人心如昏镜。近世格物之说，如以镜照物，照上用功，不知镜尚昏在，何能照？先生之格物，如磨镜而使之明，磨上用功，明了后亦未尝废照。"⑦阳明则以体与用、未发与已发来比喻二者的关系，认为："人只要成就自家心体，则用在其中。如养得心体，果有未发之中，自然有发而中节之和，自然无施不可。"⑧这里的"用在其中""中节之和"以及"无施不可"，都是就大我之实现而言的，但也都是以"成就自家心体"的克己功为前提的。所以，大我也就实现于克己的过程中。

到南京后，由于发现静坐的虚寂之失，故阳明又倡导以事上磨

---

① 钱德洪：《年谱一》，王守仁：《王阳明全集》卷三十三，吴光等编校，第1357页。
② 钱德洪：《年谱一》，王守仁：《王阳明全集》卷三十三，吴光等编校，第1357页。
③ 钱德洪：《年谱一》，王守仁：《王阳明全集》卷三十三，吴光等编校，第1358页。
④ 钱德洪：《年谱一》，王守仁：《王阳明全集》卷三十三，吴光等编校，第1358页。
⑤ 钱德洪：《年谱一》，王守仁：《王阳明全集》卷三十三，吴光等编校，第1363页。
⑥ 王守仁：《语录一》，《王阳明全集》卷一，吴光等编校，第3页。
⑦ 王守仁：《语录一》，《王阳明全集》卷一，吴光等编校，第23页。
⑧ 王守仁：《语录一》，《王阳明全集》卷一，吴光等编校，第24页。

炼为主的省察克治实功。所谓省察克治，就是"静时念念去人欲、存天理，动时念念去人欲、存天理，不管宁静不宁静"①。这自然是对静坐之失的一个救正。因为"若靠那宁静，不惟渐有喜静厌动之弊，中间许多病痛，只是潜伏在，终不能绝去，遇事依旧滋长"②。基于此，阳明南京时期为学的功夫次第便是："初学时心猿意马，拴缚不定，其所思虑多是人欲一边，故且教之静坐、息思虑。久之，俟其心意稍定，只悬空静守，如槁木死灰，亦无用，须教他省察克治。省察克治之功，则无时而可间，如去盗贼，须有个扫除廓清之意。无事时，将好色、好货、好名等私欲逐一追究搜寻出来，定要拔去病根，永不复起，方始为快。常如猫之捕鼠，一眼看着，一耳听着，才有一念萌动，即与克去，斩钉截铁，不可姑容与他方便，不可窝藏，不可放他出路，方是真实用功，方能扫除廓清。到得无私可克，自有端拱时在。"③显然，南京时期阳明虽然放弃了直从本源悟入的高明一路教法，但克己功夫却依然坚持着，其省察克治实功不过是将静坐体悟变为无间于动静的事上磨炼而已。

从静处体悟到事上磨炼固然是教法的变化，但阳明的教法都是以自身的先行实践为前提的。因此，教法的变化也可以说是阳明自身为学功夫变化的表现。不过，这两种不同的教法能够在存天理、去人欲的克己功夫上统一起来，也说明了克己之功是贯穿阳明一生不同时期的基本功。南赣期间，阳明又在《与杨仕德薛尚谦》书中说："破山中贼易，破心中贼难。区区剪除鼠窃，何足为异？若诸贤扫荡心腹之寇，以收廓清平定之功，此诚大丈夫不世之伟绩。"④显然，"破心中贼""以收廓清平定之功"，仍然是从克己功夫上着眼的。

正因为阳明始终不渝地将克己作为大我的基本前提，因而其克己之功愈是真切精进，其大我精神也就愈能得以弘扬。在宁藩之乱中，面对各地方官或叛或逃的现实，阳明忠愤激烈，置自身生死于度外，当即表示："天下尽反，我辈固当如此做。"⑤当时，阳明只身客途，且前有逆风，后有追兵，真可谓存亡系于呼吸之间。其之

---

① 王守仁：《语录一》，《王阳明全集》卷一，吴光等编校，第15页。
② 王守仁：《语录一》，《王阳明全集》卷一，吴光等编校，第15—16页。
③ 王守仁：《语录一》，《王阳明全集》卷一，吴光等编校，第18页。
④ 王守仁：《与杨仕德薛尚谦》，《王阳明全集》卷四，吴光等编校，第188页。
⑤ 钱德洪：《年谱二》，王守仁：《王阳明全集》卷三十四，吴光等编校，第1393页。

所以置身家性命于不顾，率先举起勤王大旗，正是其大我精神的实地显现，也是其道德本心所决定的必然选择。

这种不断地内向克己与外向推致之大我精神的共同指向，便是天地万物一体之仁的境界。这种境界，在受到外界毁谤的打击时，便放射出夺目的光辉，一如光在遇到阻遏时才显现出光景一样。居越以后，阳明讲学日盛，"宫刹卑隘，至不能容。盖环坐而听者三百余人"①。与此同时，从朝廷到地方，对其学说的怀疑、毁谤也与日俱增。在这一打击下，阳明愈益向里寻求，痛下克己功，认为："吾自南京已前，尚有乡愿意思。"②对于各种谤议，均以"孰非吾侪动心忍性、砥砺切磋之地"③来处置。另一方面，又"只信良知真是真非处，更无掩藏回护，才做得狂者，使天下尽说我行不掩言，吾亦只依良知行"④。这就使其克己功夫与大我精神直接融为一体，成为"举世非之而不顾，千百世非之而不顾"⑤的狂者胸次。也就在这时，阳明才对"孔子在陈，思鲁之狂士"⑥有了深切的认同感，故有乡愿与狂狷之辩。

阳明之所以狂以及其狂之所见充分表现于其《答顾东桥书》中。顾东桥为朱学学者，也是阳明早年的词章旧友，其时则以"坠于佛氏明心见性、定慧顿悟之机"⑦对阳明的学说进行全面的讨伐与批评。阳明在节节反驳了顾东桥的批评之后，又将自己的心迹对顾东桥也对世人作了一个全面的剖白，这就是《拔本塞源论》。《拔本塞源论》首先从阳明的角度剖析了从圣至凡万人一同的道德本心：

> 夫圣人之心，以天地万物为一体，其视天下之人，无内外远近，凡有血气，皆其昆弟赤子之亲，莫不欲安全而教养之，以遂其万物一体之念。天下之人心，其始亦非有异于圣人也，特其间于有我之私，隔于物欲之蔽，大者以小，通者以塞，人各有心，至有视其父子兄弟如仇雠者。圣人有忧之，是以推其

---

① 钱德洪：《年谱二》，王守仁：《王阳明全集》卷三十四，吴光等编校，第1424页。
② 钱德洪：《年谱二》，王守仁：《王阳明全集》卷三十四，吴光等编校，第1421页。
③ 王守仁：《与陆原静二》，《王阳明全集》卷五，吴光等编校，第210页。
④ 钱德洪：《年谱二》，王守仁：《王阳明全集》卷三十四，吴光等编校，第1421页。
⑤ 王守仁：《与陆原静二》，《王阳明全集》卷五，吴光等编校，第210页。
⑥ 钱德洪：《年谱二》，王守仁：《王阳明全集》卷三十四，吴光等编校，第1424页。
⑦ 王守仁：《答顾东桥书》，《王阳明全集》卷二，吴光等编校，第46页。

天地万物一体之仁以教天下，使之皆有以克其私，去其蔽，以复其心体之同然。①

这里的圣人之心，即阳明所理解的凡人必具之本心；圣人之教，即阳明所理解之教，所以说是阳明对自己心迹的剖白。正是基于这种道德本心，阳明又勾勒了天下"同心一德"的理想社会：

当是之时，天下之人熙熙皞皞，皆相视如一家之亲。其才质之下者，则安其农、工、商、贾之分，各勤其业以相生相养，而无有乎希高慕外之心。其才能之异若皋、夔、稷、契者，则出而各效其能，若一家之务，或营其衣食，或通其有无，或备其器用，集谋并力，以求遂其仰事俯育之愿……而无有乎人己之分。物我之间，譬之一人之身，目视、耳听、手持、足行，以济一身之用。目不耻其无聪，而耳之所涉，目必营焉；足不耻其无执，而手之所探，足必前焉；盖其元气充周，血脉条畅，是以痒疴呼吸，感触神应，有不言而喻之妙。此圣人之学所以至易至简，易知易从，学易能而才易成者，正以大端惟在复心体之同然，而知识技能非所与论也。②

这就是阳明的本心以及其基于本心的人生世界，这也是其"狂者胸次"的底牌。在这一胸次面前，一切毁谤，无论是卫道之情还是声名之争，都显得渺小、苍白而黯然失色，阳明也正是为此而甘愿"冒天下之非诋推陷，万死一生，遑遑然不忘讲学"③的。

从历史的角度看，这种万物一体之仁与秦汉儒家所津津乐道的"大同"世界、张载的《西铭》正好构成了清晰的三点一线。它们的共同指向，都是人与人的相亲相爱。这一关怀，也是跳跃于古今儒家胸中的共同心律。所不同的是，"大同"所标示的"人不独亲其亲，不独子其子"是以"人各亲其亲，各子其子"的社会现实为参照系的，而这种相亲相爱的人际关系却带有孤立自在的性质；它的实现，又依赖于人莫若奈何而自"显"自"隐"的"大道"，所以带有空想

---

① 王守仁：《答顾东桥书》，《王阳明全集》卷二，吴光等编校，第61页。
② 王守仁：《答顾东桥书》，《王阳明全集》卷二，吴光等编校，第61—62页。
③ 王守仁：《传习录中》，《王阳明全集》卷二，吴光等编校，第45页。

的性质。在"大道既隐"的情况下,这一"天下为公"的理想,便只能成为它自身哀婉而凄丽的挽歌。

《西铭》不同,其"民胞物与"①的理想就建立在"乾称父,坤称母"②的天人关系的基础上,这自然是理学宇宙本体意识与人的主体意识的表现。作为理想,它存在于未来,存在于每一个体"尽心知性""穷神知化"的尽头,所以是真正的理想,是建立在道问学与尊德性并重基础上万物各得其宜的理想。但是,由于它建构于天人关系的基础上,其实现又依赖于"穷神知化"等一系列认知活动,故并非人人可为,也并非一时可见效。所以,"民胞物与"的实现虽然具有逻辑的可能性,却未必具有现实性。就现实性而言,它只能无可奈何地与"大同"殊途同归了。

阳明的万物一体之仁之所以不同于前二者,主要在于其依据是每一个体的道德本心;其实现既不依赖于自隐自显的大道,也不依赖于一系列认知活动,只需反身而诚,"复其心体之同然"而如实推致其本心于天下的万事万物之间就行了,所以说是"人亦孰不能之乎"③。"此圣人之学所以至易至简,易知易从,学易能而才易成者。"④但是,其万物一体之仁的实现前提,亦即推致本心的前提——复其心体之同然却并非是人人可为的。因为从现实的角度看,任何一个时代,人们的心都不可能是"同然"的,也是不可能人人都"复其心体之同然"的。所以,虽然阳明万物一体之仁的实现是"至易至简,易知易从",但其前提却是难乎其难的。这样,阳明万物一体之仁的现实性,也就只能停留在其个体世界了。

也许正是清楚地意识到这一点,阳明才在《拔本塞源论》的末尾写下了这样一段文字:

> 士生斯世而欲以为学者,不亦劳苦而繁难乎?不亦拘滞而险艰乎?呜呼,可悲也已!所幸天理之在人心,终有所不可泯,而良知之明,万古一日,则其闻吾"拔本塞源"之论,必有恻然而悲,戚然而痛,愤然而起,沛然若决江河而有所不可御者

---

① 张载:《太和》,《正蒙》,《张载集》,章锡琛点校,第62页。
② 张载:《太和》,《正蒙》,《张载集》,章锡琛点校,第62页。
③ 王守仁:《答顾东桥书》,《王阳明全集》卷二,吴光等编校,第61页。
④ 王守仁:《答顾东桥书》,《王阳明全集》卷二,吴光等编校,第62页。

矣！非夫豪杰之士，无所待而兴起者，吾谁与望乎？①

这种激烈的悲愤之情，这种知其不可为而为之的精神，就是阳明理想之境界性质的最好说明，也是儒家自古以来境界追求精神的生动写照。

三、执着与无心——廓然大公

万物一体的境界，必然发为毅然决然的推致精神，这是其道德本心所决定的必然。因此阳明说："圣人之求尽其心也，以天地万物为一体也。吾之父子亲矣，而天下有未亲者焉，吾心未尽也。吾之君臣义矣，而天下有未义者焉，吾心未尽也。吾之夫妇别矣，长幼序矣，朋友信矣，而天下有未别、未序、未信者焉，吾心未尽也。吾之一家饱暖逸乐矣，而天下有未饱暖逸乐者焉，其能以亲乎？义乎？别、序、信乎。"②所以，必须要将此道德本心推致于天下的万事万物之中，才是真正的尽心，也才是万物一体之仁的真正落实。这样，万物一体之仁必然转化为一种崇高的社会责任感与悲壮的使命意识，转化为一种至死不渝的执着精神。

在《答聂文蔚》一书中，阳明对文蔚"与其尽信于天下，不若真信于一人"③的建议作了这样的回答：

> 道固自在，学亦自在，天下信之不为多，一人信之不为少……乃仆之情则有大不得已者存乎其间，而非以计人之信与不信也。夫人者，天地之心，天地万物，本吾一体者也。生民之困苦荼毒，孰非疾痛之切于吾身者乎？……是以每念斯民之陷溺，则为之戚然痛心，忘其身之不肖，而思以此救之，亦不自知其量者。天下之人见其若是，遂相与非笑而诋斥之，以为是病狂丧心之人耳。呜呼！是奚足恤哉？吾方疾痛之切体，而暇计人之非笑乎！人固有见其父子兄弟之坠溺于深渊者，呼号

---

① 王守仁：《答顾东桥书》，《王阳明全集》卷二，吴光等编校，第64页。
② 王守仁：《重修山阴县学记》，《王阳明全集》卷七，吴光等编校，第286—287页。
③ 王守仁：《答聂文蔚》，《王阳明全集》卷二，吴光等编校，第89页。

匍匐、裸跣颠顿，扳悬崖壁而下拯之。士之见者方相与揖让谈笑于其傍，以为是弃其礼貌衣冠而呼号颠顿若此，是病狂丧心者也。……若夫在父子兄弟之爱者，则固未有不痛心疾首，狂奔尽气，匍匐而拯之。彼将陷溺之祸有不顾，而况于病狂丧心之讥乎？而又况于蕲人之信与不信乎？①

这种"求亡子于道路"②，救父兄于断崖的精神，虽"呼号匍匐"不足以尽其情，虽"狂奔尽气"不足以平其心。说爱心，这就是一种至爱之心；说深情，这就是一种至深之情；说著相，则此为"安能不著"③之相。这实在是一种死而不已的拯救精神。这一精神就源于万物一体之仁的不容已性。试想，没有万物一体的博大胸襟，没有对生民困苦荼毒的揪心之念，何以能一气呵成这样感人肺腑的文字？在这种精神面前，信与不信以及诋毁嘲笑等等一切外来的诽谤，早已如飘风之过耳。正是基于这种精神，阳明才以"举世非之而不顾，千百世非之而不顾"④的精神一往无前的。

不过，万物一体之仁的推致精神虽然执执着而急切，却并不总是痛苦。恰恰相反，真正的孔颜之乐也就存在于这一执着的追求过程中。因为，万物一体之仁本身规定着它的推致功夫必须达到中和的地步，这就是："有'未发之中'，即有'发而皆中节之和'。"⑤所谓中和，就功夫的标准而言，就是无过无不及，因为"本体自是中和的。才自家着些意思，便过不及，便是私"⑥。所以，可以说就是一种恰到好处的功夫。从外在来看，即"色色信他本来，不容一毫增减"⑦，一任本心发用流行之率性自然的功夫。对于主体来说，既要勿忘勿助，心不待存而自存，知不待致而自致，又不能有一毫有意为之的将迎意必之心。所以，这一功夫便可以叫作无心而自然的功夫。

殷切的拯救之情何以能够发为这种无心而自然的功夫呢？这是由

---

① 王守仁：《答聂文蔚》，《王阳明全集》卷二，吴光等编校，第89—91页。
② 王守仁：《答聂文蔚》，《王阳明全集》卷二，吴光等编校，第91页。
③ 钱德洪：《年谱二》，王守仁：《王阳明全集》卷三十四，吴光等编校，第1410页。
④ 王守仁：《与陆原静》，《王阳明全集》卷五，吴光等编校，第210页。
⑤ 王守仁：《语录一》，《王阳明全集》卷一，吴光等编校，第20页。
⑥ 王守仁：《语录一》，《王阳明全集》卷一，吴光等编校，第22页。
⑦ 王守仁：《与杨仕鸣》，《王阳明全集》卷五，吴光等编校，第207页。

其万物一体之仁本身决定的。因为,万物一体之仁的推致精神,既是"不容已"的,又是不间断的,倘若"有时间断,此便是忘了,即须'勿忘'。……而或有时欲速求效,此便是助了,即须'勿助'"①。对于功夫的指向来说,倘若有过,自然是将迎意必,是欲速求效之心作祟,这就有沾滞,是有害于中和之体的;倘若不及,又是功夫的间断和本体的沦丧。所以,功夫即推致精神既要勿忘勿助又要无过无不及。这样,殷切的拯救之情便含摄了高深玄妙之理,而且,也只有高深玄妙的功夫理路,才能使殷切的拯救之情得以充分的实现。

这种无心而自然的功夫,并非阳明故作高深之词,而确实是有其"百死千难"②的经历作基础的,是其"万死一生"③的事上磨炼的结晶。南京时,阳明曾作《朱子晚年定论》,一时"攻之者环四面"④,对于交传的各种讨伐之文,阳明"见之不觉心动,移时始化,因谓终是名根消煞未尽"⑤。自然,这就是阳明居越时所说的"吾自南京已前,尚有乡愿意思"⑥的原因之一。对于宁藩之乱,阳明回忆说:"在当时只合如此作,觉来尚有微动于气所在,使今日处之更自不同。"⑦这种"微动于气"虽然不同于南京时的"不觉心动",但毕竟是将迎意必之心。到了忠泰之变,阳明的功夫便达到了无心的地步,他回忆说:"平时执持怠缓,无甚查考,及其至军旅酬酢,呼吸存亡,宗社安危所系,全体精神只从一念入微处自照自察,一些着不得防检,一毫容不得放纵,勿助勿忘,触机神应,是乃良知妙用,以顺万物之自然,而我无与焉。夫人心本神,本自变动周流,本能开物成务,所以蔽累之者,只是利害毁誉两端。世人利害,不过一家得丧尔已,毁誉不过一身荣辱尔已。今之利害毁誉两端,乃是灭三族,助逆谋反,系天下安危。只如人疑我与宁王同谋,机少不密,若有一毫激作之心,此身已成齑粉,何待今日!动少不慎,若有一毫假借之心,万事已成瓦裂,何有今日!此等苦心,只好自知,譬之真金之遇烈焰,愈锻炼愈发光辉。此处致得,方是

---

① 王守仁:《答聂文蔚》,《王阳明全集》卷二,吴光等编校,第93页。
② 钱德洪:《年谱二》,王守仁:《王阳明全集》卷三十四,吴光等编校,第1412页。
③ 王守仁:《传习录中》,《王阳明全集》卷二,吴光等编校,第45页。
④ 王守仁:《与安之》,《王阳明全集》卷四,吴光等编校,第194页。
⑤ 王畿:《滁阳会语》,《王畿集》卷二,吴震编校整理,第33页。
⑥ 钱德洪:《年谱二》,王守仁:《王阳明全集》卷三十四,吴光等编校,第1421页。
⑦ 王畿:《滁阳会语》,《王畿集》卷二,吴震编校整理,第33页。

真知。此处格得，方是真物。非见解意识所能及也。自经此大利害、大毁誉过来，一切得丧荣辱，真如飘风之过耳，奚足以动吾一念！今日虽成此事功，亦不过一时良知之应迹，过眼便为浮云，已忘之矣！"①显然，这种一些着不得防检，一毫容不得放纵的自然而无心的功夫，并不是思辨推导的结论，而是阳明在军旅酬酢、存亡系于呼吸之间磨炼出来的，所以说："非见解意识所能及也。"

对万物一体之仁执着的推致精神与勿忘勿助之无心功夫的统一，使阳明的境界又上了一个新的台阶，这就是无往而不自得，无处而不洒脱以及万事之来的无可无不可。这一境界的特色是无，故陈来先生将其称为"无我之境"②。这里则以阳明的话语，以其境界自身的阶梯称之为廓然大公。

所谓廓然大公，就其功夫表现而言，就是无，即无情、无心、无我。无情，即应物而无累于物，情顺万物而无情，这也就是万事之来而不动于气。阳明说："喜、怒、哀、惧、爱、恶、欲，谓之七情。七者俱是人心合有的，但要认得良知明白。比如日光，亦不可指着方所；一隙通明，皆是日光所在；虽云雾四塞，太虚中色象可辨，亦是日光不灭处，不可以云能蔽日，教天不要生云。七情顺其自然之流行，皆是良知之用，不可分别善恶，但不可有所着；七情有着，俱谓之欲，俱为良知之蔽。"③又说："若着了一分意思，即心体便有贻累，便有许多动气处。"④所以，无情就是"好恶一循于理"，"七情顺其自然之流行"而无任何执着之情。所谓无心，是指心体上无有一念滞留。"心体上着不得一念留滞，就如眼着不得些子尘沙。……这一念不但是私念，便好的念头，亦着不得些子。如眼中放些金玉屑，眼亦开不得了。"⑤因为"心之本体原无一物，一向着意去好善恶恶，便又多了这分意思，便不是廓然大公"⑥。所以，无心就是："好恶一循于理，不去又着一分意思。"⑦所谓无我，则

---

① 王畿：《读先师再报海日翁吉安起兵书序》，《王畿集》卷十三，吴震编校整理，第343页。
② 请参阅陈来：《有无之境——王阳明哲学的精神》，第235—268页。陈来先生对阳明境界分析很精彩，然其以无我为本并在此基础上分析万物一体的境界，笔者并不认同。
③ 王守仁：《语录三》，《王阳明全集》卷三，吴光等编校，第126页。
④ 王守仁：《语录一》，《王阳明全集》卷一，吴光等编校，第33页。
⑤ 王守仁：《语录三》，《王阳明全集》卷三，吴光等编校，第140页。
⑥ 王守仁：《语录一》，《王阳明全集》卷一，吴光等编校，第39页。
⑦ 王守仁：《语录一》，《王阳明全集》卷一，吴光等编校，第33页。

是万事万变之来而一循于理，既不沾滞于七情，也不沾滞于善念恶念，一切是非，均超然其上，即"我无与焉"。功夫的这三无表现，即不累于物，不动于气，不滞于情，不着于念，这也就是凡事一无所执。实际上，当阳明将功夫规定为无过无不及而勿忘勿助时，本身即指向且包括着这种无的境界。

这种三无的功夫，对于主体来说，就是无往而不自得，"素富贵，行乎富贵；素贫贱，行乎贫贱；素患难，行乎患难"①。与此同时，主体自身则从容自在，坦然洒落，"和融莹彻，充塞流行，动容周旋而中礼，从心所欲而不逾，斯乃所谓真洒落矣"②。这种宁静而洒落、顺适而自得的境界，便是廓然大公的境界。这种境界就是理学家所兢兢念念的圣人气象，也是阳明早年在《别三子序》中所说的"洒然而乐，超然而游"③的孔颜之真趣。

对于这一境界，人们多以儒道互补来诠释，认为这是理学对道家气象的吸取。笔者基本同意这一看法。因为，这一境界固然可以在先秦儒家的典籍中找到一鳞半爪的依据，但毕竟不占主导地位。孔孟兢兢于仁义之教，遑遑于讲学之途，心中澎湃的是一种急切的拯救之情；而从老子道法自然的无为到庄子物我两忘的逍遥，都基本以这一趣向为主旨。所以，从历史的角度看，这一以无著称的境界基本上属于道家的传统。秦汉以后，儒家占据了主导地位，但独尊的地位却使其由经学而走上了谶纬神学的道路，使先秦儒家的理性精神淹没于烦琐而庸俗的政治说教之中。魏晋的儒生为救儒学于穷途末路，纷纷援道入儒，但却尾大不掉，并由此形成了道家取儒而代之的局面。所谓有无、本末以及名教与自然的大辩论，正是在此基础上展开。儒道之争，同时也就是儒与道的融合。当郭象提出"圣人虽在庙堂之上，然其心无异于山林之中"④时，就已经是儒道融合的表现了。但是，不等儒家再度崛起，便由佛教的兴盛而被卷入了三教论争的旋涡中。

经过南北朝至隋唐五代的三教并行，各家都基本上形成了三教合一的主张。这一指向的表现，对于佛道两家而言，就是向伦常世俗的方向发展；对于儒家来说，便是向思辨玄远的方向发展。至于

---

① 王守仁：《与王纯甫》，《王阳明全集》卷四，吴光等编校，第173页。
② 王守仁：《答舒国用》，《王阳明全集》卷五，吴光等编校，第212页。
③ 王守仁：《别三子序》，《王阳明全集》卷七，吴光等编校，第253页。
④ 庄子：《逍遥游》，郭庆藩：《庄子集释》，王孝鱼点校，中华书局2006年版，第28页。

这一合一的进程，当以佛教为捷足。当禅宗形成的时候，标明佛教的三教合一已经完成；道家在唐初的"重玄"、道教在唐末五代也以内丹派的崛起，基本上宣告了这一指向的落实。儒家则由于其一直居于官方地位，又有着排斥异端的嗜好，故其三教合一的步子来得最慢。虽然韩愈在中唐即以斥佛排老与重开儒家道统从而发出了三教合一的先声，但由于其不懂形而上，故直到北宋，这一问题才紧迫地摆到了理学家的面前。

大体说来，宋明儒学的三教合一追求首先是以走向道家为起步的。作为理学开山的周濂溪，其"光风霁月"的胸次与自无极而太极的宇宙论，都表明了其自觉地引道入儒的迹象；二程兄弟的"吟风弄月"，也正是对这一气象的陶醉。但是，理学的另一位开山张载，却因自身恭敬严肃的气质而对此颇有诟病，认为这是"不识所谓有无混一之常"①，有入于老氏"有生于无"②之病。由此之后，敬畏与洒落便成为理学中相互补充而又相互限制的两种风气。所谓敬畏，既是对儒家仁爱传统的执着，也是对异端的防范，是《中庸》戒慎恐惧心态的理学表现；所谓洒落，则代表着对佛道尤其是道家逍遥气象的吸取。

阳明自幼对佛道二教耳濡目染，故其引道入儒自在情理之中。其早年复归孔孟而"沿周、程之说求之"③，即预示着其引道入儒的探索方向。但是，阳明的援道入儒却并不必然表现为"'拯救与逍遥'的紧张"、敬畏与洒落的对立④，毋宁说他是在拯救之中求逍遥，其逍遥也就存在于急切的拯救之中，一如洒落存在于敬畏之中一样。因此，对阳明来说，"无"与"有"并不具有并列的性质，也不存在选择的可能，"无"只能存在于对"有"的无止境的追求之中，一如廓然大公只能存在于对万物一体之仁的推致活动之中一样。阳明对"无"的境界的大量论述也表明了这一点。他说："夫有而未尝有，是真有也；无而未尝无，是真无也；见而未尝见，是真见也。……沦于无者，无所用其心者也，荡而无归；滞于有者，用其心于无用者也，劳而无功。夫有无之间，见与不见之妙，非可以言求也。"⑤

---

① 张载：《太和》，《正蒙》，《张载集》，章锡琛点校，第8页。
② 张载：《太和》，《正蒙》，《张载集》，章锡琛点校，第8页。
③ 王守仁：《别湛甘泉序》，《王阳明全集》卷七，吴光等编校，第257页。
④ 陈来：《有无之境——王阳明哲学的精神》，第262页。
⑤ 王守仁：《见斋说》，《王阳明全集》卷七，吴光等编校，第292—293页。

这里的"有"与"无",即严滩问答中"有心"与"无心"的反用其意。"有而未尝有",其前一"有"为本体之有,后一"有"为功夫之有,所以说是"真有",是"有"之本体必然表现为"未尝有"的功夫,也是以"未尝有"的功夫反证本体之有。"无而未尝无",其前一"无"为功夫之无,后一"无"为本体之无,所以说是"真无",是以"无"的功夫体证"未尝无"的本体,也是以"未尝无"的本体规定功夫之无。这样,执本体为无,自然沦于老氏一途,故是"荡而无归";相反,如果执功夫为有,自然又达不到功夫的高层境界,故是"劳而无功"。但由于由有之本体达无之功夫"非可以言求",因而也就只能存在于功夫的实际追求之中了。所以,这一段实际上是严滩问答中"有心"与"无心"互补而又互渗的逆向论证。

再如,阳明对"必有事焉"与"勿忘勿助"关系的论证也证明了这一点。他说"我此间讲学,却只说个'必有事焉',不说'勿忘勿助'。'必有事焉'者,只是时时去'集义'。若时时去用'必有事'的工夫,而或有时间断,此便是忘了,即须'勿忘'。时时去用'必有事'的工夫,而或有时欲速求效,此便是助了,即须'勿助'。其工夫全在'必有事焉'上用,'勿忘勿助'只就其间提撕警觉而已。若是工夫原不间断,即不须更说'勿忘';原不欲速求效,即不须更说'勿助'。……今却不去'必有事'上用工,而乃悬空守着一个'勿忘勿助',此正如烧锅煮饭,锅内不曾渍水下米,而乃专去添柴放火,不知毕竟煮出个甚么物来。"① 显然,这是阳明对以无为本的批判。至于阳明所说的"圣人之学,以无我为本"②,显然是指方叔贤"事位吾上"③而"礼予日恭"④而言的,所以说"此非脱去世俗之见,超然于无我者,不能也"⑤。无疑,这种无我只能是指无小我、无私我而言的,其真实意指,恰好是儒家万物一体的大我。笔者之所以认为阳明的境界有无心的特色却并不归结为无,正是为了点明其无心是万物一体基础上的无心,是道德实践之中的无心。

这样,阳明虽然援道入儒,其境界却并非就是道家境界的照搬,

---

① 王守仁:《答聂文蔚二》,《王阳明全集》卷二,吴光等编校,第93—94页。
② 王守仁:《别方叔贤序》,《王阳明全集》卷七,吴光等编校,第258页。
③ 王守仁:《别方叔贤序》,《王阳明全集》卷七,吴光等编校,第258页。
④ 王守仁:《别方叔贤序》,《王阳明全集》卷七,吴光等编校,第258页。
⑤ 王守仁:《别方叔贤序》,《王阳明全集》卷七,吴光等编校,第258页。

而是将道家之无置于儒家对有的执着追求之中,这就服从于儒家万物一体之仁推致精神的需要了。事实上,当以无心作为万物一体之仁推致精神的指向与标准时,又是对儒家的仁爱推致要求提出了更高更严的标准。不过,这一更高的境界,又是阳明站在儒家的立场上,通过对传统儒家的超越与道家的扬弃实现的,所谓廓然大公,也就指此而言。

四、修持与超越——无善无恶

廓然大公代表着阳明功夫的高层指向,但却不是其境界的极至义。因为游心于无心之境,固然是无过无不及、无往而不自得,但并不表明主体由此便可以止步而津津自夸,而是继续要作兢兢念念的功夫。之所以如此,是因为"不须着力,不待防检,而真性自不息"①的廓然之境本身即存在于无止境的功夫追求之中,也只有在无止境的功夫追求中才可以领略。如果津津于已经达到的境界,那就只能是玩光景、说效验,而这也就同时失却廓然大公了。阳明与其弟子的一段对话正好表现了廓然之境的这一特色:

问:"近来妄念也觉少,亦觉不曾着想定要如何用功,不知此是工夫否"? 先生曰:"汝且去着实用功,便多这些着想也不妨,久久自会妥帖。若才下得些功,便说效验,何足为恃!"②

所谓"妄念也觉少,亦觉不曾著想定要如何用功",此即"不须着力,不待防检"的无心之境。但当其这样说时,已经是津津于这一所见而有卖弄之嫌了,故阳明说:"若才下得些功,便说效验,何足为恃!"相反,"汝且去着实用功,便多这些着想也不妨"。这一问一答说明,境界本身即存在于实地用功之中。如果离开了功夫追求而将境界当作一场话说,必然会使境界成为一种效验,成为无源之死光景。

所以,即使达到了廓然之境,也仍然要继续用功。阳明说:"知

---

① 王守仁:《语录三》,《王阳明全集》卷三,吴光等编校,第139页。
② 王守仁:《语录三》,《王阳明全集》卷三,吴光等编校,第140页。

行二字即是功夫，但有浅深难易之殊耳。良知原是精精明明的，如欲孝亲，生知安行的只是依此良知，实落尽孝而已；学知利行者只是时时省觉，务要依此良知尽孝而已；至于困知勉行者，蔽锢已深，虽要依此良知去孝，又为私欲所阻，是以不能，必须加人一己百、人十己千之功，方能依此良知以尽其孝。圣人虽是生知安行，然其心不敢自是，肯做困知勉行的功夫。困知勉行的，却要思量做生知安行的事，怎生成得？"①所谓生知安行，即是廓然大公的圣人之境，但圣人之所以为圣，恰恰在于"其心不敢自是"这一点，故总是做困知勉行的功夫；相反，困知勉行者却总是以为自己已经达到了圣人境界，故总是想做生知安行的事，这就是凡圣之所别。在关于"四句教"的问答中，针对汝中"本体透后，于此四句宗旨何如"②的问题，阳明回答说："此是彻上彻下语，自初学以至圣人，只此功夫。初学用此，循循有人，虽至圣人，穷究无尽。尧、舜精一功夫，亦只如此。"③再如："舜常自以为大不孝，所以能孝。瞽瞍常自以为大慈，所以不能慈。"④凡此都说明，功夫是穷究无尽的，功夫愈长进，愈益不敢自是，境界的无止境性就存在于无止境的功夫追求之中。

这种无止境的功夫，即是修持。在这方面，阳明本人便是从身体力行中走来。其居越以后，"所操益熟，所得益化，时时知是知非，时时无是无非，开口即得本心，更无假借凑泊，如赤日当空而万象毕照"⑤。这是后人对阳明的评价，即使如此，阳明功夫仍精进不止。其在《寄邹谦之》一书中说："赖天之灵，偶有悟于良知之学，然后悔其向之所为者，固包藏祸机，作伪于外，而心劳日拙者也。十余年来，虽痛自洗剔创艾，而病根深痼，萌蘖时生……"⑥正是基于这种从不自是之心，所以，"毁誉荣辱之来，非独不以动其心，且资之以为切磋砥砺之地。故君子无人而不自得，正以其无人而非学也"⑦。正是在这种无止境的功夫追求之中，主体的境界才能更上一

---

① 王守仁：《语录三》，《王阳明全集》卷三，吴光等编校，第126—127页。
② 钱德洪：《年谱三》，王守仁：《王阳明全集》卷三十五，吴光等编校，第1443页。
③ 钱德洪：《年谱三》，《王阳明全集》卷三十五，吴光等编校，第1443页。
④ 王守仁：《语录三》，《王阳明全集》卷三，吴光等编校，第127页。
⑤ 黄宗羲：《姚江学案》，《明儒学案》卷十，沈芝盈点校，第180页。
⑥ 王守仁：《寄邹谦之四》《王阳明全集》卷六，吴光等编校，第229页。
⑦ 王守仁：《答友人》，《王阳明全集》卷六，吴光等编校，第231页。

层。作为功夫的终极指向,这便是由对功夫的升华达到本体功夫一齐皆化的"无善无恶"。

无善无恶代表着阳明的晚年化境,这一化境虽然实现于无心而又无止境的功夫追求之中,其所指却又并非无心所能含括。让我们从前人对无善无恶超越意的理解辩起。

黄宗羲有感于阳明后学坠于佛氏明心见性之机,故以廓然之境的无心来规范无善无恶。他说:"其实无善无恶者,无善念恶念耳,非谓性无善无恶也。下句意之有善有恶,亦是有善念有恶念耳,两句只完得动静二字。他日语薛侃曰:'无善无恶者理之静,有善有恶者气之动。'即此两句也。……先生所谓'致吾心之良知于事事物物也'四句,本是无病,学者错会文致。彼以无善无恶言性者,谓无善无恶斯为至善。善一也,而有有善之善,有无善之善,无乃断灭性种乎?"①

黄宗羲申明阳明四句教"非谓性无善无恶"是对的,但其引阳明早年讲于薛侃的无善念恶念作印证,将四句教的无善无恶规范为理之动静,这无疑是对阳明原意的误解。因为阳明当时的无善无恶,"只是无有作好,无有作恶,不动于气……好恶一循于理,不去又着一分意思。"②所以又说:"虽是循天理,亦着不得一分意,故有所忿憓好乐,则不得其正,须是廓然大公,方是心之本体。"③显然,这里的无善无恶,就是廓然之境中的无心、无念和我无与焉。如果四句教的无善无恶即指此而言,那其弟子何以对宋明儒家讲得最多的廓然大公反倒不解呢?又何以能由廓然大公之无心、无念而坠入佛氏明心见性之机呢?

让我们再看看刘蕺山的理解。刘蕺山说:"先生命世人豪,龙场一悟,得之天启,亦自谓从五经印证过来,其为廓然圣路无疑。特其急于明道,往往将向上一几,轻于指点,启后学躐等之弊有之。天假之年,尽融其高明卓绝之见而底于实地,安知不更有晚年定论出于其间?"④显然,刘蕺山也不满意阳明的无善无恶之说,但其既认为阳明龙场以来便"为廓然圣路无疑",故晚年的"向上一几",

---

① 黄宗羲:《姚江学案》,《明儒学案》卷十,沈芝盈点校,第178—179页。
② 王守仁:《语录一》,《王阳明全集》卷一,吴光等编校,第33页。
③ 王守仁:《语录一》,《王阳明全集》卷一,吴光等编校,第34页。
④ 黄宗羲:《师说》,《明儒学案》,沈芝盈点校,第7页。

自然不在廓然的范围。所以又说"天假之年，尽融其高明卓绝之见而底于实地"。这"高明卓绝""向上一几"即显现了蕺山对无善无恶的理解。在关于王龙溪的赞语中，蕺山说得更为明确："愚按四句教法，考之阳明集中，并不经见，其说乃出于龙溪，则阳明未定之见，平日间尝有是言，而未敢笔之于书，以滋学者之惑。至龙溪先生始云四有之说，猥犯支离，势必进之四无而后快。……先生独悟其所谓无者，以为教外之别传，而实亦并无是无，有无不立善恶双泯，任一点虚灵知觉之气从横自在，头头明显，不离著一处，几何而不蹈佛氏之坑堑也哉"①。"蹈佛氏之坑堑"，自然指龙溪而言，但"有无不立、善恶双泯"却无疑是指作为阳明"未定之见"的无善无恶的而言的。所以说，无善无恶就是善恶双泯的"空"。

无善无恶之所以是空而不同于无，是因为在廓然之无心阶段，主体"无有作好无有作恶"，实际上只是好恶一循于理。此时主体虽不着一分意思，却天理昭昭，故只是功夫之无而非本体之无。在无善无恶阶段，物我内外、功夫与本体则一齐皆化。所以说："有只是你自有，良知本体原来无有，本体只是太虚。太虚之中，日月星辰，风雨露雷，阴霾饐气，何物不有？而又何一物得为太虚之障？人心本体亦复如是。太虚无形，一过而化，亦何费纤毫气力？"②到此地步，心之廓然即是天之太虚，因而又说："夫惟有道之士，真有以见其良知之昭明灵觉，圆融洞澈，廓然与太虚而同体。……其于富贵、贫贱、得丧、爱憎之相值，若飘风浮霭之往来变化于太虚，而太虚之体，固常廓然其无碍也。"③"良知之虚，便是天之太虚；良知之无，便是太虚之无形。"④凡此，都是就功夫对本体的升华而言的。到了这一见地，阳明哲学超越道德的生存意义才真正显现出来了。

之所以这样说，是因为无论万物一体还是廓然大公的境界都含括于道德的范围，都实现于道德实践的过程中。从现实的主体出发，经过人一己百、人十己千的克己功夫而达之于万物一体，不过是至善本体的彰显，是复其心体之同然。在此基础上，继续作困知勉行的功夫，常惺惺，时时集义，将心之本体推致于天地万物之间。如

---

① 黄宗羲：《师说》，《明儒学案》，沈芝盈点校，第8页。
② 钱德洪：《年谱三》，王守仁：《王阳明全集》卷三十五，吴光等编校，第1442页。
③ 王守仁：《答南元善》，《王阳明全集》卷六，吴光等编校，第235页。
④ 王守仁：《语录三》，《王阳明全集》卷三，吴光等编校，第121页。

果功夫达到了勿忘勿助而无过无不及的地步，即是对功夫的超越，是由有意为善升华为无意为善，这便是廓然大公。所以，如果说万物一体是通过对小我的私欲、物蔽的超越实现的，那么，廓然大公则主要是对大我功夫的超越，是通过对功夫中的将迎意必之心的超越实现的。至此，虽然超越了功夫，但本体昭昭，真性不息，对于主体而言（如果还有主体，也就纯是天理而无一毫人欲、一循于理的主体），也就是一个全然无心的率性自然。但是，随着功夫的修持与深入，超越的意向必然指向本体自身，无善无恶就是对人之为人的善根的扬弃与超越。到此地步，现实生活中一切是非，不过良知一时之应迹，一如微尘倏忽于太虚，此即所谓"有无不立、善恶双泯"。所以，无善无恶不仅仅是指心之本体不沾滞于善恶，而是对心之本体的扬弃与超越，是圆融生命的当下朗现，又是对生命本身的彻悟。

正是基于无善无恶的这一特征，阳明才认为"此学如立在空中，四面皆无倚靠，万事不容染着"①。显然，这就是"本来无一物"的"空"。以此洞观人生，一切是非善恶，不过良知一时之应迹；一切得失荣辱，过眼便为浮云。自然，这一切都是在瞬刻实现的，并且也具有瞬刻的性质，于是，这就有了"万古长空，一朝风月"式之永恒的瞬刻或瞬刻的永恒。②如果说禅宗的这一境界是通过破我、执法执实现的，那么，阳明的无善无恶同样具有这一特征。其从万物一体到廓然大公，正是从执着到破我执，而从廓然大公到无善无恶，则是由破我执进而破法执，故是物我两忘、本体与功夫一齐皆化。这样，阳明的无善无恶显然是对禅宗境界的移植，其指向即禅宗顿悟的指向。

为了显现阳明无善无恶的顿悟色彩，我们不妨引李泽厚先生对禅宗最高境界的一段描述：

> 第三境界是"万古长空，一朝风月"，这就是描写在瞬刻中得到了永恒，刹那间已成终古。……经此一"悟"之后，原来的对象世界就似乎大不一样了。尽管山还是山，水还是水；吃

---

① 王守仁：《与杨仕鸣》，《王阳明全集》卷五，吴光等编校，第207页。
② 请参阅李泽厚：《中国古代思想史论》，人民出版社1985年版，第208—209页。

饭还是吃饭，睡觉还是睡觉，外在事物并无任何改变，也不需要任何改变；但是经此"瞬刻永恒"的感受经验之后，其意义和性质却似乎有了根本的不同。它们不再被当作要执着的实在，也不再当作要追求的虚空；它们既非实有，也非空无；因为本无所谓空、有。有与空、实体与虚妄、存在与消亡……都只是未经超越的执着。①

如果将这里的空、有变为善与恶，将实体与虚妄变为天理与人欲，即按儒家的概念一一对换，那么，这一段也就同时是对阳明无善无恶之境的最好描述。

不过，由于阳明坚持圣人须作困知勉行的功夫，"上乘兼修中下"，所以，阳明的援禅入儒就不仅是对顿教的吸取，而是在渐教基础上对渐顿二教的一齐囊括；作为顿教，也是基于渐教又反本于渐教的顿教。所谓"此原是彻上彻下功夫""此四句中人上下无不接着"，就是这个意思。王龙溪之所以由"四无"而废弃致知之功，从而偏离阳明教法，就是由于离开了渐修而独倡顿教所致。从这个角度看，由于无善无恶只是功夫追求中之所见，具有瞬刻实现的性质，故其不留恋于自身，不执着于光景，只能存在于无止境的追求之中。所以，作为境界，无善无恶就是可追求而不可占有的人生中的太阳，这就是其"穷究无尽"的指谓。

虽然阳明援禅入儒，但其无善无恶之境毕竟不归结为禅，这是由其不同的来路与不同的落实指向决定的。就来路而言，阳明的无善无恶是从万物一体之仁的执着推致而来，这显然不同于禅的由本空而悟空；就指向来说，虽然无善无恶与禅的"万古长空，一朝风月"具有同样的特征，但无善无恶从不留恋于自身，它总是指向人伦世教且也只能落实于人伦世教之中。从这一角度看，禅反倒有"着相""怕累"之弊，因为"佛怕父子累，却逃了父子；怕君臣累，却逃了君臣，怕夫妇累，却逃了夫妇：都是为个君臣、父子、夫妇着了相，便须逃避。如吾儒有个父子，还他以仁；有个君臣，还他以义；有个夫妇，还他以别：何曾着父子、君臣、夫妇的相"②。所

---

① 李泽厚：《中国古代思想史论》，第208—209页。
② 王守仁：《语录三》，《王阳明全集》卷三，吴光等编校，第112页。

以说:"佛氏不着相,其实着了相。吾儒着相,其实不着相。"①这样,阳明就在儒家执着的世俗生活中达到了超越世俗生活的人生境界。至此,宋明理学三教合一的任务,便宣告完成了。

五、阳明对佛老境界的吸取与超越

本来,在汉唐时代,超越是属于佛老的专利。在当时的三教论争中,"若浮屠老子之书,天下共传,与《六经》并行,而其徒侈其说,以为大道精微之理,儒家之所不能谈,必取吾书为正。世之儒者亦自许曰:'吾之《六经》未尝语也,孔孟未尝及也',从而信其书,宗其道,天下靡然同风"②。这也就是阳明所说的"宜乎世之高明之士厌此而趋彼也"。从宋代开始,一代代理学家前仆后继,为儒家的三教合一,为吸取并融摄佛老的超越境界展开了不息的努力。到阳明时,便从儒家万物一体之仁出发,经过由儒而道、又由道而佛这样一个三级跳,终于走完了三教合一的行程,使佛老的高妙境界实现于儒家的伦常生活之中,这对于在三教合一进程中后进的儒家来说,自然是一个迎头赶上。但由于儒家本来就属于世俗之教,故阳明以儒家的伦常生活融摄佛老的高妙境界,就不仅是对传统儒家的超越,也是对佛老的超越。

自阳明31岁"渐悟仙释之非"起,到33岁主持山东乡试时,便已坚定地站在儒家的立场上了。其录中"老佛害道,由于圣学不明"以及"录出,人占先生经世之学"都说明,阳明已经在以儒者的经世之怀来面对人生了。但是,阳明对佛老的批判始终是有所保留的,或者说他并不是那种专门从外在与佛老划清界限,而"他所归本的'儒学'一开始就以注重精神境界为特色而与朱学大异其趣,乙丑(1505)阳明在京师的授徒讲学,他所倡导的正是与词章记诵相对立的'身心之学'……这种身心之学是包含了扬弃佛道智慧与境界的'新心学'"③。

前面已经提及,当阳明面对传统儒学与佛老二教时,他是以佛

---

① 王守仁:《语录三》,《王阳明全集》卷三,吴光等编校,第112页。
② 范育:《正蒙·序》,张载:《张载集》,章锡琛点校,第4—5页。
③ 陈来:《有无之境——王阳明哲学的精神》,第323页。

老境界高于传统儒学的。在他看来，传统儒学已流落为词章记诵之学，故"讲来讲去，只是讲得个伯术"①。这自然不如"老氏之清净自守、释氏之究心性命"。但是，佛老之遗人伦、弃物理又为阳明所无法接受。所以，对阳明来说，儒家之词章记诵虽不可取，但其伦常之本又绝不可弃；佛老虽为见道之偏，而其可"会于心"的高明玄妙又不可诬。这样，阳明必然要以儒家之人伦物理统摄并融会佛老的玄理妙境。

阳明首倡身心之学并与甘泉"一见定交"后，其"志益坚，毅然若不可遏"②。这就同时开始了对佛老境界的吸取与融摄。在这一过程中，有三条线索是值得注意的。其一即是阳明的儒家境界本身的形成与提升，这是吸取佛老智慧的根本依据；其二则是阳明与友人以及高弟对佛道境界的探讨，这体现着阳明对佛老智慧的探索触觉与吸取进程；其三则是阳明书之于天下后世的各种教言与文章，这体现着阳明对佛道比较成熟的看法。关于阳明儒家境界的形成进程，前面已作梳理，故这里将其作为隐线，而侧重从后两方面分析阳明对佛道从吸取到超越的进程。

甘泉是阳明一生中最为重要的友人。早年，他们曾"一见定交，共以倡明圣学为事"③。中岁以后，他们分主教事，时而唱和，时而辩难，其门下也递相出入。阳明死后，甘泉既作墓志铭又作奠文，而奠文则可以说是甘泉个人对阳明的盖棺之论。所以，奠文中有关他们对儒佛关系的讨论最能体现阳明的探索触觉：

> 辛未之春④，兄复吏曹，于吾卜邻。自公退食，坐膳相以，存养心神，剖析疑义。我云圣学，体认天理，天理问何？曰廓然尔。兄时心领，不曰非是，言圣枝叶，老聃释氏。予曰同枝，必一根柢，同根得枝，伊尹夷惠。佛与我孔，根株咸二。奉使安南，我行兄止。兄迁太仆，我南兄北。一晤滁阳，斯理究极，兄言迦聃，道德高博，焉与圣异，子言莫错。我谓高广，在圣范围，佛无我有，中庸精微。同体异根，大小公私，斁叙彝伦，

---

① 王守仁：《语录一》，《王阳明全集》卷一，吴光等编校，第11页。
② 王守仁：《别湛甘泉序》，《王阳明全集》卷七，吴光等编校，第258页。
③ 钱德洪：《年谱一》，王守仁：《王阳明全集》卷三十三，吴光等编校，第1352页。
④ "辛未之春"原为"辛壬之春"，疑为传抄之误，今从《年谱》改。

一夏一夷。夜分就寝，晨兴兄嘻，夜谈子是，吾亦一疑。分呼南北，我还京师，遭母大故，扶柩南归，迂吊金陵，我戚兄悲。及逾岭南，兄抚赣师，我病墓庐，方子来同。谓兄有言，学竟是空，求同讲异，责在今公。予曰岂敢，不尽愚衷，莫空匪实，天理流行。兄不谓然，校勘仙佛，天理二字，岂由此出。予谓学者，莫先择术，孰生孰杀，须辩食物。①

甘泉的这一回忆，记载了阳明从辛未到丁丑六、七年间关于佛老的思想看法。这一时期，正是阳明由京师而滁州、又由南京而南赣，是阳明江右以前思想最为活跃的时期。当阳明在京师与甘泉比邻而居时，甘泉即提出了体认天理的教法，阳明予以认同，此亦后来在江右的"真实不诳语"，但阳明提出佛老是圣学枝叶的思想，遭到了甘泉的反对。盖阳明所注意的是佛老的境界，其枝叶之喻也是从境界上着眼的，而甘泉所注意的则是佛老的出发点（本体），故有"佛与我孔，根株咸二"的反驳。再会于滁阳，阳明又提出佛老"道德高博，焉与圣异"的看法，而甘泉又以"大小公私""一夏一夷"予以指责，其"同体异根"之喻再次证明甘泉是从出发点上着眼的。对于这一次讨论，阳明以"夜谈子是"终结了。因为，如果从本体的角度看，不能说甘泉看法是错的，但甘泉确实没有认清阳明的角度。终甘泉一世，也没有达到阳明境界的高度。

此后，甘泉居母丧，阳明督赣师。阳明又与弟子言及"学竟是空"的话头，其门下方叔贤将这一思想转达至甘泉，并督促甘泉与阳明辩明。甘泉即致书阳明："昨叔贤到山间，道及老兄，颇讶不疑佛老，以为一致，且云到底是空，以为极致之论。若然，则不肖之惑滋甚。此必一时之见耶？抑权以为救弊之言耶？……四方上下之宇，古往今来之宙，宇宙间只是一气充塞流行，与道为体，何莫非有？何空之云？虽天地弊坏，人物消尽，而此气此道亦未尝亡，则未尝空也。"②这一次阳明再没有以"子是"漫加屈从，而以"校勘仙佛，天理二字，岂由此出"为答。就是说，正像天理不是由对仙佛的校勘而得来一样，儒与佛老的区别也不是一个辩说的问题，而

---

① 湛甘泉：《奠王阳明先生文》，《湛甘泉先生文集》卷三十，清康熙二十年黄楷刻本。
② 湛甘泉：《寄阳明》，《湛甘泉先生文集》卷七，清康熙二十年黄楷刻本。

是一个实践体认的问题。这一答复，在阳明当时，既有对甘泉"字字而证，句句而求""其始也毫厘，其末也千里"的委婉批评，也有"不复强聒""知兄之不久自当释然"的希冀。

从甘泉的这一回忆可以看出，对于儒与佛老的关系，甘泉强调二者在本体上的对立，故认为不能不辩；而阳明则始终强调二者在境界上的同一或一致，因而主张在功夫实践中体认。他们的分歧表现了他们对佛老的关注焦点的区别，这也可以说是甘泉力主排佛老而阳明始终将吸取佛老智慧作为儒学发展方向的一个证明。不过，从阳明的境界追求来看，其时"尚有乡愿意思"，常"微有动气"，故无论是说无还是道空，都还难免有思辨探讨的意味。就是说，虽然阳明强调体认，但他还未能达到实体认之的地步。

经过宁藩、忠泰之变的磨炼与证透，到归居越城老家时，阳明的境界已臻圆熟。这时，其对佛老便"只信个真是真非"。关于这一时期的情况，黄绾的记载最为可靠。黄绾是阳明最为亲密的友人之一，早年曾是阳明与甘泉"一见定交"的当事人，其后与阳明也一直处于师友之间。阳明归越后，转而师事阳明，对阳明学说颇为坚信。他在晚年回忆说：

> 予昔年与海内一二君子讲习，有以致知为至极其良知……又令看《六祖坛经》，会其本来无物，不思善，不思恶，见本来面目，为直超上乘，以为合于良知之至极。又以《悟真篇后序》为得圣人之旨，以儒与佛仙之道皆同，但有私己同物之殊，以孔子《论语》之言，皆为下学之事，非直超上悟之旨。[①]

值得注意的是，黄绾的这一回忆是在经过对阳明师事并坚信之后的批评，其内容也自然来自阳明的教言，故最为可信。阳明令看《六祖坛经》，认为《悟真篇后序》为得圣人之旨，说明其已确信三教的指向不二，其三教合一的境界也已基本形成。至于"本来无一物""不思善、不思恶""见本来面目"之说，自然是以无心的功夫直达无善无恶的境界。但是，所有这些并不能证明阳明就背弃了儒家的立场。因为"私己同物之殊"，显然是指儒与佛老在本体或出发

---

① 黄绾：《明道编》卷一，刘厚祜、张岂之标点，中华书局1959年版，第10—11页。

点的区别，而"儒与仙佛之道皆同"则只能是就境界而言的。不过，这一批评也说明，就是阳明最为亲密的友人或弟子，也难以领会其境界之三教合一的实质。

让我们再从阳明的教言与文章来分析其这一思想的大致进程。当阳明陷溺于佛老时，他是以道家长于养生（身）而佛家长于养心的身心之学的提出来表明他将以儒家的养性来统摄佛老的养身与养心。所以，在《别湛甘泉序》中，阳明写道："今世学者，皆知宗孔、孟，贱杨、墨，摈释、老，圣人之道，若大明于世。然吾从而求之，圣人不得而见之矣。其能有若墨氏之兼爱者乎？其能有若杨氏之为我者乎？其能有若老氏之清净自守、释氏之究心性命者乎？吾何以杨、墨、老、释之思哉？彼于圣人之道异，然犹有自得也。而世之学者，章绘句琢以夸俗，诡心色取，相饰以伪……而圣人之学遂废。"①数年后，当阳明经过对朱子之书的反复检索而编《朱子晚年定论》时，又表达了同一的思想："……而世之儒者妄开窦径，蹈荆棘，堕坑堑，究其为说，反出二氏之下。宜乎世之高明之士厌此而趋彼也！此岂二氏之罪哉？"②凡此都说明，在阳明儒家的超越境界没有形成之前，他是以佛老高于世儒的，也是力主对佛老自得境界的吸取的。

但是，随着其儒学造诣的深化与进展，其转而对佛老采取了坚决的批判态度。"王嘉秀问：'佛以出离生死诱人入道，仙以长生久视诱人入道，其心亦不是要人做不好，究其极至，亦是见得圣人上一截，然非入道正路……仙、佛到极处，与儒者略同，但有了上一截，遗了下一截，终不似圣人之全……后世儒者，又只得圣人下一截，分裂失真，流而为记诵词章，功利训诂，亦卒不免为异端……'先生曰：'所论大略亦是。但谓上一截、下一截，亦是人见偏了如此。若论圣人大中至正之道，彻上彻下，只是一贯，更有甚上一截、下一截？'"③这说明，阳明是试图以儒家大中至正之道来囊括佛老妙境的。站在儒家的角度看，只能说是"彻上彻下，只是一贯"，故说"上一截、下一截，亦是人见偏了如此"。基于这一看法，对萧惠好

---

① 王守仁：《别湛甘泉序》，《王阳明全集》卷七，吴光等编校，第257页。
② 王守仁：《朱子晚年定论序》，《王阳明全集》卷七，吴光等编校，第268页。
③ 王守仁：《语录一》，《王阳明全集》卷一，吴光等编校，第20—21页。

仙释之病，阳明警告说："吾亦自幼笃志二氏，自谓既有所得，谓儒者为不足学。其后居夷三载，见得圣人之学若是其简易广大，始自叹悔错用了三十年气力。大抵二氏之学，其妙与圣人只有毫厘之间。汝今所学，乃其土苴，辄自信自好若此，真鸱鸮窃腐鼠耳！"[①]

这些论断，大体在江右之前，其时阳明正在酝酿良知之说，故对佛老从本体或出发点上批判为多。良知说提出之后，阳明多从良知对佛老境界的统摄义上立论，故对佛老又不无赞叹之词。如："仙家说到虚，圣人岂能虚上加得一毫实？佛氏说到无，圣人岂能无上加得一毫有？但仙家说虚，从养生上来；佛氏说无，从出离生死苦海上来：却于本体上加却这些子意思在，便不是他虚无的本色了，便于本体有障碍。圣人只是还他良知的本色，更不着些子意思在。良知之虚，便是天之太虚；良知之无，便是太虚之无形……天地万物，俱在我良知的发用流行中，何尝又有一物超于良知之外，能作得障碍？"[②]再如："'不思善不思恶时认本来面目'，此佛氏为未识本来面目者设此方便。'本来面目'，即吾圣门所谓'良知'。今既认得良知明白，即已不消如此说矣。'随物而格'，是'致知'之功，即佛氏之'常惺惺'，亦是常存他本来面目耳。体段工夫，大略相似。但佛氏有个自私自利之心，所以便有不同耳。"[③]显然，阳明对佛老的肯定，都是从境界上立论的，所谓"体段工夫，大略相似"以及"圣人岂能虚上加得一毫实""无上加得一毫有"等等，都是这个意思。但是，即使这样也是有前提的，这也就是"私己同物之殊"，故说"佛氏有个自私自利之心，所以便有不同"。至此，阳明便不再感慨"宜乎世之高明之士，厌此而趋彼也"，其与佛老的认同，也就是"私己同物之殊"基础上的认同了。

正是基于这一点，所以阳明对张元冲的"兼取"二氏之问，便作了如下回答："说兼取，便不是。圣人尽性至命，何物不具，何待兼取？二氏之用，皆我之用：即吾尽性至命中完养此身谓之仙；即吾尽性至命中不染世累谓之佛。但后世儒者不见圣学之全，故与二氏成二见耳。譬之厅堂三间共为一厅，儒者不知皆吾所用，见佛氏，

---

① 王守仁：《语录一》，《王阳明全集》卷一，吴光等编校，第42页。
② 王守仁：《语录三》，《王阳明全集》卷三，吴光等编校，第121页。
③ 王守仁：《答陆原静书》，《王阳明全集》卷二，吴光等编校，第75页。

则割左边一间与之；见老氏，则割右边一间与之；而己则自处中间，皆举一而废百也。圣人与天地民物同体，儒、佛、老、庄皆吾之用，是之谓大道，二氏自私其身，是之谓小道。"①这样，老氏之清净自守与佛氏之究心性命，便不过是儒家尽性至命境界之一偏或一个部分。凡是对二氏玄理妙境怀忿忿之情或向往之念的，都是未尽儒家大中至正的尽性至命之道，都是不知"二氏之用，皆我之用"而自小其道的表现。

需要指出的是，自阳明哲学形成以来，指其为"阳儒阴释"者有之，斥其为"狂禅"者亦有之，先相信而见其无善无恶从而反戈者亦为不少，前边所引的黄绾《明道编》即是一例。事实上，这都是未超越传统儒家的藩篱、未见透阳明之真实境界的表现。就连刘蕺山、黄宗羲这样的王学大家，提及无善无恶都不能不气短而百般为之回护，可以想见，阳明当时在思想界是冒多大的忌讳，这没有毅然决然以求真是真非的勇气是万万不能的。但是，让人不解的是，如果说在理学的范围内指责阳明为阳儒阴释，尚有偏狭的卫道之情使人谅解，那么，在三教同为中华民族文化遗产的当今，仍以"阳儒阴释"或"援禅入儒"代替对阳明哲学的具体分析，便不能不让人感到遗憾。本来，阳明境界是从儒家万物一体之仁推致过来已经无疑。但是，为了证明阳明并非是对禅宗境界的照搬，我们不妨再从阳明与禅宗最为相近的方面作些比较性的分析。

先看阳明的儒禅之辩。在《重修山阴县学记》中，阳明针对当时思想界"有以心性之说而招之来归者，则顾骇以为禅而反仇雠视之"的现象，专门就儒与禅的区别作了如下比较：

> 夫禅之学与圣人之学，皆求尽其心也，亦相去毫厘耳。圣人之求尽其心也，以天地万物为一体也。吾之父子亲矣，而天下有未亲者焉，吾心未尽也。吾之君臣义矣，而天下有未义者焉，吾心未尽也。吾之夫妇别矣，长幼序矣，朋友信矣，而天下有未别、未序、未信者焉，吾心未尽也。吾之一家饱暖逸乐矣，而天下有未饱暖逸乐者焉，其能以亲乎？义乎？别、序、信乎？吾心未尽也……故圣人之学不出乎尽心。禅之学非不以心为说，然其

---

① 钱德洪：《年谱三》，王守仁：《王阳明全集》卷三十五，吴光等编校，第1423页。

  意以为是达道也者，固吾之心也，吾惟不昧吾心于其中则亦已矣，而亦岂必屑屑于其外，其外有未当也，则亦岂必屑屑于其中？斯亦其所谓尽心者矣，而不知已陷于自私自利之偏。是以外人伦，遗事物，以之独善或能之，而要之不可以治家国天下。盖圣人之学无人己，无内外，一天地万物以为心；而禅之学起于自私自利，而未免于内外之分，斯其所以为异也。①

  在阳明的这一比较中，儒与禅的区别，从内在出发点来看，就是自私自利与万物一体之仁的区别；从外在来看，即以家国天下为怀与遗人伦弃物理的区别。合而观之，即"一天地万物以为心"还是"明于内外之分"而"吾惟不昧吾心于其中"的区别。这一划分，诚如黄宗羲所言，"遂使儒释疆界渺若山河"②，而且，这里的划分标准又非阳明所自立，而是从张程到朱陆所共同坚持的标准。自张载以来，理学家对佛老的批判，也不外就是这几个方面。

  但当今之指阳明为阳儒阴释者，往往不是从其学之内容上着眼，而是从理论形式上下判断的。所以，我们不妨再就阳明与禅宗最为相近的理论作一比较。就阳明与禅宗最相似的理论来说，莫过于他们的心物关系。所以，我们这里干脆将他们最为相似的心物关系理论一同征引：

    时有风吹幡动。一僧曰风动，一僧曰幡动，议论不已。惠能进曰，不是风动，不是幡动，仁者心动。③

    先生游南镇，一友指岩中花树问曰："天下无心外之物，如此花树，在深山中自开自落，于我心亦何相关？"先生曰："你未看此花时，此花与汝心同归于寂。你来看此花时，则此花颜色一时明白起来，便知此花不在你的心外。"④

  乍一看，阳明关于心、花同见同寂的关系完全是惠能"风动""幡动"与"仁者心动"的直接套用，实际上，这里的心是两种根本不同

---

① 王守仁：《重修山阴县学记》，《王阳明全集》卷七，吴光等编校，第286—287页。
② 黄宗羲：《姚江学案》，《明儒学案》卷十，沈芝盈点校，第181页。
③ 慧能：《行由品》，丁福保笺注：《六祖坛经笺注》，一苇整理，齐鲁书社2012年版，第75页。
④ 王守仁：《语录三》，《王阳明全集》卷三，吴光等编校，第122页。

的心。在惠能看来,"风动"和"幡动"是幻相,"心动"才是实质。正是有了"心动",才有所谓"风动"和"幡动";没有"心动",就不会有"风动"和"幡动"——起码不会有关于风、幡之动的感觉。显然,惠能并不否认风、幡之动这一感觉事实,他所坚持的不过在于"心动"是风、幡之动的逻辑第一因。因为一旦"心动","风动""幡动"以及关于"动"感觉就不可避免。这样,如果说惠能对风、幡之动是承认的,那他首先承认的便是"心动";如果是否认的,那首先否认的也同样是"心动"。无论是肯定还是否定,惠能都是将大千世界摄于一己之心,用心之变化说明大千世界的千变万化。就意向来看,惠能所坚持的恰恰是一种"寂然不动"之心。

在阳明的心、花关系中,如果我们将其"心"与惠能的"心"作同样理解,那么,阳明的心与花之间恰好多了一个"看",正是"看"充当了心到花的现实中介。"未看"时,"同归于寂","来看"时,"一时明白起来",所以,心和花的"寂"与"明白",全然决定于"看"与"未看"这个逻辑第一因。固然,"看"可以说含括于惠能"心动"的范围内,但是,对惠能来说,"心动"与否,并不关涉其自身的存在,而阳明的"看"与"未看",则关系到心和花的"寂"与"明白",这显然是不同的。就是说,惠能通过对"心动"的否定,进而否定了对象世界,从而只保留了一个心的世界;而阳明则通过对"看"的肯定,从而既肯定了心的世界,又肯定了花的世界。如果我们将花的"寂"与"明白"与惠能的"风动""幡动"作同样理解,那么,阳明的"心"恰好是"看花"之心而不是"寂然不动"之心。实际上,惠能是通过对"心动"的否定,隔离了心与世界的关联,其万法唯心、万化本空之说,就由此而来。阳明则通过对心之"视听言动"属性的肯定,建立了心与世界的关联关系,其万物一体之仁,也就由此而成立。

显然,正是这种不同的心物关系使他们的"心"带上了根本不同的性质。由于惠能割裂了心与外在世界的联系,因而其心便是寂灭的;表现在道德上,便必然是自私自利。阳明则从心之"视听言动"出发,建立了其与外在世界的关联关系,因而其心便是"无人己、无内外"的"一天地万物以为心";表现在道德上,也就是万物一体之仁。由此出发,惠能的世界便是一个"寂寂断见闻,荡荡心无著"的世界;而阳明的世界则是一个与主体心灵息息相关、并由主体视听言动决定之实践的世界，这就是："天没有我的灵明，谁去仰他高？地没有我的灵明，谁去俯他深？鬼神没有我的灵明，谁去辩他吉凶灾祥？"①天地万物与主体的心灵便成为一种在"仰""俯""辩"等活动基础上的实践关系。所以，惠能的世界是空幻的，阳明的世界是实践的，所谓毫厘之差而必有千里之谬，也就指此而言。

正是基于这种不同的心物关系，阳明又强调指出："吾儒养心，未尝离却事物，只顺其天则自然就是功夫。释氏却要尽绝事物，把心看作幻相，渐入虚寂去了。与世间若无些子交涉，所以不可治天下。"②之所以说是"将心看作幻相"，是因为其心是"无所住"而一相不着的，是否定心的实践属性的。而从实践之心的角度看，这自然是"与世间若无些子交涉"的虚寂之心，因而说是"幻相。"阳明又说："事上为学，才是真格物。……簿书讼狱之间，无非实学，若离了事物为学，却是着空。"③自然，这都是实践之心，亦即"一天地万物以为心"的表现。

所以，即使从理论上看，阳明也不归结为禅，其哲学也非阳儒阴释所能概括。至于阳明在讲学作文中对禅宗公案、偈语的征引，不但不能作为阳明阳儒阴释的证据，恰恰是阳明超越于禅宗境界的表现。因为阳明的心与禅宗的心本来就是两种不同的心，其境界的实现也有着根本不同的途径。当阳明从万物一体之仁的推致功夫中达到无善无恶的境界时，就使儒家的人生达到了一相不着的地步，以此来看禅，其反而有了着相之病。因为，禅对人伦世教执着的逃避方式，正是其着相的表现，是以不着相的方式与追求表现了它的着相。所以说："佛氏不着相，其实着了相。"④相反，儒家则自觉地从对人伦世教的着相出发，在执着的追求中达到了一相不着的境界。此亦"不离日用常行内，直造先天未画前"⑤，因而是在着相的功夫追求中升化为一种不着相的境界。所以又说："吾儒着相，其实不着相。"⑥这一不着相的境界，也就是从儒家万物一体之仁出

---

① 王守仁：《语录三》，《王阳明全集》卷三，吴光等编校，第141页。
② 王守仁：《语录三》，《王阳明全集》卷三，吴光等编校，第121页。
③ 王守仁：《语录三》，《王阳明全集》卷三，吴光等编校，第107—108页。
④ 王守仁：《语录三》，《王阳明全集》卷三，吴光等编校，第112页。
⑤ 王守仁：《居越诗》，《王阳明全集》卷二十，吴光等编校，第872页。
⑥ 王守仁：《语录三》，《王阳明全集》卷三，吴光等编校，第112页。

发，融摄老氏之无与佛氏之空而又归本于儒家人伦世教的无善无恶境界。

六、小结：阳明境界的实质及其实现

走出阳明的境界，让我们从对象的角度，看看其是怎样实现的，进而对其本质作一概括。

当我们以阳明境界为一动态的对象时，不言而喻，它只能是主客体相互碰撞的结果，亦即阳明与当时社会现实相互作用的产物。境界固然属于主体，是主体追求的产物，但主体毕竟不能凭空自生境界。这样，境界的成因便不外是两个方面：其一即主体内在的动力，其二则是主体人生的境遇。如果将主体内在的动力比作光，那么，其人生的境遇便是使光得以显现并得以丈量的外在障碍。

先从主体来看，从少年到青年，阳明心中萦绕的始终是对"第一等事"的寻求与探索。其告别辞章，是因为"辞章艺能不足以通至道"；其对导引术的"屏去"，又是因为"此簸弄精神，非道也"。所以，探索"至道"始终是跳跃于阳明心中的主旋律。当然，这其中也有不顺，当他两次按照朱学路径去为圣贤之学时，结果却是从"自委圣贤有分"到"益委圣贤有分"。这就导致了他早年两次重大的"陷溺"。但是，即使是"陷溺"，阳明也没有放弃对"第一等事"的探索。因为从对"辞章艺能不足以通至道"的叹息，到对佛老"欣然有会于心，以为圣人之学在此矣"的感慨，都说明所谓"陷溺"，不过是阳明对"至道"的一种间接探索而已。

身心之学的提出，表明阳明泛观博览的青年时期的终结，也是其创立圣学的起始。不过，身心之学却是以"使人先立必为圣人之志"而登台的。阳明说："志不立，无下无可成之事，虽百工技艺，未有不本于志者。"[①]"夫志，气之帅也，人之命也，木之根也，水之源也……是以君子之学，无时无处而不以立志为事。"[②]"故立志而圣，则圣矣；立志而贤，则贤矣。志不立，如无舵之舟，无衔之

[①] 王守仁：《教条示龙场诸生》，《王阳明全集》卷二十六，吴光等编校，第1073页。
[②] 王守仁：《示弟立志说》，《王阳明全集》卷七，吴光等编校，第290页。

马,漂荡奔逸,终亦何所底乎?"①这番话,既是说于其弟子,同时也是说于阳明自己的。对于追求客观外在的对象来说,立志未必就是决定的因素,但对于"为人"而言,则志确实是气之帅,人之命,木之根和水之源。所以,由此之后,阳明便在圣贤之学的大道上毅然若决江河而莫之能御也。

这一圣贤之学的志向,必然表现为一种至死不渝的追求精神。居夷处困的龙场本来是生死之地,但阳明却"因念圣人处此,更有何道"从而"胸中洒洒"地面对现实。宁藩之变是又一个生死路途,而阳明又以"天下尽反,我辈固当如此做"的方式再一次选择了死路。忠泰之变中,阳明面临"封建时代士大夫所遭遇到的最险恶的人生处境"②,不仅一身蒙谤,且有灭三族之祸,而阳明又"帖然处之",日间"大阅士卒,教战法",夜则"与朋友讲学论道"不已。这没有置生死于度外的精神是万万不能的。另一方面,在相对平和的时期,阳明更不放松对圣贤之学的探索与追求。京师时,"论实践之功",提出对心体"痛加刮磨"的"廓清心体"说;南京时,又以无间于动静的念念存天理、念念去人欲为"省察克治实功"。居越后,面对日炽的谤议,坚持"只信良知真是真非处,更无掩藏回护……使天下尽说我行不掩言,吾亦只依良知行"③;直到客死征程,依然念念于"平生学问方才见得数分,未能与吾党共成之,为可恨耳!"④可以说,这完全是一种死而不已的精神。孔子"颠沛必于是,造次必于是"的精神,在阳明的一生中得到了最好的印证。

从这个角度说,境界即是追求精神的回报与反光,是主体在无止境的追求过程中之所见。没有追求,就无所谓境界;境界的超越,正是追求精神更上一层楼的表现。

从境遇来看,阳明的一生又是险象丛生、逆境迭起的一生。刚提出身心之学,即因直谏而上忤天子,从而遭到廷杖、系狱最后远谪的打击。南京时,刚刚试图对朱学弊端加以救正。又遇到"环四面"的攻击与非议。平定宁藩之乱,本来是不顾身家性命而救社稷

---

① 王守仁:《教条示龙场诸生》,《王阳明全集》卷二十六,吴光等编校,第1073页。
② 陈来:《有无之境——王阳明哲学的精神》,第248页。
③ 钱德洪:《年谱三》,王守仁:《王阳明全集》卷三十五,吴光等编校,第1421页。
④ 黄绾:《阳明先生行状》,王守仁:《王阳明全集》卷三十八,吴光等编校,第1579页。

于危亡，但功成之日却身罹危难，不仅忠泰之流百般诬陷，连皇帝也颇怀猜忌之心，这就遇到了比平定宁藩之乱更险恶的危境。居越以后，讲学日盛，但朝廷却将心学列为禁学。直到客死军旅之程，京师朝臣们仍在攻击他"擅离职役""恩威倒置"。可以说，在整个封建社会，一生经历如此多的险境而又能够不死的士大夫几乎是绝无仅有的。

但是，对这所有的逆境，阳明均以砥砺切磋之地来化解之。龙场以后，阳明便总结说："某平日亦每有傲视行辈、轻忽世故之心，后虽稍知惩创，亦惟支持抵塞于外而已。及谪贵州三年，百难备尝，然后能有所见，始信孟氏'生于忧患'之言非欺我也。"①基于此，阳明提出了在患难忧戚中进德修业的功夫途径，兹简括征引几条：

> 居常无所见，惟当利害，经变故，遭屈辱，平时愤怒者到此能不愤怒，忧惶失措者到此能不忧惶失措，始是能有得力处，亦便是用力处。②
>
> 往年区区谪官贵州，横逆之加，无月无有。迄今思之，最是动心忍性砥砺切磋之地。当时亦止搪塞排遣，竟或空过，甚可惜也。③
>
> 然则今日之多口，孰非吾侪动心忍性、砥砺切磋之地乎！……昔之君子，盖有举世非之而不顾，千百世非之而不顾者，亦求其是而已矣，岂以一时毁誉而动其心邪！④
>
> 君子之学，务求在己而已，毁誉荣辱之来，非独不以动其心，且资之以为切磋砥砺之地。故君子无入而不自得，正以其无入而非学也。⑤
>
> 凡人言语正到快意时，便截然能忍默得；意气正到发扬时，便翕然能收敛得；愤怒嗜欲正到腾沸时，便廓然能消化得：此非天下之大勇者不能也。然见得良知亲切时，其工夫又自不难。⑥

---

① 王守仁：《与王纯甫》，《王阳明全集》卷四，吴光等编校，第173页。
② 王守仁：《与王纯甫》，《王阳明全集》卷四，吴光等编校，第173—174页。
③ 王守仁：《寄希渊四》，《王阳明全集》卷四，吴光等编校，第179页。
④ 王守仁：《与陆原静二》，《王阳明全集》卷五，吴光等编校，第210页。
⑤ 王守仁：《答友人》，《王阳明全集》卷六，吴光等编校，第231页。
⑥ 王守仁：《与黄宗贤》，《王阳明全集》卷六，吴光等编校，第244页。

正是在毁誉得丧的逆境中痛下砥砺切磋之功，阳明才"其于富贵、贫贱、得丧、爱憎之相值，若飘风浮霭之往来变化于太虚"[①]，从而直达善恶双泯的无善无恶境界。

从这个角度说，阳明的境界又得力于其一生接二连三的逆境经历之砥砺切磋。没有其九死一生的经历，很难想见其哲学会是个什么样子。孟子说："天将降大任于斯人也，必先苦其心志，劳其筋骨，饿其体肤，空乏其身，行拂乱其所为，所以动心忍性，增益其所不能。"（《孟子·告子下》）理学开山张载也说："贫贱忧戚，庸玉女于成也。"[②] 的确，可以断言，没有阳明一生的逆境经历，其哲学绝不会是这个样子，也绝不会达到无善无恶的境界（依阳明性格而言）。所以，也可以说，阳明的境界正是逆境打击的产物，正是在逆境的打击下，才放射出灿烂夺目的光辉。境界就是其在九死一生的逆境经历中对人生的一种感受和领悟。

不过，并非所有的人都能经受得起逆境的打击并在逆境中崛起，就是阳明，其早先对患难横逆也不过是"搪塞排遣"。这样，其境界的实现便只能归结为其一生主客观的相互作用与相互碰撞。正是在这种碰撞中，主体的追求精神加重着逆境，也强化着其对逆境的感受；而逆境又反过来锤炼着主体的追求精神……境界就是这种碰撞所激起的浪花，也是对碰撞本身的升华。

如果说，自宋元以来，儒家三教合一的任务已经历史地落到了明代，那么，阳明则以其精进不已、至死不渝的追求精神，从九死一生的逆境中毅然奋起，从而完成了这一使命。而且，其颇具传奇色彩的生平，也使其境界带上了人生患难实践的特色，这就使其意义超出了理学乃至儒释道三教的范围，而带有典型的中国人生哲学的特征。

---

① 王守仁：《答南元善》，《王阳明全集》卷六，吴光等编校，第235页。
② 张载：《乾称》，《正蒙》，《张载集》，章锡琛点校，第63页。

结论——对王阳明哲学的评价

走出阳明的体系，当我们站在对象的角度对其进行反观的时候，摆在我们面前的问题，便是如何对其进行评价了。

广义而言，评价本身也是一种研究。它既可存在于具体研究之前，也可进行于具体研究之后；既可对他人的研究进行再研究，也可以对自己的研究作出反思。所有这些，都是哲学评价的应有之意。这里的评价，可能涉及上述诸层含义，侧重则在于对阳明哲学进行定性，即从历史和现实两个角度对其作一价值判断。

一、评价的视角与问题

当我们将这500年前的思想体系作为评价对象时，首先进入我们视野的便是前人的评价。事实上，评价与研究是同步的。当阳明首倡身心之学时，"立异好名"便是时人对他的评价；而顾东桥的"坠入佛氏明心见性、定慧顿悟之机"，当然也是一种评价。此后，由"狂禅""阳儒阴释"到"以心并吞天地万物"，无疑都是评价。每一种评价当然都有其特殊角度，但大致相同的评价却可能具有同一的视角，而根本相反的评价也主要是由不同的视角所致。所以，这里以笔者的眼界为限，先分析几种不同的评价视角及其问题。

1. 对象性评价

所谓对象性评价，即以主体的认知方式对对象的本意进行诠释并对对象的价值作出评估和取舍。这是最基本最常见的评价方法。在自然科学中，由于自然本身的齐一性与主体逻辑同一性的统一，评价对象与评价主体的标准是一致的，因而评价结论最容易取得公认。自然科学的广泛适应性即缘于此。当然，自然科学中也有相反的情况，比如站在牛顿力学的角度去评价量子力学，就很难全面揭示后者的价值。这种现象，正是由于评价主体与对象标准的不一致性所致。这时候，评价便成为简单的外在评价。

人文学科的情况则要复杂的多。在历史上，常见的现象是，一方自认是"圣人复起，不易斯言"；另一方却认为不过是一些"热昏的胡话"，是梦呓。之所以导致这种状况，一则因为人文学科本质上具有历时性的特点，不同的历史时期常常会使主体形成不同的参照坐标；更为重要的则在于人文学科具有实践理性与逻辑理性有机为一的特征，而这两种理性又往往是互不通约的。所以，即使是同一时期，不同主体也会因为不同的认知方式而形成不同的参照坐标。人文学科的大部分争论，实缘于此。从阳明的"哑子吃苦瓜，与你说不得。你要知此苦，还须你自吃"①到毛泽东的"你要知道梨子的滋味，你就得变革梨子，亲口去吃一吃"②，就是实践理性的命题。这对于逻辑理性而言，无异于故弄玄虚；但对实践理性来说，却是不言自明的。在这种情况下，倘若逻辑理性要强行评判实践理性的命题，其结果是可想而知的。③

具体到阳明，其哲学为实践理性的人生哲学已经无疑，但对它的评价却可以来自不同的角度。概略而言，这主要是实践体认理性与对象观照理性两个不同的角度。由于实践体认理性本质上与阳明的认知方式是同一的，因而这里侧重分析来自对象观照理性角度的评价。

最早接触阳明思想且对其进行评价的当然是其弟子。在这一点上，"及门莫有先之者"且最为高足的徐爱的评价当然最有代表性。徐爱说："爱因旧说汩没，始闻先生之教，实是骇愕不定，无入头处。其后闻之既久，渐知反身实践，然后始信先生之学为孔门嫡传。舍是皆傍蹊小径、断港绝河矣！"④徐爱的"骇愕不定"显然是从"旧说"的角度作出评价的，而从"骇愕不定"到"渐知反身实践"则是一个认知方式的转向，故有"孔门嫡传"的认同感。徐爱的这一评价最具有典型性，尤其是"骇愕不定"之说，典型地代表了阳明弟子在初接触

---

① 王守仁：《语录一》，《王阳明全集》卷一，吴光等编校，第42页。
② 毛泽东：《毛泽东选集》，人民出版社1964年版，第264页。
③ 笔者这里以实践理性与逻辑理性来指谓对阳明哲学的两种不同评价并不是很严格，记得这本小书刚印出送尤西林先生批评时他就指出了这一点，当然笔者也知道尤先生是在康德指向实践之道德理性的含义上运用实践理性概念的，而笔者的实践理性则是指在主客有机地融而为一之实践中生成并发展的理性；阳明的知行合一就可以说是笔者所谓实践理性的原型。从知行合一的角度来看康德的实践理性，它实际上不过是同一理性运用于不同领域的表现，而以知行合一为代表的实践理性则不仅可以指向道德，而且同样可以运用于生存实践，庄子笔下的轮匠在描述自己劳作的所谓"得之于手而应于心"（《庄子·天道》）就可以说是笔者实践理性最恰切的表达。但由于人们已经形成了具有固定指谓的既定表达，所以笔者可以将以知行合一为典型表现的理性称为主体性的实践体认理性；与之相应的逻辑理性则可以称为对象性的观照理性，以指谓其虽然也有对象性视角，但其目的则并不在于认知这对象世界，而仅仅在于给这个对象世界以观照性的理解与价值性的赋予而已。朱子的格物穷理包括"所以然"与"所当然"、阳明的"岩畔花树"，实际上都是这种观照理性之观照性的对象。
④ 王守仁：《语录一》，《王阳明全集》卷一，吴光等编校，第12页。

阳明哲学时的一种共同看法。这也是从朱学旧说角度所得出的必然结论。所以，从阳明首倡身心之学起，就有"立异好名"的讽刺，及至《朱子晚年定论》，又有"攻之者环四面"；终阳明一生，其学始终没有完全取代朱学，从而也无法排除来自朱学角度的种种批评。

最能体现阳明哲学实践理性特色的是其知行合一命题，故来自逻辑理性角度的批评也集中表现在这一命题上。阳明说："吾始居龙场，乡民言语不通，所可与言者乃中土亡命之流耳；与之言知行之说，莫不忻忻有入。久之，并夷人亦翕然相向。及出与士夫言，则纷纷同异，反多扞格不入。何也？意见先入也。"①这一现象典型地表现了实践理性与观照认知理性的不可通约性。中土亡命之所以能"忻忻有入"，是因为他们是从实践活动的角度去理解的；而士大夫阶层的"扞格不入"，则是由于以朱学为代表而先入为主的观照认知理性的作用。不仅一般的士大夫阶层，就是与阳明"分主教事"的甘泉，也由于其认知方式的观照认知理性色彩，因而也同样不能准确地把握知行合一的指谓。甘泉说："阳明之知即是行，行即是知，不能无病。"②乍看起来，甘泉的这一评价是故意对阳明的曲解，因为阳明说得很清楚："知之真切笃实处，便是行；行之明觉精察处，便是知。若知时，其心不能真切笃实，则其知便不能明觉精察，不是知之时只要明觉精察，更不要真切笃实也。行之时，其心不能明觉精察，则其行便不能真切笃实，不是行之时只要真切笃实，更不要明觉精察也。"③显然，阳明并没有混淆知行，但由于甘泉是以常识的主客观来区分知行的，因而"知即是行，行即是知"便成为无法避免的结论。以此来看，虽然甘泉也主张知行合一，但他的合一仅仅指知与行的前后一致性，而绝非阳明当下实践中的不可分割之意。

王夫之是明清之际最重要的哲学家，其对阳明知行合一的评价也最典型地体现着观照认知理性与实践理性的不可通约性。在王夫之看来，阳明的知行合一是"以知为行，则以不行为行，而人之伦、物之理，若或见之，不以身心尝试焉……是其销行以归知，终始于知，而杜足于履中蹈和之节文，本汲汲于先知以废行也，而顾诎先

---

① 钱德洪：《刻文录叙说》，王守仁：《王阳明全集》卷四十一，吴光等编校，第1746页。
② 湛甘泉：《天关语通录》，《湛甘泉先生文集》卷二十三，清康熙二十年黄楷刻本。
③ 王守仁：《答友人问》，《王阳明全集》卷六，吴光等编校，第234页。

知之说，以塞君子之口而疑天下"①。王夫之之不解知行合一已见于"知行合一说"，但其将阳明的知行合一归结为"汲汲于先知以废行"却清楚地显现着自身认知方式之观照理性特色。因为只有从逻辑的角度看，知行才必须分出先后而不能合一并在，如果不是行先知后，那就只能是知先行后，舍此之外，没有任何可以调和的余地。但是，如果从实践体认的角度看，则任何一种实践都必然既包含着行（推致）又包含着知（自觉）的因素，否则，不是冥行便是妄想，便不是人的活动；如果从道德实践的角度看，那么，一念发动也就必然具有行的意味，即使停留在"一念"这一主观领域的行，也必然同时包含着主体内在自觉之知的意向，这就是知与行的合一。所以，虽然王夫之具有很深的哲学造诣，且在中国古代哲学中占有很重要的地位，但其对阳明哲学的评价却仍然是外在的。

近代以来，以逻辑认知理性为主体的西方文化进入了中国。随着其在中国的传播与积累，终于爆发了新文化运动。这对于中国文化的刷新，对于中西文化的融合，当然都是突飞猛进的发展。但与此相伴的另一现象是，正像西方的商品占领中国的市场一样，西方的逻辑认知理性也成了中国学界主要甚至唯一的思维方式。表现在王学研究中，即有所谓以概念范畴或命题体系的条分缕析为揭示阳明学旨的唯一方式。由于阳明哲学本身具有"非知解可入"的特点，因而这种研究往往是"说之愈详而失之愈远"者居多。

当然，笔者并非"国粹"，也非文化本位论者。事实上，对于西方文化在征服自然方面给人类带来的巨大效益，笔者深怀赞叹之情，也由衷地认为非如此不足以振兴民族。而且，即就是中国哲学本身，也需要以逻辑理性进行整理从而推陈出新。但说到具体的研究，则必须坚持实事求是的态度，即按照对象的本来面目和本来结构去把握对象，这也是逻辑理性的科学性本身的要求。在中国哲学中，确实不乏以逻辑认知理性从事研究的哲学家，故而以逻辑认知理性去把握其体系也是基本适应的。但对于阳明哲学来说，虽然其也蕴含着逻辑理性，但所谓逻辑与理性说到底又不过是其外在的脚手架。如果以对象认知理性的科学性而自认为无所不适，那就难免外在之嫌甚止削足适履之病了。

---

① 王夫之：《说命中二》，《尚书引义》卷三，《船山全书》（第2册），第312页。

思想解放运动以来，由于对理学的反思也对新中国成立以来中国哲学研究反思的需要，阳明哲学重新成为一个热点。大体说来，这一路径是通过复归于王夫之进而复归于朱熹为指向的。由于王夫之是中国古代最为"主智"而且近于西方的一位哲学家，故其对阳明的研究与评价最能取得人们的认同。所以，对于阳明的知行合一，有重复王夫之的看法而认其是先知后行说的倾向，也有抓住阳明的"学而后知"而认其有行先知后的因素或成分。事实上，这都是以王夫之的方式在认识论的概念次序上打转。随着研究的深入，人们进一步发现，阳明的知行合一乃至整个哲学都不是认识论的面向而是道德的面向，这就开始了向朱熹的复归，即从道德与认识关系的角度或从道德之知的角度去研究阳明。在这方面，最典型地代表着思想解放运动以来阳明哲学研究的最新成果的，当推陈来先生的《有无之境——王阳明哲学的精神》。

说陈来先生代表着从朱熹角度研究阳明哲学的最新成果，并不是说陈来先生只局限于朱学的认知范围。事实上，陈来先生对阳明的研究，不仅超出了程朱、陆王对立的理学模式，而且也超出了斥佛排老之传统儒家的模式。陈来先生是真正地站在中西文化交汇的高度去研究阳明哲学的，其中无论是对阳明哲学命题的中西比较，还是对阳明境界的分析，都令人信服地显现着这一高度。但是，陈来先生虽然贯横中西，却难免带有朱学的视角，就是说，陈来先生虽能理解阳明的道德角度，却是从"知解"的角度来把握这一道德的。让我们从陈来先生对阳明哲学命题的分析说起。

比如对心即理命题，陈来先生经过几个层次的分解之后，认为其"正如一个瘦人穿了一件肥大的衣服"①。之所以如此，是因为"朱子哲学中的物理包含当然与必然两方面，阳明的所有论证只是解决了当然之理一面"，这就使其"在令人接受方面遇到很大的困难"②。所以，"阳明把儒家固有的伦理优先（the priority of ethics）的立场更加推进，虽然有其现实关怀及对症下药的一面，但多少使尊德性与道问学的平衡受到了影响"③。这一结论，显然是从朱学角度得出的。

---

① 陈来：《有无之境——王阳明哲学的精神》，第41页。
② 陈来：《有无之境——王阳明哲学的精神》，第44—45页。
③ 陈来：《有无之境——王阳明哲学的精神》，第45页。

因为只有对朱学来说，才必须坚持尊德性与道问学的平衡，而对一贯坚持伦理优先的阳明来说，这二者并不是平衡的关系。如果要说是平衡，也是统帅与被统帅、头脑与节目时变式的平衡，一如规矩之于方圆的平衡。另一方面，阳明对认识也并非一味地排斥，其排斥也仅仅限定在"为学头脑"这一层面上。他说："……亦不是将名物度数全然不理，只要知所先后，则近道。"又说："其所当知的，圣人自能问人，如'子入太庙，每事问'"①之类。显然，在阳明看来，只有在以道德为头脑的基础上统摄认识，即以应然统摄必然，才是真正的平衡。所以，以为伦理优先即破坏或影响了尊德性与道问学的平衡，恰好是道德与认识二元结构基础上的必然结论。

在对知行合一与致良知的分析中，陈来先生条分缕析式的研究，正是阳明所极力反对的"字字而求，句句而证"。虽然陈来先生极力拓展这两个命题的意蕴，但最后又认为"在致良知的思想中不再有良知（知）与致良知（行）相互包含、相互渗透的意义。在致良知学说中，至少在逻辑上良知是先于致知的，从这方面说，阳明晚年的致良知思想中已不强调知中有行、行中有知、知即是行、行即是知的思想"②。这就不仅是对致良知的误解，而且反回来对知行合一也误解了。因为阳明的良知是指无声无臭的精神本体，一当其发为是非之知，就已经是良知之用的致良知了。所以，致良知之致不仅是行，本身即是知行合一，良知的本体义与知行合一之功夫义的统一，便是致良知的基本指谓。如果以"良知为知、致良知为行"③，那么，良知必然在逻辑上先于致良知，这不正是阳明所极力反对的"妄想"与"冥行"的为二吗？之所以导致这种误解，就是因为陈来先生是从对象的角度，以逻辑理性的方式去分解这些命题的。④

至于陈来先生对阳明境界的分析，无疑是《有无之境》中最为

---

① 王守仁：《语录三》，《王阳明全集》卷三，吴光等编校，第110页。
② 陈来：《有无之境——王阳明哲学的精神》，第112页。
③ 陈来：《有无之境——王阳明哲学的精神》，第111页。
④ 说陈来先生是以对象认知理性来理解实践体认理性的命题，此处的逻辑理性当然是一种较为宽泛的逻辑，其最典型的表现就是朱子的"义理不明，如何践履……如人行路，不见，便如何行？"（朱熹：《论知行》，黎靖德编：《朱子语类》卷九，王星贤点校，第152页）对于这种"义理不明，如何践履"的问题，就是阳明来回答也不可能有其他结论。但问题在于，这个"义理"究竟是什么义理以及如何才能明这种"义理"，正是在这一意义上，阳明的知行合一才具有新的方向与新的意义。

精彩的一笔。如果没有对阳明理想人格的真实见地，自然无法描述得那么真切。但从其前来看，从对心即理、知行合一以及致良知这么一路对象观照地分解过来，推不出这一境界，即二者无法吻合；从其后来看，陈来先生又以"神秘体验"对其加以摈斥，认为"现代心理学家利用催眠术和服用药剂，也可以达到神秘体验之境"[①]。这样，境界便成为一个可望而不可追求的东西，或者说是可以"利用催眠术和服用药剂"来追求的东西。对于前一个问题，笔者以为，这是逻辑理性的必然产物，因为逻辑理性要达到对境界的把握，必须以实践理性为中介，也只有在实践理性的基础上，才能使功夫升华为境界；离开了实践理性的阶梯，境界无异于悬浮在山顶的孤云。对于后一个问题，笔者并不否认，在宋明儒家所谈的体验与境界中，不无夸大其词的成分，也有借佛老之静坐参禅而体验者，但这与儒家在修持推致的道德实践中的体验是有本质区别的；而且，正是在道德实践中对道德本心与人生世界的体验，才构成了儒家"颠沛""造次"的内在心理依据。试想，离开了追求、离开了追求中的体验，那境界又是什么呢？离开了追求体验的境界，便只能成为催眠术和服用药剂的对象。这个中的差别，无异于人工钻石与天然钻石之差，只有从对象的角度去静观，才具有同一的性质。

　　所有这些，都是陈来先生对象性研究和对象性评价的必然结论，说得更具体一点，就是以逻辑理性的方式，从朱子学的视角来评价阳明的必然结论。固然，对象性研究有其洞若观火的一面，但这只适应于自然与具体科学，也只能存在于逻辑理性的范围内；对于实践理性的命题，逻辑理性自然不足以揭示其全面的意蕴。陈来先生虽然坚持"以理性主义到存在主义的转向来把握宋代理学到明代心学的演变线索"[②]，但其本人却是异常明确的理性主义立场，也是以"理性"来诠释"存在"而不是以"存在"本身来诠释存在的。

2.错位评价

　　所谓错位评价，是指主体研究标准的双重性，而这双重标准又是不统一的。如果借用陈来先生的语言，即主体真正感兴趣的是阳

[①] 陈来：《有无之境——王阳明哲学的精神》，第412页。
[②] 陈来：《有无之境——王阳明哲学的精神》，第15页。

明哲学的"生存向度",而在评价上却又不能不依据着逻辑理性的标准。由于二者本身的不可通约性,因而使研究标准与评价标准处于一种矛盾的状态。

研究阳明的人,大概都有一个体会,即离开了对它发自内心的兴趣,很难进行深入的研究。改革开放以来,阳明心学之所以成为宋明理学研究中的热点之一,恐怕与人们对它的兴趣是分不开的。当然,这并不排除从现实需要出发去进行历史反思式的研究。但可以肯定地说,在研究阳明的人中,受阳明为人与性格感召而进行研究者无疑会占多数。之所以这样说,是因为在中国古代哲学中,最贴近现实人生、最体现性格色彩且将人生中之是非得丧提升于哲学高度来把握者,可能莫过于阳明哲学。这里,笔者先以自身的经历来说明研究标准与评价标准的双重性或错位性。

笔者是由对阳明为人的兴趣而走向其学说的。还在读研究生时,经过对中国哲学的粗略翻阅,笔者的兴趣便停留在阳明心学上了。当时,主要是受其洒脱而豪迈之性格的吸引,还谈不上对其学说的真正钻研。于是,在进行学位论文的选题时,便不加思索地选择了阳明学。但是,一当开始收集资料,准备论文的写作时,又觉得空空如也,无从着手。其时,我读到了邓艾民先生的《王阳明的一生》,深爱其文,但从作论文的角度却似乎无法借取。经过一段思索之后,我准备以对知行合一的分析来"交差"。以当时所掌握的理论,我对阳明著作中的知行段落尽行录出,进行统计式的参证互解,结果却一会是知先行后,一会又是行先知后。尽管我对阳明的知行作行前之知、行中之知以及行后之知种种划分,且也大段地引证,但心里却隐隐觉得与阳明的原意尚隔一层。数换论题之后,最后才在导师陈俊民先生的指点下,以《王阳明"哲学"的内在矛盾及其特征》勉强交了差。

论文交了差,问题却留在了心中。毕业后,带着问题于阳明全书反复体察,才发现自己平时所感兴趣的问题与论文所能表达的问题本身就不在同一领域。前者属于人生中的实践理性的问题,而后者则属于逻辑理性的问题。就整个阳明哲学来说,一如其解知行合一时所说的"但著实就身心上体履,当下便自知得。今却只从言语文义上窥测,所以牵制支离,转说转糊涂"[1]。这时候,重新检索阳

---

[1] 王守仁:《答友人问》,《王阳明全集》卷六,吴光等编校,第232页。

明的各种命题，便似乎有了一通百通之感。

笔者的这一思想行程还说不上是研究，只能说是研究阳明的一个入手角度或先行准备。真正体现对阳明评价之双重标准的是邓艾民先生。邓先生已经作古，其对阳明哲学的双重标准主要体现在《朱熹王阳明哲学研究》一书中。该书关于阳明的研究共五章，其中第一章《王阳明的一生》已先行问世于《燕园论学集》，其余几章大都为打印稿，邓先生去世后由冯契先生整理出版。在《王阳明的一生》中，邓先生着重以阳明一生的逆境以及在逆境中的发奋探索概括其一生。先是5岁不会说话，继而格物失败、科场失利，入仕后又先后受太监诬陷，受疾病折磨，受同僚讥笑，受时论围攻，受首辅乃至皇帝的诬陷、猜忌与妒忌。平定宁藩之乱后，"功在社稷，但却身罹谗构，危疑汹汹，不保朝夕"①。直到平定思、田而客死征程，"吏部尚书桂萼还攻击他'擅离职役及处置广西思、田、八寨恩威倒置'"②，朝廷也下诏"禁邪说以正人心"③。正因为阳明的一生是这样度过的，所以邓先生最后总结说："他的一生就是他的哲学的表现，而他的哲学也就是他的为人的结晶。他的哲学思想的每一次变化，都是从切身的生活体验中得来的，而不只是从抽象的理论推衍出来的……中国古代哲学传统中所要求的内圣外王、仁智合一的思想，在王阳明一生的事绩中体现得最充分、最完整了。"④

笔者确信，这一结论是邓先生从心中喷涌出来的。每一位略知阳明生平且读过邓先生此文的读者，也自然会从心中呼出这一结论。如果心中没有一个大写的人字，没有与阳明心灵相印证，对阳明一生的逆境以切身认同的方式去感受、去把握，是绝对得不出这一结论的。所以，笔者认为，在《王阳明的一生》中，邓先生是以与阳明心灵相认同、相印证的实践理性的方式来把握其一生的。

但在后面几章关于阳明哲学命题的分析中，邓先生的标准又变成了逻辑理性的。比如对心即理，邓先生将其与斯宾诺莎相比较，认为有泛神论的色彩。虽然邓先生认为斯宾诺莎是唯物主义的泛神

---

① 邓艾民：《王阳明的一生》，《燕园论学集——汤用彤先生九十诞辰纪念》，北京大学出版社1984年版，第390页。
② 邓艾民：《王阳明的一生》，《燕园论学集——汤用彤先生九十诞辰纪念》，第398页。
③ 邓艾民：《王阳明的一生》，《燕园论学集——汤用彤先生九十诞辰纪念》，第398页。
④ 邓艾民：《王阳明的一生》，《燕园论学集——汤用彤先生九十诞辰纪念》，第406页。

论,而阳明为唯心主义泛神论,但实际上,邓先生是以泛神论为包含着唯物主义因素的,而这也就是阳明"特殊的贡献和地位"[①]。对于知行合一,虽然邓先生认为阳明之说不同于程朱派的知行并进、知行一致等合一的思想,"是他备尝百难后对内在精神的自觉体会的结果"[②],但最后却总结说:"他的知行合一说仍然是由知到行的路线,肯定知的决定作用;只强调知到行的转化,未强调行到知的转化;只谈到知而必行,并没有进展到行而后知。从这些方面来说,王夫之批评他与佛教禅宗有类似之处,用反对先知后行的学说来提倡先知后行……这也是有根据的。"[③]这样一来,邓先生也就等于站在王夫之的立场上而将阳明与朱熹划归一类了。这时,其在《王阳明的一生》中所概括的"从切身的生活体验中得来的,而不是从抽象的理论推衍出来的"的结论,便不再有效了。所以,笔者以为,邓先生在《王阳明的一生》与对其命题的分析中,是持着实践理性与逻辑理性两个不同标准的。在这双重标准并不统一的情况下所作的评价,便是错位评价。

冯契先生在《朱熹王阳明哲学研究》一书的序中,回忆邓先生的大学时代时说:"艾民特别喜爱《庄子》和陶渊明的诗,这使他在朋友中间得了个'道家'的绰号。他确实有点道家风度,很达观,看问题比较超脱;但他并不像庄子那样随便,而是一旦认识了真理,便很执着,坚决为之奋斗。"[④]显然,这也可以说是邓先生喜欢阳明哲学的性格依据,而邓先生于阳明哲学也是下了一生功夫的。但是,邓先生虽知其为实践理性却不能依据中国哲学传统的实践理性的精神来对其作出彻底的评价,而借助对象逻辑理性来最终裁定,也是实事求是而不能彻底的表现。今先生已作古,无法面证,读其书,想见其为人,更想见其内心深处"依违往返"的矛盾,不能不使人掩卷叹息。

3. 内在评价

所谓内在评价,相对于对象性研究的外在评价与双重标准的错

[①] 邓艾民:《朱熹王阳明哲学研究》,第142页。
[②] 邓艾民:《朱熹王阳明哲学研究》,第151页。
[③] 邓艾民:《朱熹王阳明哲学研究》,第166页。
[④] 冯契:《序》,邓艾民:《朱熹王阳明哲学研究》,第1页。

位评价而言，是指对阳明哲学研究与评价标准的一致，并且也不超出阳明或中国传统儒家范围的评价。这一标准的设定，大概非新儒家莫属。笔者的本来目的，也就是以此指谓新儒家对阳明哲学的评价的。

新儒家是50年代末崛起于港台，而今正在走向世界的一种国际性的儒学复兴思潮。其在儒学义理方面的研究，已经为世界所瞩目。在新儒家老一辈的代表人物中，最推崇陆王并致力于陆王的研究者，可能莫过于牟宗三。现在，既然新儒家后劲中有人认为，"中国哲学的未来发展课题也就关涉如何消化牟先生的论著，如何超越牟先生理路的艰巨任务"①，而内地，其也被视为新儒家当然的"思想领袖和学术前辈"②，那么，以牟宗三先生对阳明的评价作为新儒家对阳明的代表性的看法，大概不至失之太远。

牟先生以"践仁知天"或"践仁成德"把握儒家从孔孟到陆王的发展，其属于实践理性自然无疑。就是说，牟先生是真正有见于阳明哲学的内在生命或真实精神的。这也基本上是海内外学术界的一个共识。但是，牟先生一直处于中西文化交汇的风口浪尖且以光复中国文化为使命，故其对儒学义理之精思力索超过了他人，而戴儒家有色眼镜之深也超过了他人。即使其"冷眼向洋"，也是以儒家之视角去"看世界"的。限于资料，这里只举牟先生对阳明"致知"评价之一点来管窥其对阳明哲学的评价。

牟先生是通过突破阳明视角或将阳明视角现代化来对阳明哲学进行评价的。他说：

> 吾人点出天心天理之实体，以为人生宇宙之大本，此就是孔孟以及理学家之所一线相传，而直至于阳明之致良知教亦不过就是此线之结集。吾人处于今日，则又提出知识行为而融纳知识系统于此骨干中，因而亦即融纳一知识论于此形上学中。此亦是一线相传之结集。必如此而后可以无遗漏。③

---

① 郑家栋：《道德理想主义的重建·编序》，牟宗三：《道德理想主义的重建》，中国广播电视出版社1992年版，第2页。
② 郑家栋：《道德理想主义的重建·编序》，牟宗三：《道德理想主义的重建》，第1页。
③ 牟宗三：《道德理想主义的重建》，第143页。

牟先生之所以提出融摄知识系统的任务,从内在来看,是致良知行为实现的需要。因为"虽有造桌子之诚意,而意不能达;虽有良知天理之判决此行为之必应作,然终无由以施其作……就此观之,造桌子之行为要贯彻而实现,除良知天理以及致良知之天理外,还须有造桌子之知识为条件。"① 从外在来看,这无疑是西方文化之逻辑理性对世界的征服与改变的影响,而致良知体系如果能够融摄一知识系统,便可使西方的"知识方法,逻辑,数学,纯几何,乃至一切知识条件,皆有安顿。而同时此知识行为既是一行为,则致良知之教义仍可用其上。即'知识行为'亦是良知天心所自决。"② 合而观之,这大概就是牟先生关于改造中国文化的良知坎陷以转出知性主体的基本意蕴。

但是,就良知坎陷的动力而言,却只能来自良知自己,来自自身的不容已性。所以说:"此种转化是良知自己决定坎陷其自己,此亦是其天理中之一环。坎陷其自己而为了别以从物。"③ 而就坎陷的指向来说,这又是为了实现自己,使自己自适自足。因为"从物始能知物,知物始能宰物。及其可以宰也,它复自坎陷中涌出其自己而复会物以归己,成为自己之所统与所摄。如是它无不自足,它自足而欣悦其自己。此入虎穴得虎子之本领也。此方是融摄知识之真实义。在行为宇宙中成就了知识宇宙,而复统摄了知识宇宙。"④ 这样,良知的自我坎陷从根源、动力到目的指向,都是为了显现道德的自我,为了实现并满足这一自我。即无执的我自我坎陷为有执的我,目的正是为了复归于无执的我,为了显现无执的自我本身的完善性和丰富性。⑤

这种良知坎陷说,实际上就是阳明道德对于认识、良知对于见闻知觉以及致良知的内在规矩对天下之节目时变统摄关系的现代表述。当然,牟先生能够将良知之自我坎陷作为儒家文化现代出路的重大问题提出,说明牟先生的"看世界"虽为"冷眼",却是实事求是的,比那种视而不见、充耳不闻而一概骂倒的态度明智多了。但

---

① 牟宗三:《道德理想主义的重建》,第138页。
② 牟宗三:《道德理想主义的重建》,第143页。
③ 牟宗三:《道德理想主义的重建》,第139页。
④ 牟宗三:《道德理想主义的重建》,第139页。
⑤ 请参阅牟宗三:《道德理想主义的重建》,第501页。

是，问题却仍然存在于这一坎陷上，既然坎陷的根源与指向都是道德，那么，即使"坎陷"出知性主体，坎陷出科学与民主，也不过是："无根之树，移栽水边，虽暂时鲜好，终久要憔悴。"①

让我们从牟先生的道德创生义上来说明其缘由。牟先生好言儒家道德之创生义，依笔者的理解，这当是道德本心推致精神的不容已性。牟先生自己表达为"正物，润物，生物之积极意义的道德创造之德"②，也就是"竖起来而竖直地直贯下来的意思"③。"……此无限智心通过其创造性的意志之作用或通过其感通遍润性的仁之作用，而能肇始一切物而使之有存在者也。肇始一切物而使之有存在即所谓'创生'或'始生'。无限智心能如此创生一切物即所谓竖直地直贯下来贯至于万物——贯至之而使之有存在"④。笔者并不怀疑儒家道德的创生性，也不怀疑其直贯（纵贯）的统摄能力。笔者所要申明的是：其一，这一创生无疑是一道德的创生而非知性自身之创生。其二，这一创生虽能贯至万事万物，但从时空的坐标系来看，其直贯是虽立体而实平面的，就是说，它往往是一共时态的横向空间式之创生或直贯而非历时态之创生，即如阳明所说的："发见于事亲时，就在事亲上学存此天理；发见于事君时，就在事君上学存此天理；发见于处富贵贫贱时，就在处富贵贫贱上学存此天理；发见于处患难、夷狄时，就在处患难、夷狄上学存此天理：至于作止语默，无处不然"。⑤ 这一"无处不然"固然可以为实，但要变为无时不然就比较难，而对于历时系列的不同个体来说，就难乎其难了。所以，儒家之道德创生往往为横向空间式的创生，非但不同个体之间难有历时的继承性，就是在同一个体的人一己百、人十己千的过程中，也难免时时间断而不能成片，即不能始终如一。这样，即使将知性之树嫁接于道德创生之根上（或为道德创生之根所开出），也难免随时间推移而枯萎。其三，即使将开出知性主体作为道德本心之创生的应有之意，但因为创生的目的全在于显现自身的感召力和统摄力，在于实现自身的自满自足和无所不适性，所以，这样的创

---

① 王守仁：《语录三》，《王阳明全集》卷三，吴光等编校，第113页。
② 牟宗三：《道德理想主义的重建》，第650页。
③ 牟宗三：《道德理想主义的重建》，第650页。
④ 牟宗三：《道德理想主义的重建》，第650—651页。
⑤ 王守仁：《语录一》，《王阳明全集》卷一，吴光等编校，第7—8页。

生必然是被动的，其不容已也是被动的不容已，其所能达到的仅仅是对世界的顺适（无往而不自得），而不是对于世界的认知与改造。因为，作为创生之源的道德本心，就已经限定了其人际关怀的面向和界域。这样，即使开出了知性主体，其知性也难以展开翅膀，充其量只是皇宫内的火车，是道德本心统摄能力的证明和表现。否则，就非道德创生基础上的知性了。

这是笔者所见到的牟先生良知坎陷说之一斑。从其指向来看，显然是要以儒家的道德本心直贯地开出科学与民主系统，开出现代文明。但是，牟先生的这一"开出"本身却是逻辑思辨地开出，而非实践地开出。所以，这一开出的方式反倒是非儒家实践理性式的。不过，正因为其是非实践地开出，故其虽然认为可以开出而事实上却不曾开出。实际上，这一开出不过是阳明致吾心良知之天理于事事物物的一个现代表述而已。所以，如果说以牟宗三先生为代表的新儒家在研究中国传统文化方面卓有建树，那么，在儒家文化如何现代化上，新儒家却无论如何脱不掉传统儒家的视角，其现代化说到底也不过是对现代世界看似积极而实为被动的顺适性的反应。今天，西方文化以知性超越了中国，即从儒家古旧中寻出（开出）知性；明天，西方如果感性又超越了知性且同样超越了中国，那就又只能从儒家古旧中寻找（开出）感性了。如此一来，中国文化只能被动地遑遑然疲于奔命了。

之所以如此，笔者以为，盖因为牟先生太重形而上了。其对形而下的问题，一律求之于形而上的解决。"中西文化的差别以及中国文化之长于西方文化，是因为形而上；儒家之胜过佛老，亦是因为形而上……。"这些看法当然都有一定的道理，但对于知性以及科学与民主系统，牟先生一定要求之于形而上来开出，这就难免像黑格尔以绝对精神来"开出"物质世界一样了。如果说宋明儒家以其形而上的道德本心统摄形而下的人生，尚存在于实践体认理性的范围，且也存在着实现的可能，那么，牟先生以道德的形上本心开出科学与民主的形下系统，则游离了实践理性的范围而只能是思辨逻辑的结论。不过，这一游离也是思辨逻辑的游离而非实践体认的游离，就实质而言，却不过是将科学、民主以及知性等问题提升到道德角度来解决的表现。笔者之所以以牟先生对阳明的评价为内在评价，就是说其事实上并没有超出阳明的视角，不过是阳明视角的当代放大而已。

新儒家形成并发展于中西文化的剧烈冲突之中,其对中国文化执着的眷恋之情,当然也是民族自尊心的表现。其求助于形上道德以开出形下的知性系统,既表现了其对中国文化在这方面先天不足的确认,同时也体现了新儒家试图扬长补短以自强的一种尝试。所以,作为炎黄子孙,笔者对新儒家素怀敬慕之情。但是,对其以形上道德开出现代文明的迂阔之举,笔者就只能尝试着另辟蹊径了。①

4.内外统一的评价

内外统一的评价,即入乎其内而又出乎其外的评价。此评价标准为笔者所预设。鉴于对象性评价之难免外在色彩,内在评价又不脱阳明视角,错位评价的前后不统一,笔者试图吸取上述三种评价标准之所长,提出一种既能揭示阳明哲学之本真面目,又能走出阳明视角而不陷入前后错位的统一标准。这便是历史与现实相统一的评价标准。

作为历史评价,即一定要将阳明哲学放在其本身的文化氛围中来把握;作为现实评价,则必须以现实的眼光将阳明哲学作为对象来审视。二者统一的基础,即生生不息的实践理性本身。如果不能还其历史的本来成因、本来面目与本来指向,自然会流落为外在评价;但如果不能将其作为对象进行现代的审视,则又只能是只入不出的内在评价。倘若离开了实践体认理性的基础,不仅历史与现实存在着一道永不衔接的鸿沟,而且历史也将成为古董陈列,现实也不过是空中楼阁而已。

下面,笔者将试图依据这一标准,对阳明哲学作出不同层次的评价。

---

① 笔者对牟宗三先生素怀敬重之情,而对其"良知坎陷说"却始终依违往返于肯定与批评之间。从中国传统文化出发,我们依据自己所拥有的道德理性以指向科学认知理性,笔者始终是肯定的,并认为只有如此才能真开启一个全新的世界。但对牟先生之开出科学认知理性仅仅是"从物始能知物,知物始能宰物。及其可以宰也,它复自坎陷中涌出其自己而复会物以归己,成为自己之所统与所摄。如是它无不自足,它自足而欣悦其自己……在行为宇宙中成就了知识宇宙,而复统摄了知识宇宙"这样的说法并不认同。因为这样一来,其所谓"开出科学认知理性"似乎就是为了证明道德理性之无所不能性。笔者对这一点则深致怀疑之情。因为大陆40多年改革开放的历史表明,价值理性与认知理性必有其各自不同的领域与范围;如果科学认知理性又要回归于道德理性,那么这样的科学认知理性就始终是缺乏长远的目光及其发展动力。所以,我们固然可以借助传统的道德理性以作为科学认知理性之生根、发芽的第一推动力,但科学认知理性绝不能仅仅"欣悦"于道德理性的襁褓,而必须从社会发展的角度吸取并形成其发展的根本动力。

二、对阳明哲学的历史评价

对阳明哲学进行历史评价，即从其所处的历史坐标中对其进行定位。事实上，前面的分析，本身即是从阳明所处的坐标来看阳明的。这里的评价，不过是前述研究的一个概括而已。

当将阳明置身于其所处的历史坐标中时，其所过人而突出者，前人已有概括，这就是文章、政事、气节、勋烈而"克兼之"。但概括者也承认，这一概括是"除却讲学一节"的，阳明自己却"某愿从事讲学一节，尽除却四者，亦无愧全人"[①]。就讲学来看，由于阳明之学是从不脱离人伦日用的身心之学，故其并不是脱离生活实践而思辨推导的结论，毋宁说是其人生实践的结晶。正是在人生实践中，形成了从不脱离人生的实践哲学；而在讲学与为人统一的无止境追求中，又形成了既表征其哲学又显示其为人的人生境界。这样，作人、为学与人生境界，便构成了阳明一生中相互关联、相互渗透的三个层次，而这也就是对阳明一生及其哲学进行评价的基本坐标。

1. 为人精神

当将阳明的一生作为对象从总体上审视时，我们无须津津于其赫赫事功或过人的胆识，也不必急于将其与圣贤人格进行比较。作为一个一般的人，阳明一生的大过人之处，就在于其九死一生的患难经历。从其5岁还不会说话，到客死军旅仍毁谤弥天，可以说，阳明的一生便是逆境的一生。远谪龙场，刘瑾是抱定了阳明"必死"之心的，阳明自己也认为"吾惟俟命而已"，但阳明非但没死，反而"大悟格物致知之旨"。宁藩之乱，其父也以阳明为必死无疑，阳明自己也抱定了死而无憾的信念，但最后终以平定宁藩之乱而告终。在忠泰之变中，"他的盖世之功非但未得任何肯定与奖励，反而遭到内官在君前的恶毒诋毁，在'暗结宸濠''目无君上''必反'等被罗织的六大罪名之下，阳明处于'君疑'处境，随时有杀身灭门之祸，这可以说是封建时代士大夫所遭遇到的最险恶的人生处境"[②]。

[①] 邹守益：《阳明先生文录序》，王守仁：《王阳明全集》卷四十一，吴光等编校，第1739页。
[②] 陈来：《有无之境——王阳明哲学的精神》，第248页。

但是，对于这一个个急流险滩，阳明如"操舟得舵，平澜浅濑，无不如意，虽遇颠风逆浪，舵柄在手，可免没溺之患矣"①。

如果说，这一个个生死逆境都是由阳明为求仕进、求荣禄，或处心积虑或包藏贬损他人之祸心所致，那自然可以用咎由自取来归结。但问题在于，阳明一生所为，从未超出忠臣义士的规范和范围，甚至，恰恰是因为阳明要真诚地作一个忠臣义士，才导致了这一个个生死逆境。而且，这些逆境，从外在来看，也并不具有是非分明的性质，所以，对阳明来说，便不仅是生死存亡的危境，而且还带有蒙冤负屈的性质。这样，站在对象的角度，以隔岸观火式地来看，自然不过是一系列带有传奇色彩的故事，也可以随意评头品足。但如果身同此境而心同此情，恐怕就未必那么轻松，也未必人人都能走得过来。

诚然，阳明之"百死千难"，都已经是500年前的事了。但是，人生之顺逆、祸福以及对顺逆的感受，却不会因为500年之隔就有所减损。可以说，顺境逆境，正是人生中永恒的咏叹调，只要人类社会存在，顺逆以及对顺逆的感受便必然要伴随每一个个体的一生。阳明说："比遭家多难，工夫极费力，因见得良知两字比旧愈加亲切。真所谓大本达道，舍此更无学问可讲矣。"②事实上，对阳明一生的种种逆境，也只有在自身的种种不顺中方能有见、方能予以认同。"居常无所见，惟当利害、经变故，遭屈辱，平时愤怒者到此能不愤怒，忧惶失措者到此能不忧惶失措，始是能有得力处，亦便是用力处。"③也只有在这时，方能感受阳明之难能。笔者之所以赞叹邓艾民先生的《王阳明的一生》一文，就在于邓先生真切地描述了阳明"功在社稷，但却身罹谗构""功劳愈大，诽谤愈烈"的危境以及对危境的真实感受。

如果说，阳明一生经历如此之多的逆境在漫长的封建社会已不多见，那么，更难能可贵的则在于阳明从逆境中的奋起以及其至死不渝的追求精神。龙场之后，阳明便在《与王纯甫》一书中说，人之患难，"譬之金之在冶，经烈焰，受钳锤，当此之时，为金者甚

---

① 钱德洪：《年谱二》，王守仁：《王阳明全集》卷三十四，吴光等编校，第1412页。
② 王守仁：《寄邹谦之》，《王阳明全集》卷六，吴光等编校，第224页。
③ 王守仁：《与王纯甫一》，《王阳明全集》卷四，吴光等编校，第173页。

苦；然自他人视之，方喜金之益精炼，而惟恐火力锤煅之不至。既其出冶，金亦自喜其挫折煅炼之有成矣。某平日亦每有傲视行辈、轻忽世故之心……及谪贵州三年，百难备尝，然后能有所见，始信孟氏'生于忧患'之言非欺我也"①。这些话，固然可以说是豪言壮语，但没有"百难备尝"的切身体验，是绝对说不出的。正是基于这种精神，阳明才认为："今日之多口，孰非吾侪动心忍性、砥砺切磋之地乎！"②"毁誉荣辱之来，非独不以动其心，且资之以为切磋砥砺之地。"③也正是在这种精神的推动下，阳明"每念斯民之陷溺，则为之戚然痛心，忘其身之不肖"④，以"举世非之而不顾，千百世非之而不顾"的精神，呼号匍匐，狂奔尽气，而思以救之的。

这样的人生，比那些外挟卫道之名而内以济其私者当如何比较？如何评价？比那些"相矜以知，相轧以势，相争以利，相高以技能，相取以声誉"者，⑤又当如何比较？如何评价？如果说，阳明所为之奋斗者，不过是一空想，那么，在当时的历史条件下，人能超越这一空想吗？就是农民，能超越大同、超越人与人相亲相爱的空想吗？反过来说，我们能因其理想的空想性质就否定其追求的价值吗？

所以，阳明的一生，从客观的角度来看，便是患难的一生；从主观的角度看，则又是追求的一生。从主客观统一的角度看，这就是在患难中奋起，在逆境中追求的一生。这样的一生，对于患难者，才觉得亲切；对于在患难中奋起并执着地追求者，才具有超越时空的感召力。对于这样的一生，我们固然可以不以圣贤的品格来评价，起码也是志士仁人的一生。如果要说中国的脊梁，那么这就是中国的脊梁。这种为了理想世界、理想人格至死不渝的追求精神，就是阳明哲学的根本精神，也是中华民族的民族魂。

2.学说特征

对于阳明哲学及其特征，前面已有所论及，并将其概括为主体与本体、体与用以及知与行的合一。当时的概括，侧重于阳明哲学

---

① 王守仁：《与王纯甫一》，《王阳明全集》卷四，吴光等编校，第173页。
② 王守仁：《与陆原静二》，《王阳明全集》卷五，吴光等编校，第210页。
③ 王守仁：《答友人》，《王阳明全集》卷六，吴光等编校，第231页。
④ 王守仁：《答聂文蔚》，《王阳明全集》卷二，吴光等编校，第90页。
⑤ 王守仁：《答顾东桥书》，《王阳明全集》卷二，吴光等编校，第63页。

的命题及其体系的内在构架，故尚有分说的性质。当我们这里将阳明哲学作为一个整体对象时，其特征便必须既是决定阳明之为阳明哲学的特征，也是其作人与为学相统一的特征。从这个角度看，阳明哲学的特征，相对于逻辑理性（即牟宗三先生的"观解理性"）而言，便是以"德性"为核心的实践理性。

所谓实践理性[①]，就其入手与典型表现而言，即是知行合一；就其指向与最终实现而言，便是内圣外王。让我们先从阳明哲学的内在结构说起。

前面已经提到，知行合一是阳明哲学中的修养功夫命题，其基本指谓便是道德实践中的内在自觉之知与外在推致之行的同时性和不可分割性。因此，知行合一并不是作为一个思辨的理论命题提出的，而是指道德实践中知与行的"本来体段"。这样，作为命题，便可以说是指向道德实践的绝对命令。这一命令，并不是孤立的，而是体现、渗透于其他命题之中。比如心即理，"以此纯乎天理之心，发之事父便是孝，发之事君便是忠，发之交友治民便是信与仁"[②]。这一"发"的过程，即是知行合一的过程。因为，"发"既是向外推致，同时也内向的自觉。所以，只有知行合一，其心之发，才既不致流落为"妄想"，也不致流落为"冥行"。再如，致吾心良知之天理于天下的事事物物，这一"致"的过程，既是向外推致，同时又是内向自觉，否则，也难免蹈妄想与冥行之覆辙。至于阳明哲学中其他功夫次第如格物、诚意等等，也无不含括着知行合一的规定。

走出具体命题的范围，当我们将阳明的学说与为人作为一个统一的整体来把握时，这又构成了一个知行合一。他的学说体现他对人生的自觉，而他的为人则是其自觉的外向显现。诚如邓艾民先生所说："他的一生就是他的哲学的表现，而他的哲学也就是他的为人的结晶。他的哲学思想的每一次变化，都是从切身的生活体验中得来的，而不只是从抽象的理论推衍出来的。知行合一学说的建立是

[①] 实践理性原为康德用语，意即指向实践的道德理性。在康德哲学中，这种理性是指理应如此，但却不一定正在如此的理性。所以，为确保其现实性，须以上帝公设为前提。这里在指向道德实践上沿用其意。但这里的实践理性却主要是指正在道德实践中的体认理性，强调的是正在如此（实践）而不仅仅是理应如此（理性），因而作为主宰的道德本心不是前提性的公设而是行为中的呈现。在游离了道德本心的情况下，实践理性或受感性支使或受知性驱动，从而成为实用理性。但无论是实践理性还是实用理性，都是以实践行为为其支点和存在标志的。
[②] 王守仁：《语录一》，《王阳明全集》卷一，吴光等编校，第3页。

如此，致良知思想的提出也是如此。"①如果将其为人与学说的统一与其具体的哲学命题对应起来，那么，他在人生中执着的追求精神，正是其致良知之推致精神的表现；而良知之明觉，又是其在人生实践中时时省察克治而本心朗现的观念表达。所以，知行合一不仅体现于知与行之间、体现于每一命题中，而且也体现于其学说与为人的统一中。

学说与为人的统一，又显现出阳明哲学的一个根本指向：内圣与外王的统一。在理学传统中，内圣指以道德为本的格致诚正，外王则指修齐治平。所谓内圣外王，即由内圣而外王，由理想的个体推及理想的群体。在阳明哲学中，内圣固然仍是以道德为本的，但由于其心已落实于个体的层面，故内圣便是人人心体之同然，是个体的心灵世界，外王则指个体的人生世界；内圣与外王的统一，即指内在的心灵世界与外在的人生世界的统一。这样一来，内圣与外王便不仅没有时空上的先后性，也没有逻辑上的先后性，二者的关系一如知与行一样是一时并在而不可分割的关系。不过，阳明的内圣外王却并不因此而流落为独善其身。在他看来，"圣人之求尽其心也，以天地万物为一体也。吾之父子亲矣，而天下有未亲者焉，吾心未尽也。吾之君臣义矣，而天下有未义者焉，吾心未尽也。吾之夫妇别矣，长幼序矣，朋友信矣，而天下有未别、未序、未信者焉，吾心未尽也。吾之一家饱暖逸乐矣，而天下有未饱暖逸乐者焉，其能以亲乎？义乎？别、序、信乎？吾心未尽也……故圣人之学不出乎尽心"②。显然，内圣与外王是互渗互证的关系，外王的界限同时也就是内圣的界限，其一以贯之者，也就是一个尽心。如果津津于一身独善，执于内外之分，便陷入自私自利而沦为佛老之流了。所以，内圣与外王的统一，正像知与行的合一一样，虽然起始于"一念发动"的主观领域，但却并不停留于这一领域，而必然要指向并落实于客观的修齐治平的过程中。

内圣与外王的统一，不仅改变了理学传统的格局，而且也使内圣与外王的统一自始至终带上了实践的品格，使其真正落实于日用伦常之间了。这就不仅从理论指向上完成了内圣外王的任务，而且

---

① 邓艾民：《王阳明的一生》，《燕园论学集——汤用彤先生九十诞辰纪念》，第406页。
② 王守仁：《重修山阴县学记》，《王阳明全集》卷七，吴光等编校，第286—287页。

这一理论的规定和要求也最典型地体现着中国文化的实践理性精神。所以，如果认为阳明由内圣统一外王，并试图从形上之道德本体开出新外王（知性主体以及科学与民主系统），实际上是将阳明内圣外王之学思辨化的结果。对阳明来说，内圣与外王，正像知与行一样，始终是齐头并进、合一并在的。这种知与行的"本来体段"，也就是阳明内圣与外王的本来体段。从这个角度说，阳明的人生是道德实践的人生，其学也是以实践体认理性武装起来的关于道德实践的人生哲学。

3.超越指向

对于中国哲学来说，境界始终代表着超越的指向，亦即对包含理性在内的世俗经验生活的升华。隋唐的三教论争，虽然发本于世俗生活以及对世俗生活的不同态度，但论争之高下，则决定于其境界的超越指向。佛教的判教，便是依超越性之高下及其涵括之普遍性从而对各家各宗进行档次的排队。宋儒之所以批评韩愈为不懂形而上，正是就其津津于世俗的仁爱而缺乏超越的指向而言的，从而在佛老的高明境界面前丢了面子。

这说明，在隋唐的三教论争中，儒家的境界是低于佛老而排在三教之末的。直到张载，其弟子范育仍在《正蒙序》中说："自孔孟没，学绝道丧千有余年，处士横议，异端间作，若浮屠老子之书，天下共传，与《六经》并行。而其徒侈其说，以为大道精微之理，儒家之所不能谈，必取吾书为正。世之儒者亦自许曰，'吾之《六经》未尝语也，孔孟未尝及也'，从而信其书，宗其道，天下靡然同风。"①显然，这也可以说是儒家从大道精微之理层面上的一个自我检讨。

从北宋起，儒家知识分子纷纷"出入佛老，返于六经"，与二氏展开了后发制人的斗争。儒家知识分子的努力大体从两个层面上展开。其一是从理论层面展开对世俗生活的提炼与概括，确立与佛老争是非、计得失的理论基础，这就是所谓本体论。从无极论、太虚本体论到天理本体论和心本论，都表现着儒家知识分子在这方面的探索和努力。其二则是从形上境界层展开对世俗生活的提升与超越，

---

① 范育：《正蒙·序》，张载：《张载集》，章锡琛点校，第4—5页。

以吸取并扬弃二氏的高明玄妙之境界，这就是所谓修养功夫论。所谓孔颜之乐、圣人气象等等都是这一层面的指谓。不过，由于佛老的境界是以贬斥、放弃世俗生活为前提的，故其本体论与作为功夫的追求指向是直接而一贯的，而儒家却要在对人伦之爱（世俗生活）的执着追求中达到超越世俗生活的境界，这就比二氏的功夫要曲折得多、费力得多。也正是因为这一点，体用不二、本体与功夫的一致，才成为儒家内部判别理论高下的标准，而理学由太虚本体论而天理论乃至心本论的更替，正是由这一需要推动的。

虽然宋代诸儒能从人的修养功夫中对高明光大的境界时时有见，如濂溪之光风霁月，张载之民胞物与以及明道之与物同体，其理论却并不必然指向这一境界。从朱熹起始，又由进学与涵养的两路并进，从而将这一境界推向了遥远的未来，而其对儒家浪漫传统的反感与对知识的兴趣，又使儒家本来具有的浪漫境界淹没于"今日格一物，明日格一物"的繁琐次第中。即使将民胞物与看作张载的人生所见之境，充其量也不过是万物一体之仁，这比佛老二教来说，仍然稍逊一筹。所以，直到元代，人们仍然以"释如黄金，道如白璧，儒如五谷"来比喻三教的关系。阳明对儒家"其能有若老氏之清净自守、释氏之究心性命者乎"的批评以及"宜乎世之高明之士，厌此而趋彼也"的感慨，也表现了儒家在境界上不足以与佛老抗衡的状况。

阳明从身心之学的角度展开对儒学的探讨，并以"先立必为圣人之志"作为入手之阶梯，表明其一起始就是从修养功夫中去探索儒家的大中至正之体的。龙场大悟后，其心即理便成为身心并进、知行合一的；江右以后，又以良知指示至善之本体而以致良知为人生修养的根本功夫。这就使其本体成为功夫中的本体，使其功夫成为本体观照下的功夫。本体与功夫的合一，便使二者互渗互证、双向开拓。一方面，本体即功夫中之所见，同时，功夫又是合于本体的功夫。随着功夫的精进不已，阳明的本体（境界）也形成了一个由万物一体而廓然大公、又由廓然大公而无善无恶的三级跳。从三教境界的本来关系而言，这就由儒家之大我而道家之无我，又由道家之无我而佛家之物我内外一齐皆化的空，所谓"无善无恶"作为境界，就指此而言。如果说佛教的空代表着人生追求的最高境界，那么，阳明便是在对儒家人伦世教的执着追求中实现了这一境界，实践了佛教所谓的即烦恼而证菩提。

当然，这就是所谓援道入儒、援佛入儒。但是，阳明的这一"援"却是站定了儒家脚跟式的援，是超越式的援。所以，虽然阳明援道援佛，却既不归结为道，也不归结为佛。因为，阳明的廓然大公与无善无恶之境都是在对万物一体之仁的执着追求中实现的，这与道家之无、佛教之空毕竟有着发本要归的二根之别。所以，凡是以阳明为阳儒阴释或阳儒阴道者，都是不曾见透阳明的儒家境界所致。

在此基础上，当阳明反过来批判佛老时，便不再是因为其高妙境界为儒家所无而排斥的批判，而是超越的批判了。如就本体层而言，"仙家说到虚，圣人岂能虚上加得一毫实？佛氏说到无，圣人岂能无上加得一毫有？但仙家说虚，从养生上来；佛氏说无，从出离生死苦海上来：却于本体上加却这些子意思在，便不是他虚无的本色了，便于本体有障碍。圣人只是还他良知的本色，更不着些子意在。良知之虚，便是天之太虚；良知之无，便是太虚之无形。日、月、风、雷、山、川、民、物，凡有貌象形色，皆在太虚无形中发用流行，未尝作得天的障碍。圣人只是顺其良知之发用，天地万物，俱在我良知的发用流行中，何尝又有一物超于良知之外，能作得障碍？"① 就功夫层而言，"佛氏不着相，其实着了相。吾儒着相，其实不着相。……佛怕父子累，却逃了父子；怕君臣累，却逃了君臣；怕夫妇累，却逃了夫妇：都是为个君臣、父子、夫妇着了相，便须逃避。如吾儒有个父子，还他以仁；有个君臣，还他以义；有个夫妇，还他以别；何曾着父子、君臣、夫妇的相？"② 显然，从本体而言，儒家才是真正的虚无；从功夫而言，佛氏之不着相，恰恰是其着相的表现，只有儒家在无止境的着相追求中，才真正达到了不着一相的境界。

这样，对儒家来说，不仅那种斤斤于斥佛排老者是"自小其心"，即就是那种承认应当兼取二氏之用者，也是"不见圣学之全"所致。因为"圣人尽性至命，何物不具，何待兼取？二氏之用，皆我之用：即吾尽性至命中完养此身谓之仙；即吾尽性至命中不染世

---

① 王守仁：《语录三》，《王阳明全集》卷三，吴光等编校，第121页。
② 王守仁：《语录三》，《王阳明全集》卷三，吴光等编校，第112页。

累谓之佛。但后世儒者不见圣学之全，故与二氏成二见耳。譬之厅堂三间共为一厅，儒者不知皆吾所用，见佛氏，则割左边一间与之；见老氏，则割右边一间与之；而己则自处中间，皆举一而废百也。圣人与天地民物同体，儒、佛、老、庄皆吾之用，是之谓大道。二氏自私其身，是之谓小道。"①这就不仅是对佛老的清算，也是对后儒斤斤于斥佛排老的清算了。这种从容的清算，只有在真正超越了三教境界的基础上才有可能，也是阳明超越传统的三教境界的心态表现。

所以，如果说在隋唐以来三教合一的潮流中，禅宗实现了佛教的三教合一（从佛教的角度实现了三教合一），全真实现了道教的三教合一，那么，阳明心学则以后来居上的方式完成了儒家的三教合一。而阳明的合一，又是通过对传统三教的超越实现的，这就使其带上了非儒非道亦非禅而又即儒即道亦即禅的性质。人们之所以常常站在传统儒家的角度疑阳明为禅，正是由于其津津于儒家的传统性质所致。从这个角度说，阳明哲学即是从儒家出发的三教合一哲学；其人生境界，即儒家的三教合一境界。这一点，也就是阳明心学在中国文化中的特殊地位。

总之，以人生患难为砥砺切磋之地，以实践理性为为学之功，在无止境的实践追求中由万物一体而廓然大公，又由廓然大公而无善无恶，最后又返本于儒家的大中至正之道，这就是笔者从阳明所处的文化氛围中对其所作的评价与结论。

三、对阳明哲学的现实评价

阳明哲学是500年前的思想体系，今天研究它，当然不是发思古之幽情，而是为了推陈出新，为中国文化的重建与中华民族的崛起探索历史的借鉴。因此，对于阳明哲学，我们不能仅仅满足于历史的评价，而必须从现实的角度作出价值判断。这就要求我们必须转为当代的视角。

当我们以当代人的视角来审视阳明哲学时，有三个基本的层面

---

① 钱德洪：《年谱三》，王守仁：《王阳明全集》卷三十五，吴光等编校，第1423页。

是必须的，这就是感性的人生态度与物质文化层面、理性的认知结构层面和作为超越指向的精神境界层面。上面对阳明哲学的分析，事实上也是依这三个层面展开的。不过，在阳明哲学中，这三个层面是浑然一体的。这样，当我们以当代的视角对其进行评价时，就必须既能将其分解开来，进行单独的审视，同时又能整合起来，进行综合的评定。

1. 从感性的人生心态层面看

所谓感性层面，表现在阳明哲学中，即感性的人生经历层面；以概念表示，即所谓对与心相应的身和外物的态度层面。在现实生活中，这一层面既表现为对己（身）、对人的物质生活要求的一种处置方式，又表现为对外在世界即物的一种自发的心态。当然，对整个人生世界外在环境的心理态势，也在这一层面的含括之中。在这一层面上，阳明哲学的消极作用可能是最大的。

首先，就对外物的态度而言，阳明基本上以心物关系的模式来处置的。倘若超出了心——人生道德实践的范围，阳明不仅不措意，甚至是一种居高临下之轻视的态度。他在《拔本塞源论》中谈到理想的三代之教时说："学校之中，惟以成德为事……而知识技能非所与论也。"① 而在《传习录》的下卷，阳明又说："天下事物，如名物度数、草木鸟兽之类，不胜其烦。圣人须是本体明了，亦何缘能尽知得？但不必知的，圣人自不消求其知；其所当知的，圣人自能问人。如'子入太庙，每事问'之类。"② 从这两段可以看出，阳明对外物以及对外物之认知形式上是一分为二的。即如果其在人生道德实践的范围，是道德实践得以展开的前提，那就是问人，也要求其知；倘若不在道德实践的范围，那就无须置理。阳明之所以反对朱熹的格物说，就是因为其内容为穷格天下之物。在阳明看来，"天下之物如何格得？且谓一草一木亦皆有理，今如何去格？纵格得草木来，如何反来诚得自家意？"③ 所以，正像其以诚意为格物划界一样，阳明对外物之知也是一种以人生道德实践来划界的态度。

---

① 王守仁：《答顾东桥书》，《王阳明全集》卷二，吴光等编校，第61—62页。
② 王守仁：《语录三》，《王阳明全集》卷三，吴光等编校，第110页。
③ 王守仁：《语录三》，《王阳明全集》卷三，吴光等编校，第135页。

阳明的这种态度，就具体原因而言，是受其实践理性的认知方式以及以心统物的心物关系决定的；就直接原因来说，则是由其哲学之道德人生的面向决定的；从根本原因来看，则又是儒家的一贯心态尤其是理学传统的影响。正因为看到了这一点，牟宗三先生才认为阳明于"所知所学之种种知识学问以及本领，彼自不甚措意，故亦不曾提出而考论之"①。而通过良知之坎陷以开出知性主体，也正包含着对这一弊端的救正，故要"融纳一知识论于此形上学中……必如此而后可以无遗漏"②。牟先生的良知坎陷说能否行得通这里可以不论，但起码反证了阳明对外物之知的"不甚措意"态度。

如果说在对待外物之知上，阳明虽"不甚措意"但尚能一分说为二，那么，在对待身以及身之基本需求上，阳明便基本上是一味压抑的态度了。在阳明哲学中，身是与心相对的概念，心即真己，身则往往指躯体。大体说来，躯体之身有两种叫法，从正面说，即耳目口鼻四肢；从负面即消极意义上说，便叫作躯壳。如果一心想着满足躯体的要求，便叫作躯壳起念。他说："人须有为己之心，方能克己；能克己，方能成己。萧惠曰：'惠亦颇有为己之心，不知缘何不能克己？'先生曰：'且说汝有为己之心是如何？'惠良久曰：'惠亦一心要做好人，便自谓颇有为己之心。今思之，看来亦只是为得个躯壳的己，不曾为个真己。'先生曰：'真己何曾离着躯壳，恐汝连那躯壳的己也不曾为。且道汝所谓躯壳的己，岂不是耳目口鼻四肢？'惠曰：'正是。为此，目便要色，耳便要声，口便要味，四肢便要逸乐，所以不能克。'先生曰：'美色令人目盲，美声令人耳聋，美味令人口爽，驰骋田猎令人发狂'，这都是害汝耳目口鼻四肢的，岂得为汝耳目口鼻四肢？若为着耳目口鼻四肢时，便须思量耳如何听，目如何视，口如何言，四肢如何动。必须非礼勿视听言动，方才成得个耳目口鼻四肢，这个才是为着耳目口鼻四肢。"③从这一大段对话中可以看出，阳明对物质欲望是一概压抑的，而要将身——耳目口鼻四肢完全收摄到非礼勿视听言动上来。当然，这也是再明白不过的禁欲主义态度。

---

① 牟宗三：《道德理想主义的重建》，第143页。
② 牟宗三：《道德理想主义的重建》，第143页。
③ 王守仁：《语录一》，《王阳明全集》卷一，吴光等编校，第40—41页。

从现实的角度看，这种对物质欲望的极度压抑与对外物知识的轻视心态无疑起着十分保守甚至摧残人性的作用。但是，这种态度也有另一面，即所谓对外在环境一无所动的心理状态，也正是从这一态度中合理地引申出来的。阳明说："君子素其位而行，不愿乎其外。素富贵，行乎富贵；素贫贱，行乎贫贱；素患难，行乎患难；故无入而不自得。"① 显然，"无入而不自得"正是以"素其位"为前提的。如果不能"素其位"，不能安于贫贱患难，那不是受蔽于物而碌碌于知识之途，就是受制于欲而奔波于欲望之地。这都是无底的深渊，不是沦为禽兽也只能是伯者之途。自然，阳明非常清楚欲望与知识的无穷尽性，他也正是希望通过对这两条路径的堵塞，从而将人们引向了道德实践的无极之路，使人们无止境的追求精神释放并实现于无穷无尽的道德实践之中。

如果我们注意到阳明哲学的主体自始至终是从个体角度立论的，那么，在个体有限的人生中，抑制欲望、漠视知识以返归本真的自我不失为一种明智的态度。事实上，这也是中国智慧的表现，这种对欲望与知识的压抑和漠视，不仅是阳明一家的观点，而是传统三教的基本共识。老子就以"为道日损"贬斥"日增"的"为学"，并提倡"损之又损"，要求"涤除玄览"；庄子则说得更明白："吾生也有涯，知也无涯，以有涯随无涯，殆矣。"佛教不仅对欲望和知识是贬斥的，而且人伦世教也尽在抛弃之中。就连理学家中对知识最有兴趣的朱熹，也认为那种"兀然存心于一草木、一器用之间"，"是炊沙而欲其成饭也！"② 所有这些，在对于个体人格之当下圆成上，当然都是合理的，也是有效的。但问题在于，当我们从历史的视角转向现实的视角时，我们的主体便不再是个体而是群体，也只有从群体即整个社会的角度，才能谈得到文化的振兴和民族的崛起。

当我们从群体的角度来审视阳明对知识、物欲的态度时，其情形与个体主体的情形恰好相反。如果将阳明的这种态度推及为整个民族对物欲与知识的共同心态，结果不外是两种可能：其一是根本不可能实现。因为带领整个民族抑制欲望、漠视知识而奔走于圣贤之路，就如同带领千军万马挤独木桥一样，过去者一个半个，这就

---

① 王守仁：《与王纯甫》，《王阳明全集》卷四，吴光等编校，第173页。
② 朱熹：《答陈齐仲》，《朱熹集》卷三十九，郭齐、尹波点校，第1792页。

是所谓圣贤；过不去的千个万个，必然坠落于黑暗而痛苦的深渊而入于禽兽之道。因为，如果整个社会都表彰圣贤而贬斥钻营利禄的小人，那么，小人便不得不披上君子的外衣。就是说，如果道德天理成了裁决一切事物的绝对准绳，那么，无法根绝的私欲便必然要打上天理的招牌。这时候，所谓好话说尽、坏事干绝，便不仅是个别人的写照，而是对整个社会、整个民族普遍情况的如实写真了。这无疑是民族的堕落，但这种堕落比那种自甘于小人的堕落更为堕落。因为它是由整个民族的虚伪所致。这不是危言耸听，请看阳明对当时社会的写照："今之大患，在于为大臣者外托慎重老成之名，而内为固禄希宠之计，为左右者内挟交蟠蔽壅之资，而外肆招权纳贿之恶。习以成俗，互相为奸。"①在《拔本塞源论》中，阳明又写道："相矜以知，相轧以势，相争以利，相高以技能，相取以声誉……"②这是阳明对当时社会的写照，但这也是整个民族遑遑于圣贤之路的实际结果。

其二，即使阳明对欲望与知识的心态真正成为整个民族的共同心态，那情形又如何呢？这就是所谓"君子国"，人人相亲相爱，相安相养，"无有闻见之杂，记诵之烦，辞章之靡滥，功利之驰逐，而但使之孝其亲，弟其长，信其朋友……"③从外在来看，这固然不失其宁静、祥和，但这样的社会也将是一个沉寂的社会。因为没有纷争和冲突，没有欲望和追求，社会就失去了演进的内在动力，只能像沙漠上的湖泊一样日见干涸；即使能够以对道德无止境的实践追求维持其存在，那一代代的传承之人，便仅仅成了道德本心的遗传载体了，虽不至灭绝，也只能悄然退出各个民族相互融合、相互吸取的历史舞台。实际上，中国君主专制社会的漫长历史，正是上述两种可能相互折中、相互补充的表现。

对于上述可能，阳明是非常清楚的。其中第一种可能，正是阳明身心之学得以提出的前提，也正是为了杜绝这一可能，阳明才念念存天理去人欲；而对知识的鄙视，对环境之安然，也都由此而形成。这样，第二种可能，便构成了阳明为之奋斗的方向，以知行合

---

① 王守仁：《陈言边务疏》，《王阳明全集》卷九，吴光等编校，第316页。
② 王守仁：《答顾东桥书》，《王阳明全集》卷二，吴光等编校，第62页。
③ 王守仁：《答顾东桥书》，《王阳明全集》卷二，吴光等编校，第61页。

一所表现的实践理性，正是为了保证第二种可能的实际落实。但是，这种可能必须诉之于个体，必须以个体的道德实践为具体落实点，"夫一人为之，二人从而翼之，已而翼之者益众焉，虽有难为之事，其弗成者鲜矣"①。正是在个体的言传身教之中，个体的实践成为群体的实践，个体的理想才有可能成为群体的目标。但即使如此，阳明也不得不承认这条道路是："不亦劳苦而繁难乎！不亦拘滞而险艰乎！"②这样，对阳明来说，便是知其不可为而又不能不为了。其《拔本塞源论》所描述的万物一体之仁之所以是一种境界而非理想，正是由其实际上的不可为性决定的。

这样，阳明由儒家道德本心所引申出来的感性人生心态便只能落实于个体而无法推及于群体层面。从圣贤人格本身来看，固然可以压抑欲望、鄙视知识，并对外在的种种境遇安然处之；但对群体来说，这就只能是事实上的不可为了。如果要从群体的层面推行圣贤人格，便只能面临上述两难抉择：要么是整个民族普遍地因虚伪而堕落，要么就是对社会发展动力的阉割或根除从而走向沉寂。从现实和群体的角度看，阳明哲学的消极作用，也可以说是儒家乃至整个中国传统文化的消极作用，主要也就表现在这一方面。

在牟宗三先生对传统儒家文化弊病的救治方案中，其中主要的一环便是通过良知之自我坎陷以开出知性系统，开出科学与民主。这当然是牟先生站在中国文化的立场上融纳西方文化的一种尝试。但是，牟先生将知性以及科学与民主系统之根嫁接并隶属于儒家传统的道德本心，这就决定其开出只能是消极被动的开出，充其量也只是顺适性的开出而不是活生生地充满动力的开出。因为在牟先生的"开出"系统中，"与现实人生相关联的人的感性情欲及其价值在其中完全没有地位"③。这样，不仅"开出"的知性是无根的，而且连儒家传统的形上道德也成为悬空的了。所以，笔者的看法恰好相反，对于中国传统文化知性匮乏这一弊端，不应求助于形上道德来解决，而恰恰应当以形下的方式来解决，这就必须打开被压抑、封锁了几千年的感性欲望的大门。只要打开了根植于人的生命

---

① 王守仁：《别三子序》，《王阳明全集》卷七，吴光等编校，第252页。
② 王守仁：《答顾东桥书》，《王阳明全集》卷二，吴光等编校，第64页。
③ 牟宗三：《道德理想主义的重建》，第46—47页。

源头的感性欲望的阀门，人们不仅会改变对知识的态度，而且对环境、对人生的具体境遇，也必然会由安然顺适——变而为积极地改造。这样一来，知性主体以及科学与民主的体制，便不再是一个形上思辨的"开出"问题，而是一个生活实践中水到渠成的问题。这便是笔者从群体的视角，对阳明哲学感性的人生心态层面所作的现实评价。

2.从理性的认知结构层面看

从认知结构的层面看，即从现实的角度对阳明实践体认的认知方式进行评价。如果说阳明在感性的人生心态层面是消极作用大于积极作用，那么，在认知结构这一层面，阳明哲学的作用却是真正的一分为二、利弊参半的。

从现实的角度看，实践体理性的最大弊端在于对逻辑理性的排斥性。实践理性当然是一种理性，且也蕴含着逻辑，但它的命题却很难借助逻辑来直接把握。这其中既有感性的人生心态的原因，也有作为形上的道德本心的原因，而最为根本的原因，则在于实践体认理性的认知方式是此在的，主体参与其中的实践体认式的，而对象理性的认知方式则是彼在的、主体置身其外而对象静观的。在实践体认中，是无所谓对象的，一切物事不过是主体的延伸或一部分。陈白沙所谓的"天地我立，万化我出"，就表现了一切外在事物向主体靠拢并打上主体烙印的特色；而在对象静观中，则是无所谓主体的，一切主体在这里都统一地向对象靠拢，并且构成了对象世界的一个部分。实践体认的方式与结果为活动并在活动中直觉领悟，而对象认知的方式与结果则为逻辑与依靠逻辑推导所得出的知识理论。前述关于知行合一的不同理解方式，就是实践体性与逻辑理性在认知方式上的分歧，而这两种认知方式的不可通约性，也就源于此。

阳明哲学的理性即是纯粹的实践理性，他的命题也都是实践理性命题。他一生的努力（从理性层次而言）就在于倡导这种理性，并以之反对以朱熹为代表的对象观照理性。实践体认理性对对象理性的排斥，典型地表现在阳明对知行合一以及整个哲学把握方式的"非知解可入"的解释上。

当阳明首倡知行合一时，其对弟子徐爱的解释即显现了其认知方式的实践体认特征。他说："就如称某人知孝其人知弟，必是其人已曾行孝行弟，方可称他知孝知弟，不成只是晓得说些孝弟的话，便可称为知孝弟？又如知痛，必已自痛了方知痛；知寒，必已自寒了；知饥，必已自饥了：……此却是何等紧切着实的工夫！如今苦苦定要说知行做两个，是甚么意？某要说做一个是甚么意？若不知立言宗旨，只管说一个两个，亦有甚用？"①显然，知行合一是一个实践体认的问题，而不是一个悬空讨论的逻辑思辨、对象考察的问题。所以，若不了解这一点，"便说一个，亦济得甚事？只是闲说话。"②到了晚年，其在《答友人问》一书中，又对知行合一作了这样解释："但着实就身心上体履，当下便自知得。今却只从言语文义上窥测，所以牵制支离，转说转糊涂，正是不能知行合一之弊耳。"③这种"转说转糊涂"，正是逻辑理性的对象式考察的结果。至于对其哲学之实践体认特征的解释，这在《传习录》中几乎可以说是俯拾皆是，如"哑子吃苦瓜，与你说不得。你要知此苦，还须你自吃"④，再如"此学贵反求，非知解可入也"⑤。所谓"非知解可入"，即逻辑理性之对象式考察无法把握其真实意蕴，而如果在实践中体认，即"当下便自知得"。凡此都说明，不仅知行合一是实践体认的命题，其心即理、致良知乃至格物、诚意等等都是实践理性的命题，整个阳明哲学即为实践体认理性的哲学。逻辑理性的研究方式之所以难免外在之病，原因就在这里。

实践理性对于阳明道德本心的贯彻，对于道德实践的落实，当然是非常有效的。但对于知性，对于科学理论，实践理性却起着排斥、阻滞的作用。因为实践理性的最大特点，就是从不离开实践来谈理论，其理论也只是对实践活动中主体感受的如实描述。这样，虽然其保持了理论与实践的同一性，保持了理论从不脱离实践的性质，但也因此而排除了理论的独立性，从而不仅阻碍了理论自身的发展，并进而反过来限制实践的范围，阻碍实践自身的发展。因为理论与实践的关系，从一定意义上说，也就是主观与客观的关系，二者之间只有保持足够的张力，才能使各自获得独立性，从而也才

---

① 王守仁：《语录一》，《王阳明全集》卷一，吴光等编校，第4—5页。
② 王守仁：《语录一》，《王阳明全集》卷一，吴光等编校，第5页。
③ 王守仁：《答友人》，《王阳明全集》卷六，吴光等编校，第232页。
④ 王守仁：《语录一》，《王阳明全集》卷一，吴光等编校，第42页。
⑤ 王守仁：《答陆原静书·又》，《王阳明全集》卷二，吴光等编校，第80页。

能发挥相互的促进作用。如果理论一刻也不脱离实践，那么，实践的方式、范围，不仅限制着理论的触觉，而且也限制着理论的独立与发展；而理论的被限制，又必然反弹于实践自身。这就形成了理论与实践相互限制的恶性循环。在漫长的君主专制社会中，中国人无论是认知自然还是解决社会生活中的具体问题，都表现出了惊人的智慧，但这些智慧却总是淹没于具体问题或具体活动之中，没有形成系统的理论，这不能不说是与实践体认理性的认知方式直接相关。比如毕达哥拉斯定律，中国人能够在实践活动中认知勾3股4弦5，但恰恰总结不出 $a^2+b^2=c^2$。由于理论缺乏独立性，由于缺乏逻辑这一理论独立发展的工具，因而传统社会中重复发现的事例屡见不鲜。正由于实践理性对逻辑的蕴含、取代和对理论独立性的拒斥，从而使中国这个曾经很长时期在各方面居于世界领先地位的民族渐渐处于落伍的位置。到了明清之际，方以智就不得不承认"大西质测颇精"了；至于近代的落伍，从一定意义上说，实践理性的认知方式应当负很大的责任。

另外，从社会生活来看，实践理性的认知方式还有着它自身既不愿承认但又难辞其咎的副作用，这就是唯效是求、唯利是图的急功近利倾向。虽然实践理性并不直接等同于急功近利，但它在社会生活中的表现却必然具有重实用和实效的特征。在游离了道德本心的统摄又拒斥了理论独立性的情况下，这种重实效的倾向便会演化为唯效是求、唯利是图的风气。这时候，如果它作用于个体，这一个体就将是一个熙熙攘攘、忙忙碌碌，除自身目的之外，置一切于不顾的个体；如果体现于群体，那么，这一群体也必然是狂热的游鱼或羊群运动般的群体，凡事一风吹、一刀切、一哄而上，力求刀下见菜。这就只能成为一个近视的群体了。即使这一群体尽量远大其目标，但在急功近利倾向的指使下，其目标便无论如何都远大不起来，其"远大"也只能是急功近利式的远大。所以，实践理性对理论独立性的拒斥和限制，必然限制主体的眼界和视域，这就必然反回来成为对实践生活本身的限制了。这可以说是实践理性最大的消极作用吧！

不过，上述弊病虽然属于实践理性却并不属于阳明。在阳明哲学中，实践理性起着上挂下连的作用。一方面，只有实践理性才使其不为外物所动的人生心态得以贯彻和落实，得以实践性的深化和提升；另一方面，正是实践理性才能使主体"实以之身心"，自觉且笃行地指向人生中的境界并保证着境界的实现。反过来，这一本于道德仁心的境界，又统摄、限定着其运用的道德实践范围。所以，实践理性对于阳明以道德人生为根本指向的哲学来说，不仅是正确的，而且是唯一有效的工具和中介。

如果说，在自然经济与圣贤人格互补的条件下，实践理性自有其存在的合理性，那么，在当今商品经济的条件下，实践理性是否便完全过时而一味起消极作用呢？回答同样是否定的。这是因为，实践理性的逻辑，即是主体实践或主体感受的逻辑，这是以主体人生感受的同一性为基础的，也是根本不同于思维科学从对象世界中引申概括出来的并以自然齐一性为基础的客观逻辑的。主体感受逻辑最典型的表现，即孟子的"口之于味也，有同耆焉；耳之于声也，有同听焉；目之于色也，有同美焉"（《孟子·告子上》）。这里的"同"即"身同此境"而"心同此理"的同，是主体在实践活动中感受的同。孟子的仁义礼智"四端"即由此而来，四端是否为"我固有之"，暂可存而不论，但人在实践中对境遇、对世界的感受，却确实具有不以时空为转移的性质。古代思想家在人生中的只言片语，之所以能成为普遍适应的人生格言，正是以主体感受的同一性为基础的。实践理性，正是人生实践（活动）与主体感受（理性）的统一体，是以人生感受的逻辑表达人生实践的内容。从这个角度说，实践理性必然具有与人类同在的性质；只要人类还存在，还在开拓着自己的世界，那么，实践理性也就必然不会失去其存在的依据和价值。

这当然是抽象的推论，如果从道德的角度看，可能就具体得多。道德是诉之于良心的人伦规范，要使道德如实地贯彻于人伦实践之中而不失其真诚恻怛，就只能通过实践理性。因为道德本身就是实践的产物，也只有在实践中才能发展，虽然道德规范可以作为对象进行讨论，但能够讨论的问题就已经是伦理而不可能是道德了。道德的本质是实践的，一个人是否有道德以及其德行之高下，不在于其拥有多少关于道德规范的知识，而在于其为人，在于其为人行为是否真正拥有道德的行为。之所以说实践理性是阳明贯彻道德本心的唯一有效的中介，原因就在这里。从这个角度看，只要存在着道德，实践理性就有其存在的必要。

实践理性虽然是贯彻道德原则的有效中介，但其作用却并不局限于道德的范围。在道德之外，实践理性依然有着广阔的天地。比如艺术，其形成是实践理性式的形成，其发展也只能是实践理性式的发展。因为艺术同道德一样具有实践的本质。从一定意义上说，逻辑理性可以培养出艺术理论家或批评家，但逻辑理性却绝对培养不出艺术家；甚至，仅仅是逻辑理性的头脑，就根本谈不到对艺术的欣赏。所谓艺术境界，就是实践理性的产物；所谓艺术欣赏，正是实践理性的共鸣，其基础也就是主体人生感受的同一性。实际上，只要在人类实践活动的范围中，实践理性就有着广泛的适应性，因为其身与心一时并到的本质正是人类一切实践活动的根本特征。从我们的牙牙学语，到学吃饭、学走路、学干活、学处事、学骑车、学游泳以及阳明所例举的学孝、学射、学书和时下流行的学坐禅、练气功等等，凡是我们人的行为活动，都有实践理性渗透其中。正是从这个角度说，实践体认理性才具有与人类同在的性质。

从现实的角度看，实践理性的最大优点又在于与逻辑理性的互补性，即对逻辑理性的提升与超越。虽然实践理性具有对逻辑理性的排斥性，但那是平行的排斥，即如果将二者置于平列的位置时，实践理性可以含括（部分）并取代逻辑理性，而逻辑理性却不足以揭示实践理性的全部意蕴。但是，如果将实践理性置于逻辑理性的基础上，使二者上下互补，那么，不仅逻辑理性因升华为实践理性而带上了主体活生生的性质，而且实践理性也因为有了坚实的基础而不至走向神秘主义。

就人对世界的认识来说，这主要建立在经验观察与逻辑推导的基础上。但是，无论是经验观察还是逻辑推导，其所得要么只能停留于以往的经验领域，要么只能包含于逻辑本身的前提之中，此即经验认同与康德所谓的"分析判断"。因为对经验与逻辑而言，未知就只能是未知，不可能由未知直接过渡为已知，要从未知进入已知，除了主体依实践理性的原则，从对自身价值的角度去选择与确认之外，没有第二个通道。反过来说，经验的基础、逻辑的前提，既不能从经验自身中去寻找，也难以从逻辑自身中分析出来。就是说，从经验的基础到逻辑的前提，都只能是二者之外的东西方能给予。这个给予者，在西方即为上帝，所谓上帝的启示，就指此而言；在中国，则是实践理性，是人在运用实践理性中的直觉与领悟。这样，实践理性就不仅为逻辑理性（含经验观察）提供着坚实的出发依据，而且还为其昭示着未知的方向，提供着从已知向未知过渡的桥梁。所谓创造性的认识，其之所以没有逻辑的通道可走，正是实践理性的直觉领悟性质所致。

如果从人对世界的主体地位以及人的生活来看，实践理性与逻辑理性的互补性就更为明显。在现实生活中，人们常常会问，人生的意义是什么？就这一问本身，即显现人为实践理性的动物。因为只有实践理性才肯认人的主体地位，才将人的行为纳入对人自身满足程度的价值角度来权衡。但是，这一问法又是逻辑理性的问法。因为逻辑理性本质上是一种受效益原则支配的"工具理性"[①]，它的一个基本要求，便是投入（手段）与产出（目的）两端起码的等值，便是对等式两端不断地进行权衡。如果产出等于投入甚或小于投入，依逻辑理性看，这便是无意义（划不来）。但在人的一生中，有多少是等值甚或划得来的行为呢？又有多少人因为人生划不来便放弃人生呢？对于积极肯认人的主体地位的热爱生命者来说，虽然明知划不来，却并不因此而放弃对人生的热爱。所谓生活就是目的本身，人生的意义就在于过程，正是实践理性的回答。将这一视角放大，人类对于世界的主体地位不也正是如此吗？正是对人类主体地位的肯定，我们才有了对自然的选择，才有了从自然界提取出来的所谓认识世界与改造世界的方法，并且也才有了从人的目的与需要出发去运用这些方法。所以，从个体的人生到人类的世界，首先是一个实践理性的世界。只有在实践理性的基础上，才有所谓逻辑理性，也才有所谓逻辑理性的运用与发展。

单就人的思维来看，虽然其中一大部分主要是运用逻辑理性的法则，但这些法则却不足以穷尽思维的全部意蕴。所谓"言不尽意"，起码就有着这方面的指谓。而就人之思维的发展来说，无论是对自身的思维还是对自然界的思维，又都要以实践理性为先导，以实践中此在的理性（直觉领悟）来开辟道路。所以，如果说逻辑理性是以概念的固定联系为人的思维铺上了铁轨，那么，实践理性则

---

① 逻辑理性与实践理性的关系，从较宽泛的意义上说，亦可用"工具理性"与"价值理性"的关系来理解。请参阅林毓生：《中国传统的创造性转化》，生活・读书・新知三联书店1988年版，第62—63页。

是以实践活动中的直觉领悟为人的思维插上了翅膀。如果缺乏逻辑理性，人的思维固然会因为无迹可寻而显得神秘，但如果离开了实践理性，离开了直觉与领悟，人的思维也就没有了创造性和超越性。我们既然不能以实践理性排斥逻辑理性，那么，反过来，我们同样不能以逻辑理性来摈弃实践理性。

在漫长的君主专制社会，中国人的思维方式主要是实践理性。其中虽然也有以逻辑理性建构的哲学或命题，但对中国人来说，并不构成理解的困难；相反，倒是实践理性由含括、代替并对逻辑理性的拒斥，反而导致了理论的萎缩和为人的内向性。由于其"哑子吃苦瓜"与"羚羊挂角，无迹可寻"的特色，因而固有其真切而高妙的一面，但也因缺乏逻辑理性的基础，故又有神秘而往复循环的现象。这就阻碍了理论与实践的各自发展。近代以来，随着西学的东进，西方的逻辑理性也成为中国人的童蒙功课，这对于素以实践理性为主并排斥逻辑理性的中国文化来说，自然是难得的补课机会。但是，一当逻辑理性成了中国人尤其是学术研究中唯一的思维方式时，便又出现了另一种片面性，即对中国古代哲学的实践理性命题反倒"扞格不入"了。如果说，这本身已经值得遗憾，那么，因"扞格不入"而简单地斥之为"诡辩""臆说""狂妄"，就不能不令人遗憾再三了。

在中国现代化的进程中，人们注意到西方文化中作为知性层面的逻辑理性在改造自然方面的巨大作用，对先进的科学技术与管理经验作了大量的引进。这当然是可喜的。但是，人们在大胆引进的同时却忽视了对中国文化本身的研究，忽视了西方文化与中国文化的合理对接。这样，虽然引进不少，但作用、效果却未必如愿。因为从文化的角度看，能够直接引进的大都为知性层面的建构，这些建构固然在西方本土能发挥很大的作用，但作为"硬件"却受到了中国本来的"软件"的掣肘。这种掣肘不外是以下几个方面：其一即作为表层之集体无意识包括人生态度在内的社会心理的掣肘，其二便是虽然属于理性却以不自觉的方式存在着的实践理性的制约；其三，作为中国人形上追求的道德境界，也无疑起着一定程度的阻滞作用。这样，引进的知性文化，自然难以发挥其应有的作用。

不过，笔者也不同意牟宗三先生那种由形上道德或实践理性开出逻辑理性的看法。因为那种开出是一种自上而下式之被动的开出，①而且，其结果也很有可能就只停留在实践理性的层面上，逻辑理性及其成果到头来不过是实践理性自在自足的证明。笔者以为，从人类历史来看，知性或逻辑理性只能为感性所驱动，也只能在对象世界中去摄取，只能从人类与自然的对待中提炼出来。所以，只有从群体层面上打开感性欲望的阀门，才能为知性、为逻辑理性以及由此而来的科学与民主体制，打开永不枯竭的源泉。而当由建立在感性基础上的逻辑理性超越地指向实践理性时，实践理性便真正地建立在逻辑理性的基础上了。这时，二者的不可通约性和相互排斥性，便在人的实践生活中成为有机的一体、互动的一源。对于实践理性来说，由于建立在逻辑理性的基础上，故既不失去其存在的价值也不再一味地神秘；对于逻辑理性来说，由于受到感性与实践理性的上下挟持，从而也获得了使自身长足发展的双倍动力。

3. 从境界的安身立命层面看

境界居于中国哲学的最高点。就其实现而言，它存在于一系列追求活动的尽头，是人生追求的一个极限值；就作用来说，它又成为人生的绝对始点，是人安身立命的根基。如果说作为人生追求的极限是境界的自在义，那么，作为安身立命的根基，则是境界的本体义。阳明的无善无恶之所以既是境界又是本体，正是从这个角度说的。这种境界与本体首尾贯通式的统一，便构成了中国人生哲学的历时态之圆（其另一圆，即所谓共时态的空间之圆，主要由道德实践对人生一切活动即人生世界的统摄来实现）。

在上述评价中，我们可以站在群体的角度来评价阳明的个体人生，也可以站在逻辑理性的角度来审视阳明的实践理性。但对于境界，我们却只能站在个体的角度以实践理性来审视。因为境界只能是个体的境界，离开个体的人生来谈境界，即所谓群体的境界，实际上只是孤悬的虚设。其次，境界也只能是实践理性的产物，逻辑理性的探索极致，不是上帝便只能是绝对的自我，或者是上帝与自

---

① 之所以认为牟宗三先生的"良知坎陷说"是一种"被动"的开出，实际上是以西方文化在现代化进程中的先进性而言的；如果西方文化并不具有现代性与先进性，那么实践理性很快就会表现出乾隆那样的"地大物博，无所不足"的心态。

我的统一体；以对象认知理性来评价境界，其结论则不是"神秘"便是"臆说"。所以，对于境界，我们只能以现实的个体人生角度来权衡其有无存在的必要及其存在的意义。

让我们先看看境界有无存在的必要。如上所言，对于中国人来说，境界既是人生追求的终极指向又是人生的安身立命之根基。从有无存在必要上看，境界只能作为人生安身立命之根的本体义，也就是人之为人的依据。儒家自古以人际关怀为安身立命之根，这种人际关怀表现于孔子，即"仁者人也"；孟子道性善、倡"四端"，正是对"仁"的"十字打开"。阳明虽以无善无恶为心之体，但前面已经提到，无善无恶作为人生追求的终极指向，是融摄了佛老的玄妙境界而言的；就其出发点，即实然而言，则仍然是纯然至善之性。如果我们将这种仁爱之心或至善之性称为形上本体，那么，中国人正是以这种形上道德作为安身立命之基的；中国人的人生世界，正建立在这一形上道德的基础上。这就是国人之作人的初始出发点。

在自然经济与实践理性结合的基础上，这种以形上道德为本体的人生观自有其合理性。那么，在当今商品经济以及实践理性与逻辑理性互动互补的前提下，这种形上道德的本体有无继续存在的必要呢？反过来说，即在当今的形势下，中国人可否舍弃其道德本心而另择一种安身立命的根基呢？笔者以为，虽然实践理性从属于道德本心，是由道德本心之贯彻与推致而形成，但只要国人还在运用着实践理性，就不可能舍道德善性而另作选择。这就是所谓不变、不易、不灭的"中国心"。这一中国心，对于整个人类而言，当然不具有客观性，也不是一种客观精神。但对于每一个作为个体的中国人来说，它却具有无可置疑的先在性，是人所禀赋的文化基因，也是国人陶冶、成长的文化氛围。所以，虽然国人可以打开感性欲望的阀门，可以研究并运用逻辑理性，但无论是对感性欲望的正名还是对逻辑理性的娴熟操作，说到底，不过是道德本心之实现工具和当代表现而已。①一如阳明所谓的"薄书讼狱之间，无非实学"②，

---

① 这种对对象认知理性之工具和手段的定位，作为一种认知当然是正确的，但如果始终以工具和手段来看待对象认知理性，却必然会以价值理性来裹挟、包办甚至窒息对象认知理性的发展。这也是中国虽然从工具的角度给科学认知理性以很高的社会地位，但国人科学素养与科学精神却始终很低的原因。
② 王守仁：《语录三》，《王阳明全集》卷三，吴光等编校，第108页。

"使在我果无功利之心，虽钱谷兵甲，搬柴运水，何往而非实学？何事而非天理？"[1]因而，对于中国人来说，道德本心就是作人的根本依据，也是人之为人的根本特征。

从另一方面看，中国人能由开放感性并研习逻辑理性而皈依上帝吗？虽然自西学东渐以来，入上帝教者代不乏人，但究其原因，如果不是一时之权宜，便是痛感中国现状之不如意而出于一种激忿的反叛之情。不过，无论怎样，都不是真正的皈依，是势之所激而非自然而然。对中国人来说，将尽善尽美赋予时空世界之外的一个人格神，而使自身处于禽兽（羔羊）的位置，这是无论如何都无法接受的。当然，西方人虽自甘为上帝的羔羊，却不能由此就认为西方人不是人。事实上，西方人的这一说法不过是承认自身此在的局限性、相对性与不完美性而已。在西方人看来，尽善尽美只能存在于逻辑理性无穷追溯的尽头或人生的彼岸，这就只能是上帝或绝对的自我。对中国人来说，无论是皈依上帝还是承认自身的不完美性（二者含义本质上同一），都必然会导致生命之根的断裂。因为无论是儒家的"为仁由己"，还是道家的"我命在我不在天"，都是以肯定人生完美的此在性与可实现、可追求性为前提的。如果承认了此生的不完美性，那就是对人生希望的断送。这时候，其人不是行尸走肉，便必然会沦落为无法无天的衣冠禽兽。这一点，可能就是中国人舍弃道德本心的实际代价。

之所以这样说，并不是有意危言耸听。因为对中国人来说，道德本心既是人之为人的依据，也是其于现实生活中的善恶之机、是非之辩上的最后一道防线——底线。所谓猛省，所谓良心发现，正是这一底线的作用表现。确立了这一底线，既同时肯认了此生的可完美性；虽然此生暂时尚不完美，但它却可以通过实践理性、实践追求实现于此生。但如果撤掉了这一防线，如皈依上帝，那么，本来存在着的实践理性便会走向唯利是图、唯效是求的极端。因为实践理性是根本不承认时空世界之外的人格神的，也就是说，人生世界之外的人格神对它的作用等于零。这样，如果将上帝请进中国，以取代道德本心，那么，一方面，实践理性必然排斥其正面作用，

---

[1] 王守仁：《与陆原静一》，《王阳明全集》卷四，吴光等编校，第186页。

而对此生不完美性的肯认，则只能导致其负面作用的疯狂和肆无忌惮。①所以，如果撤掉了道德本心的底线，对中国人来说，也就等于撤掉了一切防线；而如果确立了道德本心，则其与实践体认理性一起，不仅构成了抵御任何外来人格神的天然屏障，而且也确保了此生的完美性与可实现、可追求性。在中国历史上，外向超越性的宗教之所以很难站足，一方面是因为道德就起着"教"的作用，同时也因为实践理性与形上道德所结成的同盟对外向性宗教的抵御和排斥。所以，如果有什么不灭的中国心，那就只能是以人际关怀为终极指向的道德本心。

这样，如果说在感性的人生心态层面，我们是一反阳明而极力为欲望、知识正名，在理性的认知结构层面，我们对阳明是一分为二，那么，在作为人生追求之终极指向与安身立命之根基相统一之境界层面上，笔者对阳明便基本是一种肯定的态度。当然，这三个层次主要是对阳明哲学的分解性评价，至于阳明所代表的儒家传统精神如何适应并走向现代，仍需综合起来评价

四、阳明哲学的十字整合——走出阳明

研究历史，是为了走出历史。要走出历史，就必须吃透历史；而要吃透历史，就必须一无顾忌，对历史采取实事求是的态度。

走出理学，这是明亡以后中国儒家知识分子最悲切的呼声。也就从那个时候起，一代代中国士人，为之殚精竭虑，进行了不息的探索。但时至今日，我们在多大程度上走出了理学呢？我们走出的方向与标准又是什么呢？这些曾经似乎是不言而喻的问题，今天看来却未必十分清楚，因而有必要作一反思。这里，我们不妨先从前人的探索说起。

1.走出阳明的艰难步履

明亡之后，儒家知识分子将满腔的仇恨首先发向了阳明。从顾

---

① 这种现象也可以有另一面表现，即见菩萨就拜、见道士就磕头，几乎可以说是什么都拜；至于是否真信，那就是另一码事了。所以，中国人的什么都不信也可以表现为什么都信，但却必须以实际上的"好处"与利益为前提。

炎武亡国之首的指责，到王夫之本汲汲于先知后行之说的批判，事实上就是一个以阳明为起步的反思思潮或批判思潮。这一思潮直接面对的事实，即满朝文武却无一经邦济世之才，只能眼睁睁将明王朝送于清人之手。在所谓启蒙思想家看来，这都是空谈心性的结果。所以，无论是亡国之首，还是本汲汲于先知以废行之说，都是指空谈而言，而高扬心性的阳明学，正是这一空谈之风的集大成者。

随着反思的深入，启蒙思想家发现，由陆王而程朱乃至整个理学，实际上都不过是禅的染缸，是禅之明心见性使理学失去了经世致用之实而沦为空谈之学的。这样，这一反思思潮的指向，也就由阳明而象山、由程朱而整个理学了。在王夫之，其反思与批判，基本上是以复归于张载实现的，故还可以说其批判仍在理学的范围内。而与之同时的顾炎武，则认为"舍经学无理学"，这就有了向汉儒复归的倾向。到了颜李学派，便对宋人家法一概打翻，不仅反对静坐，甚至一见读书就皱眉头，因而颜李学派也就以反对读书的方式来提倡周孔实学。对于理学来说，这无疑是最彻底的反思和最坚决的批判。

但历史却开了颜李学派一个大玩笑。颜元是以反对读书为起步来建构其周孔实学的，而其弟子李塨却以重入故纸堆的考据学实现了这一周孔实学。绵延二三百年的考据学正是明清之际所谓启蒙思潮对理学进行反思的历史回声。颜元说："吾读《甲申殉难录》，至'愧无半策匡时难，惟余一死报君恩'，未尝不凄然泣下也！至览和靖祭伊川：'不背其师有之，有益于世则未'之语，又不觉废卷浩叹，为生民怆惶久之。"① 但是，如果他再看到由对理学的反思与批判，最后又比宋人更为频繁地重入古纸堆而"作弱人、病人、无用人者"时，将会作何感想？当然，对于故文献的甄别、整理，考据学的贡献是不可磨灭的，但对于孔孟实学来说，考据学比理学可能失之更远。甚至，就是他们所倡导的经世致用，那种皓首穷经的方式，能说是真正的实现吗？

这一玩笑的导演是历史，责任自然也应由历史来负。当中国的自然经济没有改变时，作为上层建筑的精神文化是无法走出原有的

---

① 颜元：《性理评》，《存学编》卷二，《颜元集》，王星贤等点校，中华书局1987年版，第62页。

圈子的。但是，作为那些反思者，即所谓启蒙思想家，难道他们对理学由恐惧、仇恨到一脚踢倒的态度没有责任吗？所以，如果说这是一个玩笑，那也首先是历史开了他们的玩笑，是对他们那种轻视、仇恨历史态度的一种惩罚。

不过，这种玩笑并没有终结。正当清人沉浸于由对理学之反思与批判而来的汉宋之争时，英国人却以兵革利器轰开了中国的大门。这是一个更为沉重的打击，如果说明王朝的灭亡，不过是让清朝人坐了江山，那么，这次却有可能沦为"英夷"的亡国奴了。对于自古即严于夏夷之大防的儒家来说，可能没有比这更为痛心疾首的了。但迫在眉睫的是保国、保种，于是，这就有了"师夷长技以制夷"的现实应对之策。接着，也就有了从兵革利器、工商技术到君主立宪乃至民主共和一浪高过一浪的向西方学习运动。不过，所有这些学习，非但没有救民族于危亡，反而是民族危机的进一步加深。在这种压力之下，经过近80年痛心的思考，中国的知识阶层终于酝酿出一个救国救民的口号：打倒孔家店。从新文化运动到"五四"，正是这一口号的实践运动。同时，与这一全盘否定传统文化相背反的，却是一种回归思潮，所谓国粹派，正是这一思潮的代表。至于科玄论战，不过是这两种思潮的一个历史余脉而已。

实际上，这种看似对立的思潮未必能够真正接上火，他们的争论，不过是清人汉宋之争的近代表现。清人的汉宋之争，焦点在于何者为儒学正统；近代的西化与国粹之争，则在于如何能救中华民族于亡国亡种的危机。就文化反思而言，当"五四"以打倒孔家店为旗帜时，其急切与强烈无疑都达到了极致，但与启蒙思潮相比，其反思的背景与指向却又是大致相同的。启蒙思想家之走出阳明、走出理学，无法逃避的是明亡的痛苦；而当现代的思想先驱急切要求走出传统文化时，面对的却是列强的宰割和亡国亡种的揪心。面对接踵而来的丧国丧权之辱，中国的士人只能将满腔的仇恨发向自己，发向自己脚下的土地和成长的文化氛围。打倒孔家店的口号，正是这一背景下的产物。

但是，孔家店打倒了没有呢？半个世纪后，当中华民族以求生存的方式赢得了民族独立之后，丧权辱国的屈辱和危险都不复存在了，并且，中国也有了自己的科学与大工业。但就在这时，中国又爆发了一个相关于文化的运动——"文化革命"。在"文革"中，高扬的是"新生事物",盛行的是"斗私批修",扫除的是"历史垃圾",表彰的是"灵魂深处爆发革命"。熟悉历史或略知阳明心学的人,无疑会对其有似曾相识之感,但在当时,所有这些又都戴着"新生事物"的桂冠,都是在"文化革命"的旗帜底下进行的。这一现象使人禁不住要想起颜元。在启蒙思潮的诸位思想家中,反对理学最强烈的可能莫过于颜元,但颜元所倡导的周孔实学有些什么内容呢?请看其所谓"习见事理"的思想:"辟如欲知礼,任读几百遍礼书,讲问几十次,思辨几十层,总不算知。直须跪拜周旋,捧玉爵,执币帛,亲下手一番,方知礼是如此,知礼者斯至矣。譬如欲知乐,任读乐谱几百遍,讲问思辩几十层,总不能知,直须搏拊击吹,口歌身舞,亲下手一番,方知乐是如此,知乐者斯至矣。"①这不正是阳明在《答顾东桥书》中所例举的"学射""学书""学孝"吗?不正是其知行合一的表现吗?问题在于,阳明的知行合一从属于道德本心,是道德实践中的身心并至、知行并到,而颜元的"习行"则完全从属于对礼乐形式的认知,是对这些形式的"亲下手一番"。自然,颜元并没有真正走出理学。

这是为什么呢?一个从走出阳明、走出理学继而走出传统文化的民族探索运动,在经过数百年的发展之后,为什么又回到了其最初所要走出的圈子呢?就现象而言,这就是前人所概括的"死的抓住活的"②。但是,死的为什么能够抓住活的呢?如果说清人之走不出理学的圈子,是因为其赖以存在的经济基础并没有改变,那么,在既有科学技术又有大工业的今天,为什么已经作为历史陈迹的东西依然会时时以新生事物的方式来光顾甚而泛滥呢?对问题的进一步思索迫使我们不得不再问:我们为什么要走出传统?我们走出传统文化的初衷是什么?

当启蒙思想家首发走出理学的呼声时,其刻骨铭心的无疑是明亡的现实。在近代的文化反思中,这一亡国的背景并没有从根本上得到改变,如果说有所不同,这就是危机的进一步加深和反思之更为急切。这样看来,其反思的动因就是保国保种以图民族自强,应当说,这一反思的目的并不错。但问题却出在反思的方式上。在启

---

① 颜元:《大学》,《四书正误》卷一,《颜元集》,王星贤等点校,第159页。
② 侯外庐:《中国启蒙思想史》,人民出版社1956年版,第16页。

蒙思想家看来，既然空谈心性导致亡国，那么，心（理）学就是亡国之学。这样，救国救民的出路就在于唾弃理学，而以"习行"为主要内容的周孔实学也就是救国救民的真正出路。200多年后，当中国在列强的宰割下再次面临民族危机的时候，西化派也再次地重复着颜元的逻辑：唾弃传统文化，因为正是传统文化导致了丧权辱国的现实。又半个世纪之后，当中国的"文革"将历史概括为封资修三字并尽可能与之划清界限时，这一唾弃的逻辑便再一次被重复。这样，一者要唾弃理学，一者要唾弃传统文化，一者却要唾弃整个历史；一者要以周孔实学救明王朝于灭亡之后，一者要通过全盘西化使中华民族崛起于世界民族之林，一者却想通过满天飞的"新生事物"来创造一个全新的世界。但是，在缺乏对反思对象之真正反思上，三者却恰好运用着不谋而合的同一逻辑。

当然，在民族危亡的关头，要人们对文化进行平心静气的反思，这确有其不可能性。但是，这也就同时决定了其反思结论的不可靠性。对于明亡以来历代的文化反思者来说，他们都持着一种非此即彼的对立模式，这当然是出自他们在民族危亡的重压下急切进行文化选择的需要。但是，在他们所能选择的两方之间，亦即坚持与排斥之间，未必就存在着真正的对立关系。从明清之际的周孔实学与理学到"文革"中的古与今，虽然其间不无差别，但并非就是截然对立的关系。更为重要的是，二者的差别，也并非在同一层次上。即如近代以来的中道西器与科学玄学之争，实际上就是方以智所说的"通几"与"质测"的关系，二者的差别，其实正是他们各自得以成立的前提。如果说，中国的"通几"并不排斥大西的"质测之学"，那么同样，大西的"质测"也不能作为权衡"通几"的唯一标准。当文化反思者以非此即彼的模式来权衡中道与西器、玄学与科学以及传统文化与当代现实时，以偏概全的片面之失也就在所难免了。

最后，就国人走出传统文化的初衷来说，虽然这一问题对于每一代反思者似乎都具有某种不言而喻的性质，但并非没有问题。对于那些反思者来说，他们之所以要反思，原因概在于现实，但他们却将现实的一切问题全然归结于文化，并由此对文化进行否定。这样，当他们将现实的问题归结为文化时，无疑夸大了文化的作用，而当其以不能解决现实问题从而对文化进行否定时，也就难免偏颇。对文化的全然否定，也就只能除了其弊端的恶性作乱之外而别无选择。所以，从明亡以来，中国历史上"死的抓住活的"的现象，正是历史对文化反思者武断态度与简单作法的一种惩罚或反弹性的报复。

2.主体的错觉与传统的错位

上述所谓文化反思，之所以达不到其所应达到的目的，还有一个原因，就是反思本身的错位性。这一错位，从主体来看，即为错觉，就是文化本身的指向与对其反思标准的不一致性。中国哲学是一种人生哲学，作为文化，也是一种以人为终极关怀的人本文化。这一文化的指向规定对它的反思与评价必须从人的角度来进行。只有从其如何培养人、如何规定人的本质的角度去品评其长短、优劣，才可能对其作出恰如其分的反思与评价。

在上述对文化的反思中，从人出发这一角度遭到了不同程度的游离。对于启蒙思想家来说，当其痛感理学"率天下入故纸中，耗尽身心，作弱人、病人、无用人者"时，人本的角度还基本坚持着，但已经有所转向，这就是从理学本身的道德心性转向了经世致用的文治武功，从内圣转向了外王。这一转向固然是受现实的驱使，因而可以说是有其必然性，但启蒙思想家并不是从内圣本身之不足去评价内圣之学，而是以现实所需的外王对内圣心性之学进行全面否定。这样，作为内圣的道德心性之学必然拖住作为外王的经世致用之学，死的也就必然抓住活的。明清之际的启蒙思潮之所以最后演变为考据学，之所以以皓首穷经的重入故纸堆为其落实，正是其以外王评价内圣的历史回报。

鸦片战争以后，儒家文化内部的汉宋之争演变为中道西器之争。这当然也是现实的驱使，且这一问题的提出也有助于对中西文化各自特质的确认与相互融合的探讨，这无疑是非常有意义的。从这个角度说，近代以来为解决现实问题的向西方学习，从兵革利器、工商技术到君主立宪、民主共和乃至"五四"的"德""赛"两先生，都是正确的，也是必须的。但是，西化论者却要以西器权衡中道，并以对器识的贫乏作为否定中道的依据。这样，其权衡文化的依据必然游离于中国文化的本真而成为器识性的，而中道西器的争论也就难免像"关公战秦琼"一样令人啼笑皆非了。在这种情况下，与一浪高过一浪的西化之风相映衬，从孔教会、保皇党到称帝复辟，便构成了中国国粹的一种反向的牵制。由此之后，从科玄之争到"文革"中的古今之争，其参照坐标愈来愈远离中国文化的本真，其结论也就愈来愈偏激了。到"批林批孔"时，中国古代文化事实上便已经成了现实需要的历史注脚，而所谓儒法斗争，也只能是对历史的按需剪裁了。这样，历史陈迹的恶性作乱，也就只能是对主体"古为今用"的一种讽刺了。

所以，从这大段的历史回顾中，我们不难看出：如果不能从历史文化自身的角度进行反思，就难以对其作出恰如其分的估价；如果不能真正承认其优点，便无法扬弃其缺点。

对阳明哲学的长短、优劣，前面已经作了分解式的说明。为了现实地走出阳明，这里仍需要从整体的角度，对阳明以及整个儒家文化作一综合评价。当然，这里不妨先从其缺陷说起。

比照现实，整个儒家文化（阳明为其极致表现）在对待人上有三大错位或颠倒现象。第一，即身与心的错位，就是以对人之感性物质欲望（身）的压抑作为超凡入圣（心）的必要手段。这就是以心来压抑、规范并主宰身。一方面要求"食无求饱，居无求安"，一方面又坚持"无终食之间违仁，造次必于是，颠沛必于是"（《论语·里仁》）。这显然是以心之仁主宰身之饱与安。而颜回的箪食瓢饮，更是后儒念念不忘的做人典范。至于程颢的"富贵不淫贫贱乐，男儿到此是英豪"，自然也就成为理学家所谓圣人气象的基本特征。到了阳明，又以念念存天理去人欲为圣贤之学的基本功，而其入手，则是要求"无事时，将好色、好货、好名等私欲逐一追究搜寻出来，定要拔去病根，永不复起，方始为快"①。凡此压抑感性欲望的措施，对于圣贤人格的纯化，自然有其必要性。但由于理学的功夫全在去人欲上用，"人欲日去，则理义日洽浃"②，"减得一分人欲，便是复得一分天理"③，因而对人的感性欲望，这便由压抑到几乎是窒息的程度了。直到现代新儒家，虽然坚持要从良知开出知性，但感性欲望却仍然没有地位。因此，对身之贬损、对感性欲望的压抑，

---

① 王守仁：《语录一》，《王阳明全集》卷一，吴光等编校，第18页。
② 王守仁：《语录一》，《王阳明全集》卷一，吴光等编校，第37页。
③ 王守仁：《语录一》，《王阳明全集》卷一，吴光等编校，第32页。

便是古今儒家的一贯看法。

为什么要贬斥感性欲望？从正面说，是实现圣贤人格的需要，因为圣人之所以为圣人，就在于其心是纯乎天理而无一毫人欲；从负面说，即对沦为禽兽的恐惧。如果人一生唯以物质欲望为事，那就舍禽兽而别无选择。这当然是直接与表层的原因。如果从深层来看，那么，这种贬斥感性欲望的心态则是为其人生价值观决定的。对于儒家来说，其人生的追求与贬斥正好构成了一个分数关系式，追求者为分子，贬斥者为分母，这一分式的值即为其人的人生价值。由于分子往往表现为常量（纯乎天理而无一毫人欲的圣贤人格），因而，要使这一分式的价值增大，便只有一个途径，这就是使其分母尽量缩小。这个公式，也可用于儒家的一切追求与排斥者之间的对比关系，比如天理人欲，"减得一分人欲，便是复得一分天理。"[1] 再如善念恶念"既去恶念，便是善念"[2]。至于大我与小我、奉献与索取、道德境界与功利之心等等，都是这种关系。当作为分母的物质欲望以及躯壳、小我、私我等无限趋近于零时，便恰好构成了其人生中最为闪光的一点，而最完美的人格也就于此形成。

这是地地道道的实践理性的智慧。因为这一分式，既保证了圣贤人格的此在性与人人可为性，同时又保证了其追求的无止境性和人生价值无限增大的现实可能性。就其此在性与人人可为性而言，它不需要上帝，不需要彼岸和来生——"我欲仁，斯仁至矣"；就其无止境性和现实可能性而言，它又在当下的现实生活中实现着人与上帝以及此在的人生与彼岸和来生的统一。所谓无可无不可、无往而不自得，就是指此而言。不过，在儒家哲学中，分母只是在追求中趋近于零却不能直接等于零，一旦直接等于零，从数学上讲，是无意义；而对现实人生来说，则是空。儒与佛的区别就在这里。但是，如果从分母的不等零出发，在对圣贤人格的实践追求中实现了向零的超越或突破，这就是所谓无善无恶的化境。而这与佛家本来的等于零又是不同的。阳明关于儒与佛的毫厘千里之辩，就在于作为初始出发点的分母是等于零还是不等于零上。由于阳明从不等于

---

[1] 王守仁：《语录一》，《王阳明全集》卷一，吴光等编校，第32页。
[2] 王守仁：《语录三》，《王阳明全集》卷三，吴光等编校，第112—113页。

零的分母出发，在实践生活中实现了向零的突破，故其无善无恶虽融摄了佛老的妙境，却又不归结为佛的空。

但儒家这一高妙的智慧同时又是其致命的弱点。因为分母的不等于零是其基本出发点，也是这一分式得以成立的前提。当将分子常量化时，这一分式的演进必然是单向度的，即意向内缩的。当然，在自然经济与圣贤人格互补的基础上，圣贤人格的常量化有其必然性。但是，这种通过缩小分母即压抑小我欲望的简易直接方式，却确实排斥了通过增大分子以使分子与分母同步增长的可能，而实践理性的此在性也必然反过来要求着将缩小分母作为增大分式价值的唯一途径。这样一来，儒家在客观世界面前便必然呈现出一种顺适乃至保守的态势，即使它开出（实为嫁接）知性，只要它还在压抑感性，还在以压抑感性欲望为实现圣贤人格的必要条件，那么，其知性就必然是无根的，必然缺乏生生不息的活力。笔者之所以不赞成牟宗三先生的良知坎陷说，原因就在这里；而儒家文化最根本的错位，也就在这一点上。

儒家文化的第二错位，即个体与群体、自律与他律的错位。在古代中国，儒家即可以说圣贤人格的修习学校，虽然达到圣贤境界者代不乏人，但总的来说，圣贤毕竟是非常个别的。就是说，圣贤人格本质上只是一种个体境界，它也只能实现于个体的自觉追求（自律）之中。但由于身心错位对于圣贤人格的确保，因而个体境界必然转化为群体的共同理想。一旦个体境界转化为群体的共同理想，自律也就同时转化为他律了。这样，群体式的教育就势在必行，而带领千军万马过独本桥的情形也就在所难免了。

这种从个体到群体、自律到他律的过渡之桥，即：人，人也，我亦人也；人能，我何以不能？充其量就是加人一己百、人十己千之功。这一逻辑，从客观上看，即凡人一同；而从主观上看，即见贤思齐。儒家的群体教育，就是靠这一逻辑来保证的，其群体主义精神，也就是通过个体之间的言传身教作为维系纽带的。至于万众一心、众志成城，正是群体主义精神的体现；至于所谓天下一家、中国一人式的民族凝聚力，正是群体主义精神在民族危亡关头的闪光。而这一点，也就是儒家群体主义教育最为动人的一面。

但即使这最闪光的一面，也潜藏着巨大的阴影。因为所谓万众一心，正是以人与人之本性同一为前提的，它也只能实现于特定的条件——万人真正一同的条件下。从现实来看，人与人的差别却是更具体的存在。在这种条件下，强行地将个体的境界作为群体的理想模式来追求，就难免鱼龙混杂；而一当自律转化为他律，弄虚作假也就无法避免。请看阳明对这一点的认识："天下之人心，其始亦非有异于圣人也，特其间于有我之私，隔于物欲之蔽，大者以小，通者以塞，人各有心，至有视其父子兄弟如仇雠者。圣人有忧之，是以推其天地万物一体之仁以教天下，使之皆有以克其私，去其蔽，以复其心体之同然。"[①] 显然，天下同心一德的理想，是以"天下之人心，其始亦非有异于圣人"为前提的。但即使如此，阳明也清楚地知道，这一理想，只有在人人都复其心体之同然的基础上，才有变为现实的可能。如果在人人不能复其心体之同然的情况下进行群体式的教育，那其结果便只能是弄虚作假。所谓"今之大患，在于为大臣者外托慎重老成之名，而内为固禄希宠之计，为左右者内挟交蟠蔽壅之资，而外肆招权纳贿之恶。习以成俗，互相为奸"[②]，正是当时群体他律教育之下社会现实的写照。而在现实生活中，所谓假公济私，所谓好话说尽、坏事干绝，也正是群体式他律教育的副产品。所以，如果儒家不放弃这种他律教育，虚伪以及由虚伪而来的堕落便是其无法摆脱的影子。[③]

从历史上看，司马谈"当年不能究其礼，累世不能通其学"的感慨，已经流露出对圣贤人格的疲惫，朱熹的今日格一物，明日格一物，又使这一可能仅仅存在于逻辑推理中。从象山起始，又试图通过"先立乎其大"与"反身而诚"，使其带上现实的品格，但直到阳明，才由道德实践使这一可能变成现实（为仁由己式的现实）。不过，虽然阳明可以承认"满街满巷都是圣人"，但他却从未肯认过任何一个现实的人当下即为圣人，所以，其"满街满巷都是圣人"不过是说满街满巷的人都有成为圣人的资格，在现实生活中，也都有

---

① 王守仁：《答顾东桥书》，《王阳明全集》卷二，吴光等编校，第61页。
② 王守仁：《陈言边务疏》，《王阳明全集》卷九，吴光等编校，第316页。
③ 笔者并不反对在社会群体层面上进行一般的道德规范教育。事实上，这一层面作为"最低限度的伦理道德"层面，恰好是儒家文化所一直"漠视"的。笔者所不赞成的是从社会群体层面上进行圣贤教育，即"最高限度的伦理道德"教育。关于二者的关系以及"最高限度的伦理道德"教育之负面作用，请参阅傅伟勋：《从西方哲学到禅佛教》，生活・读书・新知三联书店1989年版，第461—463页。

某一方面达到了与圣人同一的气象，但却绝不是说满街满巷的人当下即为现实的圣人。就是对他自己，他也只自信为"全人"而从不敢以圣人自居。这样，即使阳明这——最简捷而且最具有现实性的圣贤之路，其功夫次第也如其弟子所说的"着实是难"哪！其实，岂止是难，毋宁说永远达不到。

当然，永远达不到这一点，正好体现了人生追求的无止境性，体现了理想人格的境界性。但这也同时证明了其空想性。因为，即就是境界，也仅仅是对个体而言的。对群体来说，欲求不达却又不能不求时，在帝王，便"外施仁义而多内欲"；在人臣则假公济私；对于小民百姓，便不能不通过拉大旗作虎皮来存身了。这样，带领整个民族遑遑于圣贤之途，其结果便不难想见了。

儒家文化的第三个错位，即境界与本体的同一、瞬刻与永恒的颠倒。这就是把作为人生追求的终极指向作为人生的初始出发点，将瞬刻实现（领悟）的境界作为人生的永恒来追求。这一错位，肇始于孔子的"仁者人也"，至孟子的"四端""性善"，便已成为儒家的固定模式了。孟子从见孺子之入井而必有恻隐之心这一现象，直接透视出人的仁义礼智四端，并由此反推为人性本善，这就有了所谓求放心、反身而诚之说。实际上，所谓"三月不违""四端""性善"等等，本身都已经是道德实践的产物了，而且也只能存在于道德实践的追求之中。但是，孟子却由现实生活中的恻隐之心现象，鞭辟近里地将其透视为人的初始之心，这就正好将人们道德实践的追求指向作为人之为人的依据和出发点，从而将瞬刻领悟的境界作为人生的一种永恒来追求了。到了象山，便以本心指谓至善之性，而"先立乎其大""发明本心"，则是这一错位模式的运用和表现。到了阳明，则这一错位便有极致的发展。其首倡身心之学，就"使人先立必为圣人之志。"此后，无论是"自悟性体"的静坐僧寺，还是"对心体痛加刮磨"的实践之功，都以至善之性为人的初始本心。江右以后，又以良知为"古今人人其面目"；而总结其一生教法的四句教，又将其刚刚达到的无善无恶境界规定为心之体。终阳明的一生，可以说，他的学说的发展，就是不断地像滚雪球一样将其在实践中的追求指向翻回来规定为心之本体，从而将瞬刻领悟的境界规定为人生中的永恒目标。所以，正是从这个意义上说，阳明是儒家文化这一错位现象的典型表现和极致发展。

这一错位，就其正面作用而言，当然是为人人成圣提供了一个坚实的逻辑依据，一如黄宗羲所说："自姚江指点出'良知人人现在，一反观而自得'，便人人有个作圣之路。"①但是，这同时也是其最大的副作用，因为既然人人都有成圣的可能，那就没有理由不将成圣成贤作为人生的第一志向。阳明始就塾师时关于"第一等事"的自问与"读书学圣贤"的自答，正是这种错位模式制约作用的表现。如此一来，从牙牙学语的童子，在其根本不知人欲为何时，即先知道去人欲；尚不懂天理是甚，却先要存天理。如果说，身与心、个体与群体的错位，仅仅是将整个民族领上了圣贤之路，从而使弄虚作伪成为一种可能，那么，加上境界与本体的同一、瞬刻与永恒的颠倒，则整个民族也就不能不遑遑于圣贤之路了。在这一基础上，所谓虚伪以及由虚伪而来的堕落，也就在所难免了。

在阳明以及整个儒家哲学中，这三个错位是并存的。第一个错位，正是阳明与儒家心性之学的根本特征，它既是圣贤人格当下现在的逻辑依据，同时也是它的致命弱点，是其内向保守心态之实质性的根源。至于第二个错位，则既是阳明哲学赖以产生的前提，同时也是其后学分化的实际原因。虽然阳明始终是从个体的角度讲心，其道德也始终是自律道德，但当其心学通过"一人为之，二人从而翼之，已而翼之者益众"的时候，就已经开始了由个体向群体、自律向他律的转化；其弟子对其学的腰斩与分化，正是这一错位的直接产物。对于第三个错位来说，它既将整个民族推上了圣贤之路，那么，它自然应对圣贤之路上的一切弊端承担责任。从这个角度说，不仅明亡阳明有责任，就是鸦片战争以来的丧权辱国，阳明以及整个儒家文化都有其推卸不掉的历史责任。

3.阳明哲学的十字整合

走出阳明，正视世界，需要我们再次地返回阳明，返回到阳明哲学的错位现象本身。既然境界与本体、个体与群体的错位是儒家文化在社会群体层面上失误的根本原因，那么，要走出阳明，就必须首先还境界以追求指向的本真面目，还其瞬刻实现的本质。就是

---

① 黄宗羲：《姚江学案》，《明儒学案》卷十，沈芝盈点校，第178页。

说，我们必须放弃人性天生本善的说法,①放弃圣贤人格为心之本体的逻辑规定，而以自然人性为人生的基本出发点。因为自然人性是人的第一存在，也是道德善性的物质承当者。以自然人性为人的第一存在，即同时确认了物质欲望为人的第一需求。这样，作为人生哲学或人本文化，也就真正建立在自然人性的基础上了。

同时，走出阳明，还必须从群体层面上放弃儒家的成圣成贤说。因为所谓圣贤人格，只是个体的境界追求，也只能存在于个体的人生实践中。一当其成为群体性的理想或运动，必然导致虚伪，并导致由虚伪而来的堕落。这已经为历史所证实，如果儒家不放弃这种努力，历史还将继续证明（实则惩罚）下去。只有将境界回归于个体，才能真正保持其自律、自觉、自证的性质而不失其真诚恻怛；也只有在这一层次上，圣贤人格才具有无与伦比的感召力。

但是，一当还境界以本来面目，并将其回归于个体，个体必然面临着一个痛苦的二元分裂。这一分裂，自传统而言，即仁与智；以西方的习惯表达，则是天使与禽兽；如果以阳明的语言表达，即为身与心。身与心的分裂是阳明哲学探讨的出发点，二者的统一则是其学的一个根本特征。但是，阳明却始终是以心来统一身的，并始终以心的需要压抑身的需要，如"'美色令人目盲，美声令人耳聋，美味令人口爽，驰骋田猎令人发狂'，这都是害汝耳目口鼻四肢的，岂得是为汝耳目口鼻四肢？若为着耳目口鼻四肢时，便须思量耳如何听，目如何视，口如何言，四肢如何动。必须非礼勿视听言动，方才成得个耳目口鼻四肢，这个才是为着耳目口鼻四肢"②。显然，这也就是以心的需要为身的需要，这正是阳明以及儒家哲学在身心关系上错位的表现。走出阳明，意味着对阳明颠倒了的关系的一个重新颠倒，这就意味着必须将心置于身的基础上，将身的需要视为人的第一需要。但对个体来说，身与心的不同存在与不同需要正是其得以存在的前提。所以，我们既要承认身的需要为人的第一

---

① 笔者的这一看法并不是要放弃性善论。因为对于自殷周起就告别了"天命"信仰的中国文化而言，性善论就起着支撑现实人生之信仰的作用，所以笔者的这一看法实际上是希望对孟子的性善论作出新的理解，即将其放在人生中"君子所性"之人生抉择的角度来理解，并不认为人就有一种生来的善性。
② 王守仁：《语录一》，《王阳明全集》卷一，吴光等编校，第40—41页。

需要，又要看到身与心的不同所需并对其不同所需要的层次衔接作出调整。

首先，我们必须从个体与群体统一的层面上打开感性欲望的阀门，即承认每一个体都必须以身的存在与需要作为维持其人存在的基本前提，从而承认整个群体社会对于物质生活追求的合理性。这一承认，不仅是为了维持从个体到群体的生存与繁衍，而且也必须肯定其为人以至于人类社会生生不息的源泉，是人类活动发生发展的基本动力。这自然是一反儒家的传统立场。虽然儒家自古即知一箪食、一瓢饮，得之则生、失之则死的道理，但儒家从不以此为事。打开感性欲望的阀门，意味着将身、将生存所需视为人的第一存在，意味着将人的生理需求作为人的第一需求；同时，也意味着对传统儒家所颠倒了的关系的再颠倒，意味着还人生存在的本来面目。这无论是对个体还是群体，都是适应的。对个体来说，只有这样，才能保证其生存与活力，才能保证其在物质欲望层面的追求与进取；对于群体来说，只有这样，才能保证其生机勃勃的内在动力，才能保证其对自然的主体地位与进取态势。这无疑是对自然人性的肯定，但却未必就归结为自然人性论。

打开感性欲望的阀门，固然包含者对自然人性的肯定，包含着对人的生机活力的发掘，但其意义却不局限于此。就其直接意义而言，这同时也为知性、为逻辑理性打开了永不枯竭的源泉。因为人的感性欲望，是在人与自然、人与人的对待征服中满足的；人的欲望的无止境性，也就源于这一历时坐标中的征服与满足的暂时性和相对性。在历时坐标中，欲望满足的暂时性与新的欲望的不断滋生，不仅要求人从对对象世界的征服中超越出来，而且要求从自身的欲望中超越出来，这就形成了人的对象性思维以及人与对象的齐一性。这就是知性与逻辑理性，所谓科学、民主、法制等等所有为了保护与满足人之欲望与利益的系统，也就由此而产生。所以，知性的源泉不应从形上道德中去寻找、去开出，而恰恰应当从感性、从人与对象世界的对待与认知中去开掘。

所有这些，从感性到知性与逻辑理性，都是为群体而设，也首先是为了满足群体的需要，为了使群体成为生机勃勃的群体。但是，能够满足群体的逻辑、制度、设施等等却不足以满足个体，尤其不足以满足个体作为人的生活。因为人之为人，并不全然是感性欲望以及对欲望的满足，也不全然是对欲望与对象的超越而形成的所谓理性所能含括。人的本质是实践的，但人的实践既不是机器人式的实践，也不全是生物学意义上的实践。实践的特征是身心并到，而人的实践除了知性的理论知识之外，更有情感、意志与信念参与其中。对个体来说，情感、意志与信念的满足比感性和知性的满足更为重要。这时候，前面提到的人的身心分裂便势在必行。就是说，人既有身的需求又有心的需求，身的需求虽为基础却不能取代心的需求，更多的时候，这两种需求往往呈现为尖锐的冲突状态，一者的满足常常要以另一者的牺牲为代价。这是真正属于人且为人所独有的痛苦，而只要是人，就永远难免这一痛苦。这时候，孟子的义利之辩、理学的人禽两路，才显现出永恒的感召力。

义利之辩是孟子2000多年前的判断，但它却并不因为当今的商品经济而失去意义。在商品经济中，人们的大部分行为要受价值规律这一满足欲望的效律原则所支配。比如说，人们可以在价值规律的支配下去种树、去与人交往、去生产经营以及处置人身的需要层面，但却不能以价值规律去指导人的养儿育女，即不能将亲子之爱用投入产出去权衡取舍，也不能以价值规律的原则去建立友谊、去爱，去处理生活中的一切问题。如果说，价值规律主要是一种满足人身之感性欲望的效益规律，那么，在人的情感、意志与信念面前，它的作用只能等于零。这里需要的是划分，即对身与心的不同需求包括逻辑理性与实践体认理性的不同作用界域作出区别。在商场上，不知讨价还价，人们不会称其人高尚；相反，在与亲朋好友的相处中斤斤计较，人们也不会赞其人精明。因为商品经济不能吞并一切，正像价值规律并非作人的基本原则一样。

但在现实生活中，人的身与心的不同需要并非泾渭那样分明，而常常是交织在一起的。对于大多数人来说，身的需要同时就是心的需要（感性或知性之心），因为其人之为人的心还没有觉醒。要使心的需要从身的需要中产生出来，就必须将身的需要，从感性的欲望到理性的逻辑乃至一切知性规定提升到人之为人的角度看，亦即看其对作为人的需要的满足程度与实现程度。这一点，在西方即指向了全知全能而又尽善尽美的上帝，或者是人本主义作为与上帝同义语的绝对自我；对中国人来说，这就是实践追求中正在实现着的理想人格。这时候，其逻辑便是人之为人且存在于人的追求活动中的主体感受逻辑；作为理性，便是实践理性。所以，对身与心不同需要的划分，恰好是以心对身的超越为前提的。从人际看，这自然是个体对群体的超越；从自我看，则是由感性而知性，又由逻辑理性而实践体认理性式的提升。这一提升，既是对此在完美人性的追求，也是对儒家传统的回归。

就心对身的超越并以身之需要的牺牲作为实现与回归完美人性的代价这一点，儒家的一贯观点并不错。但由于儒家视圣贤人格为一常数，加之其身与心、个体与群体以及追求指向与初始出发点的错位与颠倒，因而其不仅对感性欲望一味压抑，且对于逻辑理性也一味排斥。这就导致了自身内在动力的阉割与窒息。当我们以感性欲望与对象认知理性为人的基本需求并予以积极肯认时，不仅感性欲望不断地推动着人们去认知自然，而且也为逻辑理性开掘了永不枯竭的源泉；反过来看，以逻辑理性为代表的各种知性规定不仅不断地满足着人们的感性欲望，也不断地刺激着新的欲望的产生。这一感性与知性的相互独立又相互促进，必然使人成为活生生的人，使群体成为生机勃勃的群体。群体的生机即知性之生机，这就不仅不断地促使着逻辑理性向着实践理性的超越，而且也促使实践理性之存在形式的不断翻新，并开拓实践理性的界域和范围，改变实践体认理性的性质与存在方式。当实践理性置于逻辑理性的基础上时，实践理性的神秘性必然会得到不断的剔除，其自身也必然会给逻辑理性以观照（此即为开出，然系反作用式地开出），二者的互补互动、互渗互证，必然使其成为水涨船高的关系。这样，儒家对世界便不再是保守、顺适性地无可无不可，毋宁说是积极进取的，是在对待与征服的历史过程中的无可无不可。

由逻辑理性超越于实践理性，自然是对儒家精神家园的回归。但由于基础、内容与性质的改变，故实践理性的追求指向未必再是古人所赞叹的那种圣贤人格。虽然在人格的完美性上，我们仍可将其称为圣贤，但这种圣贤是懂得感性且超越了感性、懂得理性又超越了逻辑理性的圣贤。他不再对人的感性欲望表现得那样恐惧，也不再对逻辑理性那样拒斥，同样，它也不再以仁择智；相反，它伸展着感性，开拓着理性，它以大智为仁为自身的实现条件。当然，这样的圣贤可能不再像古代自然经济基础上的圣贤人格那样圆、那样神，那样祥和顺适，但这种圣贤却是历时坐标中的圣贤，足方且智而面向未来又充满外向开拓精神的圣贤。

也许，只有这样一路从身、从身之感性欲望，从人之生存所需的层面超越过来，中国传统儒家那种源于道德本心式的横向推致的空间坐标才能转化为纵向推致的历时坐标，而儒家文化也才能由这一历时坐标的感性、知性而实践理性式地走向世界、走向未来。这就是本节结论。

续篇 阳明哲学之『点』式再咀嚼

"身心之学"的精准阐发
——读冈田武彦的《王阳明大传》

摘　要：宋明理学是离现代社会最近的一种儒学形态，而阳明心学则是宋明理学发展的一个高峰，也一直是学界研究的热点。那么，究竟应当如何把握阳明心学，日本冈田武彦先生的《王阳明大传》一书作出了很好的探索。该书通过其人其学相统一的方式对阳明心学进行了一种全方位的展开，既以其人理解其学，复又以其学以证其人；在这一基础上，又对其以"知行合一"为特征的身心之学作出了精准的阐发，从而凸显出阳明心学"体认"与"培根"之学的本质特征。然后，又通过对王阳明与罗钦顺交往过程的详细考察，以辨析阳明学与朱子学的具体关系；最后又通过对阳明与甘泉交往过程的多方考察，凸显出心学内部的不同进路及其细微区别，从而进一步凸显出阳明心学"自得之学"的本质特征。

关键词：知行合一　身心之学　朱王之学　心学之异

一、引言

宋明理学是离现代社会最近的一种儒学形态，因而中国的现代化追求无疑离不开对宋明理学的解读与阐发。一般说来，对于作为现代学术的哲学史研究，人们往往会有两个方面的期待：其一即尽可能地接近思想史真相，这主要在于满足人们的思想史认知一面；其二则是尽可能地诠释或阐发研究对象所具有的现代价值与思想史意义。这两个方面的结合，也就可以说是解读与诠释的统一。而这种统一，既构成了思想史本身的生生不息，同时也代表着思想史研究之继承传统、活化传统以走向未来的　面。

但在具体的研究中，二者的界限往往又是很难把握的，不是偏重于这边往往就会偏重于那边。对于这样的现象，我们当然不能求全责备。但从20世纪的宋明理学研究来看，则又因为前人研究的巨大影响从而也就形成了另一种偏向。比如20世纪60年代，钱穆与牟宗三两位先生分别在港、台两地所展开的朱子或宋明理学研究也就形成了两种影响深远的研究范式。由于程朱与陆王本身就代表着宋明理学中的两大主流，因而钱、牟二人的宋明理学研究不是偏向于程朱一边也就必然会偏向陆王一边。牟宗三曾依据陆王精神提出所谓"即存有即活动"与"自律道德"的标准，从而判定程朱是所谓"别子为宗"[1]；而钱穆虽然一尊程朱为理学正宗，但却倾其全力于理学与心学的儒禅之辨，并且还试图将朱子诠释为心学家；至于其对朱子心学式的诠释，则又主要是为了剥夺陆王（象山与阳明）作为心学的"本钱"[2]。这样，钱、牟二位的宋明理学研究，总体上也就呈现为一种交叉互渗的情形。而这种交叉互渗，又导致了一种所谓"批判精神与排拒意识"[3]的相互纠缠现象。比如在钱、牟二位的理学研究中，既有从一定精神高度所展开的批判精神的一面，同时也有从一种护教情结出发所体现出来的排拒意识的一面。详细分疏钱、牟二位理学研究的不同特色当然并非本文的任务，但由这种"批判精神与排拒意识"的相互纠缠现象却不能不引起人们对思想史研究宗旨的反思；而这种"批判精神与排拒意识"的相互纠缠，从正面来看，当然也可以说是体现了解读与诠释的统一；但如果从其负面来看，则往往形成了一种不是以陆王精神来解读程朱，也就必

---

[1] 牟宗三说："朱子固伟大，能开一新传统，其取得正宗之地位，实只是别子为宗也。"［牟宗三：《心体与性体》，《牟宗三先生全集》（第5册），联经出版事业有限公司2003年版，第21页］
[2] 在《朱子新学案》一书中，钱穆先生曾概括说："纵谓朱子之学彻头彻尾乃是一项圆密宏大之心学，亦无不可。"（钱穆：《朱子新学案》，巴蜀书社1986年版，第361页）对于钱穆先生的这一看法，陈来先生则在其《〈朱子新学案〉述评》一文中分析说："从这个认识出发，著者认为朱熹对心的研究和阐发远在陆九渊之上，所以心学不是陆氏的专有，对心的研究只有在朱熹的体系中才达到完满的程度……由此可见，以朱学为心学乍看起来似乎非朱是陆，其实恰恰相反，毋宁说著者之意在彻底剥夺陆学的本钱，其立场是彻底尊朱的。"（陈来：《中国近世思想史研究》，商务印书馆2003年版，第223页）
[3] 一般说来，批判精神需要一定的理论高度；而排拒意识则往往是由中国传统思想中的夏夷、儒佛之辨所派生，最则演化为理学内部的一种门户意识，诸如清人所谓的"朱子道，陆子禅"以及视宋明理学为"阳儒阴释"等等，就可以说是简单排拒意识的表现。请参阅丁为祥：《儒佛因缘：宋明理学中的批判精神与排拒意识》，《文史哲》2015年第3期。

然要以所谓程朱范式来诠释陆王的习惯。在这种状况下，所谓解读与诠释的统一非但没有发挥出其所应当具有的积极意义，反而形成了一种所谓"不揣其本，而齐其末"①式的研究习惯。

在这种状况下，人们也就更为期待一种能够尽量忠实于历史之客观性解读，或者说更期待一种尽量在客观性解读基础上所展开的诠释。也就是说，起码应当以程朱范式来研究程朱、而就陆王精神以解读陆王，然后再从这种客观性解读的基础上展开自己的现代理论诠释。如果从这一标准出发，那么冈田武彦先生的《王阳明大传：知行合一的心学智慧》一书则可以说是就阳明精神以研究阳明心学的典范。当然，作为钱穆、牟宗三先生的同辈学人，冈田先生的《王阳明大传》似乎也在努力避免钱、牟那种两偏式的研究。

冈田武彦（1909—2004）先生可以说是终生信守阳明心学的研究者，其早年的《王阳明与明末儒学》一书就曾以超越性与内在性之不同追求明确地划开了宋、明理学之间的界限，并借助现代人所熟悉的"一元论"与"二元论"来概括宋明两代理学之间的不同特征。而从二十世纪七十年代开始，冈田先生就已经聚精于《王阳明大传》一书的写作了；八十至九十年代，冈田先生又先后"六次考察，三次募捐，无数次地来华讲学和访问"。关于该书的宗旨，作为冈田先生中国弟子的钱明先生概括说："阳明学是体认之学，是培根之学，是身心相即、事上磨炼之学。而'冈田学'的实质，概而言之，也就是'体认之学'和'培根之学'。"②从钱明先生这一概括来看，起码可以看出冈田先生的《王阳明大传》一书首先是以阳明精神来研究阳明心学的。

二、王阳明"大传"——就阳明其人以研究其学

之所以说冈田先生是以阳明精神来研究阳明心学的，首先也就体现在《王阳明大传》一书的命名上。而这种"大传"式的命名也

---

① 孟子云："不揣其本，而齐其末，方寸之木可使高于岑楼。"（《孟子·告子下》）
② 钱明：《阳明精神的虔诚践行者》，冈田武彦：《王阳明大传：知行合一的心学智慧》，杨田等译，重庆出版社2015年版，第5页。

清楚地表明其所展开的并不仅仅是从理论学理性的角度对阳明心学所展开的一种学理性解读或学理性诠释,而是从身与心、为人与为学以及为政与实践追求相统一的角度所展开之全方位的阳明心学研究,因而所谓"大传",也就表明这是对阳明其人其学之一种全方位的解读与研究。

对阳明心学之全方位的解读首先也就表现在冈田先生对于王阳明一生所到之处的一种全面追踪上,并以"追体验"的方式仔细体味阳明当时之所思所想。就是说,冈田先生是以"追体验"的方式努力在自己的人生中再现阳明的精神经历,从而寻求一种视野与人生感受的融合。在这方面,一直作为翻译与陪伴的钱明先生介绍说,为了追思阳明精神,冈田先生"对广西、广东、江西三省的阳明遗迹以及宋明思想文化遗址作了实地考察。"① 而特别值得一提的,则在于其对阳明去世遗址的考察,而钱明先生也将当时的具体场景以及他自己的感受准确记载下来:

> 1992年4月30日上午,晴朗了半个多月的天空突然变得阴沉沉的,冈田先生一行伫立在江西大余县青龙镇的章江岸边,面朝南,口吟诗,洒酒问苍天,吊慰阳明灵。看到冈田先生泪流满面的样子,我的眼睛也湿润了……②

大余县青龙镇其实就是阳明去世的地方,而冈田先生这种"追体验"式的研究,就是要在自己的人生中以"追体验"的方式体味阳明当时的所思所想。不仅青龙镇如此,就是对阳明"大悟格物致知之旨"的龙场、"率诸生静坐僧寺"的辰州以及诸生"环龙潭而坐者数百人,歌声振山谷"的滁州也莫不如此。请看蒋庆关于冈田先生拜祭龙场的一段描述:

> 时先生年近九十,远赴龙场祭奠阳明先生。岁已入冬,先生衣单,余主祭,以天寒先生年迈请不脱外衣不行跪拜礼。先

---

① 钱明:《阳明精神的虔诚践行者》,冈田彦:《王阳明大传:知行合一的心学智慧》,杨田等译,第3页。
② 钱明:《阳明精神的虔诚践行者》,冈田彦:《王阳明大传:知行合一的心学智慧》,杨田等译,第3页。

生不许,坚依礼数以终。①

显然,冈田先生这种"坚依礼教以终"的行为并不能用所谓"迂腐"加以解释,而只能用"追体验"之所谓"神交"来说明。这说明,冈田先生的阳明研究并不仅仅是从所谓理论学理的角度展开的,而是通过"追体验"之重复阳明经历的方式来真切体味阳明当时的人生感受与人生精神。

冈田先生研究阳明心学的另一特点则又似乎是以"考证"的方式展开的,这主要表现为两个方面:其一即对阳明历代先祖的考证;其二则是对阳明一生为政之迹与讲学交往情况的详细考证。关于对阳明历代先祖的考证,冈田先生当然也不可能超出"世德纪"的记载之外,但他却从"余姚王家没有把王览当作始祖,而是把王羲之当作始祖"②的现象中发现了一个很大的问题。按理说,阳明家族似乎更应当将王览作为自己的浙江始祖,如果从血缘传承的角度看,也确实如此,但阳明家族在选择始祖时却并没有遵循这样的规则。因为一方面,"王羲之这一脉应该不是王览的正系";③另一原因则主要是因为在王羲之之前,王家还有王导这位作为历史名臣的先祖。但阳明为什么在追踪其家族起源时却要故意舍弃历史名臣王导而特意选择了并"不是王览正系"的王羲之呢?对此,冈田先生分析说:"正德十五年(1520年),王阳明平定宸濠之乱后……他做了一首《纪梦》(《王文成公全书》卷二十),假托东晋忠臣郭璞梦中向自己示诗,来批判王导:'世之人徒知王敦之逆,而不知王导实阴主之'。"④而在王阳明的《纪梦》诗中,还有如下几句:

当年王敦觊神器,导实阴主相缘夤。不然三问三不答,胡忍使敦杀伯仁?寄书欲拔太真舌,不相为谋敢尔云!敦病已笃事已去,临哭嫁祸复卖敦。事成同享帝王贵,事败乃为顾命臣。几微隐约亦可见,世史掩覆多失真。⑤

---

① 蒋庆:《他山之石,攻吾之玉》,冈田武彦:《王阳明大传:知行合一的心学智慧》,杨田等译,第8页。
② 冈田武彦:《王阳明大传:知行合一的心学智慧》,杨田等译,第22页。
③ 冈田武彦:《王阳明大传:知行合一的心学智慧》,杨田等译,第22页。
④ 冈田武彦:《王阳明大传:知行合一的心学智慧》,杨田等译,第26页。
⑤ 王守仁:《纪梦》,《王阳明全集》卷二十,吴光等编校 第856—857页。

关于阳明这一因为做梦而穿越千古的现象，并揭露其远祖王导在王敦发动叛乱时先骑墙观望以暗中纵容，最后居然两边谋利的做法，冈田先生作出了如下分析：

> 身为王家子孙，王阳明假借托梦之举对祖先提出批判，这种行为是不可思议的。当时的王阳明已经历经千难万险，"良知"说的思想也已显现雏形。王阳明批判祖先王导，可能是他仅凭"良知"所作出的一种举动，并没有其他意图。对此，一些学者有不同意见。曾著有《阳明先生传纂》的余重耀先生认为，王阳明这是在借古讽今，假借托梦来讽刺奸邪谗佞之人。这种说法也不无道理。王阳明作为一名忠臣，对向武宗进献谗言的小人肯定充满愤懑，《纪梦》一诗也许是为了表达这一层意思。①

当我们读到这里时，不仅理解了王阳明家族的"世德纪"何以一定要绕开王览这位西晋"始祖"（王导之祖）而独尊王羲之为始祖，而且也可以理解王阳明在平定朱宸濠藩乱时的心理基础。因为当阳明平定宁藩之乱后，也曾有人以同样的方式诬告他是"同濠谋反，因见天兵猝临征讨，始擒濠以脱罪"②。更重要的还在于，"宁藩之乱"与"忠泰之难"其实也就是阳明"良知教"的真正产地，所以这种翻远祖旧案的方式不仅可以理解王阳明平定"宁藩之乱"时的具体心理，也可以看出其良知教究竟是在什么基础上提出的。

冈田先生对阳明生平"考证"的另一方式就是对其一生为政之迹与讲学交往情况的详细考察，前引钱明先生所谓"对广西、广东、江西三省的阳明遗迹以及宋明思想文化遗址作了实际考察"其实也正为此而发。所以，每当阳明官至一地，冈田先生也就必然要详细介绍其前任以及地方治理中所存在的问题，然后分析阳明为政的具体举措及其效果。自然，这也可以说是对阳明生平及其为政思想的一种详细了解。而在阳明的讲学交往中，每当出现一个新的人物，冈田先生也都要对其出身、思想基础与为学方向做一番介绍。这就全面地勾勒出阳明一生的为政与讲学，因而也就真正成为王阳明一

---

① 冈田武彦：《王阳明大传：知行合一的心学智慧》，杨田等译，第28页。
② 黄绾：《阳明先生行状》，王守仁：《王阳明全集》卷三十八，吴光等编校，第1572页。

生的"大传"了。

但这样一种"大传"也难免存在着一些让人质疑之处。因为对于作为儒家心性之学集大成的阳明学来说,冈田先生的叙述似乎并不醉心于今人所兢兢念念的对其理论命题的分析与解剖,反而更多地集中在其生平行实上,这就难免让人有理论分析不足的慨叹。实际上,作为"世界顶级"(杜维明语)的阳明学大师,冈田先生的这种叙述可能才是真正紧扣阳明学术性格的叙述,就是说,是最接近阳明学之本真的叙述。为什么这样说呢?因为今天作为哲学史研究的概念分析与命题解剖实际上只是今人之所长(所谓"哲学"作为一种学科也是20世纪初通过日本从西方引进的),王阳明根本就不曾想到他要做一名哲学家;虽然其心学主张也确实可以作为哲学命题来分析,但对阳明而言,他根本就不会想到这就是一种理论命题,而首先是其人生的一种做人主张。因而,过多的理论学理化分析,往往就会导致阳明在说明其知行合一时所批评的"今却只从言语文义上窥测,所以牵制支离,转说转糊涂,正是不能知行合一之弊耳。"①

这种情形,不仅受制于阳明当时的生存境况,而且也受到传统文化以及其具体性智慧包括其表达方式本身的限制。对于王阳明而言,说他是一位道学家、心学家包括今人所谓的教育学家都是有可能的,但他却恰恰不会想到他就要作为一名哲学家,更不会想到他就要做一名流传千古的哲学家。因为中国当时压根就没有哲学这种称谓。虽然今天所谓哲学家的称谓并不悖于阳明本人的志向,但今人关于哲学家之理论思辨的品格却并不符合王阳明当时的自我设定。②因而在全书的"前言"中,冈田先生就明确指出:

> 我们这些研究东方哲学思想的人,如果不去了解先哲们的生涯,不去体验他们的经验,那么我们就无法深刻理解东方哲学思想区别于西方哲学思想的特点,所做的学问也就无法变成"活学"。③

---

① 王守仁:《答友人问》,《王阳明全集》卷六,吴光等编校,第232页。
② 当时人们就称赞王阳明说:"'古之名世,或以文章,或以政事,或以气节,或以勋烈,而公克兼之。独除却讲学一节,即全人矣。'先师(阳明)笑曰:'某愿从事讲学一节,尽愿却四者,亦无愧全人。'"(邹守益:《阳明先生文录序》,王守仁:《王阳明全集》卷四十一,吴光等编校,第1739页)看来,王阳明似乎极为看重自己的讲学,但其讲学却并不等同于今人所谓的思辨理论研究。
③ 冈田武彦:《前言》,《王阳明大传:知行合一的心学智慧》,杨田等译,第2页。

很明显，冈田先生之所以要从生平行实的角度来展开王阳明的世界，完全是为了活化阳明的思想；而且也只有在其具体的生平实践中，其思想才是真正活生生的精神。从这个角度看，冈田先生关于王阳明的"大传"可能反而是更接近于阳明之人生实际的；而在此基础上所展开的研究，可能也才是最接近于阳明理论之本真的研究。

三、"知行合一"——身心之学的精准阐发

在以王阳明"大传"的方式全面展开其人生行实的基础上，冈田先生的副标题为"知行合一的心学智慧"。这说明，在冈田先生看来，阳明心学是确有其理论基础的；而从根本上说，其理论也就可以称之为"知行合一的心学智慧"。

所以，就在全书的第二节，冈田先生就明确以"行动哲学阳明学"（其第一节为"文武双全的圣人"）来揭示其何以要将"知行合一"作为对整个阳明学之最核心的说明。请先看冈田先生对阳明"知行合一"的理解：

> 在日本，阳明学被认为是行动哲学……如果不经世致用，不具体实践，那么就不能称之为阳明学。①
>
> 阳明学被认为是行动哲学，其实还与王阳明独创的"知行合一"说有关。"知行合一"说的中心是"行"，而不是"知"，这是一种实践主义的思想。所谓的"行"，并不是与"知"对应的"行"，也不是局限于具体的实践行动。王阳明曾说："一念发动处（便）即是行（了）。"可以看出，"行"包含的范围很广，心中萌发的意念也可以看作是"行"。②

由于这是作为全书开篇的"圣哲王阳明"一章中除第一节"文武双全的圣人"之外对阳明心学的一个总体介绍，因而也可以看出"知行合一"在阳明心学中所占的比重。从一定程度上说，整个阳明心学也就建立在"知行合一"的基础上，所以才有明确揭示全书宗

---

① 冈田武彦：《王阳明大传：知行合一的心学智慧》，杨田等译，第4页。
② 冈田武彦：《王阳明大传：知行合一的心学智慧》，杨田等译，第5页。

旨之"知行合一的心学智慧"这样的副标题。

但对"知行合一"来说，冈田先生首先是将其作为一种行动的哲学或实践的哲学来把握的，也就是说，在冈田看来，如果一种哲学"不经世致用，不具体实践，那么就不能称之为阳明学"。从这一点来看，重视经世致用与具体实践，也就可以看作是冈田对阳明"知行合一"说之基本特征的一种明确规定。正是从这个意义上看，冈田先生才认为"阳明学是一门重视实践的学问"。其次，在冈田先生看来，仅仅重视实践还不够，还必须能够将这种对实践的重视与其人之内在德性联系起来，所以又说"只强调博闻强识，不修德性，或者对经世致用漠不关心，这些都违背了阳明学的主旨"。这样一来，阳明的"知行合一"不仅和"博闻强识"的知识追求发生了关联——超越于知识追求，而且还必然要与人的内在德性与外在的经世致用实践发生关联——必须是二者统一的具体表现。从这两条规定来看，"知行合一"说也就从经世致用与具体实践的学问走向了超越于"博闻强识"，从而与人之内在德性发生了必然的关联。实际上，"知行合一"之所以会有经世致用与具体实践的表现，关键就在于它首先是人之内在德性的具体表现。最后，正由于"知行合一"超越于"博闻强识"之知识追求，而又与人之内在德性存在着必然的关联，因而所谓"'知行合一'说的中心也就是'行'，而不是'知'"，"是一种实践主义的思想"。但在冈田先生看来，阳明知行合一"所谓的'行'，并不是与'知'相对应的'行'，也不是局限于具体的实践行动"，因而其所谓"'行'包含的范围很广，心中萌发的意念也可以看作是'行'"。这样看来，王阳明的"知行合一"显然已经超越了传统知行观的范围；仅从其与人之内在德性之必然关联这一点上，就可以看出其远远超出于认识论的范围。

那么，这种超越于认识论、超出知行观范围的"知行合一"，其内涵究竟何指呢？如果从冈田先生的具体阐释来看，那就应当称之为知与行紧密结合的"体认""体验"之学，这当然是正确的。从冈田本人到钱明先生也都是以"体认""体验"来概括王阳明的"知行合一"以及冈田对"知行合一"说之具体阐发的。因为仅就"知行合一"作为一种"行动的哲学"或"实践的哲学"来看，似乎也只有在具体的实践中，知与行才能保持一种紧密的合一并在关系。但王阳明"知行合一"说的含义是否就仅止于此呢？就是说，是否只有在具体的实践中,才有所谓知与行的"合一并在"说呢?如果对应于阳明的论述与冈田先生的相关分析,应当说其"知行合一"并不仅仅限于此意。原因很简单,因为人不可能始终处于实践状态,因而仅仅从实践活动所体现的"知"与"行"的"合一并在"规定来说明王阳明的"知行合一"说反而会对人形成一种根本性的限制(即所谓"知行合一"仅仅表现在具体的实践活动中,除此之外,也就不归"知行合一"所管摄了),从而也就对"知行合一"说形成了一种限制,即仅仅指谓实践的活动状态而言。

但是,如果结合冈田先生的具体论述来看,则所谓"知行合一"不仅与人的内在德性相关联、与"良知"相关联,而且也与儒家传统的"慎独"精神相关联。比如冈田先生明确指出:

> 阳明学是一门重德行,以"良知"说为根本的学说。很多阳明学者对于自己的"一念发动"和行为都会进行深刻的反思,例如三原的吉村秋阳、多度津的林良斋和但马的池田草庵等……他们二人提倡"慎独说",强调独自一人时更要注意自己的"一时之念",不要做出有违道德的事情来。①

从冈田对"知行合一"的这一阐发来看,则其所谓"知"与"行"的"合一并在"也就不仅仅限于所谓实践状态了,而是必然同时关涉到人的内在精神层面。这就需要有一个深入的辨析。

冈田先生为什么要借助"慎独"来诠释王阳明的"知行合一"说呢?从表层来看,似乎是因为并且也主要是为了证明王阳明的"我今说个'知行合一',正要人晓得一念发动处,便即是行了"②一说,因而从王阳明到冈田,似乎也都是为了顾及其所谓的"一念发动"才有所谓"知行合一"说的。实际上,王阳明的"知行合一"与儒家传统的"慎独"精神还有着更为深刻的关联;而且其关系也必须从更为根本的角度才能得到准确的理解。这就必须从阳明心学的创始说起。

当阳明开始设帐讲学时,他所提出的第一个为学主张就是身心

---

① 冈田武彦:《王阳明大传:知行合一的心学智慧》,杨田等译,第5页。
② 王守仁:《语录三》,《王阳明全集》卷三,吴光等编校,第109—110页。

之学。《年谱》载:"学者溺于词章记诵,不复知有身心之学。先生首倡言之,使人先立必为圣人之志。闻者渐觉兴起,有愿执贽及门者。至是专志授徒讲学。"①在这里,作为阳明一生的第一个为学主张,则除了"身心之学"的规定外似乎并没有更多的内容,但其身心之学却首先是针对当时学界所普遍流行的"词章记诵"现象而提出的。从这个意义上看,所谓身心之学也就可以说是道德实践之学。但是,阳明为什么一定要将道德实践之学称之为身心之学?而其身心之学的具体内涵又是什么呢?王阳明当时并没有作出明确的规定。

十五年后,当阳明平定了宁藩之乱而又因为《朱子晚年定论》之编从而遭到罗钦顺的批评时,王阳明再次提到了身心之学,并明确地规定说:

> 世之讲学者有二:有讲之以身心者;有讲之以口耳者。讲之以口耳,揣摸测度,求之影响者也;讲之以身心,行著习察,实有诸己者也,知此则知孔门之学矣。②

在这里,由于"身心之学"既与"口耳之学"对立,又有"形著习察"的规定,同时还具有孔门"实有诸己"的根本特征,因而这个"身心之学"也就是最值得辨析的。简而言之,所谓"身心之学"也就可以说是"身与心""内与外"的表里如一之学,这一点也正对应着所谓"口耳之学"以及由此所形成的"词章记诵"现象;又由于"身心之学"同时还具有"形著"与"习察"的双向规定,因而所谓"形著"也就可以说是一种外发或外在落实的指向,而所谓的"习察"也就应当说是一种内在自觉的指向。这样看来,所谓"身心之学"其实也就可以说是人的"身心""内外"两面指向相反而又完全一致的规定。

那么,这种"身与心""内与外"两面指向相反而又完全一致的规定又是一种什么学说呢?请看《孟子》与《大学》中关于"内外"的规定:

---

① 钱德洪:《年谱一》,王守仁:《王阳明全集》卷三十三,吴光等编校,第1352页。
② 王守仁:《答罗整庵少宰书》,《王阳明全集》卷二,吴光等编校,第85页。

> 有诸内，必形诸外。
>
> 小人闲居为不善，无所不至，见君子而后厌然，掩其不善，而著其善。人之视己，如见其肺肝然，则何益也。此谓诚于中，形于外，故君子必慎其独也。

显然，从孟子的"有诸内，必形诸外"到《大学》的"诚于中，形于外"，其实也都是就人之表里如一、内外一致而言的。这一点正可以说是儒家德性文化之一个源远流长的传统。到了这个地步，我们也就可以清楚地看出所谓"慎独"与"形著习察"的"身心之学"以及阳明"知行合一"说的内在关联了：它们的一个共同指向，就是人的内外两重世界的完全一致性与同步性。

但这种内外一致、表里如一的传统似乎并没有多少新意，因为任何关于道德修养的学说也都必然要强调这一点。其实不然。因为这种不然不仅表现在《大学》所揭示的"小人闲居为不善，无所不至，见君子而后厌然，掩其不善，而著其善"的外在行为中，而且，当两宋理学形成其"主知"主义的传统后，其原本表示内外并到关系的"践形"也就为"主知"主义背景下的主客关系并具有先后特色之"践行"说所取代了①；而在"论先后，当以致知为先；论轻重，当以力行为重"②的知行模式下，也就必然会形成所谓"我如今且去讲习讨论做知的工夫，待知得真了方去做行的工夫，故遂终身不行，亦遂终身不知"③的后果。而这样一种现象，就既是阳明心头的最大忧患，同时也是其提出"知行合一"说的最大动因。在这里，请看王阳明刚中进士，马上就向明孝宗以《陈言边务疏》的方式进言，而其中的忧患意识就主要是针对如下现象而发的：

> 今之大患，在于为大臣者外托慎重老成之名，而内为固禄希宠之计；为左右者内挟交蟠蔽壅之资，而外肆招权纳贿之恶。习以成俗，互相为奸。④

---

① 请参阅丁为祥：《践形与践行——宋明理学中两种不同的工夫系统》，《中国哲学史》2009年第1期。
② 朱熹：《论知行》，黎靖德编：《朱子语类》卷九，王星贤点校，第148页。
③ 王守仁：《语录一》，《王阳明全集》卷一，吴光等编校，第5页。
④ 王守仁：《陈言边务疏》，《王阳明全集》卷九，吴光等编校，第316页。

而与这种现象相同步的，则是文人士大夫的词章记诵现象。所以，在《传习录》中，王阳明就对学界的词章记诵现象有如下批评：

> 天下所以不治，只因文盛实衰，人出己见，新奇相高，以眩俗取誉，徒以乱天下之聪明，涂天下之耳目，使天下靡然争务修饰文词，以求知于世，而不复知有敦本尚实，返朴还淳之行，是皆著述者有以启之。①

这就是王阳明首倡"身心之学"关于当时政、学两界普遍风气的基本看法，当然也可以说是其"知行合一"说所以提出的思想文化背景。由此也可以看出，从官场之"内外"背反到思想文化界之"争务修饰文辞，以求知于世，而不复知有敦本尚实，返朴还淳之行"，说明整个社会因为主客、内外之间的先后关系从而也就成为一种"乱天下之聪明，涂天下之耳目"的世界了。而这一点，就既是阳明"身心之学"所以提出的思想文化背景，同时也就是其"知行合一"说所极力纠偏的现象。再从"身心"关系来看，在所谓知行模式之下，其主客关系的定位也就必然会使知与行之间表现为一种先后关系，但"身与心""内与外"的关系却必然是当下一致的，也必然是一种同时并在与一时并到的关系。而在20世纪90年代所出土的郭店楚简中，"仁"字本来也就被写为"身心"（其字为"身"上"心"下）。这当然可以说是王阳明所不曾看到的现象，但他所倡导的"身心之学"以及其"形著"与"习察"的规定包括其"知此则知孔门之学"的明确断言却不期而然地与孔子之仁学若合符节。这说明，孔子的"仁学"本来就是一种身心并在、内外并到的"知行合一"之学；而这种身心并到的知行合一之学，同时也可以为郭店楚简中的《五行篇》所证实：

> 仁形于内谓之德之行，不形于内谓之行。义形于内谓之德之行，不形于内谓之行。礼形于内谓之德之行，不形于内谓之行。智形于内谓之德之行，不形于内谓之行。圣形于内谓之德之行，不形于内谓之行。②

---

① 王守仁：《语录一》，《王阳明全集》卷一，吴光等编校，第9页。
② 荆门市博物馆编：《郭店楚墓竹简·五行》，文物出版社1998年版，第149页。

在这里，楚简《五行篇》为什么一定要反复强调必须"形于内"呢？并且还认为只有"形于内"才是真正的"德之行"，而"不形于内"的"行"充其量也就不过是一般的行而已。《五行篇》对"德之行"的这一规定实际上就是《中庸》《大学》所明确坚持的"诚于中，形于外"之"慎独""诚意"传统，却并不是小人"掩其不善，而著其善"之类的外在装样子之"行"。显然，从"慎独""诚意"所体现的"诚于中，形于外"来看，虽然其主要在于强调行为的内在根据，但其身与心、内与外的一时并到性则是当下现实的，所以就有所谓"人之视己，如见其肺肝然"之警示性的说法；而这种主与客、内与外以及知与行的一时并到性，也就可以说是王阳明"知行合一"说的基本含义。①

从这个角度看，王阳明的"知行合一"说实际上也就是通过《中庸》《大学》所坚持的身与心、内与外之一时并到性，从而将"主知"主义传统下的主客、知行的先后之论，一并收摄到"慎独""诚意"所坚持的"诚于中，形于外"以及身与心、内与外以及知与行的一时并到——所谓"知行合一"上来了。正因为这一原因，所以阳明才始终坚持所谓"知之真切笃实处，便是行；行之明觉精察处，便是知"②，又说："知行原是两个字说一个工夫，这一个工夫须著此两个字，方说得完全无弊病。"③所谓"一个工夫"，当然也就是"慎独""诚意"的工夫；而作为一种学理性的主张，自然也就是"形著"与"习察"相统一的"身心之学"。冈田先生既以"知行合一"规定阳明心学，同时又强调其德性修养基础，并认为是一种"培根之学"，所有这些，实际上也就主要是指其实践性、道德性以及其"慎独""诚意"基础而言的。

四、朱王之间——王阳明与罗钦顺

致良知是王阳明一生思想探索之结晶，也是其人生实践追求的必然结果。对于阳明的致良知，冈田先生一方面认为"'良知'说振

---

① 请参阅丁为祥：《王阳明"知行合一"之内解内证》，《哲学与文化》2016年第8期。
② 王守仁：《答友人问》，《王阳明全集》卷六，吴光等编校，第234页。
③ 王守仁：《答友人问》，《王阳明全集》卷六，吴光等编校，第233页。

奋了弱者的心灵,给那些深陷权势和名利的漩涡而不能自拔,遭到现世重压而不能逃脱的世俗中人指出了一条正大光明,强而有力的快乐生存之路"①。另一方面,对于其在该书中之所述,冈田先生又深深感慨地说:"'致良知'说代表了王阳明晚年最成熟的思想,而我却不能执笔撰写这一章节,实在是人生一大憾事。"②实际上,冈田先生的这一说法也就如同孔子对于"生而知之"一样,是采取了"虚悬一格"的方式来表示其对阳明提出良知说的敬仰之情。

关于致良知,阳明自己曾坦陈说:"吾'良知'二字,自龙场已后,便已不出此意,只是点此二字不出,于学者言,费却多少辞说。今幸见出此意,一语之下,洞见全体,真是痛快,不觉手舞足蹈。学者闻之,亦省却多少寻讨功夫。"③这说明,自龙场大悟以后,阳明的思想实际上就一直在向着致良知的方向前进;但要点出"良知"二字,似乎又是一个极费寻讨的过程。

不过,正因为龙场大悟后王阳明就一直向着致良知的方向前进,因而对他来说,良知说的提出也就是一个或迟或早的问题。而对良知的提出来说,则既有赖于阳明自己的工夫进境,同时也有赖于外在机缘的触发。在以往关于良知说的研究中,人们往往根据阳明的自述,主要从人生实践的角度来说明其良知说之形成,比如由钱德洪所总结的"今经变后,始有良知之说"④,证之于阳明自己的"某于此良知之说,从百死千难中得来"⑤,应当承认,从人生实践的角度来说明阳明良知说的形成是有道理的。但对阳明而言,其良知说所以提出的重大因缘,一方面就在于所谓宁藩之变与忠、泰之难,这固然可以说就是其所谓的实践追求与事上磨炼;但另外一个原因,则主要在于其与罗钦顺关于《朱子晚年定论》的激辩。前者的危机在于使阳明徘徊于忠臣义士与朝廷反贼之间;而后者则从根本上涉及整个阳明精神能否成立的问题。前者虽然也存在着身家性命之危,但其真伪却并不难辨;至于后者,则虽无所谓身家性命之忧,但却涉及整个阳明精神的存在及其根本依据问题。所以,对于良知说的

---

① 冈田武彦:《王阳明大传:知行合一的心学智慧》,杨田等译,第3页。
② 冈田武彦:《前言》,《王阳明大传:知行合一的心学智慧》,杨田等译,第3页。
③ 钱德洪:《刻文录叙说》,王守仁:《王阳明全集》卷四十一,吴光等编校,第1747页。
④ 钱德洪:《年谱二》,王守仁:《王阳明全集》卷三十四,吴光等编校,第1412页。
⑤ 钱德洪:《年谱二》,王守仁:《王阳明全集》卷三十四,吴光等编校,第1412页。

提出而言，这实际上也就成为一个"生与义"，所谓"大体与小体"的实践抉择问题了。因而，对于冈田先生"不能执笔撰写"阳明良知说如何形成这一"憾事"，我们这里也就完全可以通过王阳明与罗钦顺关于《朱子晚年定论》的争论来探寻其基本线索；就是说，必须从朱子学与阳明学的分歧中探寻阳明良知说所提出的精神依据与基本动因。当然，这一点又必须从罗钦顺在明代理学中的地位以及其与阳明的具体交往说起。

罗钦顺（1466—1541）与王阳明是明代理学中双峰并峙的人物，但却属于不同的思想谱系。虽然他们在年岁上有6岁的差距，但却是在同样的年龄以高第入官的。虽然他们所属省份相邻，且都属于官宦子弟，而且也同样遭遇了太监刘瑾的打击；但从思想谱系而言，他们却属于对立的思想学派。王阳明可以说是朱子学的革命者，而罗钦顺则属于朱子学的坚定捍卫者，因而他们的相逢，实际上也就成为阳明学与朱子学的一次重大遭逢。

1514年，王阳明升任南京鸿胪寺卿，其时罗钦顺正任职于南京吏部右侍郎（后又升任南京吏部尚书），于是二人之间也就有了一次真正的交流；关于南京时期的交流，实际上也就构成了王阳明一生讲学具有重大转折的南京时期。所以，在王阳明《年谱》中，关于南京时期往往表达为"南畿论学，只教学者'存天理，去人欲'为省察克治实功"[①]；或者说是"南都以来，凡示学者，皆令存天理去人欲以为本。有问所谓，则令自求之，未尝指天理为何如也"[②]。而在《传习录》下篇中，王阳明又有"我在南都已前，尚有些子乡愿的意思在"[③]的明确检讨。所有这些，其实都和罗钦顺相关，也和朱子学有关，并且也都涉及阳明如何处理其与朱子学的关系问题。因为南京不仅是明王朝的留都，而且也是朱子学的大本营。所以，所谓"南都以来，凡示学者，皆令存天理去人欲以为本"云云，实际上也就可以说是王阳明不得不向朱子学作出一定的让步。而最为关键的一点还在于，就在南京时期，王阳明遇到了作为"朱学后劲"的罗钦顺，并且展开了其与朱子学的第一次正面交流。

---

① 钱德洪：《年谱一》，王守仁：《王阳明全集》卷三十三，吴光等编校，第1364页。
② 钱德洪：《年谱二》，王守仁：《王阳明全集》卷三十四，吴光等编校，第1412页。
③ 王守仁：《语录三》，《王阳明全集》卷三，吴光等编校，第132页。

关于这次交流，罗钦顺后来在向阳明问难的书札中曾有一段回忆：

> 往在南都，尝蒙诲益。第苦多病，怯于话言，未克倾吐所怀，以求归于一是，恒用为歉。去年夏，士友有以《传习录》见示者，亟读一过，则凡向日所闻，往往具在，而他所未闻者尚多。乃今又获并读二书，何其幸也！顾惟不敏，再三寻绎，终未能得其旨归，而向日有疑，尝以面请而未决者，复丛集而不可解。深惟执事所以惠教之意，将不徒然。辄敢一二条陈，仰烦开示。率尔之罪，度弘度之能容也。①

当罗钦顺如此回忆他与阳明在南京时期的交流时，当然已经是数年之后了，此时，王阳明刚刚平定了宁藩之乱、渡过了忠泰之难，但罗钦顺的问难，却一下子拉开了朱王之学对决的序幕。而这一问难的原因，则全因为朱子学——《朱子晚年定论》之编而起；而在此之前，阳明也曾就其所以编《朱子晚年定论》一书的心态而向友人有所说明：

> 留都时偶因饶舌，遂致多口，攻之者环四面。取朱子晚年悔悟之说，集为定论，聊借以解纷耳。门人辈近刻之虔都，初闻甚不喜；然士夫见之，乃往往遂有开发者，无意中得此一助，亦颇省颊舌之劳……今但取朱子所自言者表章之，不加一辞，虽有褊心，将无所施其怒矣。②

从阳明《与安之》这一说明来看，南京时期他虽然对朱学有所让步，但其结果却仍然是"攻之者环四面"，所以到了南赣之后，遂有《朱子晚年定论》之编；而从阳明当时的具体心态来看，这也就

---

① 罗钦顺：《与王阳明书》，《困知记》，阎韬点校，中华书局1990年版，第108页。
② 王守仁：《与安之》，《王阳明全集》卷四，吴光等编校，第194页。阳明此书作于己卯（1519），说明他当时确实是有意识地以"褊心"报"褊心"。因为在南京时期，阳明论学，"只教学者'存天理，去人欲'为省察克治实功"，也说明他当时是有意识地向朱学作出一定的让步，但其结果却仍然是"攻之者环四面"，所以这才有了南赣时期的《朱子晚年定论》之刊。从阳明"初闻甚不喜"来看，他也知道这是以"褊"治"褊"——故意如此取材，是即所谓"今但取朱子所自言者表章之，不加一辞，虽有褊心，将无所施其怒矣"，但这种作法毕竟像他后来所检讨的那样，"尚有些子乡愿的意思在"。所以，《朱子晚年定论》视为"解纷"之作可，视为严肃的考证著作则万万不可。

是所谓以"褊"治"褊"——故意以朱子之"悔悟"来推行自己的思想。再从罗钦顺一方来看,则从南京时期的"未克倾吐所怀,以求归于一是"到以后又经过读《传习录》《朱子晚年定论》与《古本大学》,罗钦顺此时已经系统读过王阳明的三本书了。因而,当王阳明从杭州返回南昌领其巡抚之任时,也就收到了罗钦顺系统批评的书札;而这一书札,虽然也涉及《大学古本》与《传习录》,但却主要是围绕《朱子晚年定论》展开的。所以说,对阳明而言,一场朱王之学的对决,也就在其回江西巡抚之任的船上展开了。

由于二人的分歧主要是围绕朱王之学展开的,因而我们这里也就主要分析其相互在朱子学上的分歧。请先看罗钦顺的批评:

> 又详《朱子定论》之编,盖以其中岁以前所见未真,爰及晚年,始克有悟,乃于其论学书尺三数十卷之内,摘此三十余条,其意皆主于向里者,以为得于既悟之余,而断其为定论。斯其所择宜亦精矣,第不知所谓晚年者,断以何年为定?羸躯病暑,未暇详考,偶考得何叔京氏卒于淳熙乙未,时朱子年方四十有六,尔后二年丁酉,而《论孟集注》《或问》始成。今有取于答何书者四通,以为晚年定论。至于《集注》《或问》,则以为中年未定之说。窃恐考之欠详,而立论之太果也。①
>
> 窃以执事天资绝出,而日新不已,向来恍若有悟之后,自以为证诸《五经》《四子》,沛然若决江河而放诸海,又以为精明的确,洞然无复可疑,某固信其非虚语也。然又以为独与朱子之说有相抵牾,揆之于理,容有是耶?他说姑未敢请,尝读《朱子文集》,其第三十二卷皆与张南轩答问书,内第四书,亦自以为"其于实体似益精明,因复取凡圣贤之书,以及近世诸老先生之遗语,读而验之,则又无一不合。盖平日所疑而未白者,今皆不待安排,往往自见洒落处"。与执事之所以自序者,无一语不相似也。书中发其所见,不为不明,而卷末一书,提纲振领,尤为详尽。窃以为千圣相传之心学,殆无以出此矣,不知何故,独不为执事所取,无亦偶然也耶?若以此二书为然,则《论孟集注》《学庸章句》《或问》不容别有一般道理,虽或

---

① 罗钦顺:《与王阳明书》,《困知记》,阎韬点校,第110页。

其间小有出入，自不妨随处明辨也。如其以为未合，则是执事精明之见，决与朱子异矣。凡此三十余条者，不过姑取之以证成高论，而所谓"先得我心之同然者"，安知不有毫厘之不同者，为祟于其间，以成抵牾之大隙哉！①

对于罗钦顺这一从史料考证到义理辨析的全面批评，王阳明又将如何回应呢？从史料考证的角度看，则诚如罗钦顺所批评的，阳明确实是"考之欠详，而立论之太果也"。但由于这一争论同时又是一个涉及为学方向的大问题，因而阳明虽然也不得不承认其"中间年岁早晚诚有所未考"，但一当涉及为学方向问题，王阳明也绝不让步。所以，这就有了从为学方向角度的申明：

夫学贵得之心，求之于心而非也，虽其言之出于孔子，不敢以为是也，而况其未及孔子者乎？求之于心而是也，虽其言之出于庸常，不敢以为非也，而况其出于孔子者乎？②

其为《朱子晚年定论》，盖亦不得已而然。中间年岁早晚，诚有所未考，虽不必尽出于晚年，固多出于晚年者矣。然大意在委曲调停以明此学为重，平生于朱子之说如神明蓍龟，一旦与之背驰，心诚有所未忍，故不得已而为此。③

关于后一段答辩，也完全可以证之于阳明刊刻《朱子晚年定论》时所作的《序》，但由于这一《序》并不能得到罗钦顺的认可，且认为是："执事精明之见，决与朱子异矣"，这就等于将王阳明逼到墙角啦！所以阳明也就明确地提出了"夫学贵得之心"的标准，并认为"求之于心而非也，虽其言之出于孔子，不敢以为是也，而况其未及孔子者乎！"显然，对罗钦顺而言，既然是谈朱子学，那就应当处处以朱子为标准，但对王阳明来说，这一问题既然是一个为学方向的问题，那么也就只能是一个"天下之公也，公言之而已矣"的问题，具体说来，也就是一个"非朱子可得而私也，非孔子可得而

---

① 罗钦顺：《与王阳明书》，《困知记》，阎韬点校，第110—111页。
② 王守仁：《答罗整庵少宰书》，《王阳明全集》卷二，吴光等编校，第85页。
③ 王守仁：《答罗整庵少宰书》，《王阳明全集》卷二，吴光等编校，第88页。

私也"①的问题。而这种"公言之"的标准，也就是"夫学贵得之心"的标准。显然，这种不以孔子之是非为是非的精神也就是其后来所谓的致其良知的精神。

在这一过程中，罗钦顺自然是处处以朱子之是非为是非，并且以"决与朱子异"来为阳明心学定性，但阳明"夫学贵得之心"的标准既然已经不以孔子之是非为是非了，那么罗钦顺之所谓"决与朱子异"的批评也就失去了理论效力。而这一从根本上关乎阳明精神存在依据的争论，其实也就是阳明良知说所以提出的临门一脚，是其良知说所以形成之最有力的见证者。因为在此之前，阳明实际上就已经提出了"良知"的话头，比如还在虔州时，王阳明与陈九川就有如下对话：

> 尔那一点良知，是尔自家底准则。尔意念着处，他是便知是，非便知非，更瞒他一些不得。尔只不要欺他，实实落落依着他做去，善便存，恶便去。他这里何等稳当快乐。②

这说明，阳明的良知说甚至在其经历宁藩之变与忠、泰之难以前可能就已经提出了，但只有在经历了与罗钦顺的《朱子晚年定论》之辨后，才以"夫学贵得之心"的方式与不以孔子之是非为是非的精神真正确立起来。所以他又说："往年尚疑未尽，今自多事以来，只此良知无不具足。譬之操舟得舵，平澜浅濑，无不如意，虽遇颠风逆浪，舵柄在手，可免没溺之患矣。"③很明显，如果说阳明此前就已经提出了良知的话头，那么其与罗钦顺关于《朱子晚年定论》之辨也就可以说是其良知说提出后之一次激烈的淬火。从良知说的提出而言，我们当然可以承认其所谓"今经变后，始有良知之说"；但从致良知精神之真正确立而言，则又不能不追溯至其与罗钦顺的《朱子晚年定论》之辨。冈田先生虽然以自己"不能执笔撰写"良知说的形成这一章节为"人生一大憾事"，但他能够详述王阳明与罗钦顺的争论，实际上却正包含着对王阳明致良知精神的一种具体疏解。

---

① 王守仁：《答罗整庵少宰书》，《王阳明全集》卷二，吴光等编校，第88页。
② 王守仁：《语录三》，《王阳明全集》卷三，吴光等编校，第105页。
③ 钱德洪：《年谱二》，王守仁：《王阳明全集》卷三十四，吴光等编校，第1411—1412页。

五、心学进路之异——阳明与甘泉

与罗钦顺的争论当然可以说是王阳明致良知精神的一种具体表现,至于其与湛甘泉的分歧,则完全可以说是心学内部不同视角与不同进路的差别了。而这种不同视角与不同进路的差别,也同样涉及如何理解阳明心学的问题。不过,由于阳明与甘泉的分歧涉及心学内部的细微差别,因而也就更足以彰显心学之为心学的本质特征。

湛甘泉(1466—1560)是明代心学开创者陈白沙的弟子,在《王阳明大传》中,冈田先生多次提到甘泉,比如阳明早年与甘泉的"一见定交"、在京师时的"比邻而居"、甘泉出使安南时的"别湛甘泉";致良知思想形成后,阳明又有对湛甘泉"随处体认天理"之说、"格物"之说的诸多评论与批评,这就形成了黄宗羲所概括的"王、湛两家,各立宗旨"①的格局。不过,我们这里完全不必对王湛两家的不同宗旨作全面展开,只要摘取一个贯通始终的基本说法,也就可以看出王湛两家的不同宗旨及其具体差别了。

甘泉心学主要得之于陈白沙的耳提面命。当白沙"静中坐养出个端倪"时,他就形成了对儒家世界观的一种全新领会,按照白沙的描述,这就是"此理干涉至大,无内外,无终始,无一处不到,无一息不运。会此则天地我立,万化我出,而宇宙在我矣。得此霸柄入手,更有何事?往古来今,四方上下,都一齐穿纽,一齐收拾,随时随处,无不是这个充塞。色色信他本来,何用尔脚劳手攘?舞雩三三两两,正在勿忘勿助之间"②。陈白沙的这一境界性的描述对于湛甘泉无疑发生了极为重要的影响,所以,他也在《重刻白沙先生全集序》中写道:

> 白沙先生之诗文,其自然之发乎?自然之蕴,其淳和之心乎?其仁义忠信之心乎?夫忠信、仁义、淳和之心,是谓自然也。夫自然者,天之理也。理出于天然,故曰自然也。在勿忘勿助之间,胸中流出而沛乎,丝毫人力亦不存。③

---

① 黄宗羲:《甘泉学案一》,《明儒学案》卷三十七,沈芝盈点校,第875页。
② 陈献章:《与林郡博》,《陈献章集》卷二,孙通海点校,中华书局1987年版,第217页。
③ 湛若水:《重刻白沙先生全集序》,陈献章·《陈献章集》,孙通海点校,第896页。

从陈白沙对"勿忘勿助"的这一描述来看,所谓"色色信他本来,何用尔脚劳手攘?舞雩三三两两,正在勿忘勿助之间",无疑是一种描述主体追求工夫的境界性用语。湛甘泉显然继承了这一精神,所以也就有了"理出于天然,故曰自然也。在勿忘勿助之间,胸中流出而沛乎,丝毫人力亦不存"的说法。但在湛甘泉的这一描述中,陈白沙的主体追求工夫实际上就已经变成了天理流行的自然境界。所以,从陈白沙到湛甘泉,虽然所谓"勿忘勿助"的自然气象得到了继承,但这种"勿忘勿助"究竟从属于主体的追求工夫还是从属于天理流行的自然境界却已经有了一定的分别。

因而,当王阳明与湛甘泉"一见定交,共以倡明圣学为事"之后,阳明很快就发现甘泉在对"勿忘勿助"理解上存在的问题。而当阳明受刘瑾打击而赴谪龙场时,湛甘泉曾作"九歌"为阳明送行,而阳明则以"八咏"为答。在"八咏"的"其六",阳明写道:

静虚非虚寂,中有未发中。中有亦何有?无之即成空。无欲见真体,忘助皆非功。至哉玄化机,非子孰与穷!①

按理说,王阳明此番遭受政治厄运的打击,湛甘泉能够不避嫌疑而以"九歌"送行,作为朋友,应当说这就已经是很深的情谊了,但由于涉及对儒家学理的理解问题,因而阳明也就不顾其相互情谊而反过来对甘泉进行批评。在阳明看来,甘泉对"勿忘勿助"的理解完全丢掉了儒家主体与本体相统一的精神,所以他不仅要以"静虚非虚寂,中有未发中。中有亦何有?无之即成空"来对甘泉进行提醒,而且还明确指出:"无欲见真体,忘助皆非功",最后又以所谓"至哉玄化机,非子孰能穷"来表达对甘泉领悟"玄化机"的期待。这说明,在阳明看来,甘泉对"勿忘勿助"的理解不仅丢掉了心学主体与本体统一的精神,从而使"勿忘勿助"仅仅成为一种可供卖弄的"光景"或"话头"了。

但无论是阳明的提醒还是批评,都没有起到相应的作用,甘泉依然陶醉于自己关于"勿忘勿助"的说法,而且这些说法居然从其与阳明弟子的论学书札中表现出来了。这就使王阳明不得不重新设

---

① 王守仁:《八咏》,《王阳明全集》卷十九,吴光等编校,第751页。

法建议。大概在阳明看来,既然他已经指出这种说法的欠妥之处,那么甘泉就不应当再重复这些说法了,而甘泉既然仍在传播这些说法,也说明他还没有真正理解儒家"勿忘勿助"的含义,于是也就激起了阳明的再度批评。具体情况是这样,聂双江作为朝廷钦差曾道经绍兴而在阳明处盘桓数月,别后曾与阳明有书札问学;而在其第二通书札中,聂双江就提到了"勿忘勿助"的问题。就在王阳明与聂双江展开书札讨论时,聂双江同时也在与湛甘泉讨论同样的问题。对聂双江而言,这种情形无疑是非常自然的,作为青年才俊,他也确实愿以同样的问题向当时的两位心学泰斗进行请教,但由于阳明一看此问题就知道其具体的出处,因而也就完全可以自己的经历来回答聂双江的问题。由于我们今天已经无法辨清甘泉与阳明答书之孰先孰后了,所以我们这里也就将二者一并征引:

> 勿忘勿助,元只是说一个敬字。先儒未尝发出,所以不堕于忘则堕于助。忘助皆非心之本体也,此是心学最精密处,不容一毫人力。故先师又发出自然之说,至矣。圣人之所以为圣亦不过自然如此,学者之学圣人舍是何学乎?①
>
> 近岁来山中讲学者往往多说"勿忘勿助"工夫甚难,问之则云"才著意便是助,才不著意便是忘,所以甚难。"区区因问之云:"忘是忘个甚么?助是助个甚么?"其人默然无对。始请问。区区因与说我此间讲学,却只说个"必有事焉",不说"勿忘勿助"。"必有事焉"者,只是时时去"集义"。若时时去用"必有事"的工夫,而或有时间断,此便是忘了,即须"勿忘"。时时去用"必有事"的工夫,而或有时欲速求效,此便是助了,即须"勿助"。其工夫全在"必有事焉"上用,"勿忘勿助"只就其间提撕警觉而已。若是工夫原不间断,即不须更说"勿忘";原不欲速求效,即不须更说"勿助"。此其工夫何等明白简易!何等洒脱自在!今却不去"必有事"上用工,而乃悬空守着一个"勿忘勿助",此正如烧锅煮饭,锅内不曾渍水下

---

① 湛若水:《答聂文蔚侍御》,《湛甘泉先生文集》卷七,《四库全书存目丛书》,齐鲁书社1997年版,第674页。

米，而乃专去添柴放火，不知毕竟煮出个什么物来。①

对甘泉而言，由于前边已经有阳明"无欲见真体，忘助皆非功"的批评，所以他这里将"勿忘勿助"只归结为一个"敬"字以指谓工夫，并且也申明"忘助皆非心之本体也"。但由于甘泉又借助"心学最精密处，不容一毫人力"以及陈白沙的"自然之说"进行描述，因而仍然没有将其落实到主体追求的精神上。所有这些，在离开了心之本体与主体的统一以及其追求精神的基础上来，未免又会沦落为一种高明的"话头"。而对阳明来说，由于其前边已经有了"无欲见真体，忘助皆非功"的批评，并且也明确以"至哉玄化机，非子孰能穷"作为对甘泉的期待，但由于这些批评并没有起到相应的作用，所以阳明这里干脆直接借助孟子的"必有事焉"来对甘泉进行主体追求精神的敲打与唤醒。因为在他看来，如果离开了真正的主体追求精神，那么所谓"勿忘勿助"说到底也就不过是一段高明的"光景"而已。

那么，甘泉是否接受了阳明的建议呢？虽然在《答聂文蔚侍御》一书中，甘泉已经承认"忘助皆非心之本体也"，但他却并没有将这种"敬"的工夫落实到心之本体与主体相统一的追求精神上来。所以，在阳明去世多年以后，他仍然在和阳明弟子钱德洪辩论此一问题。而钱德洪也完整地记录了这一过程：

> 予于戊申年冬，乞先君墓铭，往见公于增城。公曰："良知不由学虑而能，天然自有之知也。今游先生之门者，皆曰良知无事学虑，任其意智而为之，其知已入不良，莫之觉也，犹可谓之良知乎？所谓致知者，推极本然之知，功至密也。今游先生之门者，乃云只依良知，无非至道，而致之之功，全不言及，至有纵情恣肆，尚自信为良知者：立教本旨，果如是乎？"
>
> 予起而谢曰："公之教是也。"公请予言。予曰："公勿忘勿助之训，可谓苦心。"曰："云何苦心？"曰："道体自然，无容强索，今欲矜持操执以求必得，则本体之上无容有加，加此

---

① 王守仁：《答聂文蔚二》，《王阳明全集》卷二，吴光等编校，第93—94页。

一念，病于助矣。然欲全体放下，若见自然，久之则又疑于忘焉。今之工夫，既不助，又不忘，常见此体参前倚衡，活泼呈露，此正天然自得之机也。盖欲揭此体以示人，诚难著辞，故曰苦心。"

公乃矍然顾予曰："吾子相别十年，犹如常聚一堂。"予又曰："昔先师别公诗有'无欲见真体，忘助皆非功'之句，当时疑之，助可言功，忘亦可言功乎？及求见此体不得，注目所视，倾耳所听，心心相持，不胜束缚。或时少舒，反觉视明听聪，中无罣碍，乃疑忘可以得道。及久之，散漫无归，渐沦于不知矣。是助固非功，忘亦非功也。始知只一无欲真体，乃见'鸢飞鱼跃'与'必有事焉'，同活泼泼地，非真无欲，何以臻此？"

公慨然谓诸友曰："我辈朋友，谁肯究心及此？……后世学问，不在性情上求，终身劳苦，不知所学何事。比如作一诗，只见性情不见诗，是为好诗；作一文字，只见性情不见文字，是为好文字。若不是性情上学，疲神瘁思，终身无得，安得悦乐？又安得无愠？"①

当钱德洪与湛甘泉讨论"勿忘勿助"问题时，离阳明"无欲见真体，忘助皆非功"的批评已经过去40多年了；就是阳明去世也已经整整20年了。那么，从阳明《八咏》中的初次批评，甘泉实际上就已经认识到"忘助皆非心之本体也"，并且也已经深知"此是心学最精密处"，何以这样一个问题竟然拖延了数十年之久，最后经过钱德洪讽刺性的批评，才认识到"不在性情上求，终身劳苦……比如作一诗，只见性情不见诗，是为好诗；作一文字，只见性情不见文字，是为好文字"呢？在这里，所谓"只见性情不见诗，是为好诗""只见性情不见文字，是为好文字"，表明湛甘泉已经明确转到主体性立场上来了，也说明他已经认识到"必有事焉"之主体追求工夫的基础作用了，但甘泉对这一问题的澄清居然花了整整40多年的时间，无疑说明了心学之主体性进路的重要性；否则的话，难免就会像湛甘泉一样，对"勿忘勿助"始终停留在卖弄"话头"（光景）

---

① 钱德洪：《钱德洪语录诗文辑佚》，《徐爱　钱德洪　董沄集》，钱明编校整理，凤凰出版社2007年版，第133、122页。

的层面上；而其真正的把握，竟然需要如此长的时间才能认识到其真正的含义与进路。

这就涉及了心性之学的本质问题。对于心学，孟子曾明确地将其规定为"自得"①之学，而在宋明理学中，从陆象山、陈白沙一直到王阳明也都在反复强调心学的"自得"性质。湛甘泉对"勿忘勿助"问题之所以需要40多年才能真正深入其肯綮，关键也就在于其对"勿忘勿助"的理解并不是得之于自我的实践追求与实践体认，而是得之于陈白沙描述性的传授与讲说，这就失去了"自得"之学的本质，因而也就成为一种讲说性的口耳之学或光景之学了；而其最后之所以能够认识到这一点，则又主要在于心学进路的多年熏陶。所以，阳明与甘泉在理解"勿忘勿助"上的这一细微区别，也就将心学之为心学以及心学内部之实践追求与口耳讲说之不同进路的差别及其本质特征明确揭示出来了。

这样看来，虽然冈田先生在"前言"中明确表示他"不能执笔撰写（致良知）这一章节，实在是人生一大憾事"②。但他却通过对王阳明与罗钦顺、湛甘泉之交往过程的详细考察与梳理，仍然将阳明致良知思想之如何形成以及王湛两家心学之不同进路与不同旨趣清晰地凸显出来了。除了在甘泉"随处体认天理"一说之提出时间上稍有偏差外，③全书完全可以说是目前所能见到的有关王阳明其人其学之最完满的"大传"。

[该文原载于《阳明学研究（第二辑）》，中华书局，2016年11月]

---

① 孟子云："君子深造之以道，欲其自得之也。自得之，则居之安；居之安则资之深；资之深，则取之左右逢其原，故君子欲其自得之也。"（《孟子·离娄下》）
② 冈田武彦：《王阳明大传：知行合一的心学智慧》，杨田等译，第3页。
③ "晚年的湛甘泉发展了程明道的'体认天理'学说，在其基础上加上'随处'二字，倡导'随处体认天理'的学说。"（冈田武彦：《王阳明大传：知行合一的心学智慧》，杨田等译，第739页）实际上，湛甘泉的"随处体认天理"一说提出于他在陈白沙门下时与白沙的通信，并在当时就得到了白沙的高调表彰："日用间随处体认天理，着此一鞭，何患不到古人佳处也。"（陈献章：《与湛民泽》，《陈献章集》卷二，孙通海点校，第193页）

王阳明"知行合一"的本意及其指向

摘　要："知行合一"是一个最具有阳明学特色的主张，也需要其全部学说的整体指向来理解。但在以往的研究中，人们往往将"知行合一"作为一个孤立的理论命题来理解，从而形成所谓道德知行、主客观知行以及道德实践中之知行统一等各种不同角度的疏解。实际上，如果将"知行合一"放在阳明思想发展的脉络中来把握，那么，以"行著习察"为特征的"身心之学"就代表着其"知行合一"的基本关怀，而表里如一之"慎独"、内外一致之"诚意"，也就代表着其"知行合一"的根本指向，由此才有所谓"知与行如何分得开"的"一个工夫"之说。但是，由于王阳明的"慎独""诚意"主要是借助传统的知行概念加以表达的，因而不仅造成了人们在理解上的各种纠缠，而且也影响到其正面作用的发挥。

关键词：王阳明　知行合一　本意　指向

一、对"知行合一"的两种不同疏解

"知行合一"是一个最具有阳明学特色的主张，同时也是其哲学中最难理解、最难以把握的主张。从黄宗羲起，就形成了一种从道德之知与道德之行相统一角度来理解的知行合一说，比如他说："先生致之于事物，致字即是行字，以救空空穷理，只在知上讨个分晓之非。"① 从黄宗羲"以救空空穷理"的评点来看，说明其对王阳明

---

① 黄宗羲：《姚江学案》，《明儒学案》卷十，沈芝盈点校　第178页。

"知行合一"的道德实践指向确实有着非常清醒的自觉,但一涉及对"知行合一"的具体疏解,则其理解的不到位之处马上就显现出来了。比如他分析说:

> 以知识为知,则轻浮而不实,故必以力行为功夫。良知感应神速,无有等待,本心之明即知,不欺本心之明即行也,不得不言知行合一。此其立言之大旨。①

从黄宗羲对当时学界"以知识为知,则轻浮而不实"现象的批评以及其对"知行合一"之"本心之明即知;不欺本心之明即行"的理解来看,他显然是从道德实践所必须之"知""行"统一角度来理解"知行合一"说的。这一理解在基本方向上没有问题;但作为对"知行合一"的疏解却存在着很大的问题。因为如果从"本心之明即知"与"不欺本心之明即行"相统一的角度来理解王阳明的知行合一说,那么所谓"知行合一"也就仅仅成为一个以见之于客观的"行"来对主体内在之"知"——所谓"本心之明"的"践行"与落实问题了。从王阳明的良知学来看,由于良知既是"随你如何,不能泯灭"的"古今人人真面目"②,同时又是人之"随时知是知非"③的是非准则,那么在这一背景下,"知行合一"充其量也就成为一个落实良知、践行良知的道德实践指向,却并不是王阳明所屡屡强调的"一个工夫"④之"知"与"行"两面的一时并在性,无怪乎他能将王阳明的致良知归结为"致字即是行字"。

在这一标准下,由于道德实践无疑是有待人来实现的,因而所谓"知"与"行"的合一也就全然落实在如何"践行"良知一边,而不再是"知"与"行"的"合一并在"性了。正因为黄宗羲对"知行合一"的这一理解,所以当他读到程颐"人谓要力行,亦只是浅近语。人既能知见,岂有不能行!"⑤亦即所谓"知之深,则行之必至,无有知而不能行者"时就深深地感叹说:"伊川先生已有知行

---

① 黄宗羲:《姚江学案》,《明儒学案》卷十,沈芝盈点校,第181页。
② 钱德洪:《年谱二》,王守仁:《王阳明全集》卷三十四,吴光等编校,第1412页。
③ 王守仁:《语录三》,《王阳明全集》卷三,吴光等编校,第105页。
④ 王守仁:《答友人问》,《王阳明全集》卷六,吴光等编校,第233页。
⑤ 黄宗羲:《伊川学案上》,《宋元学案》卷十五,全祖望补修,陈金生等点校,第603页。

合一之言矣"。① 如此一来，王阳明原本专门针对程朱理学"知先行后"说所提出的"知行合一"主张，也就再次回归于知先行后——所谓知与行前后统一的结论了。

黄宗羲从道德实践所必须之"知""行"统一角度来理解王阳明的知行合一说无疑是正确的，但问题则在于，他是在根本没有厘清王阳明知行含义特殊性的条件下来疏解知行合一说的，因而最后也就只能以所谓道德之知与道德实践之行的先后统一为归了。对王阳明来说，其实这正是一种典型的知先行后说；至于其结果，则必然会导致其所严厉批评的"以为必先知了然后能行……故遂终身不行，亦遂终身不知"②的结局。

由于黄宗羲既属于心学后裔同时又明确地坚持着道德实践的方向，因而其理解虽然不准确、不到位，却并不存在方向性的问题。但到了气学的集大成王夫之，由于气学与心学本来就存在着哲学立场上的差别与对立，因而其对"知行合一"的评价实际也就成为一种误解基础上的批评了。比如王夫之说：

> 若夫陆子静、杨慈湖、王伯安之为言也，吾知之矣。彼非谓知之可后也，其所谓知者非知，而行者非行也。知者非知，然而犹有其知也，亦惝然若有所见也。行者非行，则确乎其非行，而以其所知为行也。以知为行，则以不行为行，而人之伦、物之理，若或见之，不以身心尝试焉。③

由于王夫之的知行概念原本就建立在"能""所"相区别的基础上，因而其所谓"知"与"行"也就相当于主客观之别基础上的认识与实践概念。④ 在这一基础上，他能够发现王阳明的"知行合一"是"知者非知，而行者非行"，应当说是一种比较准确的认知。但由于受制于其客观求知性立场，因而王夫之并没有探讨王阳明所以如此的原因，而是直接依据其认知性立场来进行批评。于是，这就有

---

① 黄宗羲：《伊川学案上》，《宋元学案》卷十五，全祖望补修，陈金生等点校，第603页。
② 王守仁：《语录一》，《王阳明全集》卷一，吴光等编校，第5页。
③ 王夫之：《说命中二》，《尚书引义》卷三，《船山全书》（第2册），第312页。
④ 王夫之说："境之俟用者曰'所'，用之加乎境而有功者曰'能'。"又说："'所'不在内，故心如太虚，有感而皆应；'能'不在外，故为仁由己，反己而必诚。"[王夫之：《召诰无逸》，《尚书引义》卷五，《船山全书》（第2册），第376、380页]

了"以知为行，则以不行为行，而人之伦、物之理，若或见之，不以身心尝试焉"的结论。

从客观认知的角度看，王夫之说王阳明的"知行合一"是"知者非知，而行者非行"无疑是一种正确的认知，这也说明王阳明的"知""行"概念确有其特殊的含义规定。但由于受制于自己的对象认知立场，因而这一准确的认知并没有引导王夫之进一步探究其何以如此的原因，而是直接将其引向了评判性的批评；至于其结论，站在主客观之别的立场来看，如果说王阳明的"知行合一"确实存在着"以不行为行"的因素，那么其所谓"人之伦、物之理，若或见之，不以身心尝试"的结论恐怕就连王夫之本人都无法接受了。至于其"不以身心尝试"的指责，与其说是一种批评，不如说是一种理论上的归谬。因为从王阳明到黄宗羲，都屡屡申明其"知行合一"正是为了救治当时学界的"空空穷理"之病。这样看来，无论是理解还是批评，所谓"不以身心尝试"的结论恐怕都是无法成立的。

二、"知行合一"提出的内在理路

前人关于"知行合一"的研究之所以会得出上述两种截然相反的结论，一方面在于研究者过分关注其知与行究竟是如何"合一"的；另一方面，则是因为人们将"知行合一"作为一个孤立的理论命题来解析了，从而也就游离于其所以提出的具体语境之外。明乎此，我们自然应当从王阳明"知行合一"提出的具体语境中来理解其基本含义。

在这方面，王阳明独特的思想进路及其具体关怀可能起着非常重要的制约作用。1505年，王阳明提出了其一生中的第一个为学主张。如果说王阳明对圣贤之学的探索也有一个基本的出发点，那么这个出发点就应当是"身心之学"，是真正能够落实于人生、贯注于身心日用间的学问。关于"身心之学"的提出，《王阳明年谱》有如下记载：

> 学者溺于词章记诵，不复知有身心之学。先生首倡言之，使人先立必为圣人之志。闻者渐觉兴起，有愿执贽及门者。至是专志授徒讲学。①

---

① 钱德洪：《年谱一》，王守仁：《王阳明全集》卷三十三，吴光等编校，第1352页。

这是王阳明第一次提出自己的为学主张,也代表着他对圣贤之学的一种基本理解。但这一为学主张主要包括两个方面的思想内容:其一即"使人先立必为圣人之志";其二则是明确地提出了"身心之学"的方向。如果说"使人先立必为圣人之志"就是其圣贤之学的基本出发点,那么"身心之学"就不仅表明他对圣贤之学的基本理解,而且也代表着圣贤之学的人生落实与具体入手。而从其对"学者溺于词章记诵,不复知有身心之学"的感慨来看,则其所谓"身心之学"首先也就意味着对当时学界各种弊端进行纠偏的希冀。

15年后,在与"朱学后劲"罗钦顺关于《朱子晚年定论》和《大学古本》的激辩中,王阳明又对其"身心之学"作了一个较为准确的说明。他指出:

> 夫道必体而后见,非已见道而后加体道之功也;道必学而后明,非外讲学而复有所谓明道之事也。然世之讲学者有二:有讲之以身心者;有讲之以口耳者。讲之以口耳,揣摸测度,求之影响者也;讲之以身心,行著习察,实有诸己者也,知此则知孔门之学矣。①

在这里,所谓"道必体而后见""道必学而后明",当然都是在"体道"中"见道"、在"体道"中"明道"的意思。但最为重要的一点在于,王阳明是以"揣摸测度,求之影响"与"行著习察,实有诸己"为"口耳之学"与"身心之学"划出了一个明确的界限;尤为重要的一点还在于,其所谓"行著习察"一说,正可以说是关于"身心之学"的一个精确定义。因为所谓"行著习察"固然也可以从"体道"与"实有诸己"的角度得到说明,但其"行著"与"习察"两种不同的指向则正准确地对应着人生中的"身""心"两面,可以说是身、心两面的一以贯之或一时并到性。

那么,这个"行著习察"与"知行合一"究竟有何关联呢?请看王阳明对其"知行合一"的论述:

> 行之明觉精察处,便是知;知之真切笃实处,便是行。若

---

① 王守仁:《答罗整庵少宰书》,《王阳明全集》卷二,吴光等编校,第85页。

行而不能精察明觉，便是冥行，便是"学而不思则罔"，所以必须说个知；知而不能真切笃实，便是妄想，便是"思而不学则殆"，所以必须说个行；元来只是一个工夫。凡古人说知行，皆是就一个工夫上补偏救弊说，不似今人截然分作两件事做。①

这是王阳明55岁时对"知行合一"的论述，因而也完全可以说是其关于"知行合一"的"晚年定论"。但这里知与行的相互渗透与一时并在性，正可以说是对其"身心之学"之"行著"与"习察"两面一时并到特征的一个具体说明，所以就既要排除仅仅心到的"妄想"同时又要排除仅仅身到的"冥行"，从而认为，所谓"行"也就必须同时伴随着"明觉精察"（"习察"）之自我省察——"知"的意向；而所谓"知"也就必须同时伴随着"真切笃实"（"行著"）之外向推致——"行"的意向。显然，这两个方面的一时并在性，就既是"知行合一"的典型表现，同时也是对"身心之学"的一个具体说明。

到了这一步，我们就可以清楚地看出，王阳明的"知行合一"根本就不是从所谓主客观的角度提出的，也不是要求所谓主观之知与客观之行的一时并在性或者说是以见于之客观的行作为对主观之知的落实与践行，而是从人生中之此在主体所必然含括的身、心两面之同时并在角度所提出的"自觉"（"习察"）与"笃行"（"行著"）的一时并在性——其之所以既要排除"冥行"又要排除"妄想"，并始终强调"知行原是两个字说一个工夫，这一个工夫须著此两个字，方说得完全无弊病"②，正说明其"知行合一"所要求的就是身与心、内与外以及主观与客观两面的一时并在性。

显然，这样一种主张，不仅是对那种"知行为二"——所谓"知"时缺乏"行著"、而"行"的时候又缺乏内在省察之"知"现象的明确批评，同时也是对那种坚持从主客观角度来划分知行作法的一个明确否弃——王阳明原本就不是从主客观的角度提出知行合一说的，而是从"身心之学"之"行著习察"特征所必然涵括的身、心并到来论证"自觉"与"笃行"的一时并在性。正因为"知行合

---

① 王守仁：《答友人问》，《王阳明全集》卷六，吴光等编校，第232页。
② 王守仁：《答友人问》，《王阳明全集》卷六，吴光等编校，第233页。

一"的这一特征,所以无论是指向主体内在的"自觉"意向还是指向主体之外的"笃行"意向,都不是单纯的主客观所能说明的,而是一方必然同时关涉并且也渗透在另一方之中。这也许就是王阳明能够以"行著习察"为特征的"身心之学"贯彻其一生的根本原因;至于其身与心的并到、内与外的并在——所谓"自觉"与"笃行"的一时并在性,也就是其"知行合一"最基本的指谓。

三、知行合一说的传统依据

那么,王阳明何以能够完全无视两宋以来建立在主客观之别基础上的认知传统与划分标准呢?此中的原因当然是复杂的、多方面的,但最根本的一点,就在于,王阳明"行著"与"习察"一时并到的"身心之学"根本就不是从对象认知的角度提出的,而是从人之生存向度所必须的身心一致角度提出的。

这种关注人之身心性命的生存向度既不是对象认知所能满足的,也不是对象性认知所能说明的。从一定意义上说,它是超越对象认知及其主客观维度的。而王阳明在论述"知行合一"作为人生进德修业之"一个工夫"时所极力排除的"妄想"与"冥行"以及其所坚持的"自觉"与"笃行"的一时并在性,也都是从身心统一的角度提出的。从这个角度看,所谓"知行合一"无论是作为一种认知方式还是修养工夫,也都是身心并到而知、行合一的。

不仅如此,王阳明的"知行合一"还存在着更为深广的根源与背景,这就是儒家源远流长的"慎独""诚意"传统。当然,如果从概念规定的角度看,那么"知行合一"与"慎独""诚意"似乎全然无关,但如果从其内在要求来看,则"知行合一"也就可以说是"慎独""诚意"的具体表现或者说是另一种表达。比如对于人的"好好色,恶恶臭"现象,《论语》中完全是作为人的一种自然性向及其表现提出的;到了《大学》,则又全然是作为儒家修养功夫之"诚意""慎独"的具体表现来运用的,所以《大学》中就有"如恶恶臭,如好好色"一说。而到了王阳明哲学中,则全然是将"如恶恶臭,如好好色"作为其"知行合一"之具体表现的"真知行"来运用的,并用"见好色"与"好好色""闻恶臭"与"恶恶臭"的一时并在特征来说明知与行的不可分割性。这说明,其"知行合一"头际上主要是依据《大学》之"慎独""诚意"传统提出的。请看王阳明对《大学》慎独、诚意传统之"知行合一"式的运用：

> 故《大学》指个真知行与人看，说"如好好色，如恶恶臭"。见好色属知，好好色属行。只见那好色时已自好了，不是见了后又立个心去好。闻恶臭属知，恶恶臭属行。只闻那恶臭时已自恶了，不是闻了后别立个心去恶。……知行如何分得开？此便是知行的本体，不曾有私意隔断的。①

在这里，内向自觉的"见好色"（知）与外向推致的"好好色"（行）、内向自觉的"闻恶臭"（知）与外向推致的"恶恶臭"（行）的一时并到性，就既是主体"实诚其意"的表现，同时也是"知行合一"的必然要求。所以《大学》原本用来说明慎独、诚意的"见好色"与"好好色"、"闻恶臭"与"恶恶臭"之"诚中形外"传统，也就全然被王阳明作为"知"与"行"合一并在表现的"真知行"来运用了。

正因为这一点，所以王阳明说："人但得好善如好好色，恶恶如恶恶臭，便是圣人"。②显然，这里所谓"好善如好好色，恶恶如恶恶臭"，其实都从《中庸》《大学》而来，也都是主体"实慎其独""实诚其意"的表现，而慎独、诚意则既是《中庸》《大学》所共同标举的基本精神，同时也是王阳明"知行合一"的经典依据。至于从《中庸》的"莫见乎隐，莫显乎微，故君子慎其独也"到《孟子》的"有诸内，必形诸外"（《孟子·告子下》）再到《大学》所强调的"诚于中，形于外"之内外一致与一时并到性，其实正构成了王阳明"知行合一"的理论基础。

从《中庸》《大学》之慎独、诚意传统出发，必然要强调"践形"，而孟子对"践形"的说明，同时也就成为对"知行合一"的一种具体说明了："君子所性，仁、义、礼、智根于心，其生色也睟然，见于面，盎于背，施于四体，四体不言而喻。"（《孟子·尽心上》）在这里，所谓"见于面，盎于背，施于四体"当然就是君子

---

① 王守仁：《语录一》，《王阳明全集》卷一，吴光等编校，第4页。
② 王守仁：《语录三》，《王阳明全集》卷三，吴光等编校，第110页。

"仁义礼智根于心"的具体表现，但就其作为"君子所性"的落实与表现而言，同时也就是一个实"诚"其意、实"践"其"形"之内外一致的"知行合一"过程，是主体之内在德性不容已地通过外在的"面""背"与"四体"全面地彰显出来。对王阳明来说，所谓"践形"只是指内在德性不容已地彰显于"面""背"与"四体"之间，而"知行合一"则是要求这一彰显过程中"自觉"与"笃行"、"行著"与"习察"的一时并在性，并且是对其一时并到特征的一种明确规定。

如果我们将对"知行合一"的这一理解对应于更为深远的儒家传统，那么，所谓"知行合一"其实也就是子思的"德之行"。请看子思建立在"形于内"基础上的"德之行"：

> 仁形于内谓之德之行，不形于内谓之行。义形于内谓之德之行，不形于内谓之行。礼形于内谓之德之行，不形于内谓之行。智形于内谓之德之行，不形于内谓之行。圣形于内谓之德之行，不形于内谓之行。①

在这里，子思为什么一定要对儒家的主要德目——所谓仁义礼智都一概强调其必须"形于内"呢？并且还认为，只有"形于内"才是真正的"德之行"，否则，充其量也仅仅是一种单纯的"行"——所谓"冥行"或"伪行"而已。之所以如此，一方面当然是为了强调"德之行"必须具有内在的基础及其主体的充分自觉——这正可以说是王阳明"知行合一"所极力排除之"冥行"的表现；另一方面，也只有这种"形于内"的德性之源，才可以确保其见之于外在世界的"德之行"之"源泉滚滚，不舍昼夜"。

这样，从子思"形于内"的"德之行"到孟子"仁义礼智根于心"的"践形"也就构成了儒家道德修养世界之内外两面相互渗透、相互规定的一种逆运算：一方面，"形于内"的"德之行"必然强调道德根源的内在性，而由"践形"所表现的"德之行"则主要在于突出内在德性之外向贯注的不容已性；二者的相互渗透、相互规定

---

① 荆门市博物馆编：《郭店楚墓竹简·五行》，第149页。

与一时并到特征,就既是王阳明知行合一说的传统依据,同时也是对其"知行合一"的一种恰切说明。

在这一背景下,王阳明的"知行合一"也就获得了其较为全面的意义。一方面,它以明确存在着先后次第的知行关系来表达其内外在世界之当下统一与完全一致的关怀,其主要针对就是在知先行后——所谓"践行"背景下所形成的"知而不行"问题,从而试图将所谓"践行"扭转到"践形"传统上来。但是,由于他完全不加甄别地运用了格物致知背景下的知行概念,从而又导致了"纷纷异同"的格局。但王阳明对"知行合一"的倡导与努力则是值得充分肯定的,因为其努力不仅表现出将认知基础上的"践行"全然收归于"德之行"基础上的"践形"原则之下,而且也表现了儒家除恶务尽、扬善至极的关怀。在宋明理学的背景下,这就明确地表现出了一种将道德实践日用化与信仰化的蕴涵。对于今天的儒学研究而言,认知基础上的"践行"固然值得重视,但建立在内在德性基础上的"践形"同样不能忽视,因为它不仅构成了我们民族精神的信仰支撑,而且也是"尊德性而道问学"传统之不可或缺的两面。

(该文原载于《孔学堂》2016年第3期)

宋明理学的三种知行观
——对理学思想谱系的一种逆向把握

摘　要： 一般说来，知行观属于功夫修养的范围，因而人们往往将其作为本体思想的一种落实与表现来把握。这当然有一定的道理。但根据儒家传统体与用、本体与工夫之间的互渗互证关系，因而不仅理学家关于体与本体的思想就表现在其功夫论中，而且从知行功夫的角度也可以逆向甚至更为具体地把握其本体思想。从这一视角出发，宋明知行观的探讨主要表现为程朱的知先行后、王阳明的知行合一以及王夫之的行先知后三种结论；而这三种不同的知行模式，既代表着理学发展的三个阶段，同时也体现着理学发展的三个理论制高点，是理学沿着三个不同方向发展所得出的结论。至于其相互的批评、转进与分歧、演变，不仅代表着理学探讨之深入，同时也体现着其边界与底限意识。今天，反思其不同的制高点及其底限之间的互动关系，也是对宋明理学进行研究、总结并推陈出新的应有之义。

关键词： 宋明理学　知行观　思想谱系　逆向把握

自20世纪80年代以来，所谓理本论、心本论与气本论就已经成为人们研究宋明理学之一种基本的把握方式了，这无疑是比较符合理学不同谱系、不同侧重以及其不同走向之基本事实的。但所谓"理本""心本"与"气本"的说法毕竟比较侧重于理学家不同的出发点或思考坐标，却未必能够穷尽理学家不同的关怀侧重以及其具体的思想走向本身，比如罗钦顺，如果就其出发点与思考坐标而言，他无疑属于理本论一系，但如果就思想走向而言，则罗钦顺实际上就已经兼具理学与气学的双重特征了，所以张岱年先生就将其视为从理学到气学的过渡性人物；①再比如刘宗周、黄宗羲等人，学界也曾发生过其人究竟属于心学还是气学的争论。所有这些现象，其实就是由于所谓"理本""心本"与"气本"的说法仅仅是立足于其思想源头或思考坐标而论所导致的。实际上，如果仅仅就理学家的出发点或思考坐标而论，那就难免这样的囫囵说法与摸棱两可之论。

但如果就思想的形成进路与建构方法而言，则理学本来就存在着所谓即体即用、即本体即功夫的说法；仅从"用"或"功夫"的角度来看，则又明显存在着对"体"与"本体"进行落实并展示其具体指向的含义。正因为体与用、本体与功夫的这一关系，因而黄宗羲就明确提出了"心无本体，工夫所至，即其本体"②一说，意即所谓本体，也就落实在具体的工夫走向之中。这说明，对于宋明理学，我们不仅可以从出发点上对其思想进行定性与定向性研究，同时也可以从其不同的关怀侧重与工夫走向中对其进行更为具体的分析与把握。那么，从"用"与"工夫"的角度把握宋明理学究竟应当从哪儿入手呢？笔者以为，知行观就是一个很好的入手，因为知行观正体现着理学各系的本体规定及其展开与具体落实；而从知行观的角度分析理学各系的走向，不仅具有万里黄河一"壶"收的优势，而且也便于对理学各系以更贴近其实际的方式进行积极意义的阐发。

一、理学"知行观"的形成

自从《尚书》提出"非知之艰，行之惟艰"（《尚书·说命中》）以来，就标志着中国文化知行观的初始形成。此后，《左传》中则有"非知之实难，将在行之"（《左传·昭公十年》）；到了孔子，又提出了"知及之，仁能守之"（《论语·卫灵公》）的期望。这说明，所谓知行观的问题，一方面表明"知"与"行"并不完全一致——知属于主观而行则属于客观，但另一方面，人们又总是将二者的一

---

① 张岱年先生指出："他（罗钦顺）处于明代心学兴起的时期，首倡以气为本的唯物论，对抗理学和心学，形成气学与理学、心学鼎立的格局。"（李书增：《中国明代哲学》，河南人民出版社2002年版，第814页）张学智先生也指出："罗钦顺的理论论，虽从朱熹入，已明显有张载气论的特点，而其心性论也与朱熹有一定的差异。"（张学智：《明代哲学史》，北京大学出版社2000年版，第318页）
② 黄宗羲：《自序》，《明儒学案》，沈善洪主编：《黄宗羲全集》（第7册），浙江古籍出版社2005年版，第3页。

致或统一作为人生努力的方向,以表明其主客观世界的一致或统一。所以到了荀子,就将"不闻不若闻之,闻之不若见之,见之不若知之,知之不若行之。学至于行之而止矣"(《荀子·儒效》)。作为人生为"学"的最高指向。

实际上,作为人生之"学",正像荀子在《劝学》中所提出的"学不可以已"一样,国人(其实所有的人都莫不如此)永远都在学。但在中国历史中,真正将"学"作为一个时代普遍自觉的社会风气却是由宋代表现出来的。而宋代社会的这一特点,又是唐末五代以来由于武人轮番作乱所造成的人心思治的社会大环境所造成的,当然也为北宋皇室"偃武修文"的基本国策以及其文治社会的大方向所决定,所以宋代也就成为中国历史上最尊重文化、尊重士人的时代。[①]与之相应,宋代也自然成为最重视"学"的时代。比如被尊为道学之祖的周敦颐,其综合《易》《庸》所撰写的《通书》,就明确提倡"志伊尹之所志,学颜子之所学"[②];而张载也有关于"学大源"的探讨,并以"诚明两进"作为为学的基本进路与主要方法;至于二程,则不仅广收弟子,而且还专门修改《大学》,以服务于这个以"学"为重心的时代。所以,当黄宗羲总结宋代学术而撰写《宋元学案》时,就以"庆历之际,学统四起"[③]来概括北宋社会普遍劝学的风气。

正因为普遍重"学",所以专门讨论"知行关系"的知行观也就成为宋代理学中一个重要节目。当然,知行观之所以能够成为一个时代普遍关注的重大问题,又是与整个宋代的社会形势及其走向密不可分的。最首先的一点是,赵宋政权的开创者对于中唐以来武人作乱格局之刻意扭转成为其最基本的动因,于是,这就有了"偃武修文"的基本国策以及"杯酒释兵权"包括其文治社会的大方向。其次,隋唐以来的"三教"并行以及佛教徒对于儒家经典《中庸》《大学》的表彰又为儒学的复兴提供了文献与思想视角上的依据。所以,当周敦颐撰写《通书》时,就以《易》《庸》的融合作为方向;

---

① 余英时指出:"宋代皇帝尊士,前越汉、唐,后逾明、清,史家早有定论。"(余英时:《朱熹的历史世界——宋代士大夫政治文化的研究》,生活·读书·新知三联书店2011年版,第199—200页)
② 周敦颐:《通书·志学》,《周敦颐集》卷二,陈克明点校,中华书局1990年版,第23页。
③ 全祖望:《宋元儒学学案序录》,黄宗羲:《宋元学案》,全祖望补修,陈金生等点校,第2页。

而张载的"造道"追求又是"以《易》为宗,以《中庸》为体,以孔孟为法"①的,至于其对"诚明两进"②之为学进路的探讨,又说明儒家的天人合一指向已经落实于"先尽性以至于穷理"的"自诚明"与"先穷理以至于尽性"的"自明诚"之间了。实际上,这也等于是对宋明理学的为学进路展开了一种"自天而人"与"自人而天"式的探讨。

但真正构成宋明理学知行观之依据,则主要在于《中庸》与《大学》两篇(从以后来看,这也是朱子能够将其与《论语》《孟子》整合为《四书》,从而使其成为整个理学基本经典的原因);而《中庸》与《大学》也都涉及知与行的关系问题。比如《中庸》云:

> 博学之,审问之,慎思之,明辨之,笃行之。有弗学,学之弗能,弗措也;有弗问,问之弗知,弗措也;有弗思,思之弗得,弗措也;有弗辨,辨之弗明,弗措也;有弗行,行之弗笃,弗措也。人一能之己百之,人十能之己千之。果能此道矣,虽愚必明,虽柔必强。
>
> 故君子尊德性而道问学,致广大而尽精微,极高明而道中庸,温故而知新,敦厚以崇礼。

在上述两段引文中,前者固然是从"博学""审问"一直到"笃行"的一种功夫次第,而其通过"人一己百""人十己千"的努力,也自然会获得"虽愚必明,虽柔必强"的结果。至于后者则是通过所谓"德性"与"问学"、"广大"与"精微"以及"高明"与"中庸"的相互比衬,来表达君子所以成就之路的;从其具体关系来看,则又说明前者基本上代表着一种方向,后者则是这一方向的具体落实与实施入手。因而,其前后项之间并不是一种平列并重的关系。所以,如果要将前者作为人生方向,那么后者也就代表着其作为前者功夫之一个具体的入手,这就像"遵德性"必须通过"道问学"、"致广大"必须通过"尽精微"以及"极高明"必须通过"道中庸"

---

① 脱脱等:《宋史·张载传》,张载:《张载集》,章锡琛点校,第386页。
② 张载指出:"自诚明者,先尽性以至于穷理也,谓先自其性理会来,以至穷理;自明诚者,先穷理以至于尽性也,谓先从学问理会,以推达于天性也。"(张载:《语录下》,《张子语录》,《张载集》,章锡琛点校,第330页)

来实现一样。

到了《大学》,这种为学次第又从主体性的角度得到了进一步的强化,这就表现为一系列的以"学"致"知"的关系。《大学》云:

> 古之欲明明德于天下者,先治其国。欲治其国者,先齐其家。欲齐其家者,先修其身。欲修其身者,先正其心。欲正其心者,先诚其意。欲诚其意者,先致其知。致知在格物。
>
> 物格而后知至,知至而后意诚,意诚而后心正,心正而后身修,身修而后家齐,家齐而后国治,国治而后天下平。

在这一系列的"先"与"而后"的关系中,"格物"不仅代表着《大学》"八条目"之具体入手,而且也是儒家修齐治平关怀的一个"实下手处",所以《大学》紧接着强调说:"自天子以至于庶人,壹是皆以修身为本。"显然,如果说"修身"就是人伦文明建构之本,那么"格物"也就是"修身"之始。但就"格物"之具体指向而言,又不过是"致知"而已,所以又说"致知在格物",意即只有先通过"格物以致其知",然后才能推动整个修齐治平链条的运转。所以从总体上看,儒家的修齐治平理想,也就必须通过"格物以致其知"来实现。而这种"致知在格物"的落实或"格物以致其知"的具体入手,可能也就是朱子能够将《大学》置于"四书"之首的根本原因。

正因为儒家的修齐治平理想必须通过"格物以致其知"来实现,因而与之相应,知行观以及其所涉及的知行关系也就必然会成为理学家所着力探讨的问题。而这一点恰恰又是通过作为"北宋五子"之殿军的二程实现的。在这里,我们可以暂且忽略二程在知行关系问题上的具体差别,[1] 仅从程颐对"格物致知"与知行关系的讨论,

---

[1] 关于程颢的知行关系,其本人所论不多,但从其对王安石"对塔说相轮"的批评来看,则程颢显然是理学知行合一思想的最早倡导者。虽然其知行合一主要是通过与王安石的"对望而谈"相区别的方式展开的,并且强调其自己的主张是"直入塔中,上寻相轮,辛勤登攀,透迤而上直至十三级时,虽犹未见相轮,能如公之言,某却实在塔中……"从这一点来看,程颢显然是主张"直入塔中"之实践体验式的知行合一的,这与王安石在"对望"基础上所形成的"说相轮"显然属于不同的进路。(程颢、程颐:《河南程氏遗书》卷一,《二程集》,王孝鱼点校,中华书局1981年版,第5页)关于其相互之间这一分歧的分析,请参阅余英时:《朱熹的历史世界——宋代士大夫政治文化的研究》,第40—42页。

也就可以看出理学知行观的形成。

在北宋五子中,程颐是对格物与知行关系讨论得最多的一位,这自然与其长时间地致力于乡居教学分不开。但就具体的知行关系而言,则不过表明其初步形成而已。而程颐的知行关系,又是与其关于格物致知的论述联系在一起的。他说:

> 知者吾之所固有,然不致则不能得之,而致知必有道,故曰"致知在格物"。①
>
> 今人欲致知,须要格物。物不必谓事物然后谓之物也,自一身之中,至万物之理,但理会得多,相次自然豁然有觉处。②
>
> 格物穷理,非是要尽穷天下之物,但于一事上穷尽,其他可以类推。至如言孝,其所以为孝者如何,穷理如一事上穷不得,且别穷一事,或先其易者,或先其难者,各随人深浅,如千蹊万径,皆可适国,但得一道入得便可。所以能穷者,只为万物皆是一理,至如一物一事,虽小,皆有是理。③
>
> 故人力行,先须要知……此固是也,然知之亦自艰。譬如人欲往京师,必知是出那门,行那路,然后可往。如不知,虽有欲往之心,其将何之?④
>
> 知之深,则行之必至,无有知之而不能行者。知而不能行,只是知得浅。⑤

当宋明理学由《中庸》的"尊德性而道问学"到《大学》的"致知在格物",并将"格物穷理"作为儒家学者的主要功夫、将"力行"作为儒家"道问学"之最终指向时,也就表明宋明知行观的基本形成了。

---

① 程颢、程颐:《河南程氏遗书》卷二十五,《二程集》,王孝鱼点校,第316页。
② 程颢、程颐:《河南程氏遗书》卷十七,《二程集》,王孝鱼点校,第181页。
③ 程颢、程颐:《河南程氏遗书》卷十五,《二程集》,王孝鱼点校,第157页。
④ 程颢、程颐:《河南程氏遗书》卷十八,《二程集》,王孝鱼点校,第187页。
⑤ 程颢、程颐:《河南程氏遗书》卷十五,《二程集》,王孝鱼点校,第164页。

二、宋明"知行观"的三系走向

理学的知行观是到了朱子哲学中才得以系统表达的。朱子原本受学于李延平,接受所谓"讲诵之余,危坐终日,以验夫喜怒哀乐未发之前气象为如何,而求所谓中者"①。这就是作为道南一脉之真传且求之于个体身心日用之间的"中和旧说"。但朱子在与友人的探讨中却发生了深深的自疑,并由此形成了其对道南一脉之身心日用方向的一种根本性扭转。他回忆说:

> 余蚤从延平李先生学,受《中庸》之书,求喜怒哀乐未发之旨未达,而先生没。余窃自悼其不敏,若穷人之无归。闻张钦夫得衡山胡氏学,则往从而问焉。钦夫告余以所闻,余亦未之省也。退而沉思,殆忘寝食。一日,喟然叹曰:"人自婴儿以至老死,虽语默动静之不同,然其大体莫非已发,特其未发者为未尝发尔。"自此不复有疑,以为《中庸》之旨果不外乎此矣。后得胡氏书,有与曾吉父论未发之旨者,其论又适与余意合,用是益自信。虽程子之言,有不合者,亦直以为少作失传而不之信也。间以语人,则未见有能深领会者。乾道己丑之春,为友人蔡季通言之,问辨之际,予忽自疑斯理也,虽吾之所默识,然亦未有不可以告人者。今析之如此其纷纠而难明也,听之如此其冥迷而难喻也,意者乾坤易简之理,人心所同然者,殆不如是。而程子之言出其门人高弟之手,亦不应一切谬误,以至于此。然则予之所自信者,其无乃反自误乎?则复取程氏书,虚心平气而徐读之。未及数行,冻解冰释,然后知情性之本然,圣贤之微旨,其平正明白乃如此。而前日读之不详,妄生穿穴,凡所辛苦而仅得之者,适足以自误而已。至于推类究极,反求诸身,则又见其为害之大,盖不但名言之失而已也。于是又窃自惧,亟以书报钦夫及尝同为此论者。惟钦夫复书深以为然,其余则或信或疑,或至于今累年而未定也。夫忽近求远、厌常弃新,其弊乃至于此,可不戒哉!暇日料检故书,得当时往还书稿一编,辄序其所以而题之曰《中和旧说》,盖所以深惩前日之病,亦使有志于学者读之,因予之可戒而知所戒也。

---

① 朱熹:《延平先生李公行状》,《朱熹集》卷九十七,郭齐、尹波点校,第4985页。

独恨不得奉而质诸李氏之门，然以先生之所已言者推之，知其所未言者其或不远矣。壬辰八月丁酉朔，新安朱熹仲晦云。①

这是朱子在"中和新说"形成后对其思想演变的一个回忆和总结。从其出发点来看，朱子原本继承的是作为道南一脉之嫡传的所谓求之于个体身心日用之间的"未发"气象。这无疑是从个体人生的角度展开的；而其这里的转向，则是从个体人生的角度转向了客观的宇宙生化论角度。这就是其建立在宇宙论基础上的"中和新说"。此后，又经过对周敦颐《太极图说》之宇宙生化论诠释，因而其哲学终于成为一种在天理本体主宰下的以理气关系为主要内容且具有强烈客观面相的本体宇宙论体系。②

朱子哲学既然成为一种具有客观面相的本体宇宙论，那么这种以道德理想为核心之实然宇宙论的实现也就必须通过外向的格物致知来实现，并且也必须在理解了天地万物之"所以然"的基础上才能真正指向人生道德实践中之"所当然"。正是在这一基础上，朱子全面地展开了他的知行关系：

> 大抵学问只有两途，致知、力行而已。③
> 故圣贤教人必以穷理为先，而力行以终之。④
> 知、行常相须，如目无足不行，足无目不见。论先后，知为先；论轻重，行为重。⑤
> 致知、力行，用功不可偏，偏过一边，则一边受病。如程子云："涵养须用敬，进学则在致知。"分明自作两脚说，但只要分先后轻重。⑥

上述几条，大体上就可以代表朱子在知行观上的基本观点了。概括而言，主要表现为知先行后、知行相须以及知轻行重三个方面。而在这三方面中，所谓知先行后也就可以视为朱子知行观之代表。

---

① 朱熹：《中和旧说序》，《朱熹集》卷七十五，郭齐、尹波点校，第3949—3950页。
② 关于朱子对周敦颐《太极图说》的诠释，请参阅丁为祥：《宇宙本体论与本体宇宙论——兼论朱子对〈太极图说〉的诠释》，《文史哲》2018年第4期。
③ 朱熹：《答吕子约》，《朱熹集》卷四十八，郭齐、尹波点校，第2344页。
④ 朱熹：《答郭希吕》，《朱熹集》卷五十四，郭齐、尹波点校，第2727页。
⑤ 朱熹：《论知行》，黎靖德编：《朱子语类》卷九，王星贤点校，第148页。
⑥ 朱熹：《论知行》，黎靖德编：《朱子语类》卷九，王星贤点校，第148页。

因为知先行后不仅表现着朱子对"知"之先在性的明确肯定,而且也标志着朱子作为一个"主知主义"者,明确要求必须将道德实践之"行"建立在主体自觉之"知"的基础上。当然,这一点同时也可以说是朱子作为两宋理学集大成的表现。

但朱子的这一看法却遭到了王阳明的激烈批评。在王阳明看来,既然知行观的最终指向是道德实践,而道德实践又必须建立在格物穷理之外向认知的基础上,那么这也就必然会使其面临着一个"故遂终身不行,亦遂终身不知"①的结果。因为对朱子来说,既然道德实践之"行"必须建立在格物穷理之"知"的基础上,那就必须首先穷尽万事万物之"所以然",然后才能进入作为人伦道德实践之具体表现的"所当然"。这就存在着一个"先知后行"以及从"知"到"行"之间的时空"间隙"或时空"断档"。为了纠正朱子知先行后说所导致的知而不行的毛病,王阳明特意提出了自己的知行合一说。顾名思义,所谓"知行合一"就是"知"与"行"的一时并到性,用阳明自己的话来表达,就是"只说一个知,已自有行在,只说一个行,已自有知在"②。并坚持认为:"某今说个知行合一,正是对病的药。又不是某凿空杜撰,知行本体原是如此。"③

不过在这里,只要以朱子知行观之外向认知作为前提或背景,那么所谓"知"也就具有无可避免的先在性,因而人们也总是将王阳明的知行合一说理解为所谓"知"与"行"的前后一致性。——从王阳明的大弟子徐爱到黄宗羲,实际上都是从这个角度来理解王阳明的知行合一说的,因而,当黄宗羲在读到程颐的"知之深,则行之必至,无有知而不能行者。知而不能行,只是知得浅"时就深深地感叹说:"伊川先生已有知行合一之言矣。"④实际上,这种"知"与"行"的前后一致性并不是王阳明知行合一说的原意或本意,因为他的"知行合一"原本就不是从认识论的角度提出的。

为了准确理解王阳明的知行合一说,我们必须从具体的思想文化氛围的角度来看其"知行合一"究竟是从哪个角度提出的。弘治十二年(1499),王阳明以榜眼进士及第,"观政工部"。刚进政工部,

---

① 王守仁:《语录一》,《王阳明全集》卷一,吴光等编校,第5页。
② 王守仁:《语录一》,《王阳明全集》卷一,吴光等编校,第5页。
③ 王守仁:《语录一》,《王阳明全集》卷一,吴光等编校,第5页。
④ 黄宗羲:《伊川学案上》,《宋元学案》卷十五,全祖望补修,陈金生等点校,第603页。

他就向明孝宗上《陈言边务疏》，其中写道：

> 今之大患，在于为大臣者外讬慎重老成之名，而内为固禄希宠之计，为左右者内挟交蟠蔽壅之资，而外肆招权纳贿之恶。习以成俗，互相为奸。①

这可以说是王阳明对明代官场风气的一个明确批评，认为当时的官场已经堕落为一种言不由衷且内外背反的世界。10多年后，当阳明在转任朝廷、地方等一系列职务之后，又对学界的风气提出了如下批评：

> 后世不知作圣之本是纯乎天理，却专去知识才能上求圣人。以为圣人无所不知，无所不能，我须是将圣人许多知识才能逐一理会始得。故不务去天理上着工夫，徒弊精竭力，从册子上钻研，名物上考索，形迹上比拟，知识愈广而人欲愈滋，才力愈多而天理愈蔽。②
>
> 天下所以不治，只因文盛实衰，人出己见，新奇相高，以眩俗取誉，徒以乱天下之聪明，涂天下之耳目，使天下靡然争务修饰文词，以求知于世，而不复知有敦本尚实、返朴还淳之行，是皆著述者有以启之。③

这些批评，前者固然可以说是针对那种专门从"知识才能上求圣人"之学术风气的一种明确批评，而后者则直接揭示其学风上的根源，这就是"文盛实衰，人出己见，新奇相高，以眩俗取誉"的学术风气。所有这些问题，作为一种社会风气，在王阳明看来，主要就是那种专门从"知识才能上求圣人"的"著述者有以启之"。

这就将问题直接指向朱子学了。不过，对朱子来说，体现其人伦道德实践指向的"所当然"又是由其作为天地万物之理之"所以然"来支撑与论证的，那么，王阳明又将如何处理这一问题呢？在他看来，作为天地万物的"所以然"之理并不能支撑作为人伦道德

---

① 王守仁：《陈言边务疏》，《王阳明全集》卷九，吴光等编校，第316页。
② 王守仁：《语录一》，《王阳明全集》卷一，吴光等编校，第32页。
③ 王守仁：《语录一》，《王阳明全集》卷一，吴光等编校，第9页。

实践的"所当然"之则,这样一来,他就必然要从两个方面来消减对于作为天地万物的"所以然"之理进行认知的必要性。王阳明论证说:

> 知是心之本体。心自然会知:见父自然知孝,见兄自然知弟,见孺子入井自然知恻隐,此便是良知,不假外求。若良知之发,更无私意障碍,即所谓"充其恻隐之心,而仁不可胜用矣"。①

> 先儒解格物为格天下之物,天下之物如何格得?且谓一草一木亦皆有理,今如何去格?纵格得草木来,如何反来诚得自家意?②

> 众人只说格物要依晦翁,何曾把他的说去用?我着实曾用来……及在夷中三年,颇见得此意思,乃知天下之物本无可格者。其格物之功,只在身心上做,决然以圣人为人人可到,便自有担当了。③

在上述所论中,王阳明一方面通过"心自然会知"的方式把道德伦理之知作为每个个体所"自然"具有的知识,这就在一定程度上排除了外向认知的必要性。其次,在王阳明看来,那种通过对"一草一木"之穷格所得到的知识也根本无助于道德"诚意"问题的解决,因为从性质上说,关于草木禽兽之类的物理知识(诸如"大黄不可为附子,附子不可为大黄"以及"舟只可行之于水,车只可行之于陆"④之类的知识)不但无法解决主体是否"诚意"的问题,甚至还会导致"知识愈广而人欲愈滋,才力愈多而天理愈蔽"。最根本的一点还在于,所谓格物与其说是一个外向的物理求索的问题,不如说首先是一个主体内在的道德自省问题,所以其结论也就是:"格物之功,只在身心上做,决然以圣人为人人可到,便自有担当了。"这样一来,王阳明也就等于将朱子知行观之外向的物理认知问题扭转为一个纯粹内向的道德自省之知与道德实践之行

---

① 王守仁:《语录一》,《王阳明全集》卷一,吴光等编校,第7页。
② 王守仁:《语录三》,《王阳明全集》卷三,吴光等编校,第135页。
③ 王守仁:《语录三》,《王阳明全集》卷三,吴光等编校,第136页。
④ 朱熹:《人物之性气质之性》,黎靖德编:《朱子语类》卷四,王星贤点校,第61页。

的关系问题了。

不过，就在王阳明将知行问题全然道德化的同时，明代的气学却已经开始了其将知行问题对象认知化的进程。与阳明同朝为官的王廷相，就已经开启了通过经验观察来证实"雪花六出"的对象认知方法，这就包含着一种相反的走向。而这种由罗钦顺所开启的气学，到了王夫之终于成为气学之集大成，从而也就形成了一种全新的知行观。

王夫之的知行观是以划分"能""所"的方式展开的，也建立在"能""所"相区别的基础上。他指出：

> 境之俟用者曰"所"，用之加乎境而有功者曰"能"。①
> 体俟用，则因"所"以发"能"；用乎体，则"能"必副其"所"。体用一依其实，不背其故，而名实各相称矣。②

在"能""所"相区别的基础上，王夫之的知行关系也就必然会成为一种"先后"模式；又由于其"能""所"与传统的体用范畴密切相关，并建立在体用关系的基础上，因而所谓"'因'所以发'能'"与"'能'必副其'所'"也就成为一种体用相即、能所往复式的知行先后一体之论了。

在这一基础上，王夫之不仅可以批评王阳明的"知行合一"是"知者非知，而行者非行也"③，而且认为其实质上不过是"销行以归知，终始于知"④而已，而在王夫之的知行观中，不仅"知"就建立在"行"的基础上（"行可兼知"），而且其知与行又是"相资以为用，并进而有功"的关系。这样一来，在"知"与"行"、"能"与"所"以及"体"与"用"相互区别而又递进统一的基础上，王夫之也就成为既与王阳明的知行合一说相背反、同时又与朱子的知先行后说相颠倒的行先知后论者了。至此，宋明理学中三种相互背反的知行观也就宣告形成了。

---

① 王夫之：《召诰无逸》，《尚书引义》卷五，《船山全书》（第2册），第376页。
② 王夫之：《召诰无逸》，《尚书引义》卷五，《船山全书》（第2册），第376页。
③ 王夫之：《说命中二》，《尚书引义》卷三，《船山全书》（第2册），第312页。
④ 王夫之：《说命中二》，《尚书引义》卷三，《船山全书》（第2册），第312页。

三、宋明"知行观"的不同"色谱"

作为中国文化发展之高峰的宋明理学为什么会形成三种相互背反的知行观？从最直接的原因来看，这当然首先是由宋明理学崛起之根本任务所决定，同时也为理学家思想之递起发展所促成。

首先，为什么说宋明理学三种不同的知行观是由理学崛起之根本任务所决定呢？如所周知，宋明理学总体上是在隋唐以来儒佛道"三教"并行的背景下崛起的，结合当时佛老之徒对于儒学"大道精微之理，儒家之所不能谈"①的共识与批评，那么这一总体性的思想文化背景也就决定：理学的崛起不仅要完成对儒家形上本体的重新塑造，而且还必须使这一形上本体能够发用流行于从自然之生化到愚夫愚妇的日用酬酢之间。用理学家的话来表达，也就是既要完成对儒学"性与天道不见乎大小之别"的理论塑造，同时还必须将这种理论落实于"性与天道合一存乎诚"②的为学进路中。

但是，一当这种任务落实于具体的理论阐发与理论创造，则又表现为形上本体之道如何落实以及实然世界与应然理想（理学家往往将其应然理想及其境界称为本然）之理论逻辑上的双向统一问题；如果以《中庸》的语言表达，那么这就是"尊德性而道问学"之如何统一与如何实现的问题。作为两宋理学集大成的朱子哲学之所以要以理气关系为主要内容，就因为理气关系正紧扣着上述两个方面；③而其之所以一定要对周敦颐的《太极图说》加以本体宇宙论的诠释，也正是为了使形而上的天理能够落实于具体的宇宙生化之中，从而实现形上本体之道对实然生化世界的落实以及二者的双向统一。不过，一当进入具体的理论论证环节，则上述所有的问题首先也就表现为"尊德性"与"道问学"的关系以及二者究竟应当如何统一的问题；或者更具体地说，也就直接表现为"知"与"行"

---

① 范育：《正蒙·序》，张载：《张载集》，章锡琛点校，第4页。
② 张载：《诚明》，《正蒙》，《张载集》，章锡琛点校，第20页。
③ 程颢说："论性，不论气，不备；论气，不论性，不明。"（程颢、程颐：《河南程氏遗书》卷六，《二程集》，王孝鱼点校，第81页）程颐也说："离了阴阳更无道，所以阴阳者是道也。阴阳，气也。气是形而下者，道是形而上者。形而上者则是密也。"（程颢、程颐：《河南程氏遗书》卷十五，《二程集》，王孝鱼点校，第162页）到了朱子，则说得更为明确："天地之间，有理有气。理也者，形而上之道也，生物之本也。气也者，形而下之器也，生物之具也。是以人物之生，必禀此理然后有性，必禀此气然后有形。其性其形虽不外乎一身，然其道器之间，分际甚明，不可乱也。"朱熹：《答黄道夫》，《朱熹集》卷五十八，郭齐、尹波点校，第2947页。

所代表的主客观两个世界究竟如何统一的问题。

也许正是出于这一原因,所以当朱子在检讨其与陆象山在"鹅湖之会"以来所发生的争论时,就明确地以如下语言来概括他与象山在为学进路上的分歧:

> 大抵子思以来教人之法惟以尊德性、道问学两事为用力之要。今子静所说,专是尊德性事,而熹平日所论,却是问学上多了。所以为彼学者多持守可观,而看得义理全不子细,又别说一种杜撰道理遮盖,不肯放下;而熹自觉虽于义理上不敢乱说,却于紧要为己为人上多不得力。今当反身用力,去短集长,庶几不堕一边耳。①
>
> 近世学者务反求者便以博观为外驰,务博观者又以内省为狭隘。左右佩剑,各主一偏,而道术分裂,不可复合。此学者之大病也。②

朱子这里为什么能够坦陈自己"平日所论,却是问学上多了",并认为《中庸》"尊德性而道问学"本来就是"左右佩剑,各主一偏"的关系,而且还明确表示自己要"反身用力,去短集长,庶几不堕一边"呢?应当说,这一检讨既体现着朱子对"尊德性而道问学"传统的全面继承(起码朱子是这样认为的),当然也体现着其在二者之间"去短集长"的努力,但更重要的一点还在于,这种"左右佩剑,各主一偏"式的理解也蕴含着朱子哲学本来就存在着的在为学进路方面的偏蔽。③

实际上,作为两宋理学之集大成,朱子对于《中庸》"尊德性而道问学"传统的诠释与阐发正体现着他对实然世界与应然理想、"所以然"与"所当然"包括"知"与"行"之全面统一的努力,而这种努力也体现着其理气所代表的形上形下双重世界的统一。这无疑表现了朱子"致广大,尽精微,综罗百代"④的理论规模。因为这样

---

① 朱熹:《答项平父二》,《朱熹集》卷五十四,郭齐、尹波点校,第2694—2695页。
② 朱熹:《答项平父四》,《朱熹集》卷五十四,郭齐、尹波点校,第2695—2696页。
③ 当朱子这一"去短集长"的主张传到陆象山那里时,陆象山评论说:"朱元晦欲去两短,合两长,然吾以为不可。既不知尊德性,焉有所谓道问学。"(陆九渊:《年谱》,《陆九渊集》卷三十六,钟哲点校,第494页)陆象山的这一评价,也反证着《中庸》的"尊德性"与"道问学"本来就不是一种平列并重的关系。
④ 黄宗羲:《晦翁学案序录》,《宋元学案》卷四十八,全祖望补修,陈金生等点校,第1495页。

一种规模，不仅全面地展开了宋明理学的理论格局，而且也充分展示了理学超越追求与现实关怀双向统一的指向。

但为什么又认为这一规模同时也包含着朱子哲学的偏蔽之处呢？这是因为，无论是对儒家天人合一的精神传统还是对《中庸》文本而言，所谓"尊德性"与"道问学"都不是"左右佩剑"之"各主一偏"的关系（只有从不同论域的角度才可如此区分），而是方向、目的与具体手段之从属性的关系。朱子将二者完全理解为一种平列并重的关系，这就从根本上决定了其哲学之"主知主义"偏向，一如他所承认的，是"问学上多了"一样，而这一点也正是其"于紧要为己为人上多不得力"的原因。而在具体的论证中，朱子虽然也试图通过"道问学"追求来实现其所谓"尊德性"之目的，但因为其"主知主义"基础以及更求其"所以然"的为学进路，因而也确实存在着后来王阳明所批评的"纵格得草木来，如何反来诚得自家意"的问题。就是说，从主知主义的先知后行说出发，不仅未必能够实现"尊德性"之目的，甚至还会导致所谓"故遂终身不行，亦遂终身不知"的结果。前述王阳明对明代官学两界风气的批判，包括其所概括的"是皆著述者有以启之"，实际上也都是对朱子主知主义的为学进路及其先知后行说的明确批评。

但是，当王阳明从对"知行为二"现象的批评出发而倡导知行合一说时，一方面，他通过"圣人之道，吾性自足，向之求理于事物者误也"[①]的方式，明确否定了外向求知的必要性，从而不仅把道德本体意识直接落实于"吾性"之中，而且还把道德实践的任务落实于愚夫愚妇的身心日用之间，包括日常生活中的一念之微。对于理学"性与天道合一存乎诚"的根本任务而言，这固然体现着一种简易、直接的落实，但其对外向认知的排除与屏蔽，也就使人的道德实践仅仅建立在不言自明之道德常识的基础上了。[②]对于一个民

---

① 钱德洪：《年谱一》，王守仁：《王阳明全集》卷三十三，吴光等编校，第1354页。
② 关于王阳明对外向认知与知识的态度，一方面，他认为认识与知识根本无关于道德诚意的实现，这也就是其所谓的"纵格得草木来，如何反来诚得自家意？"但另一方面，道德实践本身毕竟也需要一定的知识来支撑，对于这一问题，王阳明又是从时代常识的角度加以认可的，比如他说："圣人无所不知，只是知个天理；无所不能，只是能个天理。圣人本体明白，故事事知个天理所在，便去尽个天理。不是本体明后，却于天下事物都便知得，便做得来也。天下事物，如名物度数、草木鸟兽之类，不胜其烦。圣人须是本体明了，亦何缘尽知得？但不必知的，圣人自不消求知；其所当知的，圣人自能问人。"（王守仁：《语录三》，《王阳明全集》卷三，吴光等编校，第110页）

族的精神振兴事业而言，这也等于是从认知的角度排除了理学发展的一种助缘与动力。至于阳明知行合一说所存在的偏蔽，则诚如后来牟宗三所批评的：

> 吾人有行为之宇宙，有知识之宇宙。全宇宙可摄于吾之行为宇宙中，故云以言乎天地之间则备矣。参天地赞化育，则天地亦不外吾心之良知。一念蔽塞，则天地闭，贤人隐。一念灵明，则天地变化草木蕃。此固吾之行为宇宙之盖天盖地。然而吾人亦复有知识之宇宙。全宇宙亦可摄入吾之知识宇宙中。然此必待学问而外知的万物之何所是，非良知之断制行为者之所能断制也。良知能断制"用桌子"之行为，而不能断制"桌子"之何所是。然则桌子之何所是，亦将何以摄入致良知中有以解之而予以安置耶？良知断制吾"用桌子"之行为，亦断制吾"造桌子"之行为。……然在此行为之成就中，不能不于桌子有知识。汝当知此桌子之结构本性之何所是，汝当知造桌子之手术程序之何所是。否则，汝将无所措手足。虽有造桌子之诚意，而意不能达；虽有天理良知之判决此行为之必应作，终然无由以施其作。此不得咎良知天理之不足，盖良知天理所负之责任不在此。此应归咎于对造桌子之无知识也。就此观之，造桌子之行为要贯彻而实现，除良知天理以及致良知之天理外，还须有造桌子之知识为条件。一切行为皆须有此知识之条件。是以在致良知中，此"致"字不单表示吾人作此行为之修养工夫之一套，（就此套言，一切工夫皆集中于致），且亦表示须有知识之一套以补充之。此知识之一套，非良知天理所可给，须知之于外物而待学。因此，每一行为实是行为宇宙与知识宇宙两者之融一。（此亦是知行合一原则之一例）。良知天理决定行为之当作，致良知则是由意志律而实现此行为。然在"致"字上，亦复当有知识所知之事物律以实现此行为。①

牟宗三的这一分析，其实就蕴含着其著名的"良知坎陷说"。这

---

① 牟宗三：《从陆象山到刘蕺山》，《牟宗三先生全集》（第8册），第205—206页。

无疑是包含着对王阳明良知学之深入检讨与重大弥补的。我们这里固然无需讨论"良知坎陷说"之是非曲直，但阳明建立在"知行合一"基础上之致良知所形成的宇宙仅仅表示它是一种在道德本体意识观照、主宰下的"行为宇宙"却是肯定无疑的，这正是王阳明排除认识与知识、而仅从道德意识与道德行为之"一时并到"角度论证其知行合一说的一个反证。至于牟宗三的"良知坎陷说"，则既包含着对阳明通过"知行合一"所形成之道德实践宇宙的一个重大补充，同时也等于重新申发：宋明理学的根本任务，就是要证明"每一行为实是行为宇宙与知识宇宙两者之融一"，也就是《中庸》所谓"尊德性而道问学"两面的有机统一。以此反观朱子，则其所坚持的"尊德性而道问学"并统一实然与应然两大领域的方向则仍然代表着宋明理学的基本方向。

正因为王阳明的"知行合一"完全是从道德内省意识与道德外发行为之"一时并到"角度取义，排除或屏蔽了外向的格物穷理与知识追求，这就导致了一种激烈的反弹，也就是来自气学之客观性立场上的全面反击，当然也促成了气学的反其道而行，所以，从罗钦顺、王廷相、吴廷翰一直到王夫之的知行工夫也就完全从外向认知的角度展开。王夫之之所以一定要区分"能""所"，既是其对象性认知视角的产物，同时也是其外向认识进路的表现。所以说，王夫之的对象性视角与认识论进路，也就和王阳明知行合一说之道德意识与道德行为的"一时并到"特征表现出了一种完全背反的趋势。这样看来，如果说朱子始终坚持"尊德性"与"道问学"的统一，那么王阳明就完全是从道德的角度取义，而王夫之则是从认知的角度取义。这样一来，如果我们承认王阳明确实排除或屏蔽了朱子知行观中的外向认知性的内容，那么王夫之的知行观也就完全从认知的角度取义，从而又较为彻底地清除了王阳明知行观中的道德因素，这就使宋明理学的知行观完全回到了在"能""所"相区别以及"知"与"行"分先后的基础上了。

不过，王夫之虽然恢复了朱子以格物穷理为代表的外向认知进路，但其仍然表现出了与朱子知行观之相互颠倒的一面，这就主要表现在其"知"与"行"之不同次序以及其不同的先后关系上。如前所述，朱子是建立在外向格物穷理基础上的"主知主义"知行观，就这一大背景而言，王夫之自然也属于"主知主义"的知行观，但与朱子相比，王夫之的客观认知精神就要彻底得多，比如说，既然他们同属于"主知主义"，那为什么王夫之会彻底颠倒朱子的知行关系，从而使其知先行后说改变为行先知后说？并且还明确认为"行可兼知"而"知不可兼行"呢？这就显现出了"主知主义"的内部分歧，亦即其不同基础的分歧。

比如说，当程颐提出"知之深，则行之必至，无有知而不能行者"时，实际上就已经提出了一种过程性的以"知"兼"行"式的"知行合一"。一方面，由于这种"合一"完全建立在"知"的基础上，并且是要通过"知"之深化来促进"行"之兑现的，因而也就可以说是落实、"践行"性的知行合一。而王阳明的"知行合一"则完全建立在道德本体及其彰显精神的基础上，是指人之内在自省与外向扩充、道德内省及其外在表现的"一时并到"性，因而也可以说是内在"践形"性的"知行合一"。① 至于王夫之的知行观，由于建立在"能""所"相区别的基础上，并以"'因'所以发'能'"为动力，又以"'能'必副其'所'"为指向，因而并不是程朱那种以"知"兼"行"式的知行观，反而是以"行"兼"知"、以"行"促"知"式的知行观。与程朱的以"知"兼"行"相比，王夫之的以"行"兼"知"无疑更突出了外向认知的必要性，且由于其始终坚持"行可兼知"并以"行"促"知"，因而也就具有更强烈的客观指向。这样一来，如果说王夫之的知行观也具有"知行合一"的关怀，那么其"合一"追求也就是一种既起源于客观同时又以客观为指向的"知行合一"说！

这样看来，整个宋明理学的知行观也就呈现出不同的"色谱"。以朱子为代表之程朱理学的知行观，由于其两宋理学集大成的地位，因而其知行观也就兼具内在与外在、主观与客观以及道德与认识的双重指向；至于王阳明与王夫之，则各以其道德与认知追求为特色。如果说整个理学的知行观实际上都是以"知行合一"为基本关怀的，那么程朱显然属于"知行为二"基础上的"合一"论者；而王阳明与王夫之则都属于"行可兼知"式的知行合一论者，不过其区别仅仅存在于当下的"践形"与指向未来的"践行"之间而已。但是，

---

① 关于"践形"与"践行"的差别，请参阅丁为祥：《践形与践行——宋明理学中两种不同的工夫系统》，《中国哲学史》2009年第1期。

正像王阳明不能彻底隔绝认识与知识一样，王夫之也不能彻底排除道德理性的价值定向作用，因而其知行观虽然已经具有强烈的客观指向与认知色彩，但其本人却仍然是自觉的理学家，不过是试图通过认知的方式来完成其对道德理性的客观性塑造而已。

四、宋明"知行观"探讨的积极意义

从11世纪到17世纪，这种起始于程朱而终结于王夫之的宋明理学知行观探讨究竟澄清了哪些问题？作为其探讨的结论，又有什么积极意义呢？

首先，宋明理学对知行关系问题探讨的最大意义，就在于对宋代新儒学性质的一种充分肯定和深入印证。因为宋明理学的性质，不仅表现在理学家的自我定位上，而且也表现在他们对知行关系的具体探讨中。比如以朱子为代表的程朱理学知行观，其最基本的结论也就表现在知先行后、知行相须以及知轻行重三个方面，但这三个方面又恰恰是理学基本性质的表现。从知行关系来看，其相互固然存在着主客观之别，但由于其主观之知本身又建立在外向格物穷理的基础上，因而其所谓的"知先"实际也正建立在对外在客观事物认知的基础上；程朱理学之主知主义性质，也就由此而得到印证。至于其知与行的"相须"关系，不仅表现着主客观的统一，而且还表现着其对道德与认识两大领域的并重，虽然这一并重并不就是朱子所形容的"左右佩剑，各主一偏"的关系，但两大领域的并存以及其相互渗透则是非常明确的。至于知轻行重的说法，不仅体现着理学知行观探讨的根本目的，而且也表现了理学对实然世界与应然理想相统一的方向。这三个层面的有机统一，也就展现了理学家修养功夫的一个动态过程。所以，前面所概括的朱子统一知与行、统一认识与道德以及统一主观的应然理想与客观的实存世界之追求，也就完全可以从其对知行关系的探讨中得到印证与证实。

但朱子知行观的这一定位并不适应于王阳明关于知行关系的探讨。而这种不适应又首先源于王阳明对知识在道德实践中具体作用的准确把握。在朱子的知行观中，所谓知，包括认识与知识都是道德实践所以展开的一个必要前提，但阳明却在自己的人生实践中发现，"纵格得草木来，如何反来诚得自家意"。这说明，在他看来，所谓知，无论是认识之知还是道德之知，其实并不是道德实践所以展开的基本前提，充其量也只是一种助缘与外力；龙场大悟后，王阳明又以"圣人之道，吾性自足，向之求理于事物者误也"的方式明确否定了"求理于事物"的知识追求，并认为其非但无关于道德实践的落实，反而会导致"知识愈广而人欲愈滋，才力愈多而天理愈蔽"的恶果。于是，他就彻底转向了人的主体性、转向了人的道德自我，这就形成了一种完全建立在个体道德实践基础上的知行合一说：所谓知，就是道德意识之内向自省；而所谓行，则是道德意念之外向显现。正是在这个意义上，才能有所谓"只说一个知已自有行在，只说一个行已自有知在"的知行合一之论。阳明对知行关系的这一探讨，一方面使知与行全然建立在道德自觉的基础上；同时，他又以身心一致、内在省察与外向推致之一时并到的知行合一将宋明理学的道德实践精神推向了高峰，从而使理学表现出一种除恶务尽、扬善至极的关怀。

不过，由于阳明这一道德实践精神的高峰又是以对知识的排除与屏蔽为前提的，这又导致了来自外向认知立场上的气学之反击与反其道而行之。比如王夫之对知行关系的探讨就起始于能、所概念的区分，在这一基础上，他明确指出阳明的知行合一说是"知者非知，而行者非行也"①。王夫之能够看到王阳明的知行合一说是"知者非知，而行者非行"，说明这是其对阳明知行关系的一种准确把握。但他又认为阳明实际上是"以其所知为行"，这就成为其建立在能、所相区别立场上的一个必然性的结论了。至于其将王阳明的"知行合一"归结为"销行以归知，终始于知……本汲汲于先知以废行"，也就缺乏认知的客观性，而只能说是一种逻辑归谬式的结论了。

但与朱子的知行观相比，王夫之就表现出了很大的进步，而这一进步主要就表现在其知与行之不同的先后关系上。朱子主张知先行后，主要在于强调道德行为的自觉性，并且认为只有在自觉之知的基础上才能有自觉之行；而王夫之之所以强调行先知后，则主要

---

① 王夫之紧接着说："知者非知，然而犹有其知也，小惝然若有所见也。行者非行，则确乎其非行，而以其所知为行也……是其销行以归知，终始于知，而杜足于履中蹈和之节文，本汲汲于先知以废行也。"[王夫之：《说命中二》，《尚书引义》卷三，《船山全书》（第2册），第312页]

在于他已经具有了更为深入的客观认知性立场。在朱子的立场上，知行相须与知轻行重，不仅表现了其认识与实践之相互渗透和相互促进的思想，而且也表现着其知行观最终的道德实践指向。但对王夫之来说，其"行可兼知"以及"知行相资以为用，并进而有功"就比朱子的道德实践指向具有更强的客观基础与更为宽广的认知性内容。之所以如此，主要决定于其知与行之不同关系与不同内涵：朱子的知先行后，主要在于其格物穷理以及其"所当然"必须建立在认知万事万物之"所以然"的基础上；而王夫之的行先知后，则建立在能、所以及主观观念与客观世界相区别的基础上。就认识进路而言，王夫之显然要比朱子深入得多，也要彻底得多。从这个意义上说，王夫之知行观在认知进路方面的深入主要表现在其对知与行所表现之主客观深入区别的基础上。

但作为民族精神振兴事业之极为重要的一环，宋明知行观探讨中也存在着太多的经验与教训。比如，如果说朱子知行观探讨的优点在于其较为全面地表现了宋明理学实然世界与应然理想相统一的追求，那么其缺陷则表现在两个方面：其一，朱子的知行观主要建立在人伦行为之"所当然"与宇宙万物之"所以然"相统一的基础上，而对朱子来说，他也是试图通过宇宙万物之"所以然"来支撑并论证其人伦行为之"所当然"的；就知行观而言，这自然会表现出知先行后的特点。但宇宙万物之"所以然"能否给予人伦行为之"所当然"提供充足的支撑和论证呢？这就成为一个无法证实的问题了（如果要使此问题能够得到彻底证实，那么整个自然界也就必然要带上道德的属性）。而在其理学先驱的探讨中，张载就已经明确揭示了"天本无心"的现象，他明确指出："天无心，心都在人之心。一人私见固不足尽，至于众人之心同一则却是义理，总之则却是天。故曰天曰帝者，皆民之情然也，讴歌讼狱之不之焉，人也而以为天命。"[①] 这说明，在张载看来，自然界之"所以然"并不带有道德的属性，因而宇宙万物之"所以然"也并不足以支撑人伦行为之"所当然"。其次，正因为朱子追求"所以然"与"所当然"的统一，而《大学》的格物穷理又必然会使其把对宇宙万物之"所以然"的认知

---

① 张载：《诗书》，《经学理窟》，《张载集》，章锡琛点校，第256页。

作为人伦行为之"所当然"的基本前提,这样一来,其知行观也就必然要表现出知先行后的特征。朱子知行观的这一特点,既塑造了后世儒生专门从"知识才能上求圣人"的学术风气,同时也表现出阳明所批评的"眩俗取誉"与内外背反的社会风气。

王阳明的知行观自然是为了纠偏朱子学的毛病而提出。其最大的特点就在于沿着道德实践的方向倡导身心并到、知行合一之学,使内向反省与外向扩充的统一以睟面盎背之"践形"的方式表现出来,从而将宋明理学存天理,灭人欲的任务落实于愚夫愚妇的一念倏忽之微。就此而言,王阳明的知行合一说自然代表着宋明理学道德实践精神的高峰。但阳明完全在道德内省与道德扩充之当下统一的基础上谈论知行合一,这就不仅导致了传统知行含义的扭曲,而且其对外向认知的排除与屏蔽也就使人的道德实践失去了来自认知的推动力量。

宋明理学知行观中最具有现代意义的是王夫之的知行关系探讨。一方面,其在区分能所——区别主客观的基础上明确主张行先知后,这就具有了现代认识论的蕴含;而其"行可兼知"以及"知行相资以为用,并进而有功"的主张也充分揭示了认识与实践的相互促进作用。这表明,在认识论的立场上,王夫之不仅揭示了"知"所以形成的基础,而且也揭示了人类认识所以发展的动力。但王夫之是否就专门是为了揭示人类认识的发展而致力于知行观研究呢?非也。就王夫之之自我定位而言,他仍然是理学家、道学家;其所以致力于知行关系研究,主要是为了论证人们关于儒家道德伦理的认知性生成,所以,对于儒家所念念守护的"仁义之心""德性之知",他认为这都是人生而具有且具有不言自明的性质。这就形成了一个奇特的现象:牟宗三的"良知坎陷说"固然是指"良知自己决定坎陷其自己……坎陷其自己而为了别以从物。从物始能知物,知物始能宰物"①,如果从这个角度看,那么王夫之的知行关系研究,其实也就可以说是对牟宗三"良知坎陷说"的一种先行实践。

更重要的一点还在于,在王夫之的知行观中,他虽然深入分析了认识活动中的知行关系,但他的认识论却并没有取得独立的地位。

---

① 牟宗三:《从陆象山到刘蕺山》,《牟宗三先生全集》(第8册),第207页。

对于这种现象，方克立先生分析说：

> 宋明以来的道学家们谈论知行问题，总是把这个认识论问题和道德修养问题混淆在一起，王夫之也没有摆脱这种传统的影响。①

从现代学术的角度看，认识论当然应当有其独立的地位，也确有其独立探讨的必要。但从朱子、王阳明一直到王夫之，甚至包括牟宗三的"良知坎陷说"，他们所一致坚持的认识论之必须服从于道德修养的现象是不是因为他们根本搞不清二者的界限呢？从他们对知行关系的反复辨析包括其对知行在认识与道德方面不同蕴含的准确把握来看，他们并不是划不清二者的界限；而他们之所以如此坚持，关键在于儒家的道德并不仅仅是人生的伦理规范或道德训条，而在于儒家道德始终承当着中国文化的价值之源与价值标准的作用。这样一来，他们的"搞不清"，反而是真正坚持着道德价值对于认知过程的贯注与主宰作用。而这一点，可能也正包含着中国文化的一个值得深入研究的根本性特征。②

（该文原载于《学术月刊》2019年第3期）

---

① 方克立：《中国哲学史上的知行观》，人民出版社1982年版，第274页。
② 就笔者了解，方克立先生是较早发现宋明理学是把认识论和道德修养统在一起来讲的，其《中国哲学史上的知行观》一书也是最早对中国哲学史中的知行观进行系统研究的著作。在此之前，人们往往简单地将这一现象称为"死的抓住活的"；20世纪80年代以后，人们又往往将其视为"事实与价值的混淆"，并视为中国哲学的一大毛病。实际上，这一问题比较复杂，其既有价值理想落实于具体事实之积极合理的一面，同时也存在着以价值裹挟、包办具体事实之消极的一面，需要进行深入具体的分析。

从"良知"的形成看阳明研究的不同进路

摘 要: 心性之学是传统文化极为重要的一支,儒佛道三教都有其心性之学。就儒学而言,阳明心学可谓是儒家心性之学的集大成;而其致良知之说就代表着阳明心学的最高结论。但应当如何分析其良知说的形成?对于这一问题,人们既可以知识与学理积累的方式来说明其良知说所以形成之理论学理性前提,也可以日用践履的方式透视其良知说所以形成之工夫论基础,当然还可以从主体精神危机意识的角度说明其良知呈现式的具体生成。在阳明心学的发展过程中,这三个方面既是一种同时并在与先后继起的关系,当然也可以说是共同发挥作用的,但只有在辨清其前提、基础与危机意识之当机促成的基础上,才能真正澄清其良知说的具体生成。而这三个不同方面在演化为三种不同的研究进路之后,必然会使阳明心学呈现为不同的样貌。

关键词: 良知说 阳明学 心学研究 不同进路

良知说代表着阳明一生探索的最高结论,这一点已经见之于其晚年的屡屡强调。如"吾平生讲学,只是'致良知'三字……汝于此处,宜加猛醒"①,就出自阳明在征思田途中对其儿子正宪的叮咛教诫。其他再如"孰无是良知乎?但不能致之耳"②之类的感慨,也屡屡见之于阳明的"语录"与"论学书札"。凡此,都说明阳明一生

---

① 王守仁:《寄正宪男手墨二卷》,《王阳明全集》卷二十六,吴光等编校,第1091页。
② 王守仁:《与陆原静二》,《王阳明全集》卷五,吴光等编校,第211页。

的学问确实是以致良知为归结的。但是，如果不了解良知说的具体形成，难免就会将致良知当作"一场话说"[①]，或仅仅作为一种高明的"话头"来卖弄，从而成为一种"理论学理上的功夫"。至于其所谓"孰无是良知乎？但不能致之耳"的感慨，其实也就是针对这种现象而言的。

那么，阳明的良知说究竟是如何形成的？实际上，这里既涉及阳明良知说的具体生成，同时也涉及我们将如何认知这一形成的问题。如果就阳明学的研究而言，我们当然可以通过阳明对其良知说的论述来归类、定性其良知说的具体生成。而这种以其本来之形成来概括致良知思想的方法，也就可以说是所谓"原汤化原食"的进路。不过，即使在阳明关于良知说的论述中，有一些也无疑属于前提性的生成，有一些则属于基础性的生成，而有一些则属于精神危机性的现实生成；实际上，可能也只有精神危机性的生成，才真正构成了其良知说所以形成的"临门一脚"。而这三种不同的形成途径以及其彼此递进性的关系，也就必然包含着一种由"原汤"以接近"原食"、化解"原食"的通道。

一、理论学理性形成

所谓理论学理性生成，主要是指良知作为阳明心学的主要概念究竟是在什么条件下提出的，又是以什么方式提出的。在这一背景下，人们可能马上就会注意到阳明在"与徐爱论学"中的说法：

> 知是心之本体。心自然会知：见父自然知孝，见兄自然知弟，见孺子入井自然知恻隐，此便是良知，不假外求。若良知之发，更无私意障碍，即所谓"充其恻隐之心，而仁不可胜用矣"。然在常人不能无私意障碍，所以须用致知格物之功。胜私复理，即心之良知更无障碍，得以充塞流行，便是致其知。知致则意诚。[②]

[①] 薛瑄原话为："将圣贤言语作一场话说，学者之通患。"（薛瑄：《薛文清公读书录》卷二，《薛瑄全集》，孙玄常等点校，山西人民出版社1990年版，第1055页）
[②] 王守仁：《语录》，《王阳明全集》卷一，吴光等编校，第7页。

如果仅从概念提出的角度看，那么这里所谓的"良知"便应当说是阳明心学中最早出现的良知概念了。但另一方面，阳明去世后，钱德洪在编"阳明文录"时却转引阳明的原话说：

> 吾"良知"二字，自龙场已后，便已不出此意，只是点此二字不出，于学者言，费却多少辞说。今幸见出此意，一语之下，洞见全体，真是痛快，不觉手舞足蹈。学者闻之，亦省却多少寻讨功夫。学问头脑，至此已是说得十分下落，但恐学者不肯直下承当耳。①

这两处论说，前者是阳明直接运用孟子的"良知"概念来说明"见父自然知孝，见兄自然知弟"的道理，其语意也不超出孟子原意的范围；而后者则属于钱德洪对阳明关于良知何以提出之说法的征引与转述，显然是出自阳明晚年的自述。由于阳明这里已经明确认为"自龙场已后，便已不出此意，只是点此二字不出"，这就说明，一方面，其关于良知学的方向在经过龙场大悟之后就已经确立，但另一方面，其关于良知的具体思想及其明确表达却形成于晚年，否则的话，也就不会有"点此二字不出"以及"费却多少辞说"之类的感慨了。由此看来，其在"与徐爱论学"中的"良知"不过是对孟子良知概念的直接运用而已。如果将这两个方面统一起来，那么也可以说，前者所谓"良知"不过是对孟子概念的直接借用，并不代表阳明良知思想的真正形成；而后一条则说明"自龙场已后"，阳明就一直在沿着致良知的方向前进，但其良知说的形成并以"致良知"作为其一生探讨之总结，却是一个极为费心的过程，也是直到晚年才得以真正完成的。

在这一背景下，如果我们放开视野，完全从理论学理性的角度来分析阳明"致良知"思想的形成，那么，从《孟子》《大学》一直到张载哲学中关于"天德良知"的论述，也就构成了王阳明致良知思想得以形成的理论前提。比如：

---

① 钱德洪：《刻文录叙说》，王守仁：《王阳明全集》卷四十一，吴光等编校，第1747页。

人之所不学而能者，其良能也；所不虑而知者，其良知也。孩提之童，无不知爱其亲者，及其长也，无不知敬其兄也。亲亲，仁也；敬长，义也；无他，达之天下也。(《孟子·尽心上》)

古之欲明明德于天下者，先治其国。欲治其国者，先齐其家，欲齐其家者，先修其身。欲修其身者，先正其心。欲正其心者，先诚其意。欲诚其意者，先致其知。致知在格物。

物格而后知至，知至而后意诚，意诚而后心正，心正而后身修，身修而后家齐，家齐而后国治，国治而后天下平。(《礼记·大学》)

圣不可知者，乃天德良能，立心求之，则不可得而知之。①

诚明所知乃天德良知，非闻见小知而已。②

上述就是王阳明致良知思想形成以前古人关于良知与致知思想的论述。从这里也完全可以看出，无论是关于良知还是关于致知的思想，古人实际上都已经谈到了。如果从理论学理性的角度看，那么也可以说王阳明的致良知之学其实就是对孟子的良知说与《大学》的格物致知思想包括张载的天德良知说的一个统一或系统总结，而这种说法也确实可以证之于阳明的相关论述。比如在《答顾东桥书》中，阳明就明确地论述说："若鄙人所谓致知格物者，致吾心之良知于事事物物也。吾心之良知，即所谓天理也。致吾心良知之天理于事事物物，则事事物物皆得其理矣。致吾心之良知者，致知也。事事物物皆得其理者，格物也。"③显然，如果从这个角度来分析阳明的致良知思想，那么就可以说它确实是对孟子的良知说与《大学》的格物致知思想的有机统一。

但这样分析阳明的致良知思想，一方面似乎显得非常客观，同时也可以从阳明的思想中找到相关证据，——比如上述阳明自己的论述也就可以说是一个典型例证。但这种分析与说明却必然要面临两个方面的挑战：其一，如果说阳明的致良知思想就是对孟子的良知说（也包括张载对"天德良知"的相关论述）与《大学》的格物

---

① 张载：《神化》，《正蒙》，《张载集》，章锡琛点校，第17页。
② 张载：《诚明》，《正蒙》，《张载集》，章锡琛点校，第20页。
③ 王守仁：《答顾东桥书》，《王阳明全集》卷二，吴光等编校，第51页。

致知思想之有机统一，那么这种思想基础或理论背景对于北宋以后任何一位理学家都是完全一致的，为什么其他理学家并没有提出致良知的思想呢？如果说这是因为存在着思想进路上的差异，那么陆象山与王阳明在思想进路上几乎可以说是完全一致的，为什么象山也没有提出这样的思想主张呢？这说明，仅仅从思想资源或理论背景的角度并不足以说明阳明致良知思想的具体形成。

其二，从思想资源或理论背景的角度分析一位理学家思想理论的形成看起来似乎非常客观，实际上，这种方法却包含着极为主观的一面，这就主要表现在人们实际上是以我们自己所认为的思想概念之间的关系代替了研究对象原本所有的联系，同时又以我们自身所相信的思想概念之间的联系弥补了研究对象原本可能有也可能根本就没有的关系。一当我们以自己所认可的联系来取代研究对象原本就有的关系时，研究对象也就成为一个"任人涂抹、任人打扮的乡下小女孩了"。具体到王阳明来说，《孟子》《大学》固然也都属于他所真正继承的思想资源，但孟子的良知并不等同于王阳明的良知；而在《大学》的问题上，王阳明一生都没有摆脱他与朱子在《大学》今古本问题上的分歧与争论，而上述通过运用《大学》的格物致知说来表达其致良知思想，实际上不过是运用他所认定的《大学》来论证其致良知主张。

所以，就在同一篇《答顾东桥书》中，阳明又说：

> 盖鄙人之见，则谓意欲温凊，意欲奉养者，所谓"意"也，而未可谓之"诚意"。必实行其温凊奉养之意，务求自慊而无自欺，然后谓之"诚意"。知如何而为温凊之节，知如何而为奉养之宜者，所谓"知"也，而未可谓之"致知"。必致其知如何为温凊之节者之知，而实以之温凊，致其知如何为奉养之宜者之知，而实以之奉养，然后谓之"致知"。温凊之事，奉养之事，所谓"物"也，而未可谓之"格物"。必其于温凊之事也，一如其良知之所知，当如何为温凊之节者而为之，无一毫之不尽；于奉养之事也，一如其良知之所知，当如何为奉养之宜者而为之，无一毫之不尽，然后谓之"格物"。温凊之物格，然后知温凊之良知始致；奉养之物格，然后知奉养之良知始致，故曰"物格而后知至"。致其知温凊之良知，而后温凊之意始诚，致其知奉养

之良知，而后奉养之意始诚，故曰"知至而后意诚"。①

在这里，王阳明所阐发的内外一致之知行合一思想无疑是积极正面的含义，但没有人能够认为这就是《大学》原本就有的思想、原本就有的"物格而后知至"与"知至而后意诚"以及其原本就有的含义。而这里所阐发的，实际上也就是王阳明的致良知与知行合一相统一的思想，包括其所谓"物格而后知至"与"知至而后意诚"。从这一点来看，阳明本人实际上就已经存在着以自己所认可的关系来取代研究对象原本就有的联系之嫌。

但这里却存在着一个需要辨析的重大分界：在古人主客合一的认知传统中，这种方法并非就不合理、不可运用，实际上，我们的前人正是通过这种方式来继承传统、活化传统的；而传统也因此而表现出生生不息的特色。但对于现代人而言，如果我们继续沿用这种建立在主客合一基础上并以自己的主观认知来代替客观对象之原有联系的方法，就必然会消解学术研究的客观性。所以说，这种通过我们自己所认知的联系，并通过旁征博引的方式——实际上则完全是以我们自己主观认定并通过史料的剪裁与拼接所形成的研究方法，看起来似乎处处强调客观性、突出客观性，其实却包含着极大的主观性，是以我们现代人自己的主观联系取代了古人原有的客观联系——所谓以古人之酒，以浇自己心中之块垒，其实就是这种研究方法的最大偏弊。

二、工夫实践性形成

之所以认为这种以自己的主观联系来取代前人原有联系的方式是一种主观性极强的方法，并认为这种方法对于古人是合理的，对于今人则是极不合理的，并不是一种所谓厚古薄今的说法。而是因为，在古人、前人主客合一的认知方式中，这种方法不仅包含着前人对古人思想的继承与推进的成分，而且中国文化之生生不息，也正是通过这种自觉继承并不断加进新的思想内容的方式实现的。但

---

① 王守仁：《答顾东桥书》，《王阳明全集》卷二，吴光等编校，第55页。

是，对于作为现代研究者的今人而言，我们与古人之间存在着一定的时空距离是毫无疑问的；而我们之所以研究古人，首先也就在于揭示古人、前人原有的思想含义。但一当我们自觉不自觉地继续沿用这种主客合一的认知方式，并将我们补充性的认知直接作为研究对象原有的联系时，实际上就是以我们当今的认知代替、补充了研究对象的原有关系。从某种程度上说，这就成为一种以今裁古甚或是所谓鱼目混珠式的研究了。由于在现代学术的背景下，客观性研究与对象性认知已经成为一种公认的研究方法，而这种对象认知性的研究方法又往往是以学术的客观性出现的，因而就会形成一种越俎代庖式的研究。20世纪的许多学术冤案实际上就是这样形成的。①

但在阳明前面的叙述中，他已经明确地自述说，"吾'良知'二字，自龙场已后，便已不出此意"，这说明，在他看来，其良知学首先是沿着一定研究进路探索的结果；否则，也就不可能说"自龙场已后，便已不出此意"了。从这个角度看，良知说似乎就是一定研究进路的产物。那么对阳明来说，其研究进路又是什么呢？如果说前一种方法主要是通过对象认知与文献分析的方法来说明其良知学所以形成之理论学理性前提，那么如果我们按照王阳明的研究进路来分析其良知说的形成，也许就可以称之为工夫实践性基础，而这种以实践性为特征的工夫学进路，似乎也可以避免上述对象性认知所带来的主观性的干扰。

关于王阳明的探索进路，当其"门人始进"时，阳明就针对学界的"词章记诵"现象而提出了"身心之学"。但在当时，这种"身心之学"只是针对当时学界所普遍存在的"词章记诵"现象而提出的一种批判与纠偏措施，并没有对"身心之学"作出明确的规定。直到十五年后，当王阳明与罗钦顺展开关于《大学》今古本与《朱

---

① 比如世纪交接之际学界对儒家亲情伦理的批判就是如此。一方面，学界精英完全将古代思想作为材料性的案例，而自己则自诩为可以裁断千古的法官，从而完全无视古今之别，并以自己的现代设想来判断古人如何"违法"，这就成为一种厚诬古人式的研究了；另一方面，学界精英又以自己主客合一的习惯冒充认知的客观性，从而认为自己的看法就是绝对的客观性认识。实际上，这就不仅厚诬了古人的思想，而且也亵渎了对象认知的客观性。请参阅郭齐勇先生主编的《儒家伦理争鸣集——以"亲亲互隐"为中心》（湖北教育出版社2004年版）、《〈儒家伦理新批判〉之批判》（武汉大学出版社2011年版）、《正本清源论中西：对某种中国文化观的病理学剖析》（华东师范大学出版社2014年版）三书，这三本论文集较为全面地收集了学界关于儒家亲情伦理的讨论，也展示了学界对这种武断的对象性认知方法的反省与批评。

子晚年定论》的激辩时,他才对其"身心之学"作出了明确的规定。他指出:

> 夫道必体而后见,非已见道而后加体道之功也;道必学而后明,非外讲学而复有所谓明道之事也。然世之讲学者有二:有讲之以身心者;有讲之以口耳者。讲之以口耳,揣摸测度,求之影响者也;讲之以身心,行著习察,实有诸己者也,知此则知孔门之学矣。①

在王阳明对这两种不同为学进路的划分中,所谓"口耳之学"自然是"揣摸测度,求之影响者也";至于"身心之学",则必须是"形著习察,实有诸己者也"。显然,这正是所谓"道必体而后见""道必学而后明",也就是"必实行其温凊奉养之意,务求自慊而无自欺,然后谓之诚意""必致其知如何为温凊之节者之知,而实以之温凊,然后谓之致知"以及"必其于温凊之事也,一如其良知之所知,当如何为温凊之节者而为之,然后谓之格物",总之,也就是一种"实以之身心"、内外一致的"形著习察"之学。

阳明对"身心之学"的这一规定当然是在其晚年实现的,但在此之前,却必须先有其自己对"身心之学"的先行实践。比如,当阳明结束其"居夷处困"的贬谪之行而"升任庐陵县知县"时,就有了如下教法:

> 先生赴龙场时,随地讲授,及归,过常德、辰州,见门人冀元亨、蒋信、刘观时辈俱能卓立,喜曰:"谪居两年,无可与语者,归途乃幸得诸友!"悔昔在贵阳举知行合一之教,纷纷异同,罔知所入。兹来乃与诸生静坐僧寺,使自悟性体,顾恍恍若有可即者。既又途中寄书曰:"前在寺中所云静坐事,非欲坐禅入定也。盖因吾辈平日为事物纷拏,未知为己,欲以此补小学收放心一段功夫耳。"②

---

① 王守仁:《答罗整庵少宰书》,《王阳明全集》卷二,吴光等编校,第85页。
② 钱德洪:《年谱》,王守仁:《王阳明全集》卷三十三,吴光等编校,第1357页。

先生与黄绾、应良论圣学久不明，学者欲为圣人，必须廓清心体，使纤翳不留，真性始见，方有操持涵养之地。应良疑其难。先生曰："圣人之心如明镜，纤翳自无所容，自不消磨刮。若常人之心，如斑垢驳蚀之镜，须痛刮磨一番，尽去驳蚀，然后纤尘即见，才拂便去，亦不消费力。到此已是识得仁体矣。若驳蚀未去，其间固自有一点明处，尘埃之落，固亦见得，才拂便去；至于堆积于驳蚀之上，终弗之能见也。此学利困勉之所由异，幸勿以为难而疑之也……"①

这里所论，无论是称其为"悟入之功"还是所谓"实践之功"，实际上都是王阳明"龙场大悟"经历的重演；至于其目的，则只有一点，这就是"使自悟性体"，或者说就是要"廓清心体，使纤翳不留，真性始见"。从时间上看，这也就是阳明知滁州时期的主要教法。而这一教法的特征，就是一种内向用功，一如阳明所说的"自悟性体"，"补小学收放心一段功夫耳"，或者说主要是因为"常人之心，如斑垢驳蚀之镜，须痛刮磨一番，尽去驳蚀，然后纤尘即见，才拂便去，亦不消费力。到此已是识得仁体矣"。如果对应于其"身心之学"，那么这就是从"身"的层面提升到"心"的层面，是真正的"心上用功"。而《年谱》所谓的"月夕则环龙潭而坐者数百人，歌声振山谷。诸生随地请正，踊跃歌舞……于是从游之众自滁始"②，也就主要指其南京以前的教法而言。

但到南京后，阳明又发现这种一味内向用功所存在的弊端，而这种内向性用功的方法也被他称之为"高明一路"的教法。比如《年谱》记载：

客有道自滁游学之士多放言高论，亦有渐背师教者。先生曰："吾年来欲惩末俗之卑污，引接学者多就高明一路，以救时弊。今见学者渐有流入空虚，为脱落新奇之论，吾已悔之矣。故南畿论学，只教学者'存天理，去人欲'为省察克治实功。"③

---

① 钱德洪：《年谱一》，王守仁：《王阳明全集》卷三十三，吴光等编校，第1358页。
② 钱德洪：《年谱一》，王守仁：《王阳明全集》卷三十三，吴光等编校，第1363页。
③ 钱德洪：《年谱一》，王守仁：《王阳明全集》卷三十三，吴光等编校，第1364页。

这是阳明教法的一个重大转向。如果说前者（即所谓"使自悟性体"或"识得仁体"）就是所谓"高明一路"的教法，那么后者也就可以称之为"省察克治实功"；所谓"省察克治实功"，就是"静时念念去人欲、存天理，动时念念去人欲、存天理，不管宁静不宁静"①。

这种功夫重心的转向以及由此所表现出来的不同进路在王阳明的致良知提出后便形成了一种互补性的统一，并被其概括为"静处体悟"与"事上磨练"两种不同进路。阳明总结说：

> 吾昔居滁时，见诸生多务知解，口耳异同，无益于得，姑教之静坐。一时窥见光景，颇收近效。久之，渐有喜静厌动，流入枯槁之病，或务为玄解妙觉，动人听闻。故迩来只说致良知。良知明白，随你去静处体悟也好，随你去事上磨炼也好，良知本体原是无静无动的。此便是学问头脑。我这个话头，自滁州到今，亦较过几番，只是致良知三字无病。医经折肱，方能察人病理。②

很明显，这是阳明致良知思想成熟后对其一生教法的一个总结。所谓"高明一路"的"静处体悟"，也就是作为"心上用工"的"自悟性体"之路；而所谓"事上磨练"，也就是"动时念念去人欲、存天理"的"省察克治实功"一路。由于"良知本体原是无静无动的"，因而也就可以贯通动静、贯通"静处体悟"与"事上磨练"两路，所以说，"随你去静处体悟也好，随你去事上磨练也好，良知本体原是无静无动的"。至此，阳明的"静处体悟"与"事上磨练"两路也就得到了一个贯通性的统一。

不过，虽然良知贯通动静、贯通"静处体悟"与"事上磨练"两路，但对某个人、某种具体的资质而言，却未必就能全面地适应"静处体悟"与"事上磨练"两路，而往往只能根据自己的资质或性之所近，而仅仅适应于其中的一路。这样，对于不同资质的主体而言，致良知实际上也就只有一路；至于要从其中一路贯通另一路，

---

① 王守仁：《语录一》，《王阳明全集》卷一，吴光等编校，第15页。
② 王守仁：《语录三》，《王阳明全集》卷三，吴光等编校，第119页。

则仍然是难乎其难的。请看多年后,阳明门下的两大高弟——钱德洪与王龙溪对阳明四句教的理解:

> 德洪与畿访张元冲舟中,因论为学宗旨。畿曰:"先生说知善知恶是良知,为善去恶是格物,此恐未是究竟话头。"德洪曰:"何如?"畿曰:"心体既是无善无恶,意亦是无善无恶,知亦是无善无恶,物亦是无善无恶。若说意有善有恶,毕竟心亦未是无善无恶。"德洪曰:"心体原来无善无恶,今习染既久,觉心体上见有善恶在,为善去恶,正是复那本体功夫。若见得本体如此,只说无功夫可用,恐只是见耳。"畿曰:"明日先生启行,晚可同进请问。"……先生复出,便移席天泉桥上。德洪举与畿论辩请问。先生喜曰:"正要二君有此一问!我今将行,朋友中更无有论证及此者,二君之见正好相取,不可相病。汝中须用德洪功夫,德洪须透汝中本体。二君相取为益,吾学更无遗念矣。"
>
> 德洪请问。先生曰:"有只是你自有,良知本体原来无有,本体只是太虚。太虚之中,日月星辰,风雨露雷,阴霾饐气,何物不有?而又何一物得为太虚之障?人心本体亦复如是。太虚无形,一过而化,亦何费纤毫气力?德洪功夫须要如此,便是合得本体功夫。"
>
> 畿请问。先生曰:"汝中见得此意,只好默默自修,不可执以接人。上根之人,世亦难遇。一悟本体,即见功夫,物我内外,一齐尽透,此颜子、明道不敢承当,岂可轻易望人?二君已后与学者言,务要依我四句宗旨……以此自修,直跻圣位;以此接人,更无差失。"①

在关于四句教的理解中,阳明、德洪与汝中(畿)实际上是与其个人资质紧密相关的三种不同理解。王阳明的理解,即诚如其四句教所规定的,就是所谓的"三有(功夫)一无(本体)说";而钱德洪虽然坚持"心体原来无善无恶,今习染既久,觉心体上见有善恶在,为善去恶,正是复那本体功夫",看起来似乎是一遵阳明规定

---

① 钱德洪:《年谱三》,王守仁:《王阳明全集》卷三十五,吴光等编校,第1442—1443页。

的"三有一无"说,但就钱德洪的实际理解而言,却未免仍然停留在"四有"的层面上;至于王龙溪,虽然他在这里是以假设或推理的方式提出所谓"心体既是无善无恶,意亦是无善无恶,知亦是无善无恶,物亦是无善无恶。若说意有善有恶,毕竟心亦未是无善无恶",这就形成了所谓"四有"与"四无"两种不同的说法,但王龙溪本人却始终是从所谓"四无"上立根的。

为什么这样说呢?因为王阳明的四句教本来就是通过所谓"三有"的功夫追求以把握或实现所谓"一无"的本体(境界),所以阳明也就始终坚持"三有"与"一无"的统一。没有"三有",就没有为善去恶之实践追求的功夫;但如果没有"一无",则只能永远奔忙于为善去恶的实践追求而缺乏超越的指向,所以王阳明就一定要提醒钱德洪注意:"有只是你自有,良知本体原来无有,本体只是太虚。太虚之中,日月星辰,风雨露雷,阴霾饐气,何物不有?而又何一物得为太虚之障?人心本体亦复如是。太虚无形,一过而化,亦何费纤毫气力?德洪功夫须要如此,便是合得本体功夫。"

但对于王龙溪来说,"吾人一切世情嗜欲,皆从意生。心本至善,动于意,始有不善。若能在先天心体上立根,则意所动自无不善,一切世情嗜欲自无所容,致知功夫自然易简省力,所谓后天而奉天时也。若在后天动意上立根,未免有世情嗜欲之杂,才落牵缠,便费斩截,致知工夫转觉繁难,欲复先天心体,便有许多费力处。"① 显然,这也就是其所谓的"从先天立根,则动无不善,见解嗜欲自无所容,而致知之功易。从后天立根,则不免有世情之杂,生灭牵扰,未易消融,而致知之功难。"② 明白了这一点,自然也就可以理解王龙溪何以一定要坚持"从先天立根"之"四无"立场了。但这样一来,这种"从先天立根"的"四无"进路又必然会面临一个极大的悖论,其实这也就是钱德洪所批评的:"心体是天命之性,原是无善无恶的。但人有习心,意念上见有善恶在,格、致、诚、正、修,此正是复那性体功夫。若原无善恶,功夫亦不消说矣"。③ 所谓"功夫亦不消说矣",其实也就无所谓功夫追求了。这样一来,阳明

---

① 王畿:《三山丽泽录》,《王畿集》卷一,吴震编校整理,第10页。
② 王畿:《陆五台赠言》,《王畿集》卷十六,吴震编校整理,第445页。
③ 王守仁:《语录三》,《王阳明全集》卷三,吴光等编校,第133页。

精心构制之道德实践的大厦,也就等于彻底塌台了。

当然,最有意思的还在于钱德洪。虽然王阳明已经提醒他注意"有只是你自有,良知本体原来无有",可钱德洪却始终无法理解良知本体的"原来无有"一说。所以,在《明儒学案》中,黄宗羲就曾借助罗念庵的评价来概括钱德洪的思想:

> 而绪山之学,亦且数变。其始也,有见于为善去恶者,以为致良知也。已而曰:"未矣。良知者,无善无恶者也,吾安得执以为有而为之。"而又去之。后十年,会于京师曰:"吾恶夫言之者之淆也,无善而无恶者见也,非良知也。吾惟即吾所知,以为善者而行之,以为恶者而去之,此吾所能为者也。其不出于此者,非吾所能为,亦非吾之所当闻之也。"①

钱德洪的这种反复与纠缠,实际上主要是受到了王龙溪"四有"、"四无"说的干扰;而作为其结论的"吾惟即吾所知以为善者而行之,以为恶者而去之,此吾所能为者也",实际上也就始终停留在"事上磨练"之后天工夫的领域。就是说,钱德洪始终无法理解王阳明的"有只是你自有,良知本体原来无有"的"三有一无"进路。

这样看来,虽然王阳明的致良知是贯通"静处体悟"与"事上磨练"两路的,但在面对不同资质之不同个体时,它也就必然会形成两种不同的进路;而钱德洪与王龙溪关于四句教之"四有"与"四无"的不同理解以及其最后的分裂则再次说明,仅仅通过贯通"静处体悟"与"事上磨练"两路未必就能真正贯通"有心"与"无心"②两个层面,尤其是未必能够贯通作为致良知之本质特征的"三有一无"说。而如果不能贯通"有心"与"无心"之对待与差别性统一,仅对致良知的理解而言,就还存在着一定的问题,从而也就无法理解其具体生成了。这就是说,从王龙溪"在先天心体上立根"

---

① 黄宗羲:《江右王门学案三》,《明儒学案》卷十八,沈芝盈点校,第417页。
② "先生起征思、田,德洪与汝中追送严滩……先生曰:'有心俱是实,无心俱是幻;无心俱是实,有心俱是幻。'汝中曰:'有心俱是实,无心俱是幻,是本体上说工夫。无心俱是实,有心俱是幻,是工夫上说本体。'先生然其言。洪于是时尚未了达,数年用功,始信本体工夫合一。"(王守仁:《语录三》,《王阳明全集》卷三,吴光等编校,第141页)这一问答,也可以视为阳明门下"有心"与"无心"说的肇始。

的"四无"立场出发,最后就必然会视四句教为"权法",从而使自己陷于"功夫亦不消说矣"的地步;但是,如果从钱德洪的"四有"出发,虽然也可以处处坚持为善去恶的实践功夫,但却始终无法理解阳明"有只是你自有,良知本体原来无有"之所谓"一无"说,从而也就无法理解良知的超越性了。

三、精神危机性生成

为什么阳明门下的两大教授师会处于"四有"与"四无"的裂解状态?进一步看,如果阳明门下的两大高弟都不能准确理解其四句教之"三有"与"一无"的关系,自然也就不能说是对四句教的准确理解了;而不能准确理解四句教之"三有一无"关系,也就等于不能准确理解阳明良知说的思想内涵。如果阳明门下的两大教授师都不能准确理解其良知教的具体内涵——不能从理解的角度说明其良知说的具体形成,那就只能说明阳明良知教的失败。因为其钱、王高弟本来就是沿着王阳明所指点的"静处体悟"与"事上磨练"来追求良知并践行良知的,既然他们都无法说明良知说的具体形成,那么我们自然也就无法指责其泰州后学那种完全以"自然明觉"来冒充良知的现象了。

如果仅从这一点来看,那么阳明良知教之能否成立似乎还存在着很大的问题。实际上,良知教之成立是绝对没有问题的,问题主要在于良知教的倡导者与其追随者之间在主体基础上的差别。前边已经提到,当阳明告别其三年的贬谪之行,"归过常德、辰州,见门人冀元亨、蒋信、刘观时辈俱能卓立,喜曰:'谪居两年,无可与语者,归途乃幸得诸友……兹来乃与诸生静坐僧寺,使自悟性体,顾恍恍若有可及者'"时,其所谓"静坐僧寺,使自悟性体"的"静处体悟"之路实际上也就是阳明龙场大悟经历的重演。但对于王阳明来说,其早年既有"格竹子"而"沉思其理不得,遂遇疾"[1]的经历,同时又有按朱子读书之法进行实践,却又不得不面临"物理吾心终若判而为二也。沉郁既久,旧疾复作,益委圣贤有分"[2]的

---

[1] 钱德洪:《年谱一》,王守仁:《王阳明全集》卷三十三,吴光等编校,第1349页。
[2] 钱德洪:《年谱一》,王守仁:《王阳明全集》卷三十三,吴光等编校,第1350页。

经历，接着又有专门纠偏"词章记诵"现象的"身心之学"之倡导，所以对阳明而言，他确实可以在龙场的生死危境中"大悟格物致知之旨……始知圣人之道，吾性自足，向之求理于事物者误也"①，但是，对于跟着其"静坐僧寺"的弟子们而言，他们是否也具有阳明一样的主体基础呢？显然，其弟子并不具备这样的经历与主体基础，所以阳明不得不在途中寄书曰："前在寺中所云静坐事，非欲坐禅入定也。盖因吾辈平日为事物纷拏，未知为己，欲以此补小学收放心一段功夫耳。"所谓"补小学收放心一段功夫"，其实也就是一种内向反省的功夫，但对于根本就没有阳明此前那种经历的弟子们而言，却只会走到"坐禅入定"的地步去。这就是不同的主体基础所必然导致的差别。

即如阳明的四句教而言，其"三有"与"一无"的结构无疑是清楚明白的，其学理依据也是完全可以成立的。但对于其弟子来说，王龙溪就会通过领悟思辨式的推导，将其"三有一无"关系理解为一种"权法"，从而提出所谓心、意、知、物一齐皆无的"四无"；而钱德洪虽然视阳明的"三有一无"说为"定本"，但他实际上却始终停留在"四有"的层面上。钱、王二位对四句教的这种不同理解显然并不能从阳明的传授上得到说明，而只能从其不同的主体基础的角度来理解；而这种不同的主体基础，甚至也不是所谓"正确"或"错误"所能说明的。

具体到阳明的良知教来看，其之所以能够形成，不仅涉及到阳明以前的探索方向，最重要的还在于这种探索方向所带给他的精神危机意识。甚至也可以说，自从阳明通过"格竹子"而发现所谓"物理吾心终若判而为二"的问题后，这种危机意识就一直伴随着他，也在推动着他；而对阳明来说，重要的并不在于其理论是否能够说服人，而首先在于如何说服他自己，如何能够给自己提供一个坚实的精神支撑点。所以说，正是这种精神性的危机，才推动着阳明从龙场大悟一直走向致良知。

按照学界的研究，人们一致认为龙场大悟也就代表着阳明心学方向的开辟或主体性原则的确立，这无疑是正确的。但是，如果从

---

① 钱德洪：《年谱一》，王守仁：《王阳明全集》卷三十三，吴光等编校，第1354页。

探索方向的角度看,则当阳明针对词章记诵现象而提出所谓"身心之学"时,其内在性的方向就已经确立了。因为"身心之学"所针对的"词章记诵"现象,如果缺乏"实以之身心"的基础,也就根本无法纠偏于"词章记诵"习惯所导致的"将圣贤语录作一场话说"的学风了;而这种以词章记诵为目标的学习,则只会导致人们"从册子上钻研,名物上考索,形迹上比拟,知识愈广而人欲愈滋,才力愈多而天理愈蔽"。① 在这一背景下,当王阳明提出"身心之学"时,实际上也就希望把学者从"词章记诵"现象拉回到所谓"敦本尚实、反朴还淳之行"②的领域和范围。

这样看来,所谓龙场大悟实际上不过是以"大悟格物致知之旨"的方式找到了自己的一个精神立足点而已,当然,对于其以后的探索而言,这种关于"圣人之道"之内在自足性的大悟既是一种新方向的开辟,同时也是一种"吾性自足"之自我确证式的证明。所以,当阳明在贵阳书院"始论知行合一"时,不管其当时是如何借用学界通行的知行概念来说明其身心一致与内外并在关系的,其"知行合一"所表达的身心并到与知行一致则是确定无疑的。因为在"圣人之道,吾性自足"的基础上,所谓内在自觉之"知"是绝不可能离开外在推致之"行"的,而所谓外在扩充之"行"也绝不可能就是所谓离开主体内在自觉的"冥行";因而,只有在身心并到、内在自觉之"知"与外在扩充之"行"一时并在的条件下,才是真正的知行合一,也才是内在德性的外在表现。

由此之后,无论是其知庐陵县的"静坐僧寺"还是知滁州时的"高明一路"教法,也都是就主体之内在性方向用功的,这也就是其所谓的"使自悟性体"或"补小学收放心一段功夫"。但到了南京后,阳明这才发现所谓"高明一路"教法确实存在着"渐有喜静厌动,流入枯槁之病。或务为玄解妙觉,动人听闻"的毛病。于是,这就有了"静时念念去人欲、存天理,动时念念去人欲、存天理,不管宁静不宁静"③的教法。这也就是其弟子所总结的"南都以来,凡示学者,皆令存天理去人欲以为本。有问所谓,则令自求之,未

---

① 王守仁:《语录一》,《王阳明全集》卷一,吴光等编校,第32页。
② 王守仁:《语录一》,《王阳明全集》卷一,吴光等编校,第9页。
③ 王守仁:《语录一》,《王阳明全集》卷一,吴光等编校,第15页。

尝指天理为何如也"①。"故南畿论学，只教学者'存天理，去人欲'为省察克治实功"②。

但也就在南京时期，王阳明却与朱子学发生了真正的遭逢与冲突。因为在南京，他遇到了作为"朱学后劲"的罗钦顺。如果说自其致力于"宋儒格物之学"以来，阳明就一直在探索如何才能解决朱学"物理吾心终若判而为二"的问题，那么当他与罗钦顺相逢时，其与朱子学的是非曲直也就必然要面临一个对决。而这种对决性的遭逢，按照罗钦顺的叙述，居然是以如下方式展开的：

> 往在南都，尝蒙诲益。第苦多病，怯于话言，未克倾吐所怀，以求归于一是，恒用为歉。去年夏，士友有以《传习录》见示者。亟读一过，则凡向日所闻，往往具在，而他所未闻者尚多。乃今又获并读二书，何其幸也！顾惟不敏，再三寻绎，终未能得其旨归，而向日有疑，尝以面请而未决者，复丛集而不可解。深惟执事所以惠教之意，将不徒然。辄敢一二条陈，仰烦开示。率尔之罪，度弘度之能容也。③

从罗钦顺的这一回顾来看，他与王阳明在南京时就有过当面交流；但其结果却是既未"倾吐所怀"，也未"归于一是"。此后二年，罗钦顺不仅读到了王阳明的《传习录》卷上，而且此番又因为王阳明的递赠而读到了《古本大学》与《朱子晚年定论》，所以，就其对阳明心学的了解而言，他已经系统读过王阳明的三本书了；至于其结果，则依然是所谓"向日有疑，尝以面请而未决者，复丛集而不可解"。这说明，罗钦顺此番致书是在对阳明学已经有所了解并认真清理的基础上展开的；而其所提出的问题，也是在充分准备的基础上代表朱子学对阳明学的一种系统批评。

从王阳明来看，当他在南京讲学时，其原来"静处体悟"的"高明一路"教法就已经转变为"只教学者存天理，去人欲，为省察克治实功"了，故"南都以来，凡示学者，皆令存天理去人欲以为

---

① 钱德洪：《年谱二》，王守仁：《王阳明全集》卷三十四，吴光等编校，第1412页。
② 钱德洪：《年谱一》，王守仁：《王阳明全集》卷三十三，吴光等编校，第1364页。
③ 罗钦顺：《与王阳明书》，《困知记》，阎韬点校，第108页。

本。有问所谓，则令自求之，未尝指天理为何如也"。这说明，由于南京的留都地位，朱学学者云集，因而也就使阳明不得不向朱子学做出一定的让步。而当阳明在南赣相继刊刻了《传习录》《古本大学》与《朱子晚年定论》之后，他也曾在与朋友的通信中道出了其当时的心情：

> 留都时偶因饶舌，遂致多口，攻之者环四面。取朱子晚年悔悟之说，集为定论，聊借以解纷耳。门人辈近刻之雩都，初闻甚不喜；然士夫见之，乃往往遂有开发者，无意中得此一助，亦颇省颊舌之劳……今但取朱子所自言者表章之，不加一辞，虽有褊心，将无所施其怒矣。①

从王阳明的这一说明来看，其与罗钦顺的分歧主要也就集中在《朱子晚年定论》与《古本大学》上，罗钦顺自然是朱子学的捍卫者，而阳明的《朱子晚年定论》则主要是借助"朱子所自言者"之所谓"晚年悔悟之说，集为定论，聊借以解纷耳"。从阳明的这一自述来看，他显然是希望通过"取朱子晚年悔悟之说"以推行自己的思想主张，但在罗钦顺看来，其所谓的"朱子晚年定论"却存在着太多的毛病。

在罗钦顺看来，王阳明的《朱子晚年定论》之编既存在着按照自己的需要来随意取材的问题，同时也存在着"决与朱子异"的主观心态。罗钦顺指出：

> 又详《朱子定论》之编，盖以其中岁以前所见未真，爰及晚年，始克有悟，乃于其论学书尺三数十卷之内，摘此三十余条，其意皆主于向里者，以为得于既悟之余，而断其为定论。

---

① 王守仁：《与安之》，《王阳明全集》卷四，吴光等编校，第194页。阳明此书作于己卯（1519），说明他当时确实是有意识地以"褊心"报"褊心"。因为在南京时期，阳明论学，"只教学者'存天理，去人欲'为省察克治实功"，也说明他当时是有意识地向朱学作出一定的让步，但其结果却仍然是"攻之者环四面"，所以这才有了南赣时期的《朱子晚年定论》之编。从阳明"初闻甚不喜"来看，他也知道这是以"褊"治"褊"——故意如此取材，是即所谓"今但取朱子所自言者表彰之，不加一辞，虽有褊心，将无所施其怒矣"，但这毕竟像他后来所检讨的那样，"尚有些子乡愿的意思在"。所以，《朱子晚年定论》视为"解纷"之作则可，视为严肃的学术著作则万万不可。

斯其所择宜亦精矣，第不知所谓晚年者，断以何年为定？羸躯病暑，未暇详考，偶考得何叔京氏卒于淳熙乙未，时朱子年方四十有六，而后二年丁酉，而《论孟集注》《或问》始成。今有取于答何书者四通，以为晚年定论。至于《集注》《或问》，则以为中年未定之说。窃恐考之欠详，而立论之太果也。①

窃以执事天资绝出，而日新不已，向来恍若有悟之后，自以为证诸《五经》《四子》，沛然若决江河而放诸海，又以为精明的确，洞然无复可疑，某固信其非虚语也。然又以为独于朱子之说有相抵牾，揆之于理，容有是耶？他说姑未敢请，尝读《朱子文集》，其第三十二卷皆与张南轩答问书，内第四书，亦自以为"其于实体似益精明，因复取凡圣贤之书，以及近世诸老先生之遗语，读而验之，则又无一不合。盖平日所疑而未白者，今皆不待安排，往往自见洒落处"。与执事之所以自序者，无一语不相似也。书中发其所见，不为不明，而卷末一书，提纲振领，尤为详尽。窃以为千圣相传之心学，殆无以出此矣，不知何故，独不为执事所取，无亦偶然也耶？若以此二书为然，则《论孟集注》《学庸章句》《或问》不容别有一般道理，虽或其间小有出入，自不妨随处明辨也。如其以为未合，则是执事精明之见，决与朱子异矣。凡此三十余条者，不过姑取之以证成高论，而所谓"先得我心之所同然者"，安知不有毫厘之不同者，为祟于其间，以成抵牾之大隙哉！②

对于王阳明而言，这两条批评几乎是他一生所从未经历过的危机或考验。原因在于，其前一条已经明确指出阳明在文献采择上的失误：因为朱子《答何叔京》作于四十六岁，而《论孟集注》《或问》则作于四十八岁，但在《朱子晚年定论》中，"取于答何书者四通，以为晚年定论。至于《集注》《或问》，则以为中年未定之说"，这就存在着取材时限上的颠倒与失误，或者说完全是按照自己之所需来剪裁所谓"朱子晚年悔悟之说"的，所以被罗钦顺批评为"考之欠详，而立论之太果也"。至于后一条，则《朱子文集》中也记载

---

① 罗钦顺：《与王阳明书》，《困知记》，阎韬点校，第110页。
② 罗钦顺：《与王阳明书》，《困知记》，阎韬点校，第110—111页。

了其关于"中和新说"之悟,并见之于《答张敬夫》与《答张钦夫》二书(上述罗钦顺书中的引文即出自朱子的《答张敬夫》一书),但由于朱子的"中和新说"之悟与王阳明的龙场大悟在性质与方向上完全相反,所以并没有为阳明所征引。综合这两个方面的情况,罗钦顺认为,其所谓《朱子晚年定论》之编,"则是执事精明之见,决与朱子异矣。凡此三十余条者,不过姑取之以证成高论"而已。

如果仅就《朱子晚年定论》而言,那么罗钦顺的批评完全可以说是句句为实。所以,如果将阳明学与朱子学的分歧就定位在"朱子晚年定论"上,那么阳明不仅面临着满盘皆输的格局,更重要的是,自其"为宋儒格物之学"以来,也就完全成为一个不守成说、不按学理出牌之所谓"捣蛋者"的身份了。因此,这是一场关乎阳明学生死的论辩。正是在这样的批评面前,王阳明也就有了如下答复:

> 夫学贵得之心,之于心而非也,虽其言之出于孔子,不敢以为是也,而况其未及孔子者乎?求之于心而是也,虽其言之出于庸常,不敢以为非也,而况其出于孔子者乎?①

在这一论辩中,罗钦顺自然是以朱子为标准,也是以朱子之是非为是非的,所以王阳明也就不得不针锋相对,从而提出了"夫学贵得之心"的标准,并以"求之于心"的方式提出了不以孔子之是非为是非的标准。在这一标准下,所谓"朱子晚年定论"的文献真伪问题也就完全失去了意义。原因在于,对于罗钦顺来说,他确实是以朱子后学的身份来为朱学进行辩护的,自然要以朱子为标准,并且也要以朱子之是非为是非,但对于王阳明来说,他本来就是要借助朱子的"晚年定论"来推行自己的思想主张的。因而,当罗钦顺指出王阳明在文献采择上的失误并揭示其"决与朱子异"的心态后,王阳明也就彻底甩开了"朱子晚年定论"的真伪问题而专门讨论《大学》今古本的问题。这等于是王阳明的一个绝地反击,而其方法也就是罗钦顺所认可的方法。但一当转向这一问题之后,不仅罗钦顺没有扎实的根据,就是朱子本人,也根本无法回答阳明的如

---

① 王守仁:《答罗整庵少宰书》,《王阳明全集》卷二,吴光等编校,第85页。

下反诘:"《大学》古本乃孔门相传旧本耳。朱子疑其有所脱误,而改正补缉之。在某则谓其本无脱误,悉从其旧而已矣。失在于过信孔子则有之,非故去朱子之分章而削其传也……且旧本之传数千载矣,今读其文词,既明白而可通;论其工夫,又简易而可入,亦何所按据而断其此段之必在于彼,彼段之必在于此,与此之如何而缺,彼之如何而补?而遂改正而补缉之,无乃重于背朱而轻于叛孔已乎?"①这样一来,一直被罗钦顺视为是非标准的朱子学也就完全成为一个被质疑与批评的对象了;而其方法,也同样是罗钦顺所坚持的客观文献学的方法。

实际上,这一反诘也可以说是王阳明被逼到墙角的表现。而当王阳明如此反击罗钦顺的质疑时,一方面,他刚刚渡过了其人生中的两场重大危机,其一即宁藩之乱,而朱宸濠之发动藩乱,就面临着要么招降王阳明,要么就必须杀掉王阳明的不同选择,因为阳明既有领兵之材,同时又有江西巡抚之任。于是,这就有了王阳明刚刚踏上赴新任之途,就接到了朱宸濠叛乱的信息,并且也立即遭到追杀。其二,在平定宁藩之乱后,王阳明又受到太监张忠、许泰的诬陷,说王阳明本来就与朱宸濠合谋发动藩乱,在感到难获成功的条件下,又擒宸濠以脱己之罪。当王阳明收到罗钦顺的质疑之书时,他刚刚化解了第二次危机,而且也就是在回南昌的船上向罗钦顺作答的。

站在王阳明的角度看,无论是宁藩之乱还是忠、泰之难,对他而言,也都存在着身家性命之危,但这种危机说到底也就不过是一家之身家性命而已;而在王阳明看来,这样的危机说到底也就不过是一个"君子之酬酢万变,当行则行,当止则止,当生则生,当死则死,斟酌调停,无非是致其良知,以求自慊而已"②。但是,当他此番面临罗钦顺来自朱子学立场的质难时,虽然未必就有身家性命之危,但却使他不得不面临着一个阳明精神彻底塌台的危机。正是在这一危机中罗钦顺对"朱子晚年定论"的围剿,才逼出了王阳明不以孔子之是非为是非的致良知精神。

---

① 王守仁:《答罗整庵少宰书》,《王阳明全集》卷二,吴光等编校,第85—86页。
② 王守仁:《答欧阳崇一》,《王阳明全集》卷二,吴光等编校,第82页。

为什么这样说呢?在《年谱》中,从王阳明到钱德洪,一般都是将其致良知概括为"今经变后,始有良知之说"①的,似乎其良知说也就主要是宁藩之乱与忠、泰之难的产物。这样的说法当然有其正确的一面,比如宁藩之乱刚发生时,面对地方官观望的情形,王阳明就与其弟子邹守益发生了如下几句简单的对话:

> 益曰:"彼从濠,望封拜,可以寻常计乎?"
> 先生默然良久曰:"天下尽反,我辈固当如此做。"
> 益惕然,一时胸中利害如洗。②

如果就精神而言,这种"天下尽反,我辈固当如此做"的精神当然就是"当生则生,当死则死"的致良知精神。但站在阳明的角度看,他可能宁愿死于宁藩之乱或忠、泰之难,也绝不愿其求真是真非的精神彻底塌台于罗钦顺代表朱子学的问难。因为前者之死,只是身家性命的消亡;而后者的塌台,则代表着求真是真非精神的消亡。而对王阳明来说,前者说到底只是一个所谓命运之"遇"的问题,只有后者才真正代表着其一生的发现与精神持守。所以说,也只有与罗钦顺的《朱子晚年定论》与《古本大学》之辨,才代表着王阳明精神的新生;也正是从这个角度出发,才有了王阳明的如下反省与检讨:"我在南都已前,尚有些子乡愿的意思在。我今信得这良知真是真非,信手行去,更不着些覆藏。我今才做得个狂者的胸次,使天下之人都说我行不掩言也罢。"③这就真正成为一种致良知精神了,也代表着其良知观念的真正生成。所以说,也只有与罗钦顺的《朱子晚年定论》与《古本大学》之辨,才构成了王阳明"致良知"思想所以形成的"临门一脚"。

四、从"良知"的形成途径看阳明学研究的不同进路

当我们这样概括王阳明致良知思想的形成时,当然也并不排除

---

① 钱德洪:《年谱二》,王守仁:《王阳明全集》卷三十四,吴光等编校,第1412页。
② 钱德洪:《年谱二》,王守仁:《王阳明全集》卷三十四,吴光等编校,第1393—1394页。
③ 王守仁:《语录三》,《王阳明全集》卷三,吴光等编校,第132页。

前边两种不同的形成进路。实际上，就其良知教的形成而言，这三种不同进路既是同时并存、共同发挥作用的关系，同时又是一种相互促进与递进发展的关系。即如阳明而言，如果没有知识学理性的积累，他就不可能确立"读书学圣贤"的志向，自然也就谈不到"为宋儒格物之学"了。一句话，如果没有知识学理性积累的前提，阳明就不可能进入宋明儒的语境。

但仅仅宋明儒的语境并不足以揭示阳明精神，也不足以说明其良知说的形成。原因很简单，对宋明儒来说，所谓"读书学圣贤"以及对格物致知的实践追求本身就是一种共同的时代话语，但也正因为如此，所以为薛瑄所揭示的"将圣贤语录作一场话说"的现象也就成为宋明儒的一种通病了。在这一背景下，当王阳明针对"词章记诵"现象而提出所谓"身心之学"时，也就具有了某种特殊的作用——起码将其带进了一个"实以之身心"的领域和范围，这就是身心并到、知行合一的语境，也就是其所谓的"必致其知如何为温清之节者之知，而实以之温清，然后谓之致知""必其于温清之事也，一如其良知之所知，当如何为温清之节者而为之，然后谓之格物"，自然，这就是王阳明规定"身心之学"之所谓的"形著习察，实有诸己者也"。显然，这样一种为学路径，其根本特征就在于它必须是一种工夫积累与实践追求的形态，而不是所谓"作一场话说"的形态；也只有这种进路，才能克服那种"将圣贤语录作一场话说"的"词章记诵"现象，从而将"身心之学"之"形著习察，实有诸己者也"真正落到实处。

不过，工夫性的积累与实践性的追求虽然有助于克服"将圣贤语录作一场话说"的现象，但仅仅这种工夫追求之实践性的基础仍然不足以说明阳明良知说的形成。在这方面，阳明门下的两大教授师——钱德洪与王龙溪对阳明四句教之"三有一无"关系的裂解就是一个证明：钱德洪始终无法理解"有只是你自有，良知本体原来无有"之超越性含义，所以，虽然他在数年用工的基础上，从理论上认识到所谓本体工夫合一才是真正的本体工夫，但实际上，钱德洪的功夫则仍然停留在"吾惟即吾所知以为善者而行之，以为恶者而去之"之为善去恶的渐修实践领域；王龙溪固然聪明过人，但他"从先天立根"的"四无"立场出发，最后却必然会将四句教视为"权法"，从而又使自己陷于"无工夫可用"或"功夫亦不消说矣"

的地步。这样一来，王阳明致良知之"三有一无"的关系以及其本体工夫合一之学实际上也就让其门下的两大高弟给裂解了。而这一裂解，起码说明由功夫积累与实践追求以走向对本体的把握，即由所谓"三有"走向"一无"并不具有必然性。

为什么这样说呢？王阳明不是在处处强调实践追求的功夫吗？其强调致良知之功夫实践的基础无疑是正确的，而其致良知也确实离不开一定的实践追求功夫。但这种实践追求功夫以及其基本动力既可以来自外部环境的压力，也可以来自师友间的夹持与相互期待，当然还可以来自其主体内在的精神危机及其自我定位、自我支撑的需要。一当实践追求的功夫仅仅停留在外在环境的需要或师友之夹持的层面时，对于主体而言，这就仍然是一种外在的工夫了，甚至也可以说是一种"装样子"的工夫。这样看来，心学之发展、良知之形成的根本动力除了这种学理性的知识积累、实践性的功夫追求之外，最主要的动力也就必须来自主体的内在精神，尤其是来自其主体内在精神的自我定位及其危机意识。

从精神危机的角度看，如何化解自己的精神危机，如何给自己确立一个坚实的精神立足点，始终是阳明思想探讨及其发展的根本动力。而从"身心之学"到"龙场大悟"，从"知行合一"到"致良知"，阳明的思想及其教法也确实是沿着这一不断化解其精神危机的路径走来的。而从倡导身心之学之被视为"立异好名"，到龙场大悟后又激起朱陆之学再辩的公案，① 再到宁藩之乱中"天下尽反，我辈固当如此做"的生死抉择，最后直到罗钦顺"决与朱子异"的批评以及阳明本人"我在南都已前，尚有些子乡愿的意思在"的反省与检讨，他从来没有摆脱各种非议，也从来没有摆脱来自其内在精神的危机意识。而在这一过程中，最典型的就莫过于王阳明与罗钦顺的《朱子晚年定论》之辨了。因为这一论辩，如果按照罗钦顺的逻辑，那么王阳明就既存在着文献采择上的时限颠倒之误，又存在着"决与朱子异"的主观心态。因而，这样一种罪名如果能够坐实，即阳明如果确实像罗钦顺所批评的那样，那么其结果也就必然如王

---

① 《年谱》记载："王舆庵读象山书有契，徐成之与辩不决。先生曰……成子谓先生漫为含糊两解，若有以阴助舆庵而为之地者。"（钱德洪：《年谱一》，王守仁：《王阳明全集》卷三十三，吴光等编校，第1358页）

阳明自己所承认的："审如是，岂但获罪于圣门，获罪于朱子，是邪说诬民，叛道乱正，人得而诛之也，而况于执事之正直哉？审如是，世之稍明训诂，闻先哲之绪论者，皆知其非也，而况执事之高明哉？"① 显然，如果王阳明确如罗钦顺所批评的那样，那么其结果也就必然如他自己所承认的，"是邪说诬民，叛道乱正，人得而诛之也"。这说明，王阳明对他自己所坚持的精神及其后果是看得非常清楚的。

但既然如此，王阳明何以一定要如此坚持，并且还要一条道走到底呢？这说明，王阳明所自我坚持的精神起码还存在着罗钦顺所批评之外的原因。而这一原因，也就是王阳明在回答聂文蔚"与其尽信于天下，不若真信于一人"时的如下说明：

> 仆诚赖天之灵，偶有见于良知之学，以为必由此而后天下可得而治。是以每念斯民之陷溺，则为之戚然痛心，忘其身之不肖，而思以此救之，亦不自知其量者。天下之人见其若是，遂相与非笑而诋斥之，以为是病狂丧心之人耳。呜呼！是奚足恤哉？吾方疾痛之切体，而暇计人之非笑乎！②

很明显，这才是阳明精神的底牌，也是其心灵深处的问题意识，当然也是其良知说得以提出的真正根源，是其敢于冒天下之大不韪而一直坚持其良知说的底气。也只有在这种精神危机与问题意识面前，其内在良知之"知是知非"的作用才能真正显现出来。这种情形，也就如同其面对宁藩之乱中地方官的观望而阳明却能当即做出"天下尽反，我辈固当如此做"的抉择一样。所以说，也只有这种内在的精神危机所激发的问题意识，才是王阳明致良知思想所以形成的根本动力。

显然，对于良知说的形成而言，虽然这三种路径是共同起作用的，并且也具有相互促进与依次递进的性质，但这三种路径在揭示阳明良知说的形成上所起作用又是不一样的。如果说学理积累的路径固然具有揭示良知说所以形成之理论前提的作用，工夫积累与实

---

① 王守仁：《答罗整庵少宰书》，《王阳明全集》，第87页。
② 王守仁：《答聂文蔚》，《王阳明全集》，第90—91页。

践追求的路径虽然也具有足以揭示良知说所以形成之主体基础的作用,那么,从根本上化解其内在精神危机之问题意识的路径也就最足以揭示良知说之具体生成了。如果说前两种路径都属于良知说所以形成的必要条件,那么在主体精神危机压迫下的问题意识,才是阳明良知说所以形成的充分必要条件。当然,就其思想发展之全面性而论,这三种路径无疑是依次递进性的统一,而且也只有在依次递进的基础上,才能较为完整地说明其良知说的具体形成。但是,当这三种路径在成为各自独立的研究取径之后,也就形成了当今阳明学研究的三种不同进境。

当然,在此还必须指出,在宋明儒三教合一的背景下,人们往往会将良知说的形成归结为一种领悟或大悟,这就像王阳明在龙场"端居澄默"式的反省往往被概括为"龙场大悟"一样,实际上,如果缺乏深刻的精神危机意识的引领,那么所谓的"悟"说到底也就不过是一段"光景"而已。但在重大精神危机与问题意识的引领下,所谓"悟"也就成为一种精神层次的跃进与提升了——从更高的精神层次来重新审视自己所面临的问题,所以对主体而言,往往也就会形成某种"豁然"之感。而对王阳明来说,其《大学古本》之复与《朱子晚年定论》之编的动力究竟来自哪里呢?是来自一种"逞能"与"争胜"之心还是来自所谓"决与朱子异"的主观心态?对于这一问题,王阳明从"格竹子"而大病一场到实践朱子"读书之法"而"益委圣贤有分"再到对"身心之学"的持倡,也就构成了其一生学问之筚路蓝缕的工夫;而从宁藩之乱中的"天下尽反,我辈固当如此做"的抉择到面对罗钦顺"决与朱子异"的指责与激发,也就构成了其良知说所以形成的"临门一脚"。

[该文原载于《阳明学研究(创刊号)》,中华书局,2015年10月]

说不完的阳明，道不尽的心学
——阳明学研究30年的一点省思

从20世纪80年代算起，笔者研究阳明学已整整30年了。在这30年中，虽然不能说每天都在读阳明，但阳明学确实构成了笔者研究儒学的一个基本入手，也是理解儒家基本精神的一种典型个案。不过，说来惭愧，虽然笔者对阳明学浸润有30年之久，但如果要让笔者对阳明学做出一个较为精准的概括，那么，除了人们所公认的"儒家心性之学的集大成"外，笔者竟然提不出一个最足以代表自己对阳明学真切认知的看法。所以，这里只能以"阳明学研究30年的一点省思"来追思自己对阳明学的研究与认知，以与学界同仁交流。

一、阳明学研究30年省思

20世纪80年代是中国大陆在经历十年"文革"之后所迎来的一个改革开放的年代。这种改革开放，既是一个打开国门以积极向西方学习的年代，同时也是一个打开历史以复苏传统文化的年代。正是在这种双向开放的历史条件下，笔者走向了传统儒学。当然，对于这一方向的选择，除了笔者对人生价值与信念的追寻之外，当时具有彻底反传统意味之所谓"文化热"也起到了一定的反向促进作用。由此之后，渐行渐反思、渐澄清，也渐渐发现了传统文化中原本就存在着的重大意义。当然，就笔者而言，即使到了今天，这种对人生意义的追寻也仍然在路上，但也不妨我们做一个简单的回头望，以形成一些哪怕是十分初步的看法。

总的来说（这里只能以笔者视域为限），大陆30年来的阳明学研究大体上跨过了三个台阶，当然也可以说是三种范式或三种不同进路的阳明学研究。起初,在80年代的"文化热"中,所谓传统文化研究大体上属于认识论式的研究,当时,人们也一致认为哲学史就是认识史,因而所谓哲学史研究也基本上属于认识论或认知进路式的研究。90年代"国学热"兴起后,虽然当时所谓的国学还有那么一丝"三寸金莲"之自我夸俗的意味,但起码已经以传统文化为主体了。在这种条件下,宋明理学中原本就存在着的理学、气学与心学也就一改过去那种所谓唯心主义的谩骂而演变为理本论、气本论与心本论式的研究,就是说,将原来的理学、气学与心学一变而为以某种核心范畴为本的理论体系。21世纪以来,随着中国经济持续高速地增长,国人的文化主体精神也日渐自觉,因而,对于原来所谓理本论、气本论与心本论式的理论分析,也就转变为一种以所谓主体追求精神为特征之功夫论式的研究。直到今天,所谓工夫论式的研究,仍然是学界的主流话语。

这三个台阶或三种不同进路的研究,固然也表现了中国传统文化由复苏到成为研究主体的过程,但这三个台阶或三种不同进路的研究本身却是值得深入反思的,尤其是这三个台阶本身所体现的中国学术之进步、其原本的指向以及其相互之间的纠结与夹缠则是特别值得反思的:当一个方向还没有得到澄清而又转入另一个方向时,其名词概念固然已经改变,但其视角与方法却并没有同步跟进,这就仅仅成为一种名词概念式的进步了。

为了说明学界30年来在阳明学研究方面的进步,笔者这里特意选择一个最具有阳明学特色并且也最能代表阳明精神的"知行合一"命题,并以此来分析学界研究的进步以及其所存在的问题。

如前所述,20世纪80年代的阳明学研究主要是一种认识论式的研究。如果从思想史的角度看,那么这种研究实际上也就是当时人们所普遍继承并被视为中国古代哲学高峰的王夫之式的研究,所以,王夫之对阳明学的看法,大体上也就可以代表整个80年代人们所公认的看法。比如王夫之曾对阳明哲学评价说:

> 若夫陆子静、杨慈湖、王伯安之为言也,吾知之矣。彼非谓知之可后也,其所谓知者非知,而行者非行也。知者非知,然而犹有其知也,亦惝然若有所见也。行者非行,则确乎其非行,而以其所知为行也。以知为行,则以不行为行,而人之伦、

物之理，若或见之，不以身心尝试焉。①

由于王夫之的知行概念原本就建立在"能""所"相区别的基础上，因而其所谓的"知"与"行"也就相当于今天所谓主客观之别基础上的认识与实践概念。②在这一基础上，王夫之能够发现王阳明的"知行合一"是"知者非知，而行者非行"，应当说是一种比较准确的认知。

但是，当人们以这种方式来分析王阳明的"知行合一说"时，其不对应性也就充分表现出来了。比如说，邓艾民先生是抗战期间西南联大培养的中国哲学研究专家，1949年后又系统地学习了辩证唯物主义与历史唯物主义，因而应当说是中国传统文化与马克思主义的有机结合；特别值得一提的还在于，邓先生在20世纪80年代所撰写的《王阳明的一生》一文，曾被收入《燕园论学集》，由于该文完全是以中国传统的知人论世方法来概述王阳明的一生的，因而曾被陈来先生赞叹为"难得之佳作，使人有'眼前有景道不得'之叹"③。但当邓艾民先生总结其一生的宋明理学研究而撰写《朱熹王阳明哲学研究》一书时，其对阳明的"知行合一说"又得出了如下结论：

> 他的知行合一说仍然是由知到行的路线，肯定知的决定作用；只强调知到行的转化，未强调行到知的转化；只谈到知而必行，并没有进展到行而后知。从这些方面来说，王夫之批评他与佛教禅宗有类似之处，用反对先知后行的学说来提倡先知后行……这也是有根据的。④

当王夫之指出王阳明的"知行合一说"是"知者非知，而行者非行"时，作为一种较为准确的认知，本来应当提示人们从认识论的角度深探其原因，或起码应当弄清阳明本来的含义究竟是指什么。

---

① 王夫之：《说命中二》，《尚书引义》卷三，《船山全书》（第2册），第312页。
② 王夫之说："境之俟用者曰'所'，用之加乎境而有功者曰'能'。"又说："'所'不在内，故心如太虚，有感而皆应；'能'不在外，故为仁由己，反己而必诚。"［王夫之：《召诰无逸》，《尚书引义》卷五，《船山全书》（第2册），第376、380页］
③ 陈来：《有无之境——王阳明哲学的精神》，第319页下注。
④ 邓艾民：《朱熹王阳明哲学研究》，第166页。

但当邓艾民先生认为王阳明的"知行合一说"仍然是"由知到行的路线,肯定知的决定作用;只强调知到行的转化,未强调行到知的转化;只谈到知而必行,并没有进展到行而后知"时,不仅说明所谓认识论式的研究不仅不足以揭示王阳明"知行合一说"的深层内涵,而且其所概括的"用反对先知后行的学说来提倡先知后行"的归结也与王夫之所谓的"人之伦、物之理,若或见之,不以身心尝试焉"的结论也就属于同样性质的逻辑归谬式的批评了。这说明,仅仅从认识论的角度来研究王阳明的"知行合一说"确实无法揭示其深刻的思想意涵。

90年代以后,由于"国学热"的兴起,因而宋明理学也得到了人们的正视,其具体也就表现为按照理学的本来面目来研究理学,所以,无论是程朱的天理本体论还是陆王的心本论,其主张也都得到了人们的基本认可。在这种氛围中,宋明理学的正面价值也得到了人们的积极肯定,表现在阳明学研究中,这就开始了本体论角度的研究。但由于这是一种肯认心本论式的研究,因而凡是阳明哲学中提到"本体"的地方也就被人们加以现代本体论式的理解。比如从"知行合一"来看,阳明常常有"知行本体"的说法,而这一说法同时又可以对应于其关于"知行合一"的另一种表达:"知行原是两个字说一个工夫,这一个工夫须着此两个字,方说得完全无弊病。"① 因而知与行既然作为"一个工夫",那么其后面也就必然存在着一个共同的"本体",这样一来,阳明的如下说法也就被人们全然当作现代本体论来理解了。比如阳明说:

> "知行"二字亦是就用功上说;若是知行本体,即是良知良能,虽在困勉之人,亦皆可谓之"生知安行"矣。②

对于阳明的这一说法,人们常常会根据"本体"与"工夫"的对应关系从而将"良知"(良能)视为支撑"知行工夫"的本体。从大的方向而言,这样的理解似乎并不算错,即良知就应当是支撑着"知行工夫"的本体。但如果对应于阳明关于"知行本

---

① 王守仁:《答友人问》,《王阳明全集》卷六,吴光等编校,第233页。
② 王守仁:《答陆原静书》,《王阳明全集》卷二,吴光等编校,第78页。

体"的诸多表达，则这种理解的不对应、不到位之处马上就表现出来了。比如：

> 爱曰："如今人尽有知得父当孝、兄当弟者，却不能孝、不能弟，便是知与行分明是两件。"先生曰："此已被私欲隔断，不是知行的本体了。未有知而不行者。知而不行，只是未知。圣贤教人知行，正是要复那本体，不是着你只恁的便罢……知行如何分得开？此便是知行的本体，不曾有私意隔断的……某今说个知行合一，正是对病的药。又不是某凿空杜撰，知行本体原是如此。"①
>
> 知行工夫本不可离。只为后世学者分作两截用功，失却知行本体，故有合一并进之说……此虽吃紧救弊而发，然知行之体本来如是，非以己意抑扬其间，姑为是说以苟一时之效者也。②
>
> 某今说知行合一，虽亦是就今时补偏救弊说，然知行体段亦本来如是。吾契但着实就身心上体履，当下便自知得。今却只从言语文义上窥测，所以牵制支离，转说转糊涂，正是不能知行合一之弊耳。③

对应于贯彻阳明一生的"知行本体""知行之体"或"知行体段"之类的表达，可以清楚地看出，这里所谓"知行本体"并不是指"知行工夫"之外并作为"知行工夫"之支撑者的本体，而恰恰是指"知行工夫"本身，是指"知"与"行"的本然关系而言的。包括前边所征引的"若是知行本体，即是良知良能"一说，也完全是以"良知"与"良能"之不可分割关系来说明"知"与"行"的本然关系的。这样看来，阳明所谓"知行本体""知行之体"或"知行体段"的说法，并不是我们今天所谓本体论意义上的本体，而仅仅是指"知"与"行"本然的不可分割关系而言的。

当然，以知与行作为"一个工夫"，从而认为其本体就是所谓良知，这样的理解虽然并不符合阳明的原意，但也不会导致很大

---

① 王守仁：《语录一》，《王阳明全集》卷一，吴光等编校，第4—5页。
② 王守仁：《答顾东桥书》，《王阳明全集》卷二，吴光等编校，第47—48页。
③ 王守仁：《答友人问》，《王阳明全集》卷六，吴光等编校，第232页。

的理论错谬。但是,如果认为良知就是指谓作为"知行工夫"的本体,却必然会与阳明关于良知的论说发生一定的错谬。首先一点,良知究竟是不是"知"?如果认为良知本身就是"知",那么所谓不可分割的"知行本体"之说必然会将良知拖向发用流行层,以实现所谓"知行合一",如此一来,"致良知"也就全然流行于发用层,从而进入所谓"现在"与"现成"的领域了。其次,如果良知本身并不是"知"(虽然其也可以"随时知是知非",但却并不是仅仅从"知"上起论的),而只是作为知行这"一个工夫"的本体,此说虽然也有阳明"无知无不知,本体原是如此"[①]的依据,毕竟又将良知沉滞于所谓本体层了。而在阳明看来,"体即良知之体,用即良知之用,宁复有超然于体用之外者乎"[②]?显然,对阳明而言,良知本身就是贯通体用、贯通于本体与工夫两个不同层面的。如果将"知行本体"理解为当今所谓本体论意义上的本体,那么良知必然面临着被撕裂的命运。

所以说,对20世纪90年代的"国学热"及其本体论思潮来说,虽然其从本体论的角度来理解阳明哲学总体方向上是正确的,但阳明哲学中的"本体"却并不是以今天所谓本体论意义上之"本体"出现的,而往往是以"体"的方式出现的(所谓"本体"只是相对于"功夫"而言),即如上述"体即良知之体,用即良知之用"才是真正指谓本体而言的;至于其所谓"知行本体""知行之体"或"知行体段"诸说,则恰恰是指谓"知"与"行"的本然关系而言。因而,如果将"知行本体"理解为知行工夫之外并支撑知行功夫的本体,难免存在着一定的望文生义之处。

正由于20世纪90年代的"国学热"及其本体论思潮的流行,因而到了21世纪,学界又一转而为工夫论式的研究。这种工夫论式的研究,既是理论发展的一种必然趋势,同时也存在着主体实践追求的需要。从理论发展的逻辑来看,黄宗羲就已经明确地认识到:"心无本体,工夫所至,即其本体。"[③]意即所谓本体也就存在于工夫追求之中,因而工夫论式的研究也就可以说是本体论研究的一种必然

[①] 王守仁:《语录三》,《王阳明全集》卷三,吴光等编校,第124页。
[②] 王守仁:《答陆原静书》,《王阳明全集》卷二,吴光等编校,第71页。
[③] 黄宗羲:《白序》,《明儒学案》,沈善洪主编:《黄宗羲全集》(第7册),第3页。

发展。而从儒家人生实践追求的角度看，如果一种本体理论不能落实于实践生活之中，那么其所谓本体说到底也就不过是一套思辨的勾画而已，因而对阳明学研究的深入，也必然会由本体论的思辨走向实践性的工夫追求。除此之外，就"知行合一"而言，从工夫论的角度来解读其基本含义，似乎也更接近于阳明对其"两个字说一个工夫"的规定本身。

实际上，对阳明学进行工夫论角度的研究在20世纪90年代就已经开始了。比如陈来先生的《有无之境——王阳明哲学的精神》一书，其中不仅有"知行合一的宗旨与工夫"一节，而且其第十章也专门讨论阳明学的工夫问题。当然，这种"工夫论"视角也可以说是因为阳明之重视而必须加以讨论的。待到21世纪以后，随着彭国翔《良知学的展开：王龙溪与中晚明的阳明学》一书之出版问世，所谓工夫论也就成为研究王龙溪思想的主要视角了。由于该书是以龙溪对阳明致良知思想的继承为核心的，而这一继承又主要体现在王龙溪的工夫论中，因而由此之后，工夫论似乎也就成为阳明学乃至整个中国哲学研究的一种主流话语或主要视角了。

对阳明学的功夫，陈来先生在给彭国翔《良知学的展开》一书的序中指出："王学认为学问之道有两种方式，一种是从'本体'入手，一种是从'功夫'入手。'本体'这里是指心之本体，从本体入手是指对心之本体要有所'悟'。'功夫'指具体的修养努力，在意念上保养善念，克除恶念。这是'本体——功夫'之辨的基本分野。"① 对应于陈来先生的这一划分，彭国翔认为，王龙溪"首先提出了其实颇能够反映中晚明阳明学工夫论总体倾向的先天正心之学，进而在晚年将其更纳入到'一念之微'的一体两套工夫论中。而王龙溪的四无论，正是透过'无心之心'的'密藏'、'无知之知'的'体寂'、'无意之意'的'应圆'以及'无物之物'的'用神'，从而将四句教'有无合一'的存有系列和终极化境展露无遗……"② 在这里，无论是陈来先生原则性的划分还是彭国翔先生对于王龙溪工夫论的概述，应当说都是比较客

---

① 陈来：《序》，彭国翔：《良知学的展开：王龙溪与中晚明的阳明学》，生活·读书·新知三联书店2005年版，第6页。
② 彭国翔：《良知学的展开：王龙溪与中晚明的阳明学》，第22页。

观而又准确的。但问题并不取决于陈、彭两位先生的划分与概述，而主要取决于王龙溪对工夫论的定位角度本身——当王龙溪"从先天心体上立根"，以"一念之微"为入手，而又以"即本体即工夫"为究竟路途时，这究竟还是不是以"修证"为特征的工夫？这里顺便提一句，当王龙溪在"天泉证道"中提出"四无"说时，钱德洪当时就明确指出："若原无善恶，功夫亦不消说矣。"①当然从纯理论的角度看，无论是"从先天心体上立根"还是"即本体即工夫"，也是完全可以成立的，但这个成立，一如孔子所谓的"生而知之"一样，只是圣贤位格上的成立，却绝不是凡夫大众位格上的成立；虽然龙溪当年提出所谓"四无"进路时，阳明就已经明确地提醒他说："此颜子、明道所不敢承当，岂可轻易望人！"②但龙溪非但要承当颜子、明道所不敢承当的为学进路，甚至连汤武"反之"的功夫也不在话下。请看龙溪对"尧舜性之"与"汤武反之"的分析与说明：

> 夫良知本来是真，不假修证，只缘人我爱憎，分别障重，未免多欲之累，才有所谓学问之功。尧舜清明在躬，障蔽浅，是即本体便是功夫，所谓性之之学。汤武以下，嗜欲重、障蔽深，是用功夫求复本体，所谓反之之学。其用力虽有难易深浅不同，而于良知本来实未尝有所加损也。③

从这一分析来看，王龙溪所论的工夫，实际上也就是尧舜位格以上的工夫，甚至也可以说是直超圣境的工夫（聂双江曾戏称之为"龙肉"，"譬之甘露悦口，只是当饭吃不得"④）。所以彭国翔评论说："在龙溪看来，只要始终能在心体立根，时刻以良知心体为主宰，且不要因有所执着造作而将良知心体对象化而推出身外，则意识的每一次发动，便都会是顺本心之自然，成为善良意志。如此，工夫

---

① 王守仁：《语录三》，《王阳明全集》卷三，吴光等编校，第133页。
② 王守仁：《语录三》，《王阳明全集》卷三，吴光等编校，第134页。
③ 王畿：《答茅治卿》，《王畿集》卷九，吴震编校整理，第229—230页。
④ 聂豹：《寄龙溪二首》，《聂豹集》卷八，吴可为编校整理，凤凰出版社2007年版，第266—267页。

自然超乎动静二境，不受外在环境的制约。"①

彭国翔先生的上述分析，其实也完全可以对应于王龙溪的如下自诩：

> 千古圣学只从一念灵明识取，只此便是入圣真脉路。当下保此一念灵明，便是学；以此触发感通，便是教。随事不昧此一念灵明，谓之格物；不欺此一念灵明，谓之诚意；一念廓然，无有一毫固必之私，谓之正心。直造先天羲皇，更无别路，此是易简直截根源……②

至于龙溪本人的工夫，则其又有如下专论：

> 夫学有本体，有工夫，静为天性，良知者，性之灵根，所谓本体也。知而曰致，禽聚缉熙以完无欲之一，所谓工夫也。良知在人，不学不虑，爽然由于固有，神感神应，盎然出于天成，本来真头面，固不待修证而后全。③
>
> 良知是天然之灵窍，时时从天机运转，变化云为，自见天则。不须防检，不须穷索，何尝照管得？又何尝不照管得？……若真信得良知过时，自生道义，自存名节，独往独来，如珠之走盘，不待拘管，而自不过其则也。④

能对儒家心性之学的工夫做出如此断言，王龙溪显然已经优入圣域了。至于其所谓"知行功夫"，也就成为即知即行，即行即知，不求"合一"而自然合一了，这也就是所谓"不须防检，不须穷索，何尝照管得？又何尝不照管得"的完整含义，因为所谓学原本就是"为未悟者设也"。

但是，这样的工夫是否就是龙溪本人的工夫呢？请看明代心学殿军刘蕺山对王龙溪其人的评价：

---

① 彭国翔：《良知学的展开：王龙溪与中晚明的阳明学》，第124页。
② 王畿：《水西别言》，《王畿集》卷四，吴震编校整理，第451页。
③ 王畿：《书同心册卷》，《王畿集》卷五，吴震编校整理，第121页。
④ 王畿：《过丰城答问》，《王畿集》卷四，吴震编校整理，第79页。

> 先生孜孜学道八十年，犹未讨归宿，不免沿门持钵。习心习境，密制其命，此时是善是恶？只口中劳劳，行脚仍不脱在家窠臼，孤负一生，无处根基，惜哉！①

这样看来，王龙溪的工夫论似乎未必就是其人的真功夫；而以龙溪的工夫论作为阳明学之代表的功夫学也未必就能够代表真正的阳明精神。实际上，龙溪的这一通工夫学高论，对应于黄宗羲的"心无本体，工夫所至，即其本体"，不过表明其对良知学之本体精神的一种认识或思辨理解而已。

为什么这样说呢？这主要有两个方面的原因。其一，即使王龙溪所论的工夫在儒家心性之学中有其坚实的学理依据，那么这样的功夫说到底也只是果位上的工夫，一如孔子所谓的"随心所欲"只是其一生追求的指向而绝不可能就是其人生的最初出发点一样；但王龙溪的"从先天心体上立根"却是把它作为最初的出发点来运用的。这就成为一种"因地说果"的倒果为因之论了，从而也就将人生追求的终极目标作为人生的基本出发点来预付了。其二，这样的功夫究竟是不是出自王龙溪本人的亲证实得呢？仅从刘蕺山"先生孜孜学道八十年……只口中劳劳，行脚仍不脱在家窠臼，孤负一生，无处根基"来看，应当说这些功夫并不是从王龙溪的人生实践中实地显现出来的，因而也就只能说是"口中劳劳"的工夫，或者说是理论思辨与"玄虚"表演的工夫。如果以这种工夫作为阳明的功夫学，恐怕也只有理论推导与思辨讲说的意义。

二、阳明心学崛起的社会文化背景

笔者之所以并不认同王龙溪的工夫论，还有一个非常重要的原因，这就必须是以阳明的功夫作为参照进行阳明与龙溪的比较：阳明的功夫自然是从不脱离现实人生的功夫，其作为心学也是从现实人生中冲杀出来的心学；而龙溪的工夫则好像是在现实人生的旁边

---

① 黄宗羲：《师说》，《明儒学案》，沈芝盈点校，第8页。

专门划出一块心学的"园地"来进行工夫学的表演,并以此为现实的人生呐喊助威。但龙溪本人却既没有人生路上肩挑手提者的沉沉重负,也没有实际追求者汗流泪下的种种艰难。也许正是从这个角度看,刘蕺山才认为龙溪不过是"口中劳劳"的工夫,是理论思辨与"玄虚"表演的工夫。

这样一种认识,不仅使我们可以划开阳明与龙溪之别,[①]而且还应当以此为基以走向心学深处,走向心学之为心学的关键环节。这就必须从阳明心学的具体发生说起。

关于阳明心学的形成,在过去一个很长的时期内,虽然人们也注意到阳明学与朱子学的差别与分歧,并将朱子学对圣贤之路的专断视为阳明学崛起的根本动力。这当然有其接近客观历史的一面,但随着冈田武彦《王阳明与明末儒学》与余英时《宋明理学与政治文化》的先后问世,阳明心学崛起的真正动因才被逐渐揭示出来了。

在中国思想史中,宋明历来并称,所谓宋明理学的称谓,也说明宋明之间确实存在着大体一致的思想谱系,但二者之间的差别,则刘蕺山在总结明代理学发展时就已经明确揭示出来了。比如,对宋明之间极为一致的道统传续,刘蕺山极为推崇曹端,并转引其弟子彭泽的话说:"我朝一代文明之盛,经济之学,莫盛于刘诚意、宋学士,至道统之传,则断自渑池曹先生始"[②];至于曹端本人,他也从道学发展的角度评论说:"方正学而后,斯道之绝而复续者,实赖有先生(曹端)一人。"[③] 如果从刘蕺山的这些评论来看,那么曹端就确实是明代道统之传的继承者。但是,一当涉及曹端的学术探索,则刘蕺山又有如下评论:

先生之学,不由师传,特从古册中翻出古人公案,深有悟

[①] 当然,就在阳明心学中的地位而言,龙溪与阳明也有天然之别:王阳明代表着心学从现实人生中的开创与创立的一面,因而其与现实人生必然有着更为紧密的关联;而王龙溪则主要代表着对心学理论的继承与发展一面,因而其与现实人生自然有一定的距离。但王龙溪之走偏并不在于其完全从良知出发来观照现实人生,而在于其聚焦于"高明一路",从而专门在凡夫大众面前舞枪弄棒。
[②] 黄宗羲:《师说》,《明儒学案》,沈芝盈点校,第2页。
[③] 黄宗羲:《师说》,《明儒学案》,沈芝盈点校,第2页。

于造化之理……①

所谓"不由师传",自然是指其受当时的求学条件之限制决定的;而"特从古册中翻出古人公案"一点,则无疑又可以说是曹端自觉继承宋人思想谱系的表现。不过,其"深有悟于造化之理"的探索方向,实际上就已经开始偏离宋代理学的思想谱系或基本走向了。关于曹端的这一走向及其对朱子思想谱系的偏离,我们也完全可以通过朱子在有关格物致知说上对陈齐仲的批评来证明:

格物之论,伊川意虽谓眼前无非是物,然其格之也,亦须有缓急先后之序,岂遽以为存心于一草木器用之间而忽然悬悟也哉?且如今为此学而不穷天理、明人伦、讲圣言、通世故,乃兀然存心于一草木、一器用之间,此是何学问?如此而望有所得,是炊沙而欲其成饭也。②

如果将朱子对陈齐仲的这一批评与曹端的探索方向稍加比较,那么立即就可以看出,曹端所谓"深有悟于造化之理"的方向其实正是朱子所批评之陈齐仲的方向;至于其"兀然存心于一草木、一器用之间",实际上也正是对曹端"造化之理"方向的一种具体表达。这就是说,在朱子那里曾经受到严厉批评的为学方向,到了曹端这里却已经成为其明确继承理学"道统之传"的具体表现了。这说明,在宋明之间,儒家道统之传的方向确实发生了一定的转移。

那么,为什么会发生道统方向的转移?而这一转移又是如何形成的呢?请再看刘蕺山对罗钦顺的点评。在评点罗钦顺哲学时,刘蕺山曾明确地反问说:

谓"理即是气之理",是矣。独不曰"性即是心之性"乎?心即气之聚于人者,而性即理之聚于人者。理气是一,则心性不得是二,心性是一,性情又不得是二。③

---

① 黄宗羲:《师说》,《明儒学案》,沈芝盈点校,第2页。
② 朱熹:《答陈齐仲》,《朱熹集》卷三十九,郭齐、尹波点校,第1792页。
③ 黄宗羲:《师说》,《明儒学案》,沈芝盈点校,第10页。

罗钦顺可以说是明代理学中的"朱学后劲",但其所谓"后劲"却只能说是在探索"造化之理"方向上的后劲,至于心性之学,则诚如刘蕺山所反问的:"谓理即是气之理,是矣,独不曰性即是心之性乎……理气是一,则心性不得是二;心性是一,性情又不得是二。"这说明,由于罗钦顺仅仅坚持所谓"理气是一"之"造化之理"的方向,但又坚决反对"心性是一"之主体性落实的方向,因而也就受到了刘蕺山反诘性的批评。而刘蕺山的批评,也说明明代理学不仅对宋代理学的思想谱系有所转移,而且也已经裂变为心学与气学两种不同的为学方向了。

所以,当冈田武彦先生撰写《王阳明与明末儒学》时,就对宋明理学之间不同的兴趣及其不同的关注侧重比较说:

> 一言以蔽之,由二元论到一元论、由理性主义到抒情主义,从思想史看就是从宋代到明代的展开。①
>
> 宋代的精神文化,如前所述,是理性的,其中充满着静深严肃的风气。实质上,这是因为宋人具有在人的生命中树立高远理想的强烈愿望,因此坚持了纯粹性和客观性。以朱子学为枢轴的所谓宋学,就是从这种风潮中发生、成长的……
>
> 所以明人认为,这种理想主义的东西不但与生生不息的人类的生命相游离,而且与人类在自然性情中追求充满生机的生命的愿望相背离,因此,明人去追求那情感丰富的、生意盎然的感情的东西就成为很自然的事情了。以王学(阳明学)为轴心的明学,就在这样的风潮中发生、成长起来……②

冈田武彦的这些评价说明,与宋儒试图在"人的生命中树立高远理想的强烈愿望"——所谓超越追求相比,明儒已经明显地转向了一种内在性追求;而这种内在性追求又是跨越明代心学与气学的一种共同趋势。所谓"深有悟于造化之理"、所谓"理即是气之理",自然代表着明代气学的形成及其探索走向;至于所谓"性即是心之性"以及"心性是一,性情又不得是二"的说法,则又代表着明代心学的形成及其走向。也许正因为这一原因,所以刘蕺山才能以所

---

① 冈田武彦:《王阳明与明末儒学》,吴光等译,上海古籍出版社2000年版,第1页。
② 冈田武彦:《王阳明与明末儒学》,吴光等译,第3页。

谓"理气是一,则心性不得是二;心性是一,性情又不得是二"来反问罗钦顺。所以说,这种以一元论、内在性为特征的探索走向,就可以说是明代理学的总体趋势,也是跨越明代心学与气学的一种共同走向。

但仅仅这种追求指向并不能自我说明,而在宋明理学之间,这种不同兴趣、不同关注侧重的形成也必然有其现实社会上的成因,这就是为余英时《宋明理学与政治文化》所揭示的不同政治体制、不同政治生态方面的原因。正是宋明之间不同的政治体制与政治生态,才成为宋明理学之不同关注侧重的第一塑造者。

如果从时代思潮及其社会影响的角度看,那么构成宋明理学之间的最大差别究竟在哪里呢?按照余英时先生的看法,这就主要表现为所谓"得君行道"与"觉民行道"的差别。对于宋明理学的这一差别,余英时曾在评价王阳明哲学时指出:

> 阳明"致良知"之教和他所构想的"觉民行道"是绝对分不开的;这是他在绝望于"得君行道"之后所杀出的一条血路。"行道"而完全撇开君主与朝廷,转而单向地诉诸社会大众,这是两千年来儒者所未到之境,不仅明代前期的理学家而已。①

为什么说明代心学的"觉民行道"追求是王阳明在绝望于"得君行道"之后"所杀出的一条血路"?为什么到了明代,原来那种曾经作为宋明理学之共同指向的"行道"追求反而"完全撇开君主与朝廷,转而单向地诉诸社会大众"?所有这些问题,首先是和明代的政治格局以及儒家士大夫所遭遇的政治生态密切相关的。

如所周知,赵宋统治者是通过"陈桥兵变"的方式黄袍加身的,因而其必然要与文人士大夫结盟,表现在基本国策上,这就是"偃武修文"与"士大夫治天下"。所以余英时比较说:"大体说来,宋代皇帝尊士,前越汉、唐,后逾明、清,史家早有定论。"②宋代皇家的尊士之风,也培养了士大夫献身天下的热情,因而从北宋五子到东南三贤,莫不以"得君行道"作为其人生的最高追求。所以在

---

① 余英时:《宋明理学与政治文化》,吉林出版社集团2008年版,第195—196页。
② 余英时:《朱熹的历史世界——宋代士大夫政治文化的研究》,第199—200页。

这一点上，虽然朱陆在理论上互为论敌，但在"得君行道"这一点上，他们又是相互支持的坚定盟友。因而也可以说，宋代皇室的尊士重学之风，不仅培养了宋代士人献身天下的情怀，而且也可以说是直接培养了宋代新儒学。但朱明王朝却是朱元璋带领其武装力量打下来的天下，所以其非但没有与士大夫结盟的心理，反而是以武力来把持天下的。而在登基以后，朱元璋又杀功臣、废宰相，并从维护自己的独裁统治出发删《孟子》，这就从根本上改变了明代士大夫的政治生态。所以还在明初，就出现了士大夫"被征不至"或"断指"以逃仕的现象，朱元璋又因此而设立所谓"寰中士夫不为君用"之科，专门用来打压文人士大夫，这就只能导致士大夫的离心离德了。比如洪武九年，当朱元璋下诏求言时，平遥训导夏伯巨的上疏就准确地描述了当时士人的政治生态：

> 古之为士者，以登仕为荣，以罢职为辱。今之为士者，以溷迹无闻为福，以受玷不录为幸，以屯田工役为必获之罪，以鞭笞捶楚为寻常之辱。其始也，朝廷取天下之士，网罗捃摭，务无余逸，有司敦迫上道，如捕重囚。比到京师，而除官多以貌选。所学或非其所用，所用或非其所学。洎乎居官，一有差跌，苟免诛戮，则必在屯田工役之科。①

在这种生态下，明代士人又将如何发挥其美政美俗的愿望呢？这就只能放弃宋代以来作为士大夫传统的"得君行道"追求而走向所谓"觉民行道"一途了。而明代理学的内在化走向以及其一元论追求其实也就是这样形成的。因为在"得君"追求非但不能"行道"反而要受到诸多打压的条件下，明代的士人能走向哪里呢？除了经商以自谋生路之外，可能也就只有讲学一路了。所以说，明代专制独裁的政治体制才是宋明理学之别的真正塑造者。

但对心性之学而言，这还只是外在的政治生态。从当时的文化氛围来看，自明初选定程朱理学作为国家意识形态以来，学界很快就形成了所谓"此亦一述朱，彼亦一述朱"②的格局；而在已经变

---

① 张廷玉等：《叶伯巨传》，《明史》卷一百三十九，中华书局1974年版，第3991—3992页。
② 黄宗羲：《姚江学案》，《明儒学案》卷十，沈芝盈点校，第178页。

了味的程朱理学影响下，士人的表现也就只能是"文盛实衰，人出己见，新奇相高，以眩俗取誉……使天下靡然争务修饰文词，以求知于世，而不复知有敦本尚实、反朴还淳之行，是皆著述者有以启之"①。而这种风气所导致的结果，则正是所谓"从册子上钻研，名物上考索，形迹上比拟，知识愈广而人欲愈滋，才力愈多，而天理愈蔽"②。那么，这样的文化氛围又会将士人引向哪里呢？仅从王阳明来看，虽然其自幼就形成了"读书学圣贤"③的志向，但以后经过"格竹子"实践朱子的"读书之法"，结果却发现朱子学所无法克除之"物理吾心终若判而为二"④的毛病，因而，其早年的几次重大陷溺——从所谓词章之溺到佛老之溺，就是在这种条件下形成的。

至于官场仕途，王阳明早年其实并没有完全放弃有一番作为的打算，从其刚中进士就向明孝宗上《陈言边务疏》来看，他还是希望能够在政治上有一番作为的，但戴铣一案与锦衣卫之狱，又彻底击碎了他对官场政治的梦想。所以余英时说："在上封事之前，由于程、朱的影响，他多少还抱有'内圣外王'或'得君行道'的意识，到龙场以后，这个意识已彻底破碎了。"⑤能够证明王阳明这一心态的就是其一生中关于个人请求的上疏，而这些上疏也几乎全然是围绕着乞养病、乞骸骨展开的。在这些上疏中，除了其第一次上疏与最后一次上疏是确实有病外（其最后一次上疏还未得到批准，阳明就已经病逝于征思田的归程了），其余如"自劾乞休疏""乞休致疏""乞放归田里疏"等等，完全是希望能够退出官场的借口。甚至，就是在面临朱宸濠藩乱时，王阳明也是一面上疏告变，同时又上其"乞便道归省疏"。阳明的这些举措，竟然使后来为其整理奏疏的弟子们大为不解，比如钱德洪就感叹说："《便道归省》与《再报濠反疏》同日而上，心疑之，岂当国家危急存亡之日而暇及此也……若身不与其事者。"⑥实际上，这不过是阳明当时"未奉成命。上便道省葬疏，意示遭变暂留，姑为牵制攻讨，俟命师之至，即从初心"⑦

---

① 王守仁：《语录一》，《王阳明全集》卷一，吴光等编校，第9页。
② 王守仁：《语录一》，《王阳明全集》卷一，吴光等编校，第32页。
③ 钱德洪：《年谱一》，王守仁：《王阳明全集》卷三十三，吴光等编校，第1347页。
④ 钱德洪：《年谱一》，王守仁：《王阳明全集》卷三十三，吴光等编校，第1350页。
⑤ 余英时：《宋明理学与政治文化》，第179页。
⑥ 钱德洪：《年谱二》，王守仁：《王阳明全集》卷三十四，吴光等编校，第1406—1407页。
⑦ 钱德洪：《年谱二》，王守仁：《王阳明全集》卷三十四，吴光等编校，第1394页。

而已。

从这些情况来看，宋代以来"得君行道"的政治理想已经被明代专制独裁的皇权所彻底剥夺了，而"读书学圣贤"的志向却又因为朱子学对圣贤之路的专断而几无可能。因而，对于阳明来说，以"自觉觉他"为特征的"觉民行道"之路也就只能通过孤绝的自我内在性探索所确立起来。

三、身心之学——来自阳明的自我定位

关于阳明一生的思想发展，从其弟子钱德洪一直到黄宗羲，都有所谓"前三变""后三变"的说法。这当然有一定的道理，但这些说法不过是供人们观摩阳明心学的一种"把柄"和"台阶"而已，对阳明心学及其形成而言，其所要解决的问题以及其解决问题的进路与方法才是理解其心学的精魂所在。

那么，阳明一生的最大心结是什么呢？如前所述，作为理学家，当时的"得君行道"之路已经被明代的政治体制所彻底堵死；而"读书学圣贤"，却又遇到作为官方意识形态的朱子学对圣贤之路的专断。在这种状况下，阳明的多次陷溺，实际上不过是其上下求索的表现。因而，当他告别词章之学时，其所感叹的也就是："使学如韩、柳，不过为文人，辞如李、杜，不过为诗人。果有志于心性之学，以颜、闵为期，非第一等德业乎！"[①]这说明，即使阳明早年曾多方陷溺，但他却始终在探索人间的"第一等德业"。那么，对于当时官、学两界这种双重迷局，王阳明又将如何破解呢？这就只能从学术做起了，因为只有从学术的角度正人心，然后才有可能扭转政治上的格局。

要了解这一点，请看阳明对孝宗皇帝的第一次上疏。其时阳明刚中进士，授兵部主事，所以他也就以"陈言边务"的方式谈到了当时的官场风气：

> 今之大患，在于为大臣者外托慎重老成之名，而内为固禄希宠之计，为左右者内挟交蟠蔽壅之资，而外肆招权纳贿之恶。

[①] 黄宗羲：《浙中王门学案二》，《明儒学案》卷十二，沈芝盈点校，第252页。

习以成俗，互相为奸。①

这就是刚步入社会的阳明对于当时官场的看法，而其要害则在于整个官场"内""外"在世界的背反，所以，从"大臣"到"左右"，也就共同营造了一个"习以成俗，互相为奸"的格局。那么，这种"内""外"世界的背反难道仅仅是官场的特殊产物吗？请再看学界的表现，而学界所陶醉的"从册子上钻研，名物上考索，形迹上比拟"，实际上也就是"眩俗取誉"；至于其指向，则是所谓"知识"与"才力"追求，但这种追求的结果，却是"知识愈广而人欲愈滋，才力愈多，而天理愈蔽"。很明显，这种"内""外"在世界的背反已经不局限于官场，而是整个明代的社会风气了。只有在这一背景下，我们才能理解王阳明在"门人始进"时对"身心之学"的"首倡言之"。② 因为其所谓"先立必为圣人之志"不仅体现着两宋理学的根本精神，而且其"身心之学"的进路与指向也体现着阳明试图扭转整个世道人心的希冀。

但在对社会有了较为深入的了解之后，阳明却发现，当时所谓"内""外"世界的背反实际上又是以朱子学之知行功夫作为其理论依据的。所以，当他与"及门莫有先之者"的徐爱"同舟归越"时，其师徒之间的对谈与讨论也就表现了当时整个社会"内""外"背反的真正原因。当然在此之前，阳明已经形成其"知行合一之教"了；而此番对谈，一方面是徐爱从朱子学出发的不理解，同时也是阳明对其知行合一命题的再阐发：

> 爱因未会先生知行合一之训，与宗贤、惟贤往复辩论未能决，以问于先生。
> 先生曰："试举看。"
> 爱曰："如今人尽有知得父当孝、兄当弟者，却不能孝、不能弟，便是知与行分明是两件。"
> 先生曰："此已被私欲隔断，不是知行的本体了。未有知而不行者。知而不行，只是未知。圣贤教人知行，正是要复那本体，不是着你只恁的便罢。故《大学》指个真知行与人看，说

---
① 王守仁：《陈言边务疏》，《王阳明全集》卷六，吴光等编校，第316页。
② 钱德洪：《年谱一》，王守仁：《王阳明全集》卷三十三，吴光等编校，第1352页。

'如好好色，如恶恶臭'。见好色属知，好好色属行。只见那好色时已自好了，不是见了后又立个心去好。闻恶臭属知，恶恶臭属行。只闻那恶臭时已自恶了，不是闻了后别立个心去恶……知行如何分得开？此便是知行的本体，不曾有私意隔断的……"

爱曰："古人说知行做两个，亦是要人见个分晓，一行做知的功夫，一行做行的功夫，即功夫始有下落。"

先生曰："此却失了古人宗旨也。某尝说知是行的主意，行是知的功夫；知是行之始，行是知之成。若会得时，只说一个知，已自有行在，只说一个行，已自有知在……若见得这个意时，即一言而足，今人却就将知行分作两件去做，以为必先知了然后能行，我如今且去讲习讨论做知的工夫，待知得真了方去做行的工夫，故遂终身不行，亦遂终身不知。此不是小病痛，其来已非一日矣。"①

在这一师徒对话中，徐爱所谓"一行做知的功夫，一行做行的功夫"其实正是典型的朱子学之"先知后行说"进路，但在阳明看来，这一进路不但失了古人宗旨，而且也只能导致"终身不知，亦遂终身不行"的结果。而从整个社会来看，这正是所谓"内""外"世界背反之学理上的根源。所以阳明说："外心以求理，此知行之所以二也。求理于吾心，此圣门知行合一之教，吾子又何疑乎？"②至于阳明所举例说明的"'如好好色，如恶恶臭'。见好色属知，好好色属行。只见那好色时已自好了，不是见了后又立个心去好。闻恶臭属知，恶恶臭属行。只闻那恶臭时已自恶了，不是闻了后别立个心去恶……知行如何分得开？此便是知行的本体，不曾有私意隔断的"，则既是对所谓"先知后行"说的纠偏，同时也是对当时社会上"内""外"世界背反现象的根本扭转。

这样一来，阳明的世界以及其所要解决的问题也就表现为两层：从表层来看，这就是由朱子学"一行做知的功夫，一行做行的功夫"所导致的"故遂终身不知，亦遂终身不行"的问题；而从深层来看，则其不仅要解决社会上"知行为二"的问题，而且还要解

---

① 王守仁：《语录一》，《王阳明全集》卷一，吴光等编校，第4—5页。
② 王守仁：《答顾东桥书》，《王阳明全集》卷二，吴光等编校，第48页。

决朝廷与整个官场之"内""外"世界背反的问题。在这一基础上，阳明心学的规模也就全面展开了。

比如被钱德洪、黄宗羲概括为"三变而始得其门"的龙场大悟，其所要解决的问题首先就是朱子学建立在"物理吾心终若判而为二"基础上之外向的格物致知问题，所以阳明反问说："先儒解格物为格天下之物，天下之物如何格得？且谓一草一木亦皆有理，今如何去格？纵格得草木来，如何反来诚得自家意？"① 正因为朱子外向的格物致知说根本无法解决主体是否诚意的问题，所以其龙场大悟所开启的方向也就是"始知圣人之道，吾性自足，向之求理于事物者误也"②。而这一"悟"的方向，其实也就是对朱子外向的格物穷理之路的一种根本性返转，这就明确地以"圣人之道，吾性自足"确立了一个全新的方向。这一方向，同时也就包含着主体与本体同一的蕴含，所谓"圣人之道，吾性自足"实际上也就是对主体与本体同一原则的一个明确表达。所以，在"与徐爱论学"中，阳明也就明确地提出了"心即理"的主张：

> ……心即理也。此心无私欲之蔽，即是天理，不须外面添一分。以此纯乎天理之心，发之事父便是孝，发之事君便是忠，发之交友治民便是信与仁……此心若无人欲，纯是天理，是个诚于孝亲的心，冬时自然思量父母的寒，便自要去求个温的道理；夏时自然思量父母的热，便自要去求个清的道理。这都是那诚孝的心发出来的条件。却是须有这诚孝的心，然后有这条件发出来。③

在这一基础上，当阳明"始论知行合一"时，其所要解决的问题，自然也就是朱子学"一行做知的功夫，一行做行的功夫"所导致的"终身不知，亦遂终身不行"的问题了。也就是说，他必须将其主体与本体的同一原则贯彻到知行功夫中去。所以，其所举例说明的"如好好色，如恶恶臭"就是通过"好色"之知与"好好色"

---

① 王守仁：《语录三》，《王阳明全集》卷三，吴光等编校，第135页。
② 钱德洪：《年谱一》，王守仁：《王阳明全集》卷三十三，吴光等编校，第1354页。
③ 王守仁：《语录一》，《王阳明全集》卷一，吴光等编校，第3页。

之行的一时并在与一并完成来说明知行合一的道理，用阳明自己的话来表达，这就是"见好色属知，好好色属行。只见那好色时已自好了，不是见了后又立个心去好。闻恶臭属知，恶恶臭属行。只闻那恶臭时已自恶了，不是闻了后别立个心去恶"。至于其所谓"此便是知行的本体，不曾有私意隔断的"，也就明确地表达了在主体与本体同一基础上知与行本然的一时并到关系。显然，从以"心即理"为主要内容的龙场大悟到"始论知行合一"，说明阳明的世界已经一体化了。

那么，这个一体化的世界究竟是一个什么样的世界呢？这就是身心一如、知行并在的世界，也就是人人慎其独、诚其意的世界。所以，在阳明"首倡"身心之学15年后，他与"朱学后劲"罗钦顺展开了一场激烈的理论辩难，而构成阳明世界的全部支撑，也就是其所开创的身心之学。请看阳明对其身心之学的阐发：

> 世之讲学者有二：有讲之以身心者；有讲之以口耳者。讲之以口耳，揣摸测度，求之影响者也；讲之以身心，行著习察，实有诸己者也，知此则知孔门之学矣。①

在这一激辩中，阳明坚定地认为，所谓孔门之学，也就是"讲之以身心，行着习察，实有诸己"之学。显然，这里的身心之学，既是坚持主体与本体本质同一的"心即理"之学，同时也就是"行著习察，实有诸己"的知行合一之学。所以说，所谓身心之学也就可以作为阳明全部学说的集中代表及其世界的坚实支撑了。

之所以这样说，是因为虽然阳明后来提出了所谓致良知之教，但其身心之学的基础与特征非但没有任何改变，反而是为了更好地贯彻其身心之学才不得不有良知学的提出。比如他说："尔那一点良知，是尔自家底准则。尔意念着处，他是便知是，非便知非，更瞒他一些不得。尔只不要欺他，实实落落依着他做去，善便存，恶便去……此便是格物的真诀，致知的实功。"②又说："缘此两字，人人所自有，故虽至愚下品，一提便省觉。若致其极，虽圣人天地不

---

① 王守仁：《答罗整庵少宰书》，《王阳明全集》卷二，吴光等编校，第85页。
② 王守仁：《语录三》，《王阳明全集》卷三，吴光等编校，第105页。

能无憾，故说此两字，穷劫不能尽。"① "是非之心，不虑而知，不学而能，所谓良知也。良知之在人心，无间于圣愚，天下古今之所同也。"② 阳明的这些思想，后来又被黄宗羲概括为："本心之明即知，不欺本心之明即行也，不得不言'知行合一'。此其立言之大旨。"③ 很明显，阳明一生的思想探讨，实际上都是围绕着身心之学以及如何贯彻身心之学展开的。所以，从这个意义上说，阳明心学也可以称之为身心之学。

四、自得——心学的共同特征

那么，这个身心之学究竟是一种什么学问呢？从儒家心性之学的传统来看，自然也可以称之为诚意、慎独之学，因为阳明的《大学古本原序》就已经说得很清楚："《大学》之要，诚意而已矣。诚意之功，格物而已矣。诚意之极，止至善而已矣。止至善之则，致知而已矣。正心，复其体也，修身，著其用也。"④ 显然，无论是"诚意"之"止至善"指向还是"正心""修身"之"复其体""著其用"的落实，也都是围绕着身心之学展开的。正是从这个意义上说，称阳明学为身心之学是完全可以成立的。

但对于阳明所要诉诸的社会大众而言，如何才能更好地理解并接受这种身心之学呢？在这一问题上，阳明很好地借鉴了儒家的历史传统，从而称其身心之学为自得之学，即所谓"自我得之，自我言之"的身心之学。比如阳明所常常强调的此学非笔舌可宣，就是指其在人生实践中的"自得"性质而言的；而其批评世交老友的"今却从言语文义上窥测，所以牵制支离，转说转胡涂，正是不能知行合一之弊耳"，其实也是从"自得"的角度进行批评的。再如阳明比喻为学的诗句："哑子吃苦瓜，与你说不得。你要知此苦，还须你自吃。"⑤ 再比如其形容良知的"无声无臭独知时，此是乾坤万有基"⑥ 等等，所

---

① 王守仁：《寄邹谦之三》，《王阳明全集》卷六，吴光等编校，第228页。
② 王守仁：《答聂文蔚》，《王阳明全集》卷二，吴光等编校，第90页。
③ 黄宗羲：《姚江学案》，《明儒学案》卷十，沈芝盈点校，第181页。
④ 王守仁：《大学古本序》，《王阳明全集》卷七，吴光等编校，第270页。
⑤ 王守仁：《语录一》，《王阳明全集》卷一，吴光等编校，第42页。
⑥ 王守仁：《咏良知四首示诸生》，《王阳明全集》卷二十，吴光等编校，第870页。

有这些，其实都是对其心学之自得性质的一种形容。

如果我们放开视野，那么就会发现，其实所有的心学都在强调"自得"，也都是一种自得之学。比如被黄宗羲视为明代心学开创者的白沙心学就非常注重自得，并明确认为其学就是自得之学。白沙指出：

> 夫学有由积累而至者，有不由积累而至者；有可以言传者，有不可以言传者。夫道至无而动，至近而神，故藏而后发，形而斯存。大抵由积累而至者，可以言传也；不由积累而至者，不可以言传也。知者能知至无于至近，则无动而非神。藏而后发，明其几矣。形而斯存，道在我矣。是故善求道者求之易，不善求道者求之难。义理之融液，未易言也；操存之洒落，未易言也。夫动，已形者也，形斯实矣。其未形者，虚而已。虚其本也，致虚之所以立本也……斯理也，宋儒言之备矣。吾尝恶其太严也，使着于见闻者不睹其真，而徒与我哓哓也。是故道也者，自我得之，自我言之，可也。不然，辞愈多而道愈窒，徒以乱人也，君子奚取焉？①

在这里，所谓"不由积累而至"而又"不可以言传者"就指其学的自得性质而言，所以白沙认为，"道也者，自我得之，自我言之，可也。不然，辞愈多而道愈窒，徒以乱人也，君子奚取焉"。显然，在白沙看来，他所讲的不仅是自得之学，而且从某种程度上还可以说是"不可以言传者"。正因为自得之学的这一性质，所以在陈白沙看来，那些专门讲说或陶醉于讲说之学，往往是"辞愈多而道愈窒，徒以乱人也"。所谓"辞愈多而道愈窒"自然就是指阳明所批评的"口耳之学"而言；因而所谓"自我得之，自我言之"，也就可以说是自得之学的一个本质特征。

如果从历史的角度看，那么所谓自得之学也就应当说是儒学心性之学的一个源远流长的传统，比如陆象山就不止一次地说过，他的心学就是"因读《孟子》而自得之"②，或者说是"因读《孟子》

---

① 陈献章：《复张东白内翰》，《陈献章集》卷二，孙通海点校，第131—132页。
② 陆九渊：《语录下》，《陆九渊集》卷三十五，钟哲点校，第471页。

而自得之于心也"①。特别值得注意的还在于,当朱陆鹅湖之会时,象山弟子朱亨道虽然也参加了会议,但他当时只有恭听并担任记录的资格,而在其记录中,朱亨道就已经在用"自得"作为标准来"月旦"人物了。比如他总结说:

> 鹅湖讲道,切诚当今盛事。伯恭盖虑陆与朱议论犹有异同,欲会归于一,而定其所适从,其意甚善。伯恭盖有志于此语,自得则未也。②

朱亨道是象山弟子,当时也只是旁听与记录的身份,但他居然能够判断吕祖谦对朱陆两家的宗旨是"欲会归于一",并且还认为"其意甚善……语自得则未也"。这说明,不仅象山平时所讲即是自得之学,而且在象山门下,是否自得也已经成为判断一个人学术水平高低的标志了。

"自得"作为一种思想传统与学说的评价标准首先源于儒家的思孟学派。比如子思在《中庸》中指出:"君子素其位而行,不愿乎其外。素富贵,行乎富贵;素贫贱,行乎贫贱;素夷狄,行乎夷狄;素患难,行乎患难,君子无入而不自得焉。"这里所谓"自得",语义似乎并不那么明确,朱子也仅仅注解为"此言素其位而行也"③。但到了孟子,就在子思的基础上加进了"深造之以道"的内容,说明其所谓"自得"首先必须是对"道"的自得。所以孟子说:"君子深造之以道,欲其自得之也。自得之,则居之安;居之安则资之深;资之深,则取之左右逢其原,故君子欲其自得之也。"(《孟子·离娄下》)在这里,所谓"君子深造之以道"也就成为"欲其自得之"的前提条件了,这说明,所谓"自得"也就必须是对"道"的自得,所以才能够"居之安""资之深",进而"左右逢其原";而这种"左右逢其原",既建立在主体"素其位"的基础上,同时又是"君子深造之以道"的结果。所以,在"素其位"的基础上求道、体道,使"己"与"道"浑然一体,从而左右逢源,也就是自得之学的一个基本特征。

---

① 陆九渊:《年谱》,《陆九渊集》卷三十六,钟哲点校,第498页。
② 陆九渊:《年谱》,《陆九渊集》卷三十六,钟哲点校,第491页。
③ 朱熹:《中庸章句》,《四书集注》,岳麓书社1985年版,第40页。

特别有意思的是，自从子思、孟子提出儒家的自得之学后，庄子也借轮扁之口，表达了道家的"自得"追求；而道家的"自得"既有同于儒家之处，也有异于儒家之处，但在自得这一点上，儒道两家居然是完全一致的：

> 轮扁曰："臣也以臣之事观之。斫轮，徐则甘而不固，疾则苦而不入，不徐不疾，得之于手而应之于心，口不能言，有数存焉于其间。臣不能以喻臣之子，臣之子亦不能受之于臣，是以行年七十而老斫轮……"（《庄子·天道》）

在这里，"自得"作为斫轮实践中的一种"亲知"与"独知"，儒道两家的看法完全可以说是共同的；而庄子"得之于手而应之于心"与孟子"居之安则资之深；资之深，则取之左右逢其原"简直又可以说是两种相互补充的表达。但儒家的"自得"主要是通过"素其位"并以"深造之以道"的方式实现的，其自得无疑是对"道"的自得；而道家的"得之于手而应之于心"则首先是通过深求其"数"（有数存焉于其间）的方式实现的，而在具体的操作层面，则又必须"不徐不疾"，从而才能"得之于手而应之于心"。这就决定，儒家的自得必然是对"道"的自得，也是在行道实践中的"左右逢其源"；而道家的自得则往往是通过深求其"数"的方式实现的，并且也像庖丁解牛一样，是对"技能"的"得之于手而应之于心"。

"自得"的这一儒道共通的现象说明，由儒家心性之学所表现出来的"自得之学"具有最大的人伦普遍性。它既可以指向儒家的"道"，但也同样可以表现于道家的"技"，既是中国文化及其智慧之具体性的表现，同时又具有人人可以"亲知""独知"及其追求之无止境性的优点。

五、阳明心学——一种自我塑造与自我成就之学

让我们再回到阳明，看看他究竟是如何以其"自得之学"来化解其所面临的时代难题的。

已如前述，王阳明28岁上《陈言边务疏》，34岁首倡身心之学，37岁龙场大悟，38岁始论知行合一，42岁与徐爱论学，49岁与罗钦

顺激辩《朱子晚年定论》与《大学古本》，50岁揭致良知之教……在其不足60岁的一生中，阳明所提出的主张也主要是关于"身心""知行"与"致良知"的问题。因为其首先是从"大臣"与"左右"之"内""外"背反的现象中发现问题的，又是以"身心之学"作为其解决问题之基本主张的，所以到了龙场大悟，就为其"身心之学"及其"知行合一说"提供了一个坚实的基础。但由于当时的朱子学首先是由先知后行所导致的"知行为二"作为其基本主张的，从而才有社会上所谓内外背反、身心分裂的格局，因而"知行合一"也就成为阳明当时的主要主张，而对"心即理"的阐发则既是对其身心之学的一种落实性说明，同时也是对其"知行合一说"的一个明确推进——将知与行的"合一并在"推进到此心是否是纯然天理之心的阶段了。至于其与罗钦顺的激辩，则既是对"身心之学"的一个具体说明，同时也就跨入了良知学的门槛……

但良知学或致良知之教则是阳明对其此前所有主张的一个统一或总结。一方面，"体即良知之体，用即良知之用，宁复有超然于体用之外者乎"，说明良知本身就是贯通体用两界的；但另一方面，"性无不善，故知无不良，良知即是未发之中，即是廓然大公，寂然不动之本体，人人之所同具者也"[1]，因而良知又可以说是至善之性直接发用流行于是非知觉之间。对人的实践生活而言，良知又具有"时时知是知非，时时无是无非"[2]的特点，就是说，由于良知是至善之性对是非知觉的直下贯通，因而其必然具有随时知是知非的功能；但由于良知本身又是至善之性在实践生活中之自然朗现，因而对良知本体而言，它又必然具有超越是非善恶的一面，所以说是"时时无是无非"。这样一来，所谓良知也就既是人的"天植灵根"，同时又具有"随你如何，不能泯灭"[3]的特点，所以又说："虽至愚下品，一提便省觉。若致其极，虽圣人天地不能无憾，故说此两字穷劫不能尽。"如果放眼整个人伦生活，那么良知也就可以说是"无间于圣愚"的"古今人人真面目"[4]了，所以对人生而言，它就具有

---

[1] 王守仁：《答陆原静书》，《王阳明全集》卷二，吴光等编校，第71页。
[2] 黄宗羲：《姚江学案》，《明儒学案》卷十，沈芝盈点校，第180页。
[3] 王守仁：《语录三》，《王阳明全集》卷三，吴光等编校，第105页。
[4] 钱德洪：《年谱二》，王守仁：《王阳明全集》卷三十四，吴光等编校，第1412页。

所谓"试金石"与"指南针"的作用。从这些论述来看，阳明显然是希望通过致良知，将人生中的"身与心""内与外"彻底统一起来；至于"知行合一"，它一方面固然可以说是作为良知之自我呈现的"一个功夫"；另一方面，阳明所谓的"良知"与"良能"、黄宗羲所概括的"本心之明即知，不欺本心之明即行"，也就准确地揭示了良知与知行合一的关系。

就阳明思想的这一探索而言，应当说是比较彻底地解决了人生中内与外的背反以及由知先行后所导致的知行为二以及知而不行的问题。对应于明代官场与学界的现实，应当说阳明也比较彻底地解决了当时社会上所存在的问题，所以他常常称其主张是"对病的药"①，也确实是针对当时的世道人心而言的。从这个角度看，阳明思想不仅可以对治"大臣"与"左右"的内外背反现象，而且也可以解决学界知而不行的问题，包括解决平民百姓的心理建设与道德自省问题。但是，当阳明以此思想作为时代"对病的药"时，却非但没有解决明代官场的问题，反而不得不因为其思想主张而屡屡受到官场的排斥、诬告与打压。比如当他平定朱宸濠藩乱，"左右"就诬告他"始同濠谋反，因见天兵猝临征讨，始擒濠以脱罪"②；而当他平定了思、田少数民族纠纷，"大臣"们又诬告他"处置广西思、田、八寨恩威倒置，又诋其擒濠军功冒滥"，③甚至，他已经病逝于征思田的归程，而其所曾经受封的公爵爵位又遭到了剥夺。

阳明出身于高官显宦之家，10岁那年，其父王华就以廷试第一的身份状元及第，先授翰林修撰，最后以南京吏部尚书致仕，因而阳明也可以说是一个典型的"官二代"。但阳明官位的升迁主要是通过其卓越的军事才能实现的，正是对赣南流民起义的平定，才有了后来的江西巡抚之任；正是对朱宸濠藩乱的平定，才有了南京的兵部尚书以及父、祖三代"新建伯"的加封。但关注阳明为政实践的研究者却往往抱憾于阳明未能晋身"首辅"之任。意即似乎只要位极人臣，也就可以说是政治上的成功了。这当然是传统的看法。但阳明之所以未能晋身"首辅"，从现象上看，固然可以说是因为"大

---

① 王守仁：《语录一》，《王阳明全集》卷一，吴光等编校，第5页。
② 黄绾：《阳明先生行状》，王守仁：《王阳明全集》卷三十八，吴光等编校，第1572页。
③ 黄绾：《阳明先生行状》，王守仁：《王阳明全集》卷三十八，吴光等编校，第1579页。

臣"们的竞相进谗；而从深层来看，则阳明也从未以所谓首辅自期，而总是在向朝廷上《养病疏》《休致疏》，包括《辞巡抚兼任举能自代疏》，一直到去世前，他还在向皇上上《乞恩暂容回籍就医养病疏》。这样看来，我们能否说阳明确实看准了当时的世道人心之病，但却根本无法解决官场内外背反的病根呢？

这当然是因为，官场本来就是名利场，其进退之间，不仅包含着名与利的得失，而且可能还会危及身家性命。比如阳明在《拔本塞源论》中所概括的：

> ……相矜以知，相轧以势，相争以利，相高以技能，相取以声誉。其出而仕也，理钱谷者则欲兼夫兵刑，典礼乐者又欲与于铨轴，处郡县则思藩臬之高，居台谏则望宰执之要。故不能其事，则不得以兼其官；不通其说，则不可以要其誉；记诵之广，适以长其敖也；知识之多，适以行其恶也；闻见之博，适以肆其辨也；辞章之富，适以饰其伪也。是以皋、夔、稷、契所不能兼之事，而今之初学小生皆欲通其说，究其术。其称名僭号，未尝不曰"吾欲以共成天下之务"，而其诚心实意之所在，以为不如是则无以济其私而满其欲也。①

这说明，对于官场的"内外"背反风气以及其进退生死格局，阳明确实看得很清楚，但他似乎只谴责了人们出仕为官的自私自利追求，却并没有深掘造成这种"内外"背反风气以及其自私自利追求的权力制度根源。当最高权力属于皇帝一人时，人们为了满足其自私自利追求，就不得不唯上意是瞻，而不媚上、不迎合上意，又将如何满足其自私自利追求呢？这才是从官场的内外背反风气到学界之自私自利追求难以遏制的根本原因。所以，对阳明个人而言，他也不得不早早与官场划清界限，而其一生虽然为官，实际上却始终徘徊于朝廷政治的外围；其所得到的官位，与其说是出自他的为政实践或官场苦熬，不如说主要是出自他卓越的军事功绩。从这个角度看，阳明之未能晋身"首辅"之位，与其说是命运的不公，不

---

① 王守仁·《答顾东桥书》，《王阳明全集》卷二，吴光等编校，第63页。

如说反倒是一个天大的幸运。因为正是其未能在官场呼风唤雨，才不得不将其一生的心血寄托于"觉民行道"追求，这才有了我们今天的阳明心学。所以，从这个角度说，正是对官场的逃避，对朱子学的纠偏以及对世道人心的补救，才成就了阳明心学，成就了一种可以自我塑造与自我实现的学问。

阳明本人实际上也非常清楚这一点，所以，在黄绾的《阳明先生行状》中，其临终的遗言也就是："他无所念，平生学问方才见得数分，未能与吾党共成之，为可恨耳！"① 实际上，这样的思想，阳明在生前就已经屡屡表达了。比如其弟子邹守益记载：

> 当时有称先师者曰："古之名世，或以文章，或以政事，或以气节，或以勋烈，而公克兼之。独除却讲学一节，即全人矣。"先师笑曰："某愿从事讲学一节，尽除却四者，亦无愧全人。"②

这说明，阳明确实是以讲学来为其一生定位的，也是以讲学的方式觉民行道的。但阳明是否以其讲学精神对独尊的君权及其体制作出思考呢？在当时，阳明无疑不会有这样的想法。只有在明王朝在经过极度专制与腐败而走向灭亡之后，黄宗羲才以其东林后裔与心学后学的身份写出了《明夷待访录》，从而成为阳明心学指向君权与政治体制的一个历史回声。

[该文原载于《阳明学研究（第三辑）》，人民出版社，2018年6月]

---

① 黄绾：《阳明先生行状》，王守仁：《王阳明全集》卷三十八，吴光等编校，第1579页。
② 邹守益：《阳明先生文录序》，王守仁：《王阳明全集》卷四十一，吴光等编校，第1739页。

阳明精神的三"点"一"线"及其现代意义
——阳明心学的发生学析辨

摘　要：在过去一个很长的时期内，阳明心学往往被视为以"心"并吞天地万物的主观唯心主义，这种明确的否定取向无疑压抑了人们对阳明心学的研究。但随着国学热的兴起，阳明学研究中又出现了另一种取向，这就是"神化""泛化"与"理论胎膜化"式的阳明学研究。实际上，阳明心学首先是阳明本人的思想，也是在具体的思想文化氛围中形成的。从客观的角度看，当时官场的内外背反与学界"此亦一述朱，彼亦一述朱"及其先知后行追求，就是阳明心学所以形成的思想文化背景；从主体的角度看，则其自幼"读书学圣贤"的志向、探索人生"第一等德业"的道德立场以及其自我实现的狂者胸次，则是其人生追求的三个基本层级，这三个层级，即所谓个体性的志向、道德性的理想与致良知之自我实现追求也就构成了阳明精神的三"点"一"线"。这三点一线，既是阳明与当时官学两界风气相激荡的产物，同时也是其试图对官学两界风气进行纠偏的表现。站在今天的角度看，则这三"点"一"线"同时也是从传统的君子人格到现代的公民意识、从个体之自我实现到民族文化之整体崛起的一种非常重要的精神资源。

关键词：阳明精神　三点一线　个体志向　道德理想　自我实现

一、引言

心性之学代表着中国哲学中一支最具开拓性的力量，而阳明心学则可以说是儒家心性之学的集大成。从这个角度看，阳明心学不仅代表着宋明理学的最高形态，而且也带有强烈的开拓与创新的一面。但在过去一个很长的时期内，由于阳明心学往往被视为以"心"并吞天地万物的主观唯心主义，因而这种明确的否定取向无疑压抑了人们对它的研究。不过，随着国学热的兴起，阳明学研究中又出现了另一种取向，这就是"神化""泛化"或"理论胎膜化"式的阳明学研究。所谓"神化"，自然是表彰阳明的英明神武，尤其是其卓越的军事才能；所谓"泛化"，则是指除了其心学思想外，更从其他许多方面来表彰阳明的多方面贡献，比如文学、军事、艺术、书法等等，总之，凡是阳明所曾涉足的领域，几乎无不可以所谓"家"来称谓之。至于"理论胎膜化"式的研究，则尤为学界所推崇；而其具体作法，则往往是抓住阳明的某一命题甚或某一论断，进行一种不设边际的诠释，从而又使阳明心学表现出太多的几乎让人目不暇接的面相。

所有这些，当然都表现了阳明学研究的繁荣，但在这种繁荣之下，也隐含着一种越来越脱离阳明学之本真的诠释。需要申明的是，笔者并不反对对阳明心学的多角度诠释，但认为所有的诠释起码应当坚持一点：这就是阳明学研究必须首先从阳明本人的思想出发，其诠释也不应当脱离阳明本人的生存实际。① 如果借用现代的"木桶"理论加以表达，那么阳明本人的生存实际也就应当成为限制其盛水量的"短板"；至于其中的理论蕴含及其所包含积极意义，则既体现着其本人的理论视野，当然也就可以视为木桶的"长板"。如果一种研究全然无视"木桶"之"短板"的限制，而只是一味地就其"长板"加以发挥，那么这种研究说到底就不过是借阳明之酒以浇自己心中之块垒而已。

之所以如此坚持阳明的生存实际及其探讨对于理论诠释的限制与边界作用，主要是因为对这一问题，阳明生前就已经有过明确表态；而其弟子也把这一过程完整地记了下来：

  当时有称先师者曰："古之名世，或以文章，或以政事，或以气节，或以勋烈，而公克兼之。独除却讲学一节，即全人矣。"

---

① 中国扎根于经学传统的诠释学之所以不会像西方诠释学那样由相对主义而走向历史虚无主义，就在于它始终强调文本的第一性存在，以及由此所确立的诠释学所以成立的根本依据。如果这种诠释的对象是人，那么孟子的"以意逆志"与"知人论世"也始终强调从具体的社会政治、思想与文化背景中去理解历史中的个体。这种文本与人之生存的第一性存在，既有效地防范着相对主义与历史虚无主义，同时也确保着中国思想文化的生生不息。

先师笑曰:"某愿从事讲学一节,尽除却四者,亦无愧全人。"①

在阳明关于其一生定位的这一对话中,其之所以坚持"尽除却四者",而只"愿从事讲学一节",也首先是因为阳明一生确实聚焦于讲学问题,至于所谓"文章""政事""气节""勋烈"等等,不过是其"讲学"精神的"一时之应迹"而已。②所以,仅从这一点来看,阳明本人也是不会认可对其学说之"神化"与"泛化"诠释的;至于"理论胎膜化"式的解读,那就更加游离于阳明的生存实际及其自我定位之外了。

正是出于这一考虑,笔者认为,对阳明心学的研究不能脱离其生存实际,尤其不能脱离促使其学说所以形成的思想文化氛围。而对中国哲学来说,其智慧的具体性也要求我们必须对古人的思想与精神进行具体性解读与具体性理解。

二、阳明心学形成的思想文化背景

关于阳明心学的形成,在过去一个很长的时期内,虽然人们已经注意到阳明学与朱子学的分歧与对立,并且已经将朱子学对圣贤之路的专断视为阳明学所以崛起的根本动力。这当然有接近客观历史的一面。但是,当人们经过对明代理学中的两系——心学、气学与作为理学主流的程朱理学加以比较时,却又发现只有心学才更接近宋明理学道德实践的本质,于是,这就引导人们从思想谱系一贯性的角度来肯定阳明对朱子思想的继承与推进作用,至于其相互的分歧与对立,则又往往借阳明对朱子格物致知说的"误解"或理解不到位来说明。

平心而论,这两种说法当然都各有其道理。但如果就阳明学之形成与崛起而言,则当时朱子学对于圣贤之路的专断,亦即阳明与朱子学的分歧与对立,才是阳明心学得以崛起的根本动力。

我们这里暂且不追溯阳明早年沿朱子学追求圣贤之学的筚路蓝

---

① 邹守益:《阳明先生文录序》,王守仁:《王阳明全集》卷四十一,吴光等编校,第1739页。
② 能够为邹守益这一记载提供佐证的是,在阳明弟子兼亲家黄绾所撰写的《阳明先生行状》中,阳明的最后遗言是:"……将属纩,家童问有所嘱。公曰:'他无所念,平生学问方才见得数分,未能与吾党共成之,为可恨耳!'"(黄绾:《阳明先生行状》,王守仁:《王阳明全集》卷三十八,吴光等编校,第1579页)这说明,阳明一生精神就聚焦于讲学,就在于其学说对于民族精神建构的积极作用。

缕,仅从其刚刚步入官场所发现的社会问题来看其对朱子学的认识。1499年,28岁的王阳明进士及第,由于"观政工部……及闻达寇猖獗,先生复命上边务八事"①,是即《陈言边务疏》。而当阳明第一次对社会发表看法时,其一开篇便明确揭示出明代社会所存在的"大患":

> 今之大患,在于为大臣者外托慎重老成之名,而内为固禄希宠之计,为左右者内挟交蟠蔽壅之资,而外肆招权纳贿之恶。习以成俗,互相为奸。②

这就是说,当时的大臣,往往是"外托慎重老成之名,而内为固禄希宠之计";至于为左右者,则又是"内挟交蟠蔽壅之资,而外肆招权纳贿之恶"。在当时,这现象已经成为明代社会的通病——所谓普遍的社会风气了。那么,究竟是谁又是如何导致了这种社会风气呢?

《传习录》上篇的前半部分为阳明大弟子徐爱所编,其中"与徐爱论学"一节则是阳明在结束其龙场贬谪之行与"知庐陵县"一段经历之后与徐爱的同舟归越之行。在这一行程中,阳明首论《大学》"格物""亲民"与"止至善"诸说,再论知行合一之旨,仅从这些讨论来看,几乎全然是围绕着朱子学及其经典依据展开的。如果说阳明刚步入官场,就发现整个官场所普遍存在的言行不一、内外背反的风气,那么,当其有了几年的贬谪与地方官经历之后,却又发现整个学界所普遍存在之更为深重的毛病。所以,就在"与徐爱论学"中,阳明明确指出:

> 天下所以不治,只因文盛实衰,人出己见,新奇相高,以眩俗取誉,徒以乱天下之聪明,涂天下之耳目,使天下靡然争务修饰文词,以求知于世,而不复知有敦本尚实、反朴还淳之行:是皆著述者有以启之。③

这里所谓"著述者"究竟指谁?王阳明没有明说,但从其探索

---

① 钱德洪:《年谱一》,王守仁:《王阳明全集》卷三十三,吴光等编校,第1350页。
② 王守仁:《陈言边务疏》,《王阳明全集》卷六,吴光等编校,第316页。
③ 王守仁:《语录一》,《王阳明全集》卷一,吴光等编校,第9页。

指向一路走来，那就只能是指当时占统治地位的朱子学。而其与徐爱一路畅谈的结果，徐爱当时的感受也就是："爱因旧说汨没，始闻先生之教，实是骇愕不定，无入头处。其后闻之既久，渐知反身实践，然后始信先生之学为孔门嫡传，舍是皆傍蹊小径，断港绝河矣！"① 虽然徐爱这里也没有说明阳明这些议论究竟对谁而发，但从其"旧说汨没，始闻先生之教，实是骇愕不定"的感喟以及作为其最后结论之"渐知反身实践"的指向来看，则其所谓"旧说"也就只能指朱子学而言。

从向皇上"陈言边务"到与弟子"论学"，基本上代表了阳明对于当时社会的一个总体看法，当然也可以说是其一生思想之滥觞。但是，如果我们对政界的言行不一、内外背反风气与学界"文盛实衰，人出己见……以眩俗取誉"的毛病稍加比较，那么二者之间也就完全可以说是一根而发的关系。比如说，官场为什么会陷于内外背反风气呢？——从所谓"外托慎重老成之名，而内为固禄希宠之计"到"内挟交蟠蔽壅之资，而外肆招权纳贿之恶"来看，则除了专制皇权对说假话之风的刻意"培养"之外，从学理的角度看，这就只能归结于朱子学的先知后行说了，甚至也可以说是朱子先知后行主张所导致的必然结果。但是，如果我们继续追问学界为什么会陷于"人出己见，新奇相高，以眩俗取誉"的毛病呢？这就同样可以所谓"以求知于世"来说明。显然，由此来看，从官场到学界，整个明代社会风气的败坏就是由当时"此亦一述朱，彼亦一述朱"②的国家意识形态所导致，因而对阳明来说，其对社会风气的改变也就必须从对朱子学的批评与纠偏做起。

如果说当时"此亦一述朱，彼亦一述朱"还仅仅是阳明对官场与学界风气思考的基本入手，那么请再看贯彻其一生的批评：

> 后世不知作圣之本是纯乎天理，却专去知识才能上求圣人。以为圣人无所不知，无所不能，我须是将圣人许多知识才能逐一理会始得。故不务去天理上着工夫，徒弊精竭力，从册子上钻研，名物上考索，形迹上比拟，知识愈广而人欲愈滋，才力愈

---

① 王守仁：《语录一》，《王阳明全集》卷一，吴光等编校，第12页。
② 黄宗羲：《姚江学案》，《明儒学案》卷十，沈芝盈点校，第178页。

多,而天理愈蔽。①

……相矜以知,相轧以势,相争以利,相高以技能,相取以声誉。其出而仕也,理钱谷者则欲兼夫兵刑,典礼乐者又欲与于铨轴,处郡县则思藩臬之高,居台谏则望宰执之要。故不能其事,则不得以兼其官;不通其说,则不可以要其誉;记诵之广,适以长其敖也;知识之多,适以行其恶也;闻见之博,适以肆其辨也;辞章之富,适以饰其伪也。是以皋、夔、稷、契所不能兼之事,而今之初学小生皆欲通其说,究其术。其称名僭号,未尝不曰"吾欲以共成天下之务",而其诚心实意之所在,以为不如是则无以济其私而满其欲也。②

这两段批评,如果说前者主要是针对学界的知识追求之风,那么后者就完全是针对官场连同整个学界的风气而言了。在阳明看来,这二者完全是一种互为表里的关系,就是说,只要从知先行后说所导致的"人出己见,新奇相高,以眩俗取誉"出发,那么其表现于官场,也就必然会有所谓"为大臣者外诧慎重老成之名,而内为固禄希宠之计;为左右者内挟交蟠蔽壅之资,而外肆招权纳贿之恶"的恶果。那么,究竟如何才能救治这种现象呢?这就只能从改变学界风气做起,也只有从正学术出发,通过正学术以正人心,正人心以正天下,才能使官学两界的虚伪和腐败风气有所扭转。显然,这可能也就是阳明始终将学术作为其一生志业的根本原因。

但要正学术以正人心,就必然要冒天下之大不韪,也必然要对"此亦一述朱,彼亦一述朱"的耳食雷同之学从根本上进行纠偏。从这个角度看,阳明一生都挣扎于朱子学的阴影之下,一生也都在与朱子学争夺话语权。有时甚至还不得不违心地对朱子学作出某种让步,有时又不得不利用朱子学来推行自己的为学主张。比如阳明中年时曾任官南京,由于南京的留都地位,又是当时朱子学的大本营,所以阳明这一时期的讲学,"凡示学者,皆令存天理去人欲以为本。有问所谓,则令自求之,未尝指天理为何如也"③。这显然是对朱子学所作出的让步主张。而阳明的这种让步心理,则一直到其南赣时期刊

---

① 王守仁:《语录一》,《王阳明全集》卷一,吴光等编校,第32页。
② 王守仁:《答顾东桥书》,《王阳明全集》卷二,吴光等编校,第63页。
③ 钱德洪:《年谱二》,王守仁:《王阳明全集》卷三十四,吴光等编校,第1412页。

刻《朱子晚年定论》才得以表现出来:"……独于朱子之说有相抵牾,恒疢于心,切疑朱子之贤,而岂其于此尚有未察?及官留都,复取朱子之书而检求之,然后知其晚岁固已大悟旧说之非,痛悔极艾,至以为自诳诳人之罪,不可胜赎。"① 这无疑又是借助朱子的"晚年定论"来为自己的思想主张开路;至于其真实原因,则不过是借朱子的"晚年悔悟"之说来向南京的朱子后学以毒攻毒而已。所以,《朱子晚年定论》刊行后,阳明便向友人道出了其间的实情:

> 留都时偶因饶舌,遂致多口,攻之者环四面。取朱子晚年悔悟之说,集为定论,聊借以解纷耳。门人辈近刻之雩都,初闻甚不喜;然士夫见之,乃往往遂有开发者,无意中得此一助,亦颇省饶舌之劳……今但取朱子所自言者表章之,不加一辞,虽有褊心,将无所施其怒矣。②

而在其晚年的反省中,阳明再次对其南京这段经历以及当时不得已的举措表达了一种深深的追悔之情。他坦白说:

> 我在南都已前,尚有些子乡愿的意思在。我今信得这良知真是真非,信手行去,更不着些覆藏。我今才做得个狂者的胸次,使天下人都说我行不掩言也罢。③

当然,在此之前,王阳明与罗钦顺关于《朱子晚年定论》与《大学》古本的激辩以及罗钦顺对阳明《朱子晚年定论》的"围剿",已经激发出阳明不以孔子之是非为是非的精神,这才有可能对其"南都已前"的种种委曲求全之心进行全面的反省和检讨。从这些情况可以看出,在良知说提出以前,阳明对朱子学是既不得不时时让步,但也总是试图加以利用的。但是,当这一切都无助于其思想主张的真正阐发时,这才以所谓不以孔子之是非为是非的精神来面对朱子后学的批评,于是,这就有了光照千古的致良知精神。④

---

① 王守仁:《朱子晚年定论》,《王阳明全集》卷三,吴光等编校,第145页。
② 王守仁:《与安之》,《王阳明全集》卷四,吴光等编校,第194页。
③ 王守仁:《语录三》,《王阳明全集》卷三,吴光等编校,第132页。
④ 关于阳明良知说的提出以及其与罗钦顺激辩的关系,请参阅丁为祥:《从"良知"的形成看阳明研究的不同进路》,郭齐勇主编:《阳明学研究(创刊号)》,中华书局2015年版。

三、阳明与朱子学的分歧

既然阳明一生都生活于朱子学的阴影之下，那么其与朱子学的分歧究竟何在呢？关于这个问题，学界的探讨真可谓汗牛充栋。每一部研究宋明理学的著作，都不得不或明或暗地面对这一问题，也都不得不对这一问题进行一种或明或暗的认定与择取。

大体说来，人们对这一问题的处理方式不外乎两种路径。其一即通过思想命题比较的方式以辨其同异，比如张岱年先生就对程朱陆王比较说："朱谓心统性情，知觉非性，性在心而性非即心，性即理而心非即理；陆王则谓心即性即理即知。"①这就通过其对理、性、心、知之不同含义的比较以揭示理学与心学的不同主张。另一种方式则是以朱子学及其主张作为基本出发点，以比较朱王分歧的具体形成。比如冈田武彦的《王阳明大传》就对阳明"格竹子"的失败分析说：

>　朱熹认为，总合天地万物之理，会形成大的"一理"，每个事物分开来又都有各自之理，千差万别的事物都是"一理"的体现，即所谓"理一分殊"。然而，王阳明在"格竹"时却不这样认为，他希望通过"格竹"立刻悟出总合天地万物的大的"一理"。他没有看到分殊之理，而是直接来探求大的"一理"，因此说他的做法更接近于道家和禅家的做法。儒家注重分殊之理，所以儒生才会那么重视出仕。②

这等于是以朱子学及其格物致知说作为蓝本，以分析阳明思想包括朱王分歧的具体形成。

但对这样一个重大问题，我们也可以采取一种简要的分析法，这就仍然是以朱子学及其理路为蓝本，以分析阳明为什么不顺承朱子学的基本理路，而一定要采取一种"革命"的姿态？如果从这个角度出发，那就既要分析决定朱子学之为朱子学的根荄观念，同时还要能够说明阳明另辟方向的必然性及其现实合理性。否则的话，不是陷于所谓以朱裁王，也就必然要以阳明为标准来裁定朱子学了。

---

① 张岱年：《中国哲学大纲》，商务印书馆2015年版，第386页。
② 冈田武彦：《王阳明大传：知行合一的心学智慧》，杨田等译，第73—74页。

关于朱子学的根荄观念，大概无过于其天理本体论。因为自二程兄弟"体贴"出天理以来，天理就一直是两宋理学所公认的本体概念；就是象山、阳明，也绝不否认天理的本体地位；而其所谓心性本体，其实也都是通过天理的本体地位加以论证的。但朱子天理本体论所存在的问题，却并不在于其是否足以承当天地万物的形上本体，而在于其如何落实，尤其在于其如何向现实人生进行具体落实。

首先，由于天理的超越性及其形上品格，因而对现实人生而言，所谓天理也就必然要呈现为一种"公共"面相。比如对于太极、道、天理等作为万物形上本体的超越性概念，朱子诠释说：

> ……人人有一太极，物物有一太极。周子所谓太极，是天地人物万善至好底表德。
>
> 太极非是别为一物，即阴阳而在阴阳，即五行而在五行，即万物而在万物，只是一个理而已。因其极至，故名曰太极。①
>
> 道者，古今共由之理，如父之慈，子之孝，君仁，臣忠，是一个公共底道理。②
>
> 若以天地为主，则此性即自是天地间一个公共道理，更无人物彼此之间、死生古今之别。虽曰死而不亡，然非我之得私矣。③

在朱子的上述诠释中，无论是"太极""道"还是"天理""人性"，首先是作为"公共底道理"出现的。这说明，朱子所谓天理本体论以及由之而来的基本概念，都是从"公共底道理"的角度加以定位的。这当然可以说是其形上超越性质的保证。

那么，这种"公共底道理"又将如何向现实人生落实呢？这就必须通过"所当然"与"所以然"来实现。所谓"所当然"，主要是指人伦之理，而所谓"所以然"，则又是指自然生化之理而言。比如朱子说：

> 天下之物，则必各有其所以然之故，与其所当然之则，所

---

① 朱熹：《太极图》，黎靖德编：《朱子语类》卷九十四，王星贤点校，第2371页。
② 朱熹：《力行》，黎靖德编：《朱子语类》卷十三，王星贤点校，第231页。
③ 朱熹：《答连嵩卿一》，《朱熹集》卷四十一，郭齐、尹波点校，第1900页。

谓理也，人莫不知，而或不能使其精粗隐显，究极无余，则理所未穷，知必有蔽，虽欲勉强以致之，亦不可得而致矣。故致知之道，在乎即事观理，以格夫物。①

人之生于天地之间也，莫不有形，其有是形也，莫不有色，而本其所得于天者，则是形是色莫不有所以然之故焉，莫不有所当然之则焉，是则所谓天性者也。②

问："《或问》，物有当然之则，亦必有所以然之故，如何？"曰："如事亲当孝，事兄当弟之类，便是当然之则。然事亲如何却须要孝，从兄如何却须要弟，此即所以然之故。"③

凡事固有"所当然而不容已"者，然又当求其所以然者何故。其所以然者，理也。理如此，固不可易。④

从朱子对"所当然"与"所以然"的论述中可以看出，所有的"所当然"似乎都是从人伦之理的角度展开的，而所有的"所以然"则是从天地万物所以生化之理的角度展开的。问题在于，其"所当然"与"所以然"是一种什么关系呢？在朱子看来，"所当然"主要是从人伦行为或最切近人伦的角度展开的，而"所以然"则又往往是从天地万物生化之理的角度展开的。所以，从宇宙演化而言，就必须从"所以然"的角度来贯通天地万物；而从人之认知及其行为而言，则又必须从"所当然"入手以更求其"所以然"。很明显，这就是说，"所以然"是比"所当然"更为根本的天地万物之理。在这一基础上，人只有先认识天地万物生成演化之"所以然"，然后才能更为自觉地行使其人伦"所当然"之理。

朱子的这一规模和进路就使其学带有强烈的主知主义特征，这当然也体现着其要求道德行为自觉性的表现，但这种以"认知"来追求"自觉"的主知主义传统也就使其后学不得不裂变为理气论与格物致知论两个部分。就理气论而言，它本来就要探讨天地万物的所以然之

---

① 朱熹：《大学或问》，《四书或问》，朱杰人、严佐之、刘永翔主编：《朱子全书》（第6册），上海古籍出版社2002年版，第512页。
② 朱熹：《孟子或问》，《四书或问》，朱杰人、严佐之、刘永翔主编：《朱子全书》（第6册），第1004页。
③ 朱熹：《传五章》，黎靖德编：《朱子语类》卷十八，王星贤点校，第414页。
④ 朱熹：《传五章》，黎靖德编：《朱子语类》卷十八，王星贤点校，第414页。

理，但却并不必然带有人伦道德色彩；就其作为为学入手的格物致知论而言，它虽然带有明确的人伦道德色彩（就其根本指向而言），但却并不直接关乎天地万物的所以然之理。朱子本来是希望通过天地万物之所以然以支撑其人伦行为之所当然，但现在却不得不面临"所当然"与"所以然"两裂的命运。

其次，为朱子所精心塑造的"道统"观念也在反证着其天理本体论在人生落实方面所存在的问题。本来，两宋理学从"道学"探讨到凝聚为对"道统"的探讨，主要是为了"以理抗势"，以加强对世俗政权的批评，而朱子在与陈亮辩论中所批评的"千五百年之间……其间虽或不无小康，而尧、舜、三王、周公、孔子所传之道，未尝一日得行于天地之间也"①，自然是对历史上所谓开创性帝王——汉高祖、唐太宗的明确批评。但朱子的这些批评却恰恰反证了一点，这就是由陈亮之反击所表现出来的"若谓道之存亡非人所能与，则舍人可以为道，而释氏之言不诬矣"②。陈亮之所以能够用"释氏之言"来讽刺朱子，正是就其"千五百年之间……而尧、舜、三王、周公、孔子所传之道，未尝一日得行于天地之间"——所谓"道统"之脱离现实人生而言的。这也可以说是朱子天理本体论连同其"道统"建构在现实落实方面所存在的一个重大问题。③

在这一背景下，让我们来看阳明对朱子学的继承与择取。当阳明展开其"格竹子"实践时，这究竟是一种人伦道德的行为还是一种客观的探索天地万物的所以然之理的行为？从阳明的心理预期来看，其无疑是一种人伦道德的行为；但从其直接指向来看，则似乎又关涉到客观的天地万物的所以然之理。从这个角度看，阳明试图通过对竹子的穷格以求得天地万物之理显然是一种南辕北辙的行为。而冈田武彦所谓"希望通过'格竹'立刻悟出总合天地万物的大的'一理'"的概括也是能够成立的。但阳明的时代毕竟是一个"一元论"之内在化追求的时代，他希望通过格物致知以达到天理的朗现并满足其圣贤追求的德性愿望无疑是合理的。正是从这个角度看，朱子学才显现出其

---

① 朱熹：《答陈同甫六》，《朱熹集》卷三十六，郭齐、尹波点校，第1592页。
② 陈亮：《又乙巳春书之一》，《陈亮集（增订本）》卷二十八，邓广铭点校，中华书局1987年版，第345页。
③ 后来以戴震为代表的乾嘉汉学之所以批评朱子学是"以理限事""以理杀人"，也都是就其脱离现实人生而言的。

体系中所蕴含的深层矛盾：即通过格物致知之外在的物理求索能否满足人内在道德性的圣贤追求？而通过主知主义的进路能否实现人伦道德的自觉呢？对于这一问题，阳明则通过自己的人生探索得出了如下明确的结论：

> 先儒解格物为格天下之物，天下之物如何格得？且谓一草一木亦皆有理，今如何去格？纵格得草木来，如何反来诚得自家意？①
>
> 及在夷中三载，颇见得此意思，乃知天下之物本无可格者。其格物之功，只在身心上做，决然以圣人为人人可到，便自有担当了。②

那么，阳明格物的方向是什么呢？这就是"格物之功，只在身心上做，决然以圣人为人人可到，便自有担当了"。很明显，对于阳明来说，圣贤追求与其说是一个外向的知识追求的问题，不如说首先是一个主体的内向澄澈与自我担当的问题。因而，其龙场大悟之所以能够作为阳明心学——所谓主体精神确立的标志，关键也就在于"圣人之道，吾性自足，向之求理于事物者误也"③一点上。

在这一基础上，所谓格物致知包括圣贤追求的问题，也就全然转化为一个主体道德实践的问题了。请看阳明在主体道德实践的基础上对于"天理"的叩问与回答：

> ……心即理也。此心无私欲之蔽，即是天理，不须外面添一分。以此纯乎天理之心，发之事父便是孝，发之事君便是忠，发之交友治民便是信与仁……此心若无人欲，纯是天理，是个诚于孝亲的心，冬时自然思量父母的寒，便自要去求个温的道理；夏时自然思量父母的热，便自要去求个清的道理。这都是那诚孝的心发出来的条件。却是须有这诚孝的心，然后有这条件发出来。④

---

① 王守仁：《语录三》，《王阳明全集》卷三，吴光等编校，第135页。
② 王守仁：《语录三》，《王阳明全集》卷三，吴光等编校，第136页。
③ 钱德洪：《年谱一》，王守仁：《王阳明全集》卷三十三，吴光等编校，第1354页。
④ 王守仁：《语录一》，《王阳明全集》卷一，吴光等编校，第3页。

很明显，在龙场大悟的基础上，朱子客观外向的物理求索也就被阳明转化为一个主体内在之心性澄澈的问题了，而朱子主知主义基础上的道德实践追求也就被阳明扭转为一个主体道德实践基础上之"自然而然"的问题了。这样看来，所谓客观性与主体性、主知主义与自觉的道德实践追求，也就构成了阳明与朱子学的根本分歧。下面，让我们再从人之生存实践的角度，来看阳明这一根本性的转向究竟是如何实现的。

四、阳明精神的三"点"一"线"

阳明出身于官宦之家，自幼就在其祖父的百般呵护下成长。10岁那年（1481），阳明父亲以殿试第一的成绩状元及第，这就构成了阳明人生的一个重要起点。所以，始就塾师，他就与塾师展开了如下一段对话：

> 尝问塾师曰："何为第一等事？"塾师曰："惟读书登第耳。"先生疑曰："登第恐未为第一等事，或读书学圣贤耳。"①

这可以说是阳明人生的起步，而"读书学圣贤"则成为其人生的第一志向。

虽然阳明自幼就形成了"读书学圣贤"的志向，但在此后的十多年间，经过"格竹子"并实践朱子的"读书之法"后，却发现朱子学所无法克除之"物理吾心终若判而为二"②的毛病，因而其早年的几次陷溺——从辞章之溺到佛老之溺，都是在这种条件下出现的。因而，从钱德洪所整理的《年谱》到黄宗羲的《明儒学案》，都是把阳明对辞章与佛老之学的钻研视为一种"陷溺"（湛甘泉甚至还将阳明对骑射与兵法的钻研也视为陷溺，故有所谓"五溺"之说）的，实际上，这都是不恰当甚或不准确的概括。因为所有这些"溺"，都是阳明在圣贤之路走不通的条件下从而不得不退求其次的表现。仅从其"格竹子"的经历来看，《年谱》记载说：

---

① 钱德洪：《年谱一》，王守仁：《王阳明全集》卷三十三，吴光等编校，第1346—1347页。
② 钱德洪：《年谱一》，王守仁：《王阳明全集》卷三十三，吴光等编校，第1350页。

> 先生始侍龙山公于京师，遍求考亭遗书读之。一日思先儒谓"众物必有表里精粗，一草一木，皆涵至理"，官署中多竹，即取竹格之；沉思其理不得，遂遇疾。先生自委圣贤有分，乃随世就辞章之学。①

这就是阳明的辞章之溺。将对辞章的钻研视为一种"溺"，可能也只有所谓纯而又纯的"纯儒"才会有的看法。因为其一，所谓辞章之溺是在"格竹子"不通——圣贤之路走不通的条件下出现的；其二，所谓"随世就辞章之学"在当时也是一种不得不退求其次的表现。在这里，钻研辞章究竟是不是一种"溺"？关键看其对辞章的钻研是不是就彻底取代了其"读书学圣贤"的志向，如果阳明从来都没有放弃其"读书学圣贤"的志向，那么其对辞章之学的钻研就不能视为"溺"。而从阳明后来告别辞章之学的感慨来看，则有所谓"使学如韩、柳，不过为文人，辞如李、杜，不过为诗人。果有志于心性之学，以颜、闵为期，非第一等德业乎！"②这说明，虽然阳明早年曾有多次"陷溺"，但他却从来都没有放弃其对人间"第一等德业"的追求，因而所谓辞章之溺不过是其"读书学圣贤"志向之一种暂时的替代品而已。

同样的情形也表现在其对佛老之学的钻研中。关于阳明的佛老之溺，《年谱》记载：

> 先生自念辞章艺能不足以通至道，求师友于天下又不数遇，心持惶惑。一日读晦翁上宋光宗疏，有曰："居敬持志，为读书之本，循序致精，为读书之法。"乃悔前日探讨虽博，而未尝循序以致精，宜无所得；又循其序，思得渐渍洽浃，然物理吾心终若判而为二也。沉郁既久，旧疾复作，益委圣贤有分。偶闻道士谈养生，遂有遗世入山之意。③

至于其对佛老之学钻研的结果，则又有阳明本人的回忆为证：

---

① 钱德洪：《年谱一》，王守仁：《王阳明全集》卷三十三，吴光等编校，第1348—1349页。
② 黄宗羲：《浙中王门学案二》，《明儒学案》卷十二，沈芝盈点校，第252页。
③ 钱德洪：《年谱一》，王守仁：《王阳明全集》卷三十三，吴光等编校，第1349—1350页。

……既乃稍知从事正学，而苦于众说之纷扰疲苶，茫无可入，因求诸老、释，欣然有会于心，以为圣人之学在此矣！然于孔子之教间相出入，而措之日用，往往缺漏无归；依违往返，且信且疑……而世之儒者妄开窦迳，蹈荆棘，堕坑堑，究其为说，反出二氏之下。宜乎世之高明之士厌此而趋彼也。①

按照传统的说法，这就是阳明人生中的又一次"陷溺"。但在这个"陷溺"之前，其心理状态则是"自念辞章艺能不足以通至道，求师友于天下又不数遇，心持惶惑"；而且，即使是辞章之溺，阳明也没有放弃对朱子学的钻研，不然的话，何以会有"读晦翁上宋光宗疏"以及对朱子"读书之法"的实践呢？至于所谓佛老之溺，则阳明当时不仅"欣然有会于心"，而且还"以为圣人之学在此矣"。这说明，阳明每一次的"陷溺"都是在圣贤之路走不通的条件下出现的；而每一次的"陷溺"本身，也都构成了其对人生至道追求之一种暂时的替代作用。这说明，所谓"陷溺"其实并不是真正的"溺"，不过是其对人生至道的另一种探索而已。

那么，阳明这样的人生究竟是一种什么样的人生，而其追求又是一种什么样的追求？应当说这就是一种个体人生的志向追求。比如其11岁形成"读书学圣贤"的志向，21岁"为宋儒之学"并进行"格竹"实践，27岁实践朱子的"读书之法"，失败后"偶闻道士谈养生，遂有遗世入山之意"，31岁"渐悟仙释二氏之非"，直到33岁主持山东乡试，才提出"老佛害道，由于圣学不明；纲纪不振，由于名器太滥"②等方面的主张，这就完全回归于儒家的基本立场了。而这一过程，既是其"读书学圣贤"志向之不断明晰、不断澄澈与反复提炼的过程，同时也是一个由个体之志向不断地接近儒家道德理想的过程。所以，当其主持山东乡试而以批评佛老作为策问题目时，其理想之儒家立场及其道德性质也就呼之欲出了。

由此之后，阳明34岁提出"行著习察，实有诸己者也"③的"身心之学"，这就包含着对官场之内外背反、学界知先行后所导致之

---

① 王守仁：《朱子晚年定论》，《王阳明全集》卷三，吴光等编校，第144—145页。
② 钱德洪：《年谱一》，王守仁：《王阳明全集》卷三十三，吴光等编校，第1352页。
③ 这是王阳明在提出"身心之学"15年后对"身心之学"所做出的明确规定，见王守仁：《答罗整庵少宰书》，《王阳明全集》卷二，吴光等编校，第85页。

"终身不行"风气的一种根本性纠偏。此后,阳明由于其儒家立场而陷入了政治斗争的漩涡,因而所谓"廷杖""系狱"与"贬谪"的打击也就为他带来了"圣人之道,吾性自足,向之求理于事物者误也"的龙场大悟。这就成为阳明人生追求的第二个"点",也使其将人生志向全然建立在个体道德自觉的基础上了。至于其38岁的"始论知行合一",又使其本心即理、身心并到与知行合一诸说连成了一个有机的整体。所以阳明回忆说:"吾'良知'二字,自龙场已后,便已不出此意,只是点此二字不出,于学者言,费却多少辞说。"①

阳明由此进入其一生最为精彩的时期,即在为政实践中的讲学与在讲学指导下的为政实践。所以,他很快就提出了"常人之心,如斑垢驳蚀之镜,须痛刮磨一番,尽去驳蚀,然后纤尘即见,才拂便去,亦不消费力"的"实践之功"②,接着又有在晦庵、象山之间"漫为两可之说"的"论晦庵、象山之学",包括其滁州时期的高明一路教法以及南京时期的"存天理,去人欲"之教。但当阳明平定宁藩之乱、经历忠泰之难而又遭遇罗钦顺以《朱子晚年定论》与《大学》古本的发难时,就使阳明与朱子学的矛盾成为一个不得不当下对决的问题了。由于罗钦顺处处以朱子为理论权威来打压阳明,这就逼出了阳明不以孔子之是非为是非的致良知精神。而这一点也就构成阳明以"良知"为内涵而又以"狂者胸次"为特征的第三个"点",阳明心学由此成为一种"求真是真非"的自我实现之学。

关于阳明学之自我实现的本质,当然首先取决于其对"良知"的自我定位。阳明的良知学无疑就源于朱子学的天理本体论,但又不等同于天理,而首先是作为"古今人人真面目"③出现的;如果说良知本身就是天理,那也首先是作为体现并贯彻于人之道德实践中的天理出现的。所以他指出:"良知是天理之昭明灵觉处,故良知即是天理。"④其之所以一定要强调良知就是"天理之昭明灵觉处",正是就天理之主体落实以及其在道德实践中的作用而言的。这是阳明对朱子学尤其是其天理本体论的改铸,也是对宋明理学的巨大推

---

① 钱德洪:《刻文录叙说》,王守仁:《王阳明全集》卷四十一,吴光等编校,第1747页。
② 钱德洪:《年谱一》,王守仁:《王阳明全集》卷三十三,吴光等编校,第1358页。
③ 钱德洪:《年谱二》,王守仁:《王阳明全集》卷三十四,吴光等编校,第1412页。
④ 王守仁:《答欧阳崇一》,《王阳明全集》卷二,吴光等编校,第81页。

进，是将其超越而又高高在上的道德本体——所谓"公共"性的天理真正落实到个体的日用常行中来了。所以黄宗羲说:"自姚江指点出'良知人人现在，一反观而自得'，便人人有个作圣之路。故无姚江，则古来之学脉绝矣。"①

那么，良知又将如何落实于个体的日用常行之中呢？这就主要依赖于良知本身的体用结构，依赖于其贯通体用的特征。阳明明确指出:"性无不善，故知无不良，良知即是未发之中，即是廓然大公，寂然不动之本体，人人之所同具者也。"②正因为良知贯通体用、贯通本体与工夫两个层面，所以他又说:"君子之酬酢万变，当行则行，当止则止，当生则生，当死则死，斟酌调停，无非是致其良知……"③也正是在这个意义上，阳明又常常将良知称为人生道德实践中的"试金石，指南针"④。在这一基础上，阳明也就提出了适应于每一个体之自我实现的途径和方法：

> 尔意念着处，他是便知是，非便知非，更瞒他一些不得。尔只不要欺他，实实落落依着他做去，善便存，恶便去。他这里何等稳当快乐。此便是格物的真诀，致知的实功。⑤
>
> 依此良知，忍耐做去，不管人非笑，不管人毁谤，不管人荣辱，任他功夫有进有退，我只是这致良知的主宰不息，久久自然有得力处，一切外事亦自能不动。⑥

当我们将阳明一生这三个"点"连成一"线"时，那么它也就构成了一个人生追求之较为完整的圆圈。首先，在阳明时代，所谓"读书学圣贤"自然可以说是任何一个少年都可能有的人生志向，但阳明却为这一志向负出极大的代价，其两番大病，三次"陷溺"，直到"渐悟仙释之非"之后，才告别了其早年之多层次、多向度的摸索。从确立儒家立场出发，其批评佛老、倡导身心之学自然是儒

---

① 黄宗羲:《姚江学案》,《明儒学案》卷十，沈芝盈点校，第178页。
② 王守仁:《答陆原静书》,《王阳明全集》卷二，吴光等编校，第71页。
③ 王守仁:《答欧阳崇一》,《王阳明全集》卷二，吴光等编校，第82页。
④ 王守仁:《语录三》,《王阳明全集》卷三，吴光等编校，第105页。
⑤ 王守仁:《语录三》,《王阳明全集》卷三，吴光等编校，第105页。
⑥ 王守仁:《语录三》,《王阳明全集》卷三，吴光等编校，第115页。

家的基本方向，也包含着其对官场与学界风气的根本性扭转，但这一方向之基本立足点直到居夷处困的龙场，才在生死危境的逼迫下"大悟格物致知之旨"，这才确立了"圣人之道，吾性自足"的主体基础，从而也就确立了其人生志向的道德基础。由此之后，阳明时而倡导"实践之功"，时而陶醉"静处体悟"，时而又提倡"事上磨练"，直到与罗钦顺展开《朱子晚年定论》与《大学》古本的激辩，这才提出不以孔子之是非为是非的致良知之学。这样一来，良知既是"古今人人真面目"，同时又是人生实践中应事接物的"试金石"与"指南针"，因而致良知也就真正成为一种道德实践基础上的自我实现之学了；所谓阳明精神，也就在其致良知的实践追求中得到了最真切的表现。

五、结语：阳明精神的现代意义

阳明精神究竟是一种什么样的精神？而阳明的人生又是一种什么样的人生？对于这个问题，我们当然也可以概括性地总结说，所谓阳明精神就是为理想奋斗的精神，其人生也是追求理想的一生。但阳明之理想以及其为理想所付出的努力却并不局限于阳明本人，也不局限于其时代，而是具有较为广泛的现代意义。

首先值得注意的就是阳明"始就塾师"所形成之"读书学圣贤"的志向，这无疑是一种立足于个体人生的志向；至于其以后的"格竹子"以及对朱子"读书之法"的实践，还不能说就是真正的圣贤追求，充其量也只是按照朱子学的路径"学圣贤"而已，或者说是对圣贤之学的路径摸索。但其这一志向的珍贵就在于阳明并不满足于"读书登第"的追求，而是直接将自己的志向定位在作为人生"第一等德业"的"读书学圣贤"上。就其这一志向的形成而言，当然离不开其父亲状元及第所提供的铺垫和基础，但阳明能够因"第一等事"而形成"读书学圣贤"的志向，说明他并不满足于其父亲的状元身份；而其能够从人生"第一等事"转向"读书学圣贤"，也说明他确实有远超世俗的抱负。所有这些，首先都是从阳明之个体人生的角度展开的，这说明，所有的人生志向都必须首先扎根于个体才是真正的人生志向。

但个体性的志向还说不上是真正的人生理想，只有在其经历了辞章尤其是佛老之溺并且认识到佛老之学并不足以支撑其人生志向——即所谓"渐悟仙释之非"之后,才开始了从个体志向到人生理想的转进。这就显现出了阳明精神的第二个特征——所谓道德性特征。不过,对于素来缺乏宗教传统的中国人来说,所谓道德其实并不仅仅是一种善恶标准与人伦规范,而是必须回答善恶之所以为善恶的问题,因而以道德追求著称的儒学也并不仅仅是一种以劝善惩恶为特征的淑世主义,而是探讨善恶之所以为善恶的发生机理,这就成为对人生价值根源的探讨。正是从这个意义上说,阳明"圣人之道,吾性自足"的龙场大悟才真正解决了人生的根本方向与价值根源问题。由此之后,其所有的志向也就真正建立在主体内在德性的基础上,这就使其遥远的志向成为一种真正的人生理想了。

但是,这种道德理想只有在经历了人生中的种种磨难,经历了"静处体悟"与"事上磨练"两种不同的教法,尤其是在经历了宁藩之乱、忠泰之难而罗钦顺又借助朱子的权威展开理论"围剿"时,才以所谓"古今人人真面目"而又"随时知是知非"的道德良知呈现出来,这就使其致良知真正成为人生自我实现中的"试金石"与"指南针"了。这样一来,阳明精神的三"点"一"线",即所谓个体性的志向、道德性的理想与自我实现的致良知追求也就完全可以作用于现代社会与现代人生了。

首先,就个体之人生志向而言,《学记》云:"凡学,官先事,士先志。"(《礼记·学记》)曾子也有"士不可不弘毅,任重而道远。仁以为己任,不亦重乎?死而后已,不亦远乎?"(《论语·泰伯》)的论说,可以说是所有有志之士的共同特征,也是传统君子人格的一种基本素质。但这种素质、特征又不仅仅具有传统的意义,而且也具有超越时代的价值与意义;实际上,所谓有志之士也是从传统的君子人格到现代社会公众知识分子之一种可以直接过渡的桥梁。阳明正是因为活化了孔、曾、思、孟的一贯精神,才能将其人生的"第一等事"定位在"读书学圣贤"上。今天,我们也只有继承这种超越于"读书登第"的人生"第一等德业",才能完成从传统到现代、从君子人格到现代公民意识的过渡与转换。

其次,从人生理想之道德性来看,中国传统的道德并不仅仅是道德训条或所谓人伦规范,而是自殷周以来中国传统的天人合一信仰落实于现实人生的表现,因而儒家的道德不仅具有信仰的蕴含,而且也是人生所有行为的底线与价值根源。从这个角度看，所有的人生理想只有扎根于道德，才能真正经磨历劫，经得起各种困厄的打击；阳明之所以认为他的良知是"从百死千难中得来"①，正是其理想之道德性的表现与见证。而从中外文化交流的角度看，也只有儒家这种具有信仰蕴含的道德，才能在各大宗教之间架起相互沟通的桥梁。再从民族崛起的角度看，也只有信仰性的道德，才能成为民族精神崛起的压舱石及其发展的风向标。所以，无论是个体的人生理想还是民族精神的整体崛起，儒家传统的德性信仰都是其理想之深入与精神之发展的"试金石"与"指南针"。

最后，从人生自我实现的角度看，人的自我实现既依赖于其个体的志向又依赖其内在的德性。如果人生没有远大的志向，固然会沉迷于世俗生活，但对中国人而言，如果没有内在德性所提供的信仰根基，则其所谓志向说到底不过是一种空头的自我期许而已。而在志向与信仰结合的基础上，则所谓志向将成为真正扎根于德性的人生理想；所谓信仰，也将真正成为"我"之人生行为的底线与价值根源。在这一基础上，志向与信仰的统一也将成为人生一切精神的母体及其动力的根源，一如阳明对朱子带有"公共"性的天理既可以沿着普遍性的路径将其拓展为"古今人人真面目"，同时又可以沿着个体之生存实际与生活实践之路将其发挥为"我"之"随时知是知非"的"是非标准"一样。因而，无论是个体的人生追求还是民族精神的整体崛起，阳明精神的这种个体性、道德性与自我实现性之三"点"一"线"式的统一，都将成为我们民族的历史经验与宝贵的精神遗产。

［该文原载于《阳明学研究（第四辑）》，人民出版社，2019年6月］

---

① 钱德洪：《年谱二》，王守仁：《王阳明全集》卷三十四，吴光等编校，第1412页。

心学：
个体主体的反省、自觉及其自我实现之学

摘　要：心学是一种独特的中国文化现象。在整个人类文化中，可能也只有中国文化中有这种专门以人之心为研究对象的学问。但它又不是从生理上、心理上研究心，而是专门从做人精神以及如何度过人生的角度研究心，中国文化因此而成为一种主体性文化。在中国最早产生的思想流派中，儒道两家便各有其心学；即使从印度传来的佛教，最后也形成了以"心"为焦点的禅宗。所以，从这个角度说，中国文化中的主体性精神其实是以心学为代表的。心学当然源于现实的人生，但当其成为一种"学"并表现为一种理论形态，那么其将如何返归于现实并指导现实的人生，便可以说是儒家心性之学的一个重大主题；而代表儒学再次崛起的宋明理学以及其中从象山到阳明的陆王心学，则在这一方面作出了不朽的贡献，从而使心性之学成为一种建立在道德善性基础上并通过个体之反省、自觉的自我实现之学。

关键词：心学　个体主体　反省　自觉　自我实现

心学是一种独特的中国文化现象。在整个人类文化中，可能也只有中国文化中有这种专门以人之心性为研究对象的学问。但它又不是从生理上、心理上研究心，而是专门从做人精神以及如何度过人生的角度研究心，中国文化因此而成为一种主体性文化或充满着主体性精神的文化。在中国最早形成的思想流派中，儒道两家便各有其心学；即使是从印度传来的佛教，最后也形成了以"心"为焦点的禅宗。所以，从这个角度说，中国文化中的主体性精神其实主要是以心学为代表的。但心学既可以说明中国文化的主体性精神，

同时也与中国文化中的许多负面现象存在着割不断的联系，真所谓成也萧何，败也萧何。不过，研究中国文化中的心学现象，分析其所以形成的特征，对于中国文化尤其是心学而言，也有一定的促其反省之积极意义。

一、主体性精神：儒道佛心学的共同特征

儒学既是中国文化的主体，也是中国文化发展的主流。作为最能体现中国文化主体性精神的心学，一般都是从孟子说起。这无疑是正确的，因为孟子不仅表现了儒家心性之学的基本特征，而且也规范了心性之学发展的轨辙与路径。从这个意义上说，中国历史上的心学以孟子为开创者，应当说是很有道理的。

但孟子的心学精神表现在哪里呢？这就首先表现在其主体性上，尤其表现在其主体性精神上。不过，说到孟子的主体性精神，人们马上就会想到孟子的"居天下之广居，立天下之正位，行天下之大道……富贵不能淫，贫贱不能移，威武不能屈"（《孟子·滕文公下》）之所谓"大丈夫"精神，或者想到孟子的"中天下而立，定四海之民"（《孟子·尽心上》）之担当精神，包括其"如欲平治天下，当今之世，舍我其谁也"（《孟子·公孙丑下》）的当仁不让情怀。所有这些，当然都是孟子主体性精神的表现，但这种主体性精神却并不一定就是此在人生的现实存在，而首先是人在现实生活中探索、寻找并自我追求的产物。

既然是主体性精神，当然也必然会内在于现实的人生主体，为什么还需要探索、寻找并自我追求呢？这是因为，对于常人而言，主体性精神固然也可以说是一种现实存在，但现实存在的却未必就是真正的主体性精神，即如作为人之最现实的主体——身体而言，也是可以分为"大体"与"小体"的。所以，孟子就曾以人之"大体"与"小体"为喻，来说明人之主体性精神的如何确立：

> 体有贵贱，有小大。无以小害大，无以贱害贵。养其小者为小人，养其大者为大人。今有场师，舍其梧槚，养其樲棘，则为贱场师焉。养其一指而失其肩背，而不知也，则为狼疾人也。饮食之人，则人贱之矣，为其养小以失大也。（《孟子·告

子上》)

又说:

> 人有鸡犬放，则知求之；有放心而不知求。学问之道无他，求其放心而已矣。(《孟子·告子上》)

从这两段比喻性的说明来看，主体性精神无疑是人生中一种原本就有的存在，但人却有可能会像"贱场师"一样"舍其梧槚，养其樲棘"，或者像"狼疾人"一样"养其一指而失其肩背"，总之，只要陷入"养小以失大"的格局，就会与人原有的"本心"失之交臂。所以，孟子为了强调"本心"——所谓主体性精神的人固有之的特点，甚至还专门以人的"放失之心"来比喻人原本就有的主体性精神。这说明，人的主体性精神不仅原本固有，而且也就存在于人的自觉认领与不懈追求之中。

如果说孟子是儒家心性之学的开创者，那么庄子也就可以说是道家心性之学的确立者。因为在庄子思想中，心学之主体感受的因素包括其所表现的主体性色彩甚至更强。不过，这种"强"并不表现为对世界的索取和改造，而恰恰表现为对自身主体性精神（或因素）的守护和捍卫；而这种捍卫，甚至会通过某种与一般常识相违逆的色彩表现出来。比如其《应帝王》写道：

> 南海之帝为倏，北海之帝为忽，中央之帝为浑沌。倏与忽时相与遇于浑沌之地，浑沌待之甚善。倏与忽谋报浑沌之德，曰："人皆有七窍以视听食息，此独无有，尝试凿之。"日凿一窍，七日而浑沌死。

在这一寓言性的表达中，"人皆有七窍"固然可以说是一种人伦常识；而倏与忽也是为了报答"浑沌之德"才想到为其"凿七窍"的，以使浑沌更像他们一样的人。但其结果却是"日凿一窍，七日而浑沌死"。那么，与这一结局相比，浑沌究竟是应当保持其原来没有七窍的形状好呢还是虽然像一般人一样有了七窍但却丢掉了性命好？在庄子看来，这无疑是一个不言而喻的问题。

那么，庄子通过这一寓言究竟表达了什么思想呢？这就是对"生"的尊重。因为对浑沌来说，他虽然没有七窍，但却仍然不失为一个自给自足的生命；而在儵与忽看来，没有七窍，无疑是生命的一种缺憾，所以，他们为浑沌"凿七窍"就是为了报答他，以使其更像个人，或者说就是为了实现其生命的圆满性，但"凿七窍"的结果却反而使浑沌失掉了生命。那么对浑沌来说，他那曾经没有七窍地活着与虽然有了七窍但却丢掉了性命哪一者更值得坚持和守护呢？在这里，一个重要的前提性的根源就在于浑沌没有七窍的生命究竟是如何形成的？这就只能追根于他的被"生"、他的父母了，正是他的父母之"生"才使他成为一个没有七窍的人。所以，对于常人而言，没有七窍自然可以说是生命的一种缺憾；但对浑沌来说，由于这种没有七窍的人生是由"生"而来的，因而，与其为了生命的圆满而凿七窍从而使自己丢掉了性命，还不如就守着自己没有七窍的人生才是一种本真的生命。

也许正是出于这一原因，所以庄子对于由"生"而来的特征就持着一种顽强坚持乃至于拼死守护的态度；而这种坚持与守护的标准，也就决定于"生"本身。生长则长，生短则短；生白则白，生黑则黑。总之，只要是由"生"而来，因"生"而有，那么它就是最值得坚持与守护的；反之，凡是对"生"有所戕害的行为，都是对生命圆满性的一种伤害。正是持着这样一个标准，所以庄子又有了如下论断：

> 长者不为有余，短者不为不足。是故凫胫虽短，续之则忧；鹤胫虽长，断之则悲。（《庄子·骈拇》）
> 吾生于陵而安于陵，故也；长于水而安于水，性也；不知吾所以然而然，命也。（《庄子·达生》）

在这两个案例中，前者主要在于批评伤"生"现象；而后者则在于对由"生"而来之"故""性""命"的坚持与守护。如果说这里也存在着一种主体性精神，那么这种精神就是由"生"而来，因"故"而有，并且也是通过随"生"而来之"性"与"命"加以表现的。所以，两相比较，如果说孟子的主体性精神主要建立在道德善性基础上对于人之"本心"的坚持，那么庄子的主体性精神也就表现在其对人之随"生"而来之"形色"与"天性"①的坚持与守护上。

儒道两家自然都属于土生土长的中国思想，那么源自印度的佛教又如何呢？佛教本来是一种因为人之生老病死而谋求解脱的思想，以追求超脱生死，从而进入所谓不生不死之涅槃境界。但由于对涅槃境界的追求与领悟必须以主体之佛性为基础，因而在经过大乘佛教对佛性之普遍性拓展以后，所谓成佛追求也就集中在对自身佛性的自觉与领悟上了。而这一点在源自印度而又流行于中国的禅宗思想中就得到了极为典型的表现。如果说佛教也有其主体性精神，那么对佛性遍在性的坚持以及通过对内在佛性的充分自觉也就成为禅宗思想的一种典型特征了；禅宗所谓"悟"，就指对其内在佛性的自觉而言。禅宗追求涅槃境界的这一特点充分表现在作为其六祖之慧能的思想中。

慧能出身于社会下层，据说连字都不认识，但其听人诵读《金刚经》，却能够深入其中的教理。当其初见五祖弘忍时，曾被称为"獦獠"，但其为自己辩解并反驳五祖的"人虽有南北，佛性本无南北。獦獠身与和尚不同，佛性有何差别？"②实际上就已经为其主体性立场廓清了地盘，而其所自我界定的"不离自性，即是福田"③，自然也就成为其所以成佛的主体根据了。所以，当他形成"一者善，二者不善。佛性非善非不善，是名不二。蕴之与界，凡夫见二，智者了达其性无二。无二之性，即是佛性"④时，也就通过"自性"与"佛性"的当下统一展现了一条主体性的顿悟成佛之路。如果再从其告别五祖弘忍时所坚持的"迷时师度，悟了自度"⑤也就完全可以视为其对内在主体精神的一种现身说法；至于其在广州法性寺的一段经历，也完全可以视为其关于佛性与主体性精神的一个宣言。《坛经》载：

---

① "形色""天性"都是孟子所提出的概念，但却最足以表达庄子对人之自然天性的尊重与守护。关于庄子对人之"天性"的坚持与守护，请参阅丁为祥：《论"儒道互补"的结构性特征》，《哲学研究》2018年第9期。
② 慧能：《行由品》，丁福保笺注：《六祖坛经笺注》，一苇整理，第49页。
③ 慧能：《行由品》，丁福保笺注：《六祖坛经笺注》，一苇整理，第40页。
④ 慧能：《行由品》，丁福保笺注：《六祖坛经笺注》，一苇整理，第80页。
⑤ 慧能：《行由品》，丁福保笺注：《六祖坛经笺注》，一苇整理，第71页。

时有风吹幡动。一僧曰风动，一僧曰幡动，议论不已。惠能进曰："不是风动，不是幡动，仁者心动。"①

显然，此时的慧能已经将"风动"与"幡动"一并收摄到"仁者心动"上来了。在这一背景下，所谓"仁者心动"实际上已经成为发现并理解"风动"与"幡动"的基本前提，因而也就成为"风动"与"幡动"包括整个世界之"动"的主体根据了。这无疑是其以佛性为基础之主体性精神的表现。

这样看来，从儒家的孟子到道家的庄子再到禅宗之慧能，实际上都是从主体性的角度展开其人生追求的。所以，从这个角度说，所谓主体性精神其实就是贯通于儒道佛三教的基本精神，也是其心学的一种共同特征。

二、人皆可为：心学的出发点及其指向

不过对心学而言，确认并树立主体性精神以作为其人生的基本出发点固然可以说是完全正确的，但心学却并不仅仅是一种主体性精神；承认主体性精神固然也可以说是所有心学能够成立的主体根据，但仅仅主体性精神还是不足以支撑整个心性之学的大厦的。这是因为，心学作为一种主体性文化，包括其主体性精神要落到人生修养的实处，还必须要有一个非常重要的前提，这就是必须通过更为深入的理据以对其主体性精神及其可能性给以充分的肯定和确保；而这种肯定和确保，与其说是一种实然的根据，不如说首先是一种超越的预设或理论展开之逻辑设定。因而对于这一问题，虽然儒佛道三教都各有其不同的论证思路，但解决得最好且影响最大的毕竟是儒家。这一点同样表现在孟子的思想中。

对孟子与儒家心性之学来说，仅仅肯定人的主体性精神一如仅仅肯定人生必然会有一定的现实追求一样，这还仅仅是就其表象而言。构成儒家心性之学的深层内涵，则主要在于其为人生所确立的基本出发点及其指向上。但是，由于中国文化并不醉心于理论论证，尤其不长于逻辑性的推导与理论性的预设，因而作为其人生基本出

---

① 慧能：《行由品》，丁福保笺注：《六祖坛经笺注》，一苇整理，第175页。

发点的"预设"并不表现在其理论预设中,而恰恰表现并蕴含在其人生的实践追求中;至于其人生追求,也往往是以实践的方式来表现并蕴含其出发点的。这样一来,儒家心性之学关于做人的基本出发点也就蕴含在其人生的实践追求及其指向中。

但人的追求又是存在着不同层级的,比如前边所征引的"舍其梧檟,养其樲棘"的"贱场师""养其一指而失其肩背"的"狼疾人",包括"养小以失大"的"饮食之人",总之,只要陷入所谓"养小以失大"的格局,那么这样的人生虽然也有所追求,但还说不上是真正属于人的追求。

那么,究竟什么样的追求才是真正属于人而且也值得人去追求呢?请看孟子与其弟子的如下一段对话:

> 曹交问曰:"人皆可以为尧舜,有诸?"孟子曰:"然。""交闻文王十尺,汤九尺,今交九尺四寸以长,食粟而已,如何则可?"曰:"奚有于是?亦为之而已矣……子服尧之服,诵尧之言,行尧之行,是尧而已矣。"(《孟子·告子下》)
>
> 颜渊曰:"舜,何人也?予,何人也?有为者亦若是。"公明仪曰:"文王,我师也;周公岂欺余哉?"(《孟子·滕文公上》)

从这些对话来看,孟子弟子实际上是将自己与古代的圣贤相比,而这种相比的结果,在其弟子,自然是"食粟而已"式的自责;而对孟子来说,则是所谓"子服尧之服,诵尧之言,行尧之行,是尧而已"的勉励。

但在这些对话中,却蕴含着一个更为根本的观点,这就是由曹交之问所表达的"人皆可以为尧舜"。而对曹交这一问,孟子也作出了明确而又肯定的回答。这就是说,在儒家心性之学的视野中,人生的追求也就应当以尧舜为榜样,是即其所谓的"子服尧之服,诵尧之言,行尧之行,是尧而已"。也就是说,就人生的出发点而言,常人与尧舜实际上是平等的、没有差别的;尧舜之所以成为尧舜,并不在于其一出生就异于常人,或带有超常的禀赋,而是和常人完全一样的人,即如舜而言,其生存环境甚至还不如一般的常人。就舜的生存环境而言,史书一致认为其出生的家庭是父顽、母嚚与弟(象)之不恭;至于舜本人的成长经历,孟子也有如下描述:"舜之居深山之中，与木石居，与鹿豕游，其所以异于深山之野人者几希；及其闻一善言，见一善行，若决江河，沛然莫之能御也。"(《孟子·尽心上》)这就说明，无论是先天的禀赋还是后天的遭际，实际上并不能决定一个人成为什么样的人。这就预示了一种人生追求及其资格上的平等精神。

不过，这种做人精神上的平等并不否认人与人在现实上的差别，而无论这种差别是先天禀赋还是后天积累上的差别，也都不能决定一个人将成为什么样的人。这样看来，在决定一个人成为什么样的人这一点上，儒家心性之学便以其做人精神上之平等确立了人生的基本出发点。孔子所谓"为仁由己，而由人乎哉"(《论语·颜渊》)以及"当仁，不让于师"(《论语·卫灵公》)，实际上就包含着这一含义。

但做人资格与精神上的平等实际只是一种平等的原则或者说是原则上的平等，还不能等于人生实现动力上的平等，当然也不是人生结果上的平均或等值。实际上，真正构成人生差别的主要原因在于其不同的人生设计或自我期许，以儒家的语言表达就是立志，所以孔子就有"吾十有五而志于学"(《论语·为政》)之说，而《学记》也有"官先事，士先志"(《礼记·学记》)一说，以孟子的语言表达，则是："心之官则思，思则得之，不思则不得也。此天之所与我者。先立乎其大者，则其小者弗能夺也。"(《孟子·告子上》)又说："求则得之，舍则失之，是求有益于得也，求在我者也。"(《孟子·尽心上》)

从孟子既坚持"思"又坚持"求"来看，应当说其所"思"所"求"也就代表着其人生的一种最高追求了，那么孟子人生的追求指向是什么呢？作为《孟子》一书最后一篇的"尽心"说大概也就可以代表其人生的最高追求了。《尽心上》云：

> 尽其心者，知其性也。知其性，则知天矣。存其心，养其性，所以事天也。夭寿不贰，修身以俟之，所以立命也。

在这里，孟子以"尽心"的方式，明确指向了"知性知天""养性事天"与"修身以俟"三个层次，同时也就等于勾画出了人生三种不同的追求指向，而这三个层次既可以说是各自独立的，当然也可以说是依次递进的。依据传统尤其是王阳明的理解，这三个层次往往被理解为与"生知安行""学知利行"与"困知勉行"的圣人、贤人与学者相对应。其实，对应于孟子文本的具体所指，应当说这反倒是一种颠倒性的理解。所谓"知性知天"往往是对应于常人和学者而言；"养性事天"则是对应于贤人而言的；至于"修身以俟"则恰恰是圣人"生知安行"的具体表现。①

这样一来，所谓"尽心"追求实际上也就蕴含着儒家心性之学关于人生世界的最高主宰与终极根源，这就是"天""天命"或"天道"。作为"天"，自然是指世界的最后根源，所以关于人的德性，孔子就有"天生德于予"（《论语·述而》）一说；对于人的仁义礼智"四端"，孟子也有"此天之所与我者。先立乎其大者，则其小者不能夺也"的说法。而所谓"天命"，则特指天之命于人者，因而《中庸》所谓"天命之谓性"也就可以视为一种最经典的诠释。至于"天道"，则一方面是指"天命"在社会层面的落实而言，如果就其在个体人生中的落实来看，则可以称之为"命"，所以关于两宋儒学以及儒者个体命运的历史记录就被称为《道命录》，既指儒学的时代轨迹——"道"，同时又指儒者个体的人生遭际——"命"。

到了这一层面，儒家心性之学的出发点也就真正清晰起来了，这就是从"天"一直到"天命"与"天道"。虽然心性之学一直以主体性精神著称，但却并非就没有其客观的根据和基础，而"天""天命"或"天道"就是儒家心性之学的最高根据和最后根源，也构成了其颠沛、造次之主体性精神的真正出发点。至于儒家关于做人之平等精神以及其"人皆可以为尧舜"的说法，也都是在这一根据和背景的基础上成立的。

三、本心即理：象山心学的独特贡献

儒家心性之学虽然以"天""天命"或"天道"作为其最高根

---

① 由于阳明受朱子格物穷理说的影响，并试图将《大学》的格物致知纳入其"致良知"的系统，因而其将孟子"知性知天""养性事天"与"修身以俟"对应于历史上公认的"生知安行""学知利行"与"困知勉行"之所谓圣人、贤人与学者三境。对《孟子》文本而言，这实际上是一种颠倒性的理解。请参阅崔海东：《〈传习录〉解〈孟子〉"尽心"三节辩误》，《贵阳学院学报（社会科学版）》2016年第5期。

据（主宰）和最后根源，但无论是"天命"还是"天道"，都会随着时代的发展与知识范型的转换而改变其表现形式。所以，待到儒学再次崛起的宋代，程明道便以"吾学虽有所受，天理二字却是自家体贴出来"①明确宣告了"天命"与"天道"的新形式，这就是"天理"，这就使得儒学进入到理学时代。而"天理"概念一经提出，很快就成为贯通两宋儒学的一种基本共识，也是理学各派公认的天道本体。

与"天命"和"天道"相比，"天理"的突出特征主要在于其作为天地万物之形上本体的性质，尤其是其形而上的存在属性以及其超越于万事万物之具体形体的遍在性特征，这显然是佛老二教带给儒学的新特征，因为理学本身就是儒佛道三教融合的产物。那么，作为天地万物形上本体的"天理"究竟如何向人伦世界落实呢？这主要是通过由天理本体论所表现出来的"所当然"与"所以然"两大领域及其关系来实现，并通过自然世界之"所以然"来支撑、论证其在人伦世界之"所当然"；而作为人之认知的起步，又必须通过"所当然"而更求其"所以然"。关于二者的关系及其认知次第，朱子说：

> 如事亲当孝，事兄当弟之类，便是当然之则。然事亲如何却须要孝，从兄如何却须要弟，此即所以然之故。②
>
> 至于天下之物，则必各有其所以然之故，与其所当然之则，所谓理也，人莫不知，而或不能使其精粗隐显，究极无余，则理所未穷，知必有蔽，虽欲勉强以致之，亦不可得而致矣。故致知之道，在乎即事观理，以格夫物。③

从朱子这些论述可以看出，就存在次序而言，自然是先有天地万物之"所以然"，然后才能有人伦行为之"所当然"，但就人之认知而言，则必须先认知人伦行为之"所当然"，然后才能更穷其天地万物之"所以然"。所有这些，作为致知之道，又必须通过"即事观理，以格夫物"来实现。这样一来，朱子也就系统地解决了从天地

---

① 程颢、程颐：《河南程氏遗书》卷十二，《二程集》，王孝鱼点校，第424页。
② 朱熹：《传五章》，黎靖德编：《朱子语类》卷十八，王星贤点校，第414页。
③ 朱熹：《大学或问上》，《四书或问》，朱杰人、严佐之、刘永翔主编：《朱子全书》（第6册），第512页。

万物所以存在的天道宇宙论根据到人伦行为之所当然的理由包括对其认知的先后次序问题,至于"即事观理,以格夫物"也就可以说是"致知之道"的起始与入手了。

但朱子这一天理本体论体系及其落实却存在着两个方面的疏漏:第一,朱子以天地万物之"所以然"来支撑、论证其人伦行为之"所当然",从表面上看,就是以天地万物的所以存在之理来论证儒家道德伦理的普遍性与永恒性,此一用意虽然良善,但天地万物所以存在之理属于自然物理,并且也只能通过认知的方式即所谓格物致知才能掌握,而人伦道德之理却属于价值理性,至于作为其落实指向的道德实践则需要主体的道德意志来推动。在朱子时代,人们还不可能认识到二者之间的歧义性,但朱子试图通过认知的方式来解决人的道德自觉问题却不仅是朱子本人所自我承认的,[①] 而且也是历代研究者所无法否认的。这就存在着一个物理知识能否促进道德自觉的问题。第二,当朱子通过格物致知将人们的兴趣引向自然物理尤其是通过对《大学》"格物致知"的"补传",其所谓的"格物致知"也就成为"盖人心之灵莫不有知,而天下之物莫不有理,惟于理有未穷,故其知有不尽也。是以《大学》始教,必使学者即凡天下之物,莫不因其已知之理而益穷之,以求至乎其极。至于用力之久,而一旦豁然贯通焉,则众物之表里精粗无不到,而吾心之全体大用无不明矣。此谓物格,此谓知之至也"[②]。至于其对"格物致知"的具体要求,则又是通过如下方式实现的:

> 上而无极、太极,下而一草、一木、一昆虫之微,亦各有理。一书不读,则阙了一书道理;一事不穷,则阙了一事道理;一物不格,则阙了一物道理。须着逐一件与他理会过。[③]

在这一指令下,所谓"格物致知"也就成为一种普遍的"逐物"

---

① 朱熹反省他与象山的分歧说:"今子静所说,专是尊德性事,而熹平日所论,却是问学上多了。所以为彼学者多持守可观,而看得义理全不子细……熹自觉虽于义理上不敢乱说,却于紧要为己为人上多不得力。"(朱熹:《答项平父二》,《朱熹集》卷五十四,郭齐、尹波点校,第2694—2695页)
② 朱熹:《大学章句》,《四书章句集注》,朱杰人、严佐之、刘永翔主编:《朱子全书》(第6册),第20页。
③ 朱熹:《经下》,黎靖德编,《朱子语类》卷十五,王星贤点校,第295页。

竞赛了。当人们纷纷致力于格物致知时，如果说这时候还有所谓主体，那么这个主体也就只能是认知性的主体；对于作为理学终极关怀的道德实践而言，则完全可以说是一种主体缺失的格局。

正是朱子以认知促道德的进路以及其聚焦于格物致知从而导致道德实践之主体缺失的格局，也就为象山心学的崛起留下了巨大的空间；而象山心学也确实是作为朱子学的纠偏补弊者出现的。当然，就象山本人的为学进路而言，他并不是因为要对朱子的理学进行纠偏才成为心学的，而是因为其"读《孟子》而自得之于心也"①，从而也就形成了其心学的进路及其与朱子学之遭逢，这就是所谓"朱陆之争"。

象山心学极为简明（但却并不简单），其思想命题也几乎全从《孟子》一书而来，但又能够紧扣时代的病症，比如"先立乎其大者""发明本心"，包括所谓"切己自反，改过迁善"②等，唯一带有时代特色及其个人色彩的则是所谓"心即理"说，而这一命题又恰恰成为其对朱子学的一个重大纠偏或根本性的扭转。比如就其"先立乎其大者"而言，这完全是对孟子"先立乎其大者，则其小者不能夺也"（《孟子·告子上》）一说的活用。但在象山时代的语境中，则其关于"先立乎其大者"的倡导似乎就成为一种笑话了，比如：

> 近有议吾者云："除了'先立乎其大者'一句，全无伎俩。"吾闻之曰："诚然。"③

从这一案例来看，孟子的"先立乎其大者"似乎已经成为时人对于象山讲学内容的一种嘲笑了，这也说明，当时的学人完全是把孟子的"先立乎其大者"作为一种理论话头来摆弄的。可在象山看来，所谓"先立乎其大者"绝不仅仅是一种理论话头，而是一种立足于当下人生以指向道德实践的绝对律令。因为孟子的"先立乎其大者"本来就是相对于人之"四体"而言的人之仁义礼智"四端"，就是要让"四端"作为人之"大体"以从现实人生中当下挺立起来，

---

① 陆九渊：《年谱》，《陆九渊集》卷三十六，钟哲点校，第498页。
② 陆九渊：《语录上》，《陆九渊集》卷三十四，钟哲点校，第400页。
③ 陆九渊：《语录上》，《陆九渊集》卷三十四，钟哲点校，第400页。

根本就不是一种可以讨论、可以卖弄的理论话头。正因为"先立乎其大者"的这一蕴含，所以才会有象山对其弟子的如下指点："请尊兄即今自立，正坐拱手，收拾精神，自作主宰。万物皆备于我，有何欠缺。当恻隐时自然恻隐，当羞恶时自然羞恶，当宽裕温柔时自然宽裕温柔，当发强刚毅时自然发强刚毅。"① 但当时人将"先立乎其大者"作为象山讲学的一种"伎俩"加以嘲笑时，也说明当时的学风已经将指向道德实践的绝对命令理论命题化或理论讲说化了。正因为它是一种指向道德实践的绝对律令，因而象山便可以坦然接受并加以实践性的阐发；但一当将其作为讲学的一种"伎俩"，则说明当时的学界已经将这种指向道德实践的律令知识化、理论化或口耳讲说化了。

再比如"发明本心"，这也是孟子"求放心"的另一种说法，所谓"本心"就指人所固有的"四端"而言，所以孟子才有"君子所性，仁、义、礼、智根于心"（《孟子·尽心上》）一说。但象山这里的"发明本心"却并不仅仅是"求放心"，而是在"求放心"的基础上更加以"思"与"求"之功：

> 义理之在人心，实天之所与，而不可泯灭焉者也。彼其受蔽于物而至于悖理违义，盖亦弗思焉耳。诚能反而思之，则是非取舍盖有隐然而动，判然而明，决然而无疑者矣。②
>
> 良心之在人，虽或有所陷溺，亦未始泯然而尽亡也……诚能反而求之，则是非美恶将有所甚明，而好恶趋舍将有不待强而自决者矣。移其愚不肖之所为，而为仁人君子之事，殆若决江疏河而赴诸海，夫孰得而御之？此无他，所求者在我，则未有求而不得者也。③

很明显，从"思"到"求"，也就构成了象山"发明本心"的主要内容；而无论是"思"还是"求"，也无不以道德抉择和道德实践为指向。所以他又说："此天之所以予我者，非由外铄我也。思则得之，得此者也；先立乎其大者，立此者也；积善者，积此者也；集

---
① 陆九渊：《语录下》，《陆九渊集》卷三十五，钟哲点校，第455—456页。
② 陆九渊：《思则得之》，《陆九渊集》卷三十二，钟哲点校，第376页。
③ 陆九渊：《求则得之》，《陆九渊集》卷三十二，钟哲点校，第377页。

义者，集此者也；知德者，知此者也；进德者，进此者也。"①总之，无论是"思"还是"求"，包括所谓"先立乎其大者"，都是从道德实践的角度展开的。

在这一基础上，其所谓"心即理"的内涵也就非常清楚了。这就是孔子之"仁"、孟子之"性"以及其"赤子之心"。所以，在象山的语境中，所谓"心"与"理"永远是一种活动义、实践态，而不是那种仅仅表明认知指向的命题态：

> 仁即此心也，此理也。求则得之，得此理也；先知者，知此理也；先觉者，觉此理也；爱其亲者，此理也；敬其兄者，此理也……是知其为是，非知其为非，此理也；宜辞而辞，宜逊而逊者，此理也；敬此理也，义亦此理也；内此理也，外亦此理也。②

> 此心之灵，此理之明，岂外铄哉？明其本末，知所先后，虽由于学。及其明也，乃理之固有，何加损于其间哉？③

> 人皆有是心，心皆具是理，心即理也，故曰"理义之悦我心，犹刍豢之悦我口"。所贵乎学者，为其欲穷此理，尽此心也。有所蒙蔽，有所移夺，有所陷溺，则此心为之不灵，此理为之不明……④

这是象山在与不同友人间的书札讨论。从这些讨论可以看出，其"心即理"的思想完全源于孟子，而且也首先是指其活泼泼的主体抉择精神及其道德实践指向而言的，其所谓"有所蒙蔽，有所移夺，有所陷溺，则此心为之不灵，此理为之不明"尤其表现了这一点。所以，那种把象山"心即理"与朱子"性即理"作为一种关于存在论判断之理论命题从而加以比较的方法可以说是从根本上找错了对象。

那么，作为一种指向道德实践的绝对律令，象山"心即理"的特殊性何在呢？应当说在孟子的思想中，仁义礼智虽然构成了人之

---

① 陆九渊：《与邵叔谊》，《陆九渊集》卷一，钟哲点校，第1页。
② 陆九渊：《与曾宅之》，《陆九渊集》卷一，钟哲点校，第5页。
③ 陆九渊：《与詹子南二》，《陆九渊集》卷七，钟哲点校，第96页。
④ 陆九渊：《与李宰二》，《陆九渊集》卷十一，钟哲点校，第149页。

"本心"的主要内涵——所谓"君子所性,仁、义、礼、智根于心"一说尤其表现了这一点,但这一"本心"却主要是通过人之"四端"表现出来的,并且也没有越出主体的界域之外。而对象山的"心即理"来说,则其主体之"心"不仅是道德伦理的生发之源,而且此心此理也已经成为"宇宙"的生发之源了,其所谓"万物森然于方寸之间,满心而发,充塞宇宙,无非此理",① 实际上就已经成为个体之道德行为与道德实践的宇宙了。这一点无疑带有两宋理学之时代特色,既表现着心学之共同性,也表现了象山心学对于作为宇宙本体之天理进行道德实践的个性与特色。

四、知行合一:阳明心学之独步千古

象山心学虽然是针对朱子学之偏蔽及其时代病症而发的,但由于其去世过早,不仅未能对时代之病进行纠偏,反而为偏所隐,因而到了明代,也就形成了"此亦一述朱,彼亦一述朱"②的格局。王阳明心学就形成于这一背景下,并且也是从对朱子学之实践印证与步步纠偏中形成的——其早年"格竹子"的失败固然还可以归结为其对朱子格物致知方法不正确的运用,③但其以后对朱子"读书之法"的实践及其再度失败,却使其对朱子学所规定的圣贤之路经历了从"自委圣贤有分"到"益委圣贤有分"④的极度绝望,这才有了其早年的佛老之溺。

但当阳明进入官场,却发现整个官场都存在着一种心口不一的内外背反现象,比如在其首次上书言事的《陈言边务疏》中,阳明就写道:

> 今之大患,在于为大臣者外托慎重老成之名,而内为固禄希宠之计,为左右者内挟交蟠蔽壅之资,而外肆招权纳贿之恶。

---

① 陆九渊:《语录上》,《陆九渊集》卷三十四,钟哲点校,第423页。此条语录须与"宇宙不曾限隔人,人自限隔宇宙"(陆九渊:《语录上》,《陆九渊集》卷三十四,钟哲点校,第401页)相互参照方解其意,而不至于认为象山就是以自己之心为宇宙本源。
② 黄宗羲:《姚江学案》,《明儒学案》卷十,沈芝盈点校,第178页。
③ 请参阅冈田武彦:《王阳明大传:知行合一的心学智慧》,杨田等译,第74页。
④ 钱德洪:《年谱一》,王守仁:《王阳明全集》卷三十二,吴光等编校,第1350页。

习以成俗，互相为奸。①

六年后，阳明终于形成了其扭转官场风气的一个基本主张，这就是通过内外一致的"身心之学"来扭转官场的内外背反之风。《阳明年谱》记载：

> 学者溺于词章记诵，不复知有身心之学。先生首倡言之，使人先立必为圣人之志。闻者渐觉兴起，有愿执贽及门者。至是专志授徒讲学。②

很明显，从《陈言边务疏》到对"身心之学"的倡导，其实就是阳明对明代官场风气的一个总体评价与明确批评，也是其试图以内外一致的"身心之学"来扭转当时官场内外背反风气的表现。十多年后，当阳明在转任朝廷、地方等一系列职务之后，又对明代的学界风气提出了如下批评：

> 后世不知作圣之本是纯乎天理，却专去知识才能上求圣人。以为圣人无所不知，无所不能，我须是将圣人许多知识才能逐一理会始得。故不务去天理上着工夫，徒弊精竭力，从册子上钻研，名物上考索，形迹上比拟，知识愈广而人欲愈滋，才力愈多而天理愈蔽。③

> 天下所以不治，只因文盛实衰，人出己见，新奇相高，以眩俗取誉，徒以乱天下之聪明，涂天下之耳目，使天下靡然争务修饰文词，以求知于世，而不复知有敦本尚实、反朴还淳之行，是皆著述者有以启之。④

所有这些，如果说前者是针对那种专门从"知识才能上求圣人"之学术风气的批评，那么后者便可以说是直揭其学风上的根源，这就是"文盛实衰，人出己见，新奇相高，以眩俗取誉"的学术风气。在王阳明看来，所有这些现象，作为一种普遍的社会风气，主要就

---

① 王守仁：《陈言边务疏》，《王阳明全集》卷六，吴光等编校，第316页。
② 钱德洪：《年谱一》，王守仁：《王阳明全集》卷三十三，吴光等编校，第1352页。
③ 王守仁：《语录一》，《王阳明全集》卷一，吴光等编校，第32页。
④ 王守仁：《语录一》，《王阳明全集》卷一，吴光等编校，第9页。

是那种专门从"知识才能上求圣人"的"著述者有以启之"。很明显，这无疑是对主张"先知后行"说之朱子学的一种明确批评。

正是在这一背景下，也就可以理解其"龙场大悟"及其知行合一之论了。关于"龙场大悟"，《阳明年谱》概括为"始知圣人之道，吾性自足，向之求理于事物者误也"①。这就是说，通过"龙场大悟"，阳明不仅确立了自己的主体性精神，而且还通过对"圣人之道，吾性自足"的明确肯定，断然否定了朱子学求理于事事物物的外向认知进路。因而，"龙场大悟"不仅是其主体性精神确立的标志，同时也代表着其与朱子学之外向求知进路的彻底决裂。所以，关于"龙场大悟"，学界常常以阳明在"与徐爱论学"中所表达的"心即理"来揭示其主体内在的指向：

> 心自然会知：见父自然知孝，见兄自然知弟，见孺子入井自然知恻隐，此便是良知，不假外求。②
> ……心即理也。此心无私欲之蔽，即是天理，不须外面添一分。以此纯乎天理之心，发之事父便是孝，发之事君便是忠，发之交友治民便是信与仁。只在此心去人欲、存天理上用功便是。③

至于"知行合一"说，情况则要复杂一些。这主要是因为，自从朱子以《大学》为核心的《四书章句集注》问世以来，由于其正好适应了宋代"平民社会"的特点以及民间读书士大量涌现的现实，加之其对格物致知的"补传"包括当时科举制的完善、民间书院的传播以及印刷术的推广，也就使得外向求索的认知进路——从读书识字到格物穷理便成为一种为社会所普遍接受并从常识角度完全可以证实的认知方式；而这种认知方式又以"先知后行"为典型表现，以"践行"为落实指向。这就形成了一种牢不可破的认知进路以及理解古代文献的诠释方法。但阳明却在自己的为学与为政实践中发现官场的内外背反之风与学界"靡然争务修饰文词，以求知于世，

---

① 钱德洪：《年谱一》，王守仁：《王阳明全集》卷三十三，吴光等编校，第1354页。
② 王守仁：《语录一》，《王阳明全集》卷一，吴光等编校，第7页。
③ 王守仁：《语录一》，《王阳明全集》卷一，吴光等编校，第3页。

而不复知有敦本尚实、反朴还淳之行",包括所谓"知识愈广而人欲愈滋,才力愈多,而天理愈蔽",实际上也都是以朱子学的"先知后行"说为理论根据的,这就导致了所谓"故遂终身不行,亦遂终身不知"①的恶果。所以,矢志圣贤之学的王阳明也就必然要向朱子学的"先知后行"说发起反击,以从根本上扭转这种内外背反的社会风气。

王阳明对朱子"先知后行"说的反驳与纠偏就是其所倡导的"知行合一"之学。按照他的思路,所谓"知行合一"就指"知"与"行"的合一并在关系,也就是"只说一个知已自有行在,只说一个行已自有知在"②。不过从认知与学理的角度看,王阳明的这一反驳未必成功,从首次聆听其知行合一之教的席元山到其大弟子徐爱,都对其"知行合一"说再三问难。这并不是王阳明的反驳不正确,而是因为其以道德"践形"的方式直接进入到建立在认知基础上之"践行"的领域,从而也就导致人们在理解上陷入了某种混乱,③ 所以王夫之就认为其"知行合一"说是"知者非知,而行者非行也";④ 而阳明自己也不得不承认其"知行合一"说曾面临"纷纷同异"与"扞格不入"⑤的格局。

但"知行合一"作为阳明对朱子"先知后行"说之一种最根本的纠偏并且作为其圣贤追求之最根本的工夫一点却始终未曾动摇。综其一生,王阳明对其"知行合一"说一共进行过四次较为系统的论证和阐发,其一即在贵阳与席元山"始论知行合一",其二则是与徐爱论知行合一,其三是在《答顾东桥书》中再论知行合一,其四则是在《答友人问》中与"世交老友"再申知行合一之旨。虽然阳明对其"知行合一"说多次论证,且每次的论证侧重也略有差别,但标志其"知"与"行"之合一并在的"只说一个知已自有行在,只说一个行已自有知在"却始终没有改变,这就需要人们对自己理解"知行合一"的角度略加反省。

---

① 王守仁:《语录一》,《王阳明全集》卷一,吴光等编校,第5页。
② 王守仁:《语录一》,《王阳明全集》卷一,吴光等编校,第5页。
③ 请参阅丁为祥:《践行与践形——王阳明"知行合一"的根据、先驱及其判准》,《哲学动态》2020年第1期。
④ 王夫之:《说命中二》卷三,《船山全书》(第2册),第312页。
⑤ 钱德洪:《刻文录叙说》,王守仁:《王阳明全集》卷四十一,吴光等编校,第1746页。

实际上，理解"知行合一"说的关键并不在于如何绞尽脑汁地去思考其"知"与"行"究竟是如何"合一"的，而在于理解其提出"知行合一"说的角度。如前所述，阳明首次对明代朝廷政治发声，即批评其官场的内外背反风气；刚开始对学界发言，又批评学界"使天下靡然争务修饰文词，以求知于世，而不复知有敦本尚实、反朴还淳之行"。这说明，明代从官场到学界的内外背反风气其实都是由"靡然争务修饰文词，以求知于世"的"先知后行"说所导致，在这一背景下，阳明要扭转这种表里不一的风气究竟应当从哪儿入手呢？这就是其"专志授徒讲学"时所倡导的"身心之学"；之所以倡导"身心之学"，也正是将其作为对明代官场学界内外背反风气的一种"对症的药"而提出的。

所谓"身心之学"就是阳明一生中所提出的第一个为学主张，只有在"龙场大悟"以及其主体性精神确立之后，才能将其作为对朱子"知先行后"说之一种对立而又能够纠偏的主张而提出，并且作为圣贤追求的一种功夫论用语来论说。因而，一当遭逢"朱学后劲"罗钦顺的问难，阳明立即就能从与"口耳之学"对立之"身心之学"的角度作出回应：

> 夫"德之不修，学之不讲"，孔子以为忧……然世之讲学者有二：有讲之以身心者，有讲之以口耳者。讲之以口耳，揣摸测度，求之影响者也；讲之以身心，行着习察，实有诸己者也，知此则知孔门之学矣。①

很明显，所谓"口耳之学"就是"讲之以口耳，揣摸测度，求之影响"之学，实际也就是阳明所一直批评的仅仅停留于出口入耳的内外背反之学。在他看来，只要坚持"知先行后"，最后必然会走到"口耳之学"的地步去；而与之相反的"身心之学"则是阳明所强调的"行着习察"之学，也就是其所一贯主张的身心并到、知行合一之学。到了这一步，所谓"身心之学"与"知行合一"之相互解释、相互界定的性质以及其共同对立于建立在"先知后行"基

---

① 王守仁：《答罗整庵少宰书》，《王阳明全集》卷二，吴光等编校，第85页。

础上的"口耳之学"的性质也就非常清楚了。

关于王阳明的"知行合一"说及其宗旨,笔者已经进行过多次阐发,① 所以这里仅仅指出其在儒家思想史中的根据。从思想史的角度看,孔子所谓"知及之,仁不能守之,虽得之,必失之。知及之,仁能守之,不庄以莅之,则民不敬。知及之,仁能守之,庄以莅之,动之不以礼,未善也。"(《论语·卫灵公》)可以说就是王阳明"知行合一"说之最深远的历史根据。因为在孔子对"知"的这些分析中,他为什么既要坚持"知及之,仁能守之",同时还要坚持"庄以莅之",并认为"动之不以礼,未善也"呢?很明显,孔子对于"知"的这种层层加码式的解析,其所凸显的正是所谓身心一贯、内外一致的要求。而孔子的这一要求,又正好表现在孟子的"践形"说中:

> 形色,天性也。惟圣人然后可以践形。(《孟子·尽心上》)
> 君子所性,仁、义、礼、智根于心,其生色也,睟然见于面,盎于背,施于四体,四体不言而喻。(《孟子·尽心上》)

上述两条,既代表着儒家"践形"说的提出,同时也对"践形"作了一种睟面盎背式的说明。这就是说,所谓"践形"就是内外一致、身心并到,也就是王阳明的"知行合一"之学。之所以认为王阳明的"知行合一"说就是"身心之学",也同样存在着《孟子》与《大学》的根据:

> 有诸内,必形诸外。(《孟子·告子下》)
> ……此谓诚于中,形于外,故君子必慎其独也。(《礼记·大学》)

很明显,从孔子的"知及仁守"到孟子"仁、义、礼、智根于心"之睟面盎背再到《大学》之诚中形外,其实都是从"践形"的角

---

① 请参阅丁为祥:《王阳明"知行合一"之内解内证》,《哲学与文化》2016年第8期;《王阳明"知行合一"的本意及其指向》,《孔学堂》2016年第3期。

度而来;而王阳明倡导以身心一致、表里如一为特征的"知行合一"之学,则完全可以说是对孟子"践形"精神的发展与实践落实。

既然认为王阳明的"知行合一"说就是对孟子"践形"精神的继承和发展,为什么又认为其代表了儒家心性之学独步千古的发展呢?这是因为,王阳明的"知行合一"说不仅揭示了朱子"先知后行"说所必然导致的"故遂终身不行,亦遂终身不知"的结果,而且建立在主知主义基础上的道德也必然会走向内外背反的"口耳之学"。与之同时,王阳明所倡导的以"身心之学"为标志的"知行合一"说,则不仅要将道德理性贯彻于愚夫愚妇的"一念倏忽之微",而且还坚持着一种除恶务尽,扬善至极的精神,尤其是"不使那一念不善潜伏在胸中"①一说,完全可以说是对儒家道德理性及其心性之学独步千古的发展。

五、反省与自觉:儒家心性之学的独特进路

当我们从孟子、庄子与慧能而一路走向宋明理学中的陆王心学时,也就等于从儒佛道三教心学之共同性走向了儒家心性之学的特殊性。

让我们先从作为儒佛道三教心学之共性说起。作为心学,儒佛道三教心学之共同性主要表现为两点:其一,高扬人的主体性精神。而这种主体性精神虽然也是从现实的人生主体出发的,但却绝不停留在现实的主体上,甚至也不是从现实主体的角度立论的。比如孟子虽然是从现实的人生出发的,但他却一定要坚持"求放失之心",甚至还以所谓"人有鸡犬放,则知求之;有放心而不知求"来反讽时人完全从当下现在的主体出发却并不能确立真正的人生价值。这就在现实的人生中蕴含了一种以"善性""本心"之"德性"为根据之超越的本体追求精神。庄子虽然反对人为及其所带来的戕害,但其对"生"的尊重以及对由"生"而来之"故""性""命"的坚持与守护,也就仍然坚持着一种主体性精神,不过这种主体性是由"生"而来,因"故"而有,并且也是通过"性"与"命"表现出来

---

① 王守仁:《语录三》,《王阳明全集》卷三,吴光等编校,第110页。

而已。这样看来，其所谓的主体性实际上也就是人与万物所共有之"天性"自然的精神。至于慧能，其为自己辩解的"人虽有南北，佛性本无南北"一说就已经将"佛性"作为其主体性精神的一种基本预付和内在依据了；而其所坚持的"迷时师度，悟了自度"，则完全是以"佛性"作为其主体性精神的表现。其二，正因为儒佛道三教心学在其现实主体的背后都明确肯定了一种超越的蕴含，因而其从现实出发的"人皆可为"，就既可以指向尧舜，当然也可以指向"真人"或佛。此中的原因在于，虽然从现实的主体出发也可以表现出一种平面的横向坐标，但现实主体之内在蕴含以及其超越性根据却必然会将这一横向坐标转化为一种纵向的立体坐标；因而，由此所展现的人生就不再是平面的横向积累的人生，而是一种拾阶而上、层层超越的立体人生。儒佛道三教心学之超越性蕴含及其超越性追求，也由此而得到展现。

但当我们进入儒家心性之学，马上就会感到其强烈的人间意味并且从不脱离现实人生的特征。这当然是由儒学的人间性格及其与佛老二教之出世追求的不同指向决定的。不过，儒家心性之学虽然起始于现实的人生，但却并不以当下现在的人生作为起点，而是以对现实人生之反省作为起点的；正是对现实人生的深入反省，才构成了儒家心性之学的基本入手。试想：孟子作为儒家心性之学的开创者，他为什么一定要从"大体"与"小体"的比较出发并通过"求放心"以确立人的道德本心？而且还要明确辅之以"思"与"求"呢？颜回为什么会形成"舜，何人也？予，何人也？有为者亦若是"（《孟子·滕文公上》）之类的反省与思考呢？所有这些都说明了一点，这就是对现实人生的反省其实就是走向心性之学的初始一步，没有对现实人生的深入反省，就不可能有真正的心性之学。

这种反省首先就要深淘人生的超越性根据以确立人生的基本立足点。对孟子来说，就是要确立性善以及建立在善性基础上的道德本心，明确"人皆可以为尧舜"的方向，并以"君子所性，仁、义、礼、智根于心"的方式使自己的道德本心以睟面盎背的方式发用流行于日用伦常之中，用孟子的话说，就是"子服尧之服，诵尧之言，行尧之行，是尧而已"。在这一过程中，最重要的一点就是道德自觉的力量，一如颜回所思考的"舜，何人也？予，何人也？有为者亦若是"；而对儒者来说，这就是立志。至于从"知性知天""养性事天"一直到"修身以俟",也就构成了人生三个不同层次的追求。之所以认为孟子作为开创者,其不仅表现了儒家心性之学的基本特征,而且也规范了儒家心性之学发展的轨辙与路径,正是从这个角度说的。

象山心学作为"因读《孟子》而自得之",其贡献主要在于以个体之"本心"对于"天理"的承接,这既包含着对朱子天理本体论继承的成分,同时也包含着其对朱子格物致知之学道德主体缺失之弥补与纠偏的成份。正由于其以"本心"来承接"天理",所以象山的讲学往往能够直指个体之心,并能够以"请尊兄即今自立,正坐拱手,收拾精神,自作主宰"①,或者通过所谓"汝耳自聪,目自明,事父自能孝,事兄自能弟,本无少缺,不必他求,在乎自立而已"②的方式展开,这就形成了一种个体主体之道德实践的世界。但这种个体世界又不局限于个体的范围,所以又有"满心而发,充塞宇宙,无非此理"一说。

至于阳明心学,则形成于"此亦一述朱,彼亦一述朱"的背景下,他不仅以顽强的追求精神反复实践,最后以"龙场大悟"的方式断然否弃了朱子格物致知之学的"求理于事物"之路,而且,其又通过"身心之学"与"知行合一"之互诠互证,从而将道德实践的任务落实于愚夫愚妇的举手投足与晬面盎背之间。所以黄宗羲评价说:"自姚江指点出'良知人人现在,一反观而自得',便人人有个作圣之路。故无姚江,则古来之学脉绝矣。"③

从陆象山到王阳明,其心性之学也就展开了一条在反省、自觉之道德理性观照下的个体主体的自我觉醒与自我实现之路。

(该文为中华孔子学会陆九渊研究会第一届会议论文)

---

① 陆九渊:《语录下》,《陆九渊集》卷三十五,钟哲点校,第455页。
② 陆九渊:《语录上》,《陆九渊集》卷三十四,钟哲点校,第408页。
③ 黄宗羲:《姚江学案》,《明儒学案》卷十,沈芝盈点校,第178页。

后记

我是在研究生学习期间才真正开始涉猎中国哲学的。受性格的吸引,我走向了阳明。在多次思辨不通之后,我转而采取了阳明自己的方法——就日用身心上体履。我认为,对于阳明的研究(整个中国哲学的研究亦是如此),既有一个复其本来面目的问题,更有一个如何走出的问题;而前者则是后者的实现前提。七八年来,我主要致力于前一个问题,这就是以自己生存着、活动着并在人生中感受着的心灵去接近阳明,去感受阳明的人生进而去把握其哲学。至于后一个问题,则改革开放以来的社会现实,正是一个走出阳明、实际上也是走出古代文化人生模式的实践运动。这种由对物质欲望的正名、对经济建设的推进以及随之汹涌而来的市场大潮,不管其带有多少"恶",带着多少人们所不愿看见的东西,毕竟是国家富强、民族振兴的必由之路。理论上的思古道今,正是为了对民族的振兴清理道路、推波助澜。不过,当这个小册子要出自己的手时,却难免惴惴不安,因为我不知道自己是否真的入乎其内,从而是否真的出乎其外了。这需要学界的批评,需要社会现实的校正。而这一点,也是我急于抛出这个小册子的原因之一。

抛出这个小册子的另一原因,是我自己也想拓展一下视域。因为长时间地跌打滚爬于阳明的古纸堆中,毕竟太狭窄了。中国文化的清理需要多侧面多向度的研究,历史上也有那么多思想家在吸引着我,而我如果不强行从阳明中走出来,就不可能全身心地投入。

这个小册子的酝酿时间较长,写起来却比预想的快。1993年春节动笔,仲夏即初稿告结,暑假开始改抄,9月底便基本脱稿了。我的导师成一丰教授、西北政法学院赵馥洁教授,都在百忙中审阅了全书,并作了建设性的指导;我当年的同室好友龚建平、林乐昌同仁,对全书从立论到材料,也都进行了反复的推敲,并提出了不少启发性的建议;陕西人民出版社编辑何大凡老师,为此书的问世尽心竭力,付出了不少的辛劳。对此,我只能重重地道一声:感谢!

人生活于人际,仁也就显现于人与人之间。在这个小册子即将付梓之际，我愿对多年以来支持我、关心我的诸多师友、亲朋，表示真诚的谢意。

丁为祥

1993 年 10 月 10 日